Der Autor: *Egon Heckeroth,* Jahrgang 1951. Nach Abschluß einer Bauzeichnerlehre Studium für Bauingenieurwesen an der Gesamthochschule Kassel. Diplom-Ingenieur. In einem Ingenieurbüro tätig. Suche nach weiteren Entfaltungsmöglichkeiten. Schließlich Verlassen des technischen Weges. Allgemeine Hochschulreife am Hessenkolleg Wetzlar. Beginn des Studiums der Philosophie und Psychologie an der Justus-Liebig-Universität Gießen. Längeres Praktikum in der Existential-psychologischen Bildungs- und Begegnungsstätte Todtmoos-Rütte als Schüler von Prof. Dr. Karlfried Graf Dürckheim und Dr. Maria Hippius. Bedingt durch tiefgreifende Erfahrungen Aufgabe des Universitätsstudiums, um den eigenen Weg gehen zu können. Studium der tiefenpsychologischen Schriftpsychologie an der Graphologie-Schule Celle (GSC/EGS) unter der Leitung von Ilse Scholz. Studium der revidierten Astrologie auf tiefenpsychologischer und transpersonalpsychologischer Grundlage im Astrologisch-Psychologischen Institut unter der Leitung von Louise und Bruno Huber. Studium des I Ging im Studio für Atmung und Yoga unter der Leitung von Leonore Stapenhorst. Studium der Heilkunde in der Heilpraktiker-Schule unter der Leitung von Peter C. Simon. Berufstätigkeit: Freiberufliche, tiefenpsychologische Beratung und Therapie.

Für
Gisela Vogt

O Jamasp,
wenn Lampen ohne Kerzen nur durch
Berührung der Wände entzündet werden;
wenn Wagen sich ohne Pferde fortbewegen und
wenn Menschen wie Vögel fliegen,
wisse dann, o Jamasp,
daß die Zeit gekommen ist.

Zarathustra

Egon Heckeroth

AUF DEN SPUREN EINES NEUEN ZEITALTERS

Hugendubel

Herausgeber der Reihe »Kailash-Buch«: Gerhard Riemann

Umschlaggestaltung: Dieter Bonhorst
Produktion: Tillmann Roeder
Satz: Schneelöwe, Haldenwang
Druck und Bindung: Franz Spiegel Buch GmbH, Ulm
ISBN 3-88034-169-9

Printed in Germany

Inhalt

II. Teil: Über das „Stirb und Werde" des rationalen Menschen

Vorwort

Die Welt, in der wir leben, gleicht einem riesigen Vulkan. Wohin auch der Blick fällt, da zischt und brodelt es, schießen Konflikte wie Pilze aus dem Boden, mehren sich die Spannungen und aggressiven Konfrontationen. Unter der Dynamik des gegenwärtigen Zeitgeschehens zerbersten die alten Ordnungen, welche das Lebensgebäude der Menschen bisher zusammengehalten haben. Tiefgreifende Ängste, Unsicherheiten und Depressionen sind die Folge; Fehlhandlungen und Kurzschlußreaktionen prägen zunehmend das tägliche Leben, national wie international. Die Vernunft, in welche wir unsere ganze Hoffnung legten, erweist sich immer deutlicher als nur eine dünne Schicht im Menschen, die unter dem massiven Druck aufbrechender Emotionen zu zerreißen droht.

Wie nie zuvor in der von uns überschaubaren Geschichte befindet sich die gesamte Menschheit in einem gewaltigen Wandlungsprozeß. Ein großer Abschnitt menschheitlicher Entwicklung geht zu Ende, ein neuer beginnt. Während der vergangenen Jahrtausende haben die Menschen zwar verschiedene Zeitalter durchlaufen und damit auch vielfache Änderungen ihrer Lebensweise erfahren, doch in keiner Epoche betraf die mit jedem Übergang verbundene Neuorientierung die *gesamte Menschheit.*

Noch nie zuvor wurde der einzelne mit Fragen konfrontiert, die sich auf das Fortbestehen unseres Planeten bezogen. Nicht nur die Existenz atomarer, biologischer und chemischer Waffen, sondern auch die Probleme der Umweltverschmutzung, Energieversorgung und Bevölkerungsexplosion fordern vom Menschen ein neues Verantwortungsbewußtsein. Niemand kann sich auf die Dauer der Aufgabe entziehen, sein Denken und Handeln auf internationale, ja *menschheitliche Lebensfragen* abzustimmen, denn in zunehmendem Maße mehren sich die Probleme, die nicht mehr von einzelnen Nationen allein, sondern nur noch durch gemeinsame Bemühungen vieler Länder gelöst werden können. Wissenschaftliche Erkenntnisse, technische Neuerungen und wirtschaftliche Anliegen können nicht länger ausschließlich als Angelegenheiten entsprechend ausgebildeter Fachleute betrachtet werden, sondern machen es zunehmend erforderlich, daß sich jeder einzelne als mitverantwortlich aufgerufen fühlt.

In Anbetracht der Vielzahl heutiger Geschehnisse und der unüberschaubaren Fülle von Theorien, Modeströmungen und Meinungen erscheint unsere Welt in einem chaotischen Zustand, worin den meisten Menschen die sichere

Orientierung verlorengeht. Wir leben zudem in einer Zeit, in der sich die Ereignisse zu überholen scheinen. Was heute noch Bedeutung hat, ist morgen oftmals schon vergangen; Altes und Neues geben sich in immer kürzeren Zeitabständen die Hand. Wie eine Flutwelle rollen Informationen über den Menschen hinweg, so daß es nur noch mit den größten Anstrengungen möglich ist, sich halbwegs einen Überblick zu verschaffen — und täglich kommt Neues hinzu.

Selbst jene, die sich der zunehmenden Verwirrung widersetzen und mit ganzer Kraft das gegenwärtige Zeitgeschehen denkend zu durchdringen suchen, laufen Gefahr, sich in Detailergebnissen zu verstricken und in der Betrachtung einzelner Fachgebiete steckenzubleiben. Wir haben uns daran gewöhnt, die Welt in Gebiete aufzuteilen und das Leben nur noch perspektivisch zu betrachten, doch die Wirklichkeit, in der wir leben, ist eine *Ganzheit.* Solange man versucht, die Fülle einzelner Erkenntnisse und die schillernde Vielfalt ungezählter Einzelerscheinungen nebeneinander aufzuschichten und in deren Addition das Leben zu verstehen, kann ein geistiges Chaos nicht umgangen werden. Wer dies vermeiden will, muß den Blick auf das Ganze lenken, dessen Strukturen in allen Lebensbereichen auffindbar sein müssen. Nur so kann die Welt und alles, was in ihr geschieht, durchsichtig werden.

Die Krise der heutigen Menschheit ist eine Krise ihres Bewußtseins, denn die umwälzenden Ereignisse im weltlichen ,,Außen'' sind Aus-wirkungen des menschlichen ,,Innen'' — was sich in den Seelen der Menschen ereignet, daraus erwachsen die Geschicke der Menschheit.

— Dieses Buch will aufzeigen, in welcher Weise sich in dem scheinbar unverständlichen und chaotisch anmutenden Weltgeschehen *ein klar konturierter Sinn* finden läßt. Aufgabe ist es daher, Strukturen und Gesetzmäßigkeiten herauszukristallisieren, vor deren Hintergrund die umwälzenden Ereignisse der heutigen Welt transparent zu werden beginnen.

— Die Beschreibung gegenwärtiger Umwandlungen erfolgt dementsprechend in zwei verschiedenen Ebenen: vordergründig an Hand der *sichtbaren Geschehnisse in der Welt* und hintergründig an Hand der *unsichtbar verlaufenden Umstrukturierungen im menschlichen Bewußtsein.* Beide Seiten jedoch bilden eine Ganzheit und sind lediglich zwei Seiten einer einzigen Realität.

— Eingebettet in diesen übergeordneten Rahmen verfolgt dieses Buch ein zentrales Anliegen: Zahlreiche Autoren haben sich bereits mit dem gegenwärtigen Wandel von einem Zeitalter in ein anderes auseinandergesetzt. Wer ihre Bücher liest, findet darin stets auch Hinweise auf entsprechende andere Literatur, in der eine Vertiefung oder Ergänzung dieses Studiums erfolgen kann. Nur selten aber begegnet man dem Namen eines Mannes, der — 1817 in Persien geboren — ein umfangreiches Schrifttum hinterlassen hat, in dem er sich vorausschauend zu vielen Fragen äußerte, die zum Teil erst in diesem Jahrhundert aktuell wurden: *Bahá'u'lláh.*

Bahá'u'lláh ist der Gründer der Bahá'í-Weltreligion, deren Ziel es ist, alle Menschen, alle Nationen, alle Völker, Rassen und alle Religionen auf der Grundlage einer von Ihm geoffenbarten Weltordnung so zu einen, daß die gesamte Menschheit sich als eine einzige große Familie empfindet, welche nicht länger eine bestimmte Nation, sondern die ganze Erde als ihre Heimat betrachtet. Im April 1863 erklärte Er in Baghdád, daß Er der Erwählte Gottes für dieses neue Zeitalter sei, der Verheißene aller Propheten und der von den Anhängern aller Religionen sehnlich Erwartete.

Vom Leser wird jedoch keinesfalls erwartet, daß er diese letzten Aussagen *glaubt* und den Anspruch Bahá'u'lláhs ungeprüft akzeptiert. Die Zeit des blinden Glaubens und Gehorsams ohne Hinterfragen geht nun endgültig dem Ende entgegen — ein Zeitalter des bewußten Menschen bricht an.

Der Leser wird gebeten, den Anspruch Bahá'u'lláhs zunächst als eine Arbeitshypothese hinzunehmen und kritisch den Gedankengängen zu folgen, welche mich nach intensiver Auseinandersetzung mit dieser Thematik zu der Einsicht führten, daß sich Gott tatsächlich durch Bahá'u'lláh der Menschheit erneut zuwandte, um ihr durch Ihn den Weg in ein neues Zeitalter hinein aufzuzeigen.

Schließlich möchte ich mich bei all denen bedanken, die in den Werdeprozeß dieses Buches aktiv miteinbezogen waren. Für die kritischen Anmerkungen zu den ersten beiden Manuskriptentwürfen danke ich Luise Böhme, Dieter Depta, Elisabeth Hermann, Gerlinde und Dr. Robert Hack, Ursula Häuser, Angelika und Irmgard Kunkel, Fritz Kroeger, Ernst Spathelf, Hans Tempel und Hildegard Unseld. Mein besonderer Dank für die wertvollen Anregungen und Korrekturvermerke zum vorletzten Manuskript gilt Ulrich Gollmer, Sigrun und Dr. Udo Schaefer, Agnieszka und Dr. Hellmut Schmidt und Peter Mühlschlegel. Für die ermutigenden Worte zum Weitermachen möchte ich mich ganz herzlich bei Joachim Reitz, Huschmand Sabet, Toni und Theo Schoenaker bedanken. Nicht unerwähnt bleiben die intensiven Gespräche, die ich mit Hans-Peter Diebel, Helga Fischer und Gisela Vogt führen durfte. Hans-Peter Diebel und Friedo Zölzer haben mich anfangs bei der Druckfahnen-Korrektur unterstützt. Den größten Dank jedoch schulde ich meiner lieben Frau Magdalene, die in den Jahren der Konzeption auf vieles verzichten mußte und mich mit Wort, Tat und Geduld bei den vielfältigen Aufgaben unterstützte.

Gießen, im August 1981 — Egon Heckeroth

I. Teil:
Die Bewußtseinsstrukturen nach Jean Gebser

Vorbetrachtung

In wachsender Zahl begeben sich Menschen unserer technisierten Welt auf die Suche nach einem sinnerfüllteren Leben. Trotz Auslastung in Beruf und Familie fühlen sie sich unerfüllt, trotz äußeren Erfolges spüren sie innere Leere. Unzählige sind einsam inmitten vieler Nachbarn. Das tiefe Bedürfnis nach alternativen Lebensformen verrät die Verzweiflung des modernen Menschen, zeigt eine Not an, deren Wurzeln den meisten unbekannt sind. Nur wenige können ihre Situation klar in Worte fassen; die Mehrzahl spürt lediglich, daß eine Fortsetzung ihrer gewohnten Lebensweise ins Verderben führt.[1]

In Unkenntnis ihrer wahren und tieferen Beweggründe bleiben viele auch weiterhin einseitig am Außen haften und glauben, etwa durch einen Berufs-, Wohnort- oder Partnerwechsel ihre Lage verbessern zu können. Nur selten jedoch führt *allein* eine Veränderung äußerer Gegebenheiten zu dem, was sich die Menschen erhoffen. Früher oder später bemerken sie, daß es anderen ähnlich geht und der einzelne in ein kollektives Schicksal einbezogen ist, das seine individuellen Aufgaben und Sorgen überwölbt.

Immer größer wird die Zahl derer, welche die Gegenwart nicht mehr ertragen und sich vor der Zukunft fürchten.[2] Unsicherheit und Pessimismus breiten sich aus. Große Teile der Bevölkerung distanzieren sich von Kirche und Staat; sie können die ständig komplexer und komplizierter werdenden gesellschaftlichen Zusammenhänge nicht mehr überschauen. Kein Wunder, daß sie sozialpolitischen Fragen gegenüber einfach „abschalten". Die Fülle der

[1] „Wenn das Individuum überleben soll, dann muß es ein Leben führen, das mehr erfüllt als die Grundbedürfnisse zum nackten Überleben." (David Spangler, New Age, S. 10)

[2] Zu empfehlende Literatur:
Fritz Riemann, Die schizoide Gesellschaft, München 1975

täglich auf den einzelnen einstürzenden Probleme, Fragen und Eindrücke macht ein Wegsehen oftmals geradezu nötig, will er nicht in einem Informationschaos untergehen. Wer kann den tausendfältigen äußeren Anforderungen etwa noch nachkommen? Die technisierten Menschen sind überfordert. Nicht wenige geben auf, resignieren und suchen einen letzten Ausweg in Sucht und Selbstmord. Andere verfallen einer Form des Terrorismus oder werden auf andere Weise kriminell.

Die Neigung zu Extremhaltungen zeigt den Verlust der Mitte, den Verlust des seelischen Gleichgewichts. Heute, in einer Zeit der Umwälzung, ist der Hang zu einseitigen Einstellungen besonders häufig zu beobachten: ein im Grunde verzweifeltes Suchen nach einer sinnvolleren Lebensgestaltung. Übergangszeiten sind Krisenzeiten, denn wo Neues entstehen will, muß zuvor das Alte weichen. Aufgeben des Gewohnten aber, soweit dies nicht bewußt vollzogen wird, führt zu Verwirrung und Angst. Das zum Vergehen gezwungene Alte und das aufkeimende Neue bestehen heute noch nicht klar entmischt nebeneinander; Noch-Vorhandenes und Noch-nicht-ganz-Angekommenes können zugleich beobachtet werden.

In Krisenzeiten wird der Mensch in besonderem Maße gefordert, wird er dazu gezwungen, sich erneut um eine Sinnfindung für sein Leben zu bemühen. Die Not erweist sich dabei für viele als ein Motor, der sie aus ihrer eingefahrenen Lebensweise heraushebt und zur Bewußtwerdung antreibt. Gelingt es nicht, die Not in einen inneren Reifungsprozeß zu verwandeln, setzt sich der Mensch der Gefahr aus, zugrunde zu gehen.

In Übergangszeiten geben die alten kulturellen Normen und Werte für viele Menschen keinen Halt mehr, die neuen noch nicht — dies macht die Lage so schwierig. Wer es in solchen Zeiten nicht vermag, die neuen und alten Ordnungsstrukturen klar zu erkennen und voneinander zu unterscheiden, verliert seine Orientierung.

Jean Gebser hat in seinem Hauptwerk *Ursprung und Gegenwart* in geradezu genialer Weise die „alten" und „neuen" Bewußtseinsstrukturen herausgearbeitet. Im ersten Teil dieses Buches sollen daher jene Erkenntnisse Gebsers aufgenommen werden, die für alle weiteren Betrachtungen in den folgenden vier Buchteilen von Bedeutung sind. Neben *Ursprung und Gegenwart* werden auch die Werke *In der Bewährung* und *Ein Mensch zu sein* miteinbezogen. Mit den grundlegenden Gedanken Gebsers wird es leichter möglich sein, die Spuren des neuen Zeitalters sichtbar werden zu lassen, wie sie sich in den einzelnen Lebensbereichen und vor allem auch in der Lehre Bahá'u'lláhs manifestieren.

Es schien mir besonders wichtig, die folgenden Darstellungen nicht auf wenige Seiten zu beschränken; die Neuartigkeit der Gedanken macht es erforderlich, dem Leser die Möglichkeit zu geben, sich schrittweise in die Bewußtseinsstrukturen einfinden zu können. Da sich die teils zusammenfassenden und teils zusammenstellenden Ausführungen — auf Grund des außergewöhnliches Themas und um mögliche Fehlinterpretationen zu vermeiden — nahe am Wortlaut Jean Gebsers orientieren, soll auf die Angabe einzelner Zitate verzichtet werden.

Kapitel 1:
Die Krise unserer Zeit

,,Was wir heute erleben, ist nicht etwa eine nur europäische Krise. Sie ist auch nicht eine bloße Krise der Moral, der Wirtschaft, der Ideologien, der Politik, der Religion. Sie herrscht nicht nur in Europa und Amerika. Auch Rußland und der Ferne Osten sind ihr unterworfen. Sie ist eine Weltkrise und Menschheitskrise, wie sie bisher nur in Wendezeiten auftrat, die für das Leben der Erde und der jeweiligen Menschheit einschneidend und endgültig waren. Die Krise unserer Zeit und unserer Welt bereitet einen vollständigen Umwandlungsprozeß vor, der, vorerst noch autonom, einem Ereignis zuzueilen scheint, das von uns aus gesehen nur mit dem Ausdruck ,globale Katastrophe' umschrieben werden kann, das, von einem nicht bloß menschlichen Blickpunkt aus gewertet, sich als eine Neukonstellation planetaren Ausmaßes darstellen muß.

Und wir sollten uns mit der gebotenen Nüchternheit durchaus im klaren sein, daß uns bis zu jenem Ereignis nur noch einige Jahrzehnte[1)] verbleiben. Diese Frist ist durch die Zunahme der technischen Möglichkeiten bestimmt, die in einem exakten Verhältnis zu der Abnahme des menschlichen Verantwortungsbewußtseins steht.

Es sei denn, es träte wirkend ein neuer Faktor in Erscheinung, der dieses bedrohliche Verhältnis überwände. Auf diesen neuen Faktor, auf diese neue Möglichkeit hinzuweisen und ihn darzustellen, ist Aufgabe dieses Werkes. Denn gelingt es nicht — oder: kann und soll es nicht gelingen —, daß wir diese Krise durch unsere eigene Einsicht überstehen und damit der heutigen Erde und der heutigen Menschheit durch eine Wandlung (oder Mutation) den Weiterbestand für kürzere oder längere Zeit zu erwirken, so wird die Krise uns überstehen.

Mit anderen Worten: entweder überwinden wir die Krise, oder sie überwindet uns. Doch es überwindet nur, wer sich selbst überwand. Entweder werden wir aufgelöst und ausgeteilt, oder wir lösen auf und erwirken die Ganzheit. Mit anderen Worten: entweder erfüllt sich die Zeit an uns —, dann heißt das Ende und Tod für unsere heutige Erde und ihren Menschen; oder es gelingt uns, die Zeit zu erfüllen, dann heißt das Einwirkung und Wirklichkeit

[1)] ,,Ursprung und Gegenwart'' wurde im Winter 1947/48 und 1951/52 geschrieben; eine Ergänzung erfolgte 1964/65.

der Ganzheit von Ursprung und Gegenwart, und damit: gewandelter Weiterbestand, in dem nicht der Mensch, sondern die Menschheit, in dem nicht der Geist, sondern das Geistige, in dem nicht der Anfang, sondern der Ursprung, in dem nicht die Zeit, sondern die Gegenwart, in dem nicht der Teil, sondern das Ganze Bewußtheit und Wirklichkeit werden. Und es ist das Ganze, das im Ursprung gegenwärtig und in der Gegenwart ursprünglich ist."[1)]

Gebser beginnt sein Vorwort mit folgenden Worten, die zunächst ein wenig befremdend klingen mögen, jedoch nach längerer Besinnung eine große Tiefe offenbaren: ,,Der Ursprung ist immer gegenwärtig. Er ist kein Anfang, denn aller Anfang ist zeitgebunden. Und die Gegenwart ist nicht das bloße Jetzt, das Heute oder der Augenblick. Sie ist nicht ein Zeitteil, sondern eine ganzheitliche Leistung, und damit immer ursprünglich. Wer es vermag, Ursprung und Gegenwart zu Wirkung und Wirklichkeit zu bringen, sie zu konkretisieren, der überwindet Anfang und Ende und die bloß heutige Zeit."[2)]

1) Jean Gebser, Ursprung und Gegenwart, S. 15 f.
2) a.a.O., S. 15

Kapitel 2:

Bewußtseinsmutationen

Das Bild, das wir uns vom Menschen, von uns selbst und der Welt machen, hängt von der Struktur unseres Bewußtseins ab. Demzufolge wird für uns zur Wirklichkeit, was durch unser Bewußtsein hindurch zum Wirken gelangt. Wirklich ist, was für uns als bedeutsam erscheint. Das Wie, die Art und Weise wie wir leben, hängt davon ab, was wir zufolge unseres Bewußtseins als Wirklichkeit und damit für uns als bedeutsam ansehen. Ein Kind beispielsweise sieht die Welt anders als ein Erwachsener, denn bedingt durch die verschiedenen Bewußtseinsstrukturen gewinnt jeweils anderes an Bedeutung, kommt jeweils anderes zum Wirken.

Das Grundthema aller menschlichen Bemühungen scheint die Entfaltung des Bewußtseins zu sein. Auf diese Bemühungen zurückblickend lassen sich — aus dem Ursprung, der archaischen Grundstruktur hervorgehend — drei Bewußtseinsstrukturen unterscheiden: die *magische,* die *mythische* und die *mentale*; eine neue, die *integrale,* zeigt sich in ihren ersten Ansätzen.

Der Übergang von einer Bewußtseinsstruktur in die darauf folgende geschieht in Form einer *Bewußtseinsmutation.* Innerhalb des Menschheitsgeschehens treten bewußtseins- und somit wirklichkeitsverändernde Ereignisse ein, die für das weitere Leben von fundamentaler Bedeutung sind. Es handelt sich hierbei um plötzliche und sprungartige Ereignisse, in denen neue Fähigkeiten des Bewußtseins in Erscheinung treten.

Mit jeder Mutation werden latente (ruhende), seit dem Ursprung vorhandene Möglichkeiten akut wirksam. Es ist nicht etwa ein kontinuierliches Geschehen, sondern zeigt sich in quantenmäßigen Sprüngen, die sich spontan und damit unbestimmbar ereignen. Man darf diesen Vorgang daher nicht als bloße Aufeinanderfolge, als Fortschritt oder als geschichtlichen Ablauf auffassen, sondern als über und durch alle Zeiten und Kulturen verteiltes Sichtbarwerden anlagemäßig vorgegebener Möglichkeiten.

Viele Anzeichen deuten darauf hin: Die heutige Menschheit steht inmitten einer Mutation, durch die das Bewußtsein wieder einmal in eine neue Dimension hinein gewandelt wird. Dies macht es erforderlich, eine neue Einstellung zu den Gegebenheiten der Wirklichkeit zu gewinnen, die sich in einer neuen Weltsicht herausbilden.

Mutationszeiten sind stets Zeiten der Störung, ja der Zerstörung. Dadurch, daß der Mensch eine neue, eine zusätzliche Möglichkeit der Wirklichkeitserfassung zu realisieren gezwungen oder befähigt wird, bringt zuerst einmal den bis dahin bestehenden vital-seelisch-mentalen Haushalt und Bestand ins Wanken. Wird die damit verbundene Unordnung kraft der Einsicht in die geschehende Mutation nicht gemeistert, so führt dies zum Chaos, statt eine Umordnung und Neukonstellation auszulösen.

Das Neue anzunehmen, es sichtbar werden zu lassen, begegnet immer dem stärksten Widerstande, weil es die Überwindung von Althergebrachtem, Erworbenem und mühselig Gesichertem erfordert. Dies aber ist gleichbedeutend mit Schmerz, Leid, Kampf, Unsicherheit und ähnlichen Begleiterscheinungen, die jeder soweit als möglich zu vermeiden trachtet. Die Menschheit steht durchaus nicht auf verlorenem Posten, aber sie steht auf einem, den sie nicht aufgeben will oder nicht kann, obwohl er sich selbst schon aufgibt, ändert, mutiert.

Wer die Situation der heutigen Menschheit, und damit seine eigene, verstehen will, muß versuchen, die Spuren des beginnenden neuen Zeitalters zu erkennen. Etwas Neues kann man aber nur finden, wenn man das Alte kennt: die bereits vorhandenen und wirksamen Bewußtseinsstrukturen, die archaische, magische, mythische und mentale Struktur. *Alle Strukturen sind in uns wirksam;* sie leben in jedem einzelnen von uns lebenspendend fort und bestimmen Tag für Tag unser Verhalten zur Welt, je nach dem Ausmaß, in dem die eine oder andere in uns vorherrscht.

Kapitel 3:
„Längsschnitt" durch die Bewußtseinsstrukturen

Alle Bewußtseinsstrukturen, die bisher von der Menschheit verwirklicht wurden, sind in uns wirksam gegenwärtig. Wir rationalen, dem Denken verhafteten Menschen vergessen recht leicht, daß der Mensch vielschichtig ist, daß er alle Schichten seines Wesens leben muß, wenn er sich nicht von den echten Lebensbezügen abschneiden will.

Die archaische Bewußtseinsstruktur

Sie ist die dem Ursprung am nächsten „gelegene" Struktur und, wie zu vermuten ist, in ihren Anfängen mit dem Ursprung selbst identisch. Das archaische Bewußtsein ist jene ursprüngliche „Schicht" in uns, über die sich eigentlich kaum etwas aussagen läßt. Aus den Urzeiten des Menschheitsgeschehens haben wir keinerlei Überlieferungen, und selbst die alten Weisheitsschriften berichten darüber nur bruchstückhaft. Die frühen Menschen kannten noch keine Niederschrift.

Vielleicht ist es, um im Gleichnis zu sprechen, der *Paradieszustand,* da der Mensch selbst noch ganz und gar eingeschlossen und undifferenziert-ungeschieden vom Kosmos, vom All, von Gott, oder wie immer man es benennen mag, lebte. Es ist jene archaische urtümlich-ursprüngliche Konstellation, in der bereits auch schon etwas wie Bewußtsein herrschte. Die Menschen haben aber noch keine Träume, noch kein Spiegelbewußtsein. Sie sind noch absolut mit dem All, dem Kosmos, verbunden. Träume sind schon Spiegelungen, und Spiegelungen sind nur dort, wo eine Trennung vorausging, so daß ein Gegen-über da ist oder doch etwas, was sich spiegelt. Wenn ich im Ganzen bin, was soll sich spiegeln, wenn man mit dem Ganzen identisch ist? Himmel und Erde sind für das archaische Bewußtsein nicht unterschieden; es ist ohne Dimension, *nulldimensional.* Auf das individuelle Leben bezogen entspricht das archaische Leben etwa der Phase im Mutterleib.

Die magische Bewußtseinsstruktur

Mit der Mutation in die magische Bewußtseinsstruktur bricht die Identität des Archaischen in sich zusammen. Der Mensch sondert sich vom Ursprung (dem Paradies) ab und bekommt einen Stand innerhalb des Ganzen, der Identität. Er fängt an, in einer gewiß sehr schlafhaften Weise, der Welt gegenüber zu stehen. Der magische Mensch bildet nicht mehr eine Identität, aber er bildet noch eine Einheit (Unität) mit allem, was ihn umgibt. Sein Bewußtsein ist schlafhaft, so wie wir Bewußtsein haben, wenn wir schlafen; doch ist es noch nicht, was sehr wichtig ist, Traum.

Es ist jene Sphäre des Lebens, die, so wir es vegetativ sehen wollen, der Wurzelbereich des Lebens ist. *Trieb* und *Instinkt* entfalten sich. Der Mensch lebt mit einem naturhaft-vitalen Bewußtsein in einem engen Beziehungsgeflecht zu anderen und ist gleichsam (ichlos) über die Welt der Erscheinungen verstreut. Er ist eingebunden in ein *Gruppen-Ich,* das seinen Rückhalt im *Wir,* dem *Clan,* der *Sippe* oder dem *Stamm* hat.

Wenn wir beispielsweise die Wurzel einer Pflanze aus dem Boden reißen und sie betrachten, dann wissen wir nicht genau, wo die Wurzel aufhört und wo die Reste der Erde anfangen, die an der Wurzel hängen. Wenn wir uns das einmal ganz genau ansehen, dann sehen wir, daß dieser Unterschied absolut fließend ist. In diesem Wurzeldunkel, in diesem gewissermaßen unterirdischen, schlafhaften, dunklen, mütterlichen Bereich, da spielt sich das ab, was das magische Leben als solches ist.

Dort gibt es noch das, was wir heute aus einer gewissen Überheblichkeit des rationalen Denkens heraus lächelnd als *Zufall* beschreiben. Im magischen Bereich sind die Dinge immer alle gleichzeitig vorhanden und gegeben; sie fallen dem Menschen wirklich zu, und vor allen Dingen, er versucht erstmals, sich als Mensch gegen die Natur zu stellen, die Natur, in die er noch ganz eingebettet ist. Diese allmähliche Herauslösung aus der Natur ist begleitet von einem Zwang zum (emotionalen) Wollen, einem *Zwang zur Macht,* was vor allem auch in den Jagdritualen zum Ausdruck kommt. Ein enormer Freiheitsdrang bricht auf und läßt den Impuls wirksam werden: Wer die Erde bestehen will, der muß sich von ihrer Macht durch Eigen-Macht befreien können. Das ,,Werkzeug'' seiner Macht gegen die Natur ist das *Bannen,* mit dem er sich zunehmend aus seiner Gebundenheit durch Erde, Höhle und Urwald löst. Hier beginnt der nicht mehr enden wollende Kampf um die Macht; hier wird der Mensch zum ,,Macher''.

Der magische Mensch kann etwas nicht, was uns selbstverständlich ist: Er kann nicht auf unsere Weise denken, folgern und kausale Beziehungen herstellen. Alles wirkt auf alles, es ist *pars pro toto,* aber ein *totum pro parte,* denn letztlich ist alles auswechselbar: Gegenstände, Geschehnisse und Taten.

Diese Welt ist nicht ir-rational, sondern prae-rational, und sie ist fast etwas unheimlich. Wir sträuben uns mit unserem Verstande dagegen, diese Gegebenheiten zu akzeptieren, weil wir nicht mehr um sie wissen, oder weil wir eigentlich Angst vor ihnen haben. Es ist alles dunkel, ist nicht ganz erklärbar, und deshalb verdrängen wir diese Wirklichkeit, denken nicht an sie und tabuisieren ihre Existenz.

Damit berauben wir uns der Kenntnis unserer Wurzeln, der Kenntnis jener Lebensvorgänge und Reaktionen, die uns durch den ganzen Tag hindurch begleiten. Wir vergessen es gern, daß die Dinge und Ereignisse, die *zufällig* von außen kommen, mit uns etwas zu tun haben könnten. Die magische Gefügtheit und Zufälligkeit spielt sich in jenen tiefsten Schichten ab, die wir nur erspüren können, wenn wir aufmerksam die Fügungen unseres Lebens und unseres Lebensweges betrachten, d.h. auf die *Zeichen des Zufalls* achten.

Der magische Mensch ist noch nicht in unserem Sinne handelnd. Er ist ein vornehmlich empfangender, ein hörender Mensch, der das, was er da unter dem Erdboden, was im dunklen, vitalen Wurzelgrund geschieht, einfach geschehen läßt. Dieser medial begabte Mensch ist von einer sichtbaren Aura umgeben. Er nimmt die Umwelt hauptsächlich über das Hören wahr; denn das *Ohr* ist wegen seines Höhlen- und Labyrinthcharakters[1)] das dem magischen Bewußtsein adäquate Sinnesorgan. Nicht das Gesprochene, sondern das Gehörte hat Bedeutung. Die älteren Menschendarstellungen sind ohne Mund gezeichnet.

Das Ohr ist das empfangende Organ des magischen Menschen. Denken wir an die magische Wirkung der Urwaldtrommeln, denken wir an den Einfluß von Musik auf uns, die uns aus der Zeit heraushebt, uns zeitlos werden lassen kann. Dieser *Zeitlosigkeit* und auch dieser *Raumlosigkeit,* wo das, was *hier* geschieht, auch *dort* geschieht und einander beeinflußt, liegen auch die telepathischen Phänomene zugrunde, die heute sogar von der Wissenschaft anerkannt werden mußten. Ferner sind es die vielen Geschehnisse, die sich in unserem eigenen Leben ereignen: Da kommt beispielsweise der um die Ecke, von dem ich soeben gesprochen habe. In diese ,,Zufälle'' spielt das Magische hinein, ein Vorgang, der mit dem Verstand nicht begreifbar ist.

Abgesehen davon: In diesem ganzen magischen Bereich spielt vor allem auch das *Sexuelle* eine ausschlaggebende Rolle. Es ist kein Zufall, daß man beispielsweise von Menschen, die sich Hals über Kopf verlieben, falls diese Bindung nur Verliebtsein ist, sagt, sie seien *hörig* geworden. Da ist es wieder: das *Ohr,* das lauscht, das empfängt. Oder das andere: ,,Du gehörst mir'' — dieser Machtanspruch, dieser Besitzanspruch; oder im Militärischen: ,,Du

[1)] Der magischen Bewußtseinsstruktur können die praehistorischen Höhlenzeichnungen zugeordnet werden.

mußt gehorchen" — immer ist das Ausschaltung der Individualität. Wenn ich hörig bin, bin ich selber nicht mehr, sondern nur ein Teil des, wie man dann meint, geliebten Wesens. Wenn ich gehorche, bin ich nicht mehr, sondern ich habe irgend etwas als Instrument auszuführen. Und wenn mir etwas gehört, dann lösche ich das andere Ding oder den anderen Menschen aus, an den ich den Anspruch stelle. Man sieht, wie das ineinander greift, wie sich die Ichlosigkeit des Magischen im Auditiven zu erkennen gibt.

In der zeitlosen magischen Struktur existiert noch kein zentriertes Ich, gibt es weder eine räumliche noch zeitliche Orientierung. Alles was noch in der Seele schläft, ist für den magischen Menschen nur im Außen „wach". Dieses Außen geschieht ihm so blind und verworren, wie dem Schlafenden der wirkliche Traum geschieht.

Die magische Struktur vollzieht sich überall auf der Erde, aber jeweils zu der dem Orte gemäßen Zeit, der *praehistorischen*, vorgeschichtlichen Vorzeit. Damit liegt sie vor jedem Zeitbewußtsein. Es ist Illusion und reine Spekulation, etwas fixieren zu wollen, was als Zeitloses in einem von uns nachträglich konstruierten Zeitpunkt geschehen ist.

Auf das individuelle Leben bezogen ist die magische Struktur vor allem beim Kleinkind wirksam, solange es noch in der vorsprachlichen Phase verharrt und mit der Mutter in einem Wir-Bewußtsein eng verwoben ist.

Die mythische Bewußtseinsstruktur

Aus dem magischen Schlafbewußtsein auftauchend erwacht der Mensch in der mythischen Struktur. Mit der Mutation ins Mythische zerreißt die magische *Einheit* von Erlebnis und Erlebendem. Die *Seele* erwacht, und damit die *Polarität* zwischen Himmel und Erde. Auf dem Umweg über das Erwachen zu sich selber erwacht das *Du,* erwacht im Du die ganze *Welt,* in die der Mensch ichlos-magisch eingeflochten war.

Mythisch ist das Einander-Ergänzende, ist die Seele mit ihrer *Bilderwelt* in Träumen und Phantasien. Die Träume, einerseits menschheitlich-kollektiv und andererseits individuell gesehen, sind Ausdrucksformen des mythischen Bewußtseins. Während der magische Mensch noch ganz in die Einheit (Unität) eingewoben war, in die Welt des *pars pro toto,* ist der mythische Mensch bereits ein Mensch des Traumbewußtseins. An Stelle der Unität des magischen Menschen tritt die Polarität des mythischen. Hier kündigt sich schon eine gewisse Entzweiung an, die aber, wie dann im mentalen Bereich, noch keine Gegensätze schafft.

Das Erwachen zur Polarität ist eine unerhörte Leistung, denn mit der Polarität tritt ein Spannungsverhältnis ein. Spannung ist lebengebend. Was in der Unität des magischen Menschen nur latent (ruhend) vorhanden war, beginnt sich in der Polarität der mythischen Struktur allmählich herauszukristallisieren: Zum ersten Mal erhält der Mensch ein reflektives Bewußtsein dessen, was Zeit ist. Er nimmt bewußter als der magische Mensch zumindest an den kosmischen und naturhaften Zeitabläufen teil.

Mit dem Übergang von der magischen in die mythische Struktur wird das *Zeitlose* allmählich *zeithaft*. Der Sonnenlauf wird beobachtet, erste Kalender entstehen, und erste Jahreszeitriten werden vollzogen. Aus der magischen Naturzeit wird die Zeit des Seelischen, deren Bewegung kreisschließend und damit polar wirksam ist. Die mythische Zeithaftigkeit ist das immerwährende Sich-Erfüllen des Kreises zyklischer Geschehensabläufe, wie Atemrhythmen, Mondphasen, Jahreszeiten, Gezeiten, etc. Sie ist noch nicht räumlich gebunden, denn dem mythischen Menschen ist der Raum noch nicht bewußt.

So wenig wie ein Raumdenken oder eine Raumvorstellung Sache des magischen Menschen waren oder des Kleinkindes sind, so wenig ist im mythischen Bereich eine Raumvorstellung oder ein Raumdenken vorhanden. Es gibt keine Entfernung zwischen räumlich fixierten Punkten, denn der Raum als solcher ist inexistent. Der mythische Mensch lebt in der *Ergänztheit,* in der *Polarität.* Götter der Ober- und der Unterwelt bilden Pole, zwischen denen das Leben schwingt; beide zusammen ergänzen sich zu einem Ganzen. Für den mythischen Menschen ist das Nichtanwesende als Abwesendes doch anwesend. Es ist wie bei einer Münze: Man sieht sich die Münze an und kann nur erkennen, was auf der Oberseite sichtbar ist, doch die andere Seite ist auch vorhanden. Wir sehen jeweils immer nur die eine Seite, was aber nicht bedeutet, daß nicht beide da wären.

Wir sehen infolge unserer gegenständlichen Betrachtungsweise immer nur das, was vor unseren Augen liegt und denken nicht daran, daß zu dem uns Sichtbaren auch seine ungesehene, unsichtbare mythische Seite gehört, ohne welches es das Ganze überhaupt nicht gibt. Die mythische Welt ist keine geteilte; sie ist eine sich ergänzende.

Wenn Triebhaftes zur Wirkung kommt, ist es ein magischer Vorgang. Im Mythischen aber handelt es sich um das Erwachen der Seele im Menschen. Seitdem kann er unterscheiden zwischen Himmel und Erde, die für ihn nicht Gegensätze, sondern polare Entsprechungen sind — das eine ist ohne das andere nicht denkbar. So wie Tag und Nacht einander entsprechen, so wie Frau und Mann einander entsprechen, so wie Sonne und Mond, Dunkelheit und Helligkeit nicht Gegensätze sind, sondern Pole, so ergänzen sich jeweils zwei Aspekte der Seele zu einer Ganzheit.

Die mythische Welt ist bislang die Welt des Glaubens gewesen. Sie ist psychisch und irrational, läßt sich rational und kausal nicht darstellen. Neben dem höhlenhaft-magischen Ohr wird der *Mund* bedeutungsvoll. An Stelle der medialen Kommunikation tritt das Sprechen. Die Aura verblaßt. *Rede, Wort* und *Bericht* gewinnen zunehmende Verwendung. Der Mensch, der seiner Seele ansichtig wurde, faßt das Innen-Erschaute in dichterische Aus-Sage, den *Mythos.* In ihm findet der mythische Mensch den Spiegel seiner Seele.

Die Wirklichkeit des mythischen Traumes ist von solcher Intensität, daß sie mit dem, was wir heute *Wirklichkeit* nennen, fast identisch ist: Der Mythos wird die polare Entsprechung des Lebens, der Traum die polare Entsprechung der Wachheit. Der mythische Mensch, der des Traumes im Mythos ansichtig wird, wird aus seiner Polarität heraus der Wachheit ansichtig: Er steht im Kreise, und kreisend ist er bald Traum, bald Wachheit, ein Erwachender. Die Urbilder des Mythos spiegeln die inneren und damit ungreifbaren Kräfte des Menschen, die man *seelische Kräfte* nennt.

Während der magische Mensch (eindimensional) den Kampf gegen die Erde, die Natur führte, sieht sich der mythische (polar-zweidimensional) zwischen die lichte Welt des Olymp und die dunkle und unterirdische des Hades gespannt. Der magische Mensch befreite sich aus der Natur und wurde schließlich der Außenwelt bewußt; der mythische Mensch wendet sich im Kampf zwischen Licht und Schatten der Innenwelt zu.

Die mythische Welt ist *zweidimensional* und daher flächenhaft-unperspektivisch. Sie ist noch *raumfern,* aber schon *zeitnah.* Als Symbol gilt nicht mehr der magische Punkt, sondern der mythische Kreis — alles kreist. Es gibt noch keine gerichteten, schlußfolgernden Aussagen. Das mythische Bewußtsein ist ein imaginatives Bildbewußtsein. Auf das individuelle Leben bezogen ist das mythische Bewußtsein etwa bis zur Einschulung vordergründig wirksam. Das Kind lebt in einer Welt, in der die Bilder der Märchen und Phantasien große Bedeutung haben.

Die mentale Bewußtseinsstruktur

In der Entfaltung des Bewußtseins vollzieht sich dann noch einmal eine Mutation. Am Ende der mythischen Periode geschieht der Sprung in den mentalen Bereich, der heute noch in unserer Art zu leben und die Welt zu betrachten, vorherrschend ist. Um 500 v. Chr. vollzog sich in Griechenland, was seit etwa 1250 n. Chr. in der Frührenaissance durch den europäischen Menschen nachgeholt wird: das Erwachen in Raum und Zeit.

Der magische Mensch hatte noch ganz tief in der nicht einmal bewußt erfaßten Sippe oder dem Clan gelebt. Auch der mythische Mensch lebte noch mehr im Sippenverband als in der eigenen Familie — er lebte im *Wir.* Sein *Ich* war noch nicht erwacht. Der magische Mensch ist ichlos, so wie ein Kleinkind ichlos ist. Die Ich-Findung ist eine Leistung der mentalen Struktur. Erst seitdem gibt es das, was wir Philosophie und Wissenschaft nennen.

Zunächst wurde mythisch berichtet; alle Weisheitsbücher, alle Weisheitsquellen, alle Schöpfungsberichte sind keine Darstellungen und Interpretationen, wie wir sie heute verwenden, sondern an das Schauen gebundene Berichte.

Mit dem Erwachen des Mentalen spricht der Mensch erstmals mit dem Mitmenschen. Er vermittelt ihm sein Wissen nicht mehr durch einfache Aussage, einen Bericht oder eine symbolische Schilderung, sondern im *Dialog*. Dieses Phänomen, daß etwa ab 500 v. Chr. zum ersten Mal in der Geschichte der Menschheit Texte geschrieben werden, die in der Dialogform gründen, ist ein Hinweis darauf, daß der Lehrende sich nun plötzlich einem bestimmten Lernenden gegenübersieht, daß sich ein *Ich* an ein *Du* wendet.

Zarathustra, Konfutse, Lao-tse, Mahavira, der Begründer des Jainismus, Buddha, Sokrates und Platon übermitteln uns erste philosophische, nicht mythische Texte, gedachte Darstellungen, die in der Dialogform geschrieben sind. Das mentale Denken setzte ein und veränderte unsere Art den Menschen zu sehen grundlegend. Hinzu kommt, daß außer der Seele nun dem Menschen auch das bewußt wird, was ihm fortan deutlich gegenüber steht: der Raum.

Die ersten Versuche, den *Raum* als solchen darzustellen, finden sich in der frühgriechischen Vasenmalerei. Die damals einsetzende Raumerfassung wird dann vollständig eigentlich erst in der Renaissance (14.—16. Jh.), und zwar durch Leonardo da Vinci geleistet. Sie fängt bei Giotto an und taucht in den Geisteswissenschaften parallel dazu bei Petrarca auf. Diese Welt, die gedachte, die vor-gestellte Welt, ist nicht mehr die im Traumbild oder Mythos geschaute mythische Welt, noch ist sie die in der Unitätssucht der Verschmelzung magisch erlebte Welt.

Während im Mythischen das kreisende, in sich geschlossene und polar aufeinander bezogene Bilder-Denken vorherrschte, wird im Mentalen das *perspektivische,* raumorientierte, gerichtete Denken zum wichtigsten ,,Instrument'' der Lebensbewältigung. Der mythische Mensch war in die symbolisch ausgedrückten Abläufe des naturhaften Geschehens eingeschlossen. Als mentaler Mensch erwacht er im Ich und steht der Welt *gegenüber*; erst da beginnt er sie intellektuell und materiell mit Hilfe der Philosophie und Wissenschaft zu erforschen.

Erst mit dem Erwachen im Ich wird es dem Menschen möglich, planmäßig zu arbeiten, diszipliniert zu denken und sachlich-logisch zu folgern. Vor dieser Zeit muß die Welt, muß der Mensch in einem Zustand gewesen sein, der vollständig verschieden war vom heutigen und den wir uns nicht ausmalen können. Unsere heutigen Vor-stellungen sind an den Raum gebunden, der in allen vorangegangenen Bewußtseinsstrukturen inexistent war. Wir können heute nur die Wirklichkeiten erdenken, die sich dreidimensional, also räumlich darstellen lassen.

Mit dem Zerreißen der mythischen Fläche, des mythischen Kreises, erhalten Tun, Wollen und Handeln des mentalen Menschen eine Ausrichtung auf ein *räumlich fixierbares Ziel.* Mit der denkerischen Ausrichtung im dreidimensionalen Raum entstehen die Richtungen des Raumes, an Hand derer sich der Mensch fortan orientiert. Das Denken wird dem mentalen Menschen so wichtig, daß er es mit seinem Sein gleichsetzt.

Der Mensch ist nicht mehr in einer zweidimensionalen Welt eingeschlossen, sondern er beginnt, eine dreidimensionale zu haben. Ab etwa 1430 wachsen die Keime eines reflektiven, theoretischen Denkens und damit die Möglichkeit zu einer bewußten, denkerischen Auseinandersetzung mit der Welt.[1] An die Stelle des Mythos tritt die Philosophie. Mit den Troubadours (seit 1250) entstehen in Europa die ersten Gedichte in Ich-Form. Zu Beginn des 14. Jahrhunderts wird die Landschaft in ihrer Perspektive entdeckt und ab 1336 durch Petrarca beschrieben. Die Ablösung aus dem unperspektivischen In-Sein der mythischen Struktur ist vollzogen; *In-Sein* wird durch *Gegenüber-Sein* ersetzt.

Die mentale Welt ist eine Welt, die der Mensch mißt, ist eine materielle Welt, eine Objekt-Welt, die ihm gegenübersteht. An die Stelle der mythischen Bilder treten mentale Begriffe, Abstrakta und Systeme. Da es kein In-Sein polarer Ergänztheit mehr gibt, sondern nur noch ein Gegenüberstehen im Dualismus, soll dieser Zwiespalt durch die denkerische Synthese (die menschliche Form der Trinität) überbrückt werden. In der vom Menschen gemessenen Welt hat die ungemessene, sich selbst denkende, mythische Bilderwelt keinen Platz mehr.

Was mythisch Polarität war, zerreißt im Mentalen in Gegensätze, die objektbezogen sind und sich dual ausschließen. Mythisch-psychische Entsprechungen und *Ergänzungen* zerfallen in mentale *Widersprüche.* Der Mensch will nun alles messen, wägen und vergleichen. Gleichzeitig aber setzt er sich selbst zum Maß aller Dinge. Es entsteht eine Welt, in welcher der Mensch nun selber denkt und dieses Denken richtet, eine Welt des Menschen. Mit der Mutation in die mentale Bewußtseinsstruktur wird der bewahrende Kreis der Seele, die Eingeordnetheit des Menschen in die seelische, natur- und kosmisch-zeithafte, polare Welt des Umschlossenseins gesprengt.

Die Einseitigkeit der mentalen Sicht- und Denkweise liegt in der Gleichsetzung von *rechts* mit *Gerichtetsein.* Mit dieser Betonung der Rechts-Richtung, die dem *väterlichen Prinzip* zugeordnet ist, entsteht die Vorherrschaft des Patriarchats. Alles *Links-Gerichtete,* das *mütterlich-weibliche Prinzip,* wird abgewertet. Dadurch wird zwar das Bewußtseinsmäßige, das,

[1] Der Beitrag des Islám zum Übergang von der mythischen zur mentalen Bewußtseinsstruktur ist meiner Ansicht nach von Gebser, wie auch von vielen anderen abendländischen Kulturphilosophen, nicht ausreichend gewürdigt worden. (siehe hierzu: ‘Abdu’l-Bahá, Das Geheimnis göttlicher Lebenskunst, Oberkalbach 1973; H. M. Balyuzi, Muḥammad and the Course of Islám, Oxford 1976)

was mißt, ungemein gestärkt (siehe experimentelle Psychologie), jedoch durchaus auf Kosten dessen, was man heute als das Unbewußte bezeichnet, das unmeßbar ist (siehe Tiefenpsychologie). Mit der Rechtsbetonung wird die Recht-Sprechung, die Gesetzgebung ins Dasein gerufen, ferner auch die rechtsgerichtete Schrift. Entsprechend der Gerichtetheit der mentalen Struktur ist das Denken *sinngemäß* und *folge-richtig.*[1]

Die Mutation ins Mentale war durch drei große Leistungen vorbereitet: durch die griechische Wissenslehre, die jüdische Heilslehre und die römische Rechts- und Staatslehre.[2] In der Renaissance wird an diese perspektivischen Ansätze der Antike angeknüpft.

Die Ausführungen Gebsers sollen im weiteren durch einige Gedanken des Physikers Capra ergänzt werden: ,,Rationales Wissen leitet sich von den Erfahrungen ab, die wir mit Gegenständen und Ereignissen in unserer alltäglichen Umgebung machen. Es gehört in das Reich des Intellekts, dessen Funktion das Unterscheiden, Teilen, Vergleichen, Messen und Kategorisieren ist. Auf diese Art wird eine Welt von intellektuellen Unterscheidungen geschaffen, eine Welt von Gegensätzen, die nur in Relation zueinander existieren können. Daher nennen die Buddhisten diese Art von Wissen ,relativ'.

Ein entscheidender Zug dieser Art von Wissen ist die Abstraktion, weil zum Vergleichen und Klassifizieren der unermeßlichen Vielfalt von Formen, Strukturen und Phänomenen um uns herum nicht alle deren Züge berücksichtigt werden können; wir müssen einige wenige von Bedeutung heraussuchen.

So konstruieren wir eine intellektuelle Landkarte der Realität, in welcher die Dinge auf ihren generellen Umriß beschränkt bleiben. Rationales Wissen ist somit ein System abstrakter Begriffe und Symbole, charakterisiert durch lineare, folgerichtige Struktur, welche für unser Denken und Sprechen typisch ist . . .

Die natürliche Welt ist von unendlicher Vielfalt und Komplexität, eine vieldimensionale Welt, in der es keine geraden Linien oder völlig regelmäßige Formen gibt, in der die Dinge nicht chronologisch ablaufen, sondern gleichzeitig; eine Welt, in der, wie uns die moderne Physik belehrt, sogar der leere Raum gekrümmt ist. Es ist klar, daß unser abstraktes System des begrifflichen Denkens diese Realität niemals vollständig beschreiben oder verstehen

1) Es kann hier nicht näher auf die *Raumsymbolik* eingegangen werden. Vertiefende Ausführungen dazu findet der Leser in:
— Jean Gebser, Ursprung und Gegenwart, S. 125 ff.
— Rudolf Pophal, Kinetische Graphologie, S. 1 ff.
— Max Pulver, Symbolik der Handschrift, S. 16 ff.

2) Der Einfluß des Christentums und des Islám wird von Gebser nicht ausreichend gewürdigt. Toynbee hingegen sieht in den Religionen die wahren Triebfedern für Bewußtseins- und Kulturwandlungen.

kann. Beim Nachdenken über die Welt stehen wir vor den gleichen Problemen wie ein Kartograph, der die gekrümmte Erdoberfläche auf einer Reihe ebener Karten zu erfassen versucht. Von solch einem Vorgehen können wir nur eine annähernde Darstellung der Wirklichkeit erwarten, und alles rationale Wissen ist daher notwendigerweise begrenzt . . .

Für die meisten von uns ist es sehr schwierig, sich konstant der Begrenzungen und der Relativität des begrifflichen Denkens bewußt zu sein. Da unsere Darstellung der Wirklichkeit so viel leichter zu begreifen ist als die Wirklichkeit selbst, neigen wir dazu, die beiden zu verwechseln und unsere Begriffe und Symbole für die Wirklichkeit zu halten.''[1]

Die integrale Bewußtseinsstruktur

Die Strukturen des archaischen, magischen und mythischen Bewußtseins gehören nicht etwa der Vergangenheit an, sondern sind zu jeder Zeit in uns wirksam. Sie sind in mehr oder weniger latenter oder akuter Form heute noch in uns vorhanden. Doch ist in den einzelnen Menschen die eine oder andere Struktur stärker betont.

Wir, die mental-rationalen Menschen dieser Zeit, leben heute in einer Welt der Entsetzung und Entstellung. Die Welt freilich kann dabei nicht zerbrechen, wohl aber der Raum, die perspektivische Raumwelt, das räumliche Denkgefüge, von dem wir uns vorstellen, es sei die Welt.

Die Menschheit steht inmitten großer Umwälzungen: Das alte Raumbewußtsein ist gesprengt; ein integrales will realisiert werden. In ihm werden alle anderen Strukturen zu einem großen, bewußten Ganzen ,,verschmolzen'' und durch die Zeit um eine weitere Dimension intensiviert. Integration aber ist nur möglich, wenn das zu Integrierende (die einzelnen Strukturen) zuvor bewußt gemacht und in seiner Wirkungsweise erkannt worden ist.

Mit der Mutation in die integrale Bewußtseinsstruktur zerbricht die alte Raumwelt. Lebensphänomene werden nicht länger nur mental gemessen, mythisch erfahren und magisch erlebt, sondern nun vor allem auch integralganzheitlich wahrgenommen und durchschaut. Überall, wo sich Menschen unserer Tage um Ganzheit bemühen, wirken bereits die Kräfte des integralen Bewußtseins.

Eine Veränderung des menschlichen Bewußtseins setzt eine Neuorientierung und revolutionären Wandel des bisher statisch aufgefaßten Raumbewußtseins voraus. Die Halt und Sicherheit gebende Raumwelt zerbricht. Der heutige Mensch ist sich aber der zur Verwirklichung drängenden *neuen,* bzw. *erneuernden* Kräfte noch nicht bewußt.

[1] Fritjof Capra, Der kosmische Reigen, S. 24 f.

Die integrale Bewußtseinsstruktur überdeterminiert (überbestimmt) die mentale. Ihre Realisationsweise erschöpft sich nicht im ermessenden Denken oder Vorstellen, noch im mythischen Schauen der symbolhaften Bildlichkeit der Welt, noch im Erleben der magischen Einheit und Mächtigkeit. Es geht um das *Wahren,* das stets das Ganze meint, und dank dessen das Ganze dort diaphan (durchsichtig) wird, wo es uns gelingt, uns aus den bloß räumlich begrenzten Vorstellungen zu lösen, ohne deshalb ins Mythisch-Irrationale zurückzufallen. Der menschliche Blick wird durchscheinend und läßt die großen Figurationen des Geistes erkennen; er nimmt das Sinnganze der Welt wahr.

Mit der integralen Bewußtseinsstruktur wird etwas durch etwas hindurch sichtbar oder wahrnehmbar, ohne daß das Sichtbare oder Wahrnehmbare speziell leuchten oder scheinen müßte. Der Raum wird durchsichtig, das Ganze einsehbar. Integrales Durchblicken verzichtet auf Meßbarkeit, ohne dabei ins Maßlose zu fallen. Bloße mentale Wachheit reicht zur Verwirklichung der integralen Weltsicht nicht aus, denn sie ermöglicht nur die Realisation des Teilens, des sektorhaften Sehens. Wohl aber geht es um Klarheit, denn sie ist frei von mentaler Helligkeit, mythischem Zwielicht und magischem Dunkel und damit fähig, das Ganze zu durchblicken. Das Ganze wird nicht mehr magisch-dumpf erlebt, mythisch-schillernd geschaut, noch mental-rational als eine Addition von Einzelteilen vorgestellt, sondern durch alle Bereiche hindurch wahrgenommen.

Das Sinnganze öffnet sich und wird durchsichtig, wahrnehmbar; der Ursprung wird Gegenwart. Der Ursprung, der mit jeder Bewußtseinsmutation einen intensiviert bewußten Gegenwartscharakter erhält, der Ursprung, der vom Ganzen und vom Geistigen geprägt ist und vor Zeit und Raum „liegt", wird zeitfreie Gegenwart. Diese Raum-Zeit-Freiheit der integralen Struktur ist weder magisch-vital, noch mythisch-psychisch, noch mental-rational; sie ist geistig.

Das Außerraumzeitliche ist gekennzeichnet durch bewußte Offenheit, deren Wesen kein In-Sein und auch kein Gegenüber-Sein ist, sondern Diaphanität, direkt wahrnehmbare Transparenz (Durchsichtigkeit).

Es darf und kann sich aber nie darum handeln, die Basis-Vorstellungen des Mentalen abschaffen zu wollen, sondern lediglich darum, ihren Ausschließlichkeitsanspruch zu überwinden. Wer sich des Ausschließlichkeitsanspruchs des Mentalen begeben kann, so wie es der mentale Mensch einst hinsichtlich des Mythischen vermocht hat, der verneint damit noch lange nicht das Mental-Rationale, dessen jeder Mensch für gewisse Bereiche der Wirklichkeit genauso bedarf, wie des Mythischen und Magischen.

Die neue Sicht bedingt, daß zuerst jene Fixierungen, Systeme, Erstarrungen und Materialisierungen ent-setzt werden, die das Unwesen des letzten Jahrhunderts ausmachten. Vieles des bisher rational Gesetzten, vor allem die rationalen Denkklischees und Systeme müssen defixiert, ent-setzt werden, um jener Intensivität, die zur Manifestation drängt, ein Spielfeld einzuräumen. Solange wir glauben, wir könnten Intensitäten wie die *Zeit* dadurch meistern, daß wir sie in ein System zwängen, werden sie lediglich bewirken, daß diese Systeme zerspringen.

Wir müssen uns auf unser ganzes Menschsein besinnen und jene Verbauungen und Vorstellungen beseitigen, die sich dem Neuen entgegenstellen. Nicht mehr Zahlen und Figuren, das Quantifizierbare und Systematisierte, sind der Schlüssel aller Kreaturen, sondern die echte Klarheit im freien Leben des Ursprungs. Nur eine Kraft des Geistes, aus dem göttlichen Urquell entzündet, kann eine neue Lebensquelle für die heutige Menschheit erschaffen.

Es ist das Schöpferische, die lichte, starke, geistige, tätige Urkraft, die nicht an räumlich-zeitliche Verhältnisse gebunden ist. Diese Kraft aus den Urtiefen des Weltgeschehens vermag es, alle Lebensgebiete zu durchwirken. In ihr ist der Ursprung Gegenwart, denn durch das Schöpferische wird der vorbewußte Ursprung Gegenwart. Diese Urkraft ist nicht systematisch faßbar, sondern höchstens systatisch-integral (in einer Zusammenschau) wahrnehmbar. Sie ist mehr als nur kreatives, imaginatives, intuitives, produzierendes und reproduzierendes Element. Das Schöpferische vollzieht sich im einzelnen in dem gleichen Maße wie an ganzen Generationen, sofern sie bereit sind.

Integrales Bewußtsein realisiert sich im Wahrnehmen und Wahrgeben der ,,immerwährenden Fülle'' des Ganzen, das von der geistigen Urkraft durchwirkt ist, das nicht von der mythischen Bilderwelt getrübt und nicht vom mentalen Denken beschränkt wird. Die neu in den Menschen einbrechende Kraft ist keine magische Macht; sie macht ihn nicht mächtiger, aber sie soll ihn wahrmachen; sie intensiviert die Bewußtwerdung, hebt ihn aus der Materie- und Psychegebundenheit heraus, wandelt ihn, daß ihm das Geistige durchsichtig wird.

Die integrale Welt ist eine durchsichtige geistige Welt; sie ist weder eine magisch gehörte noch eine mythisch geschaute oder eine mental gedachte Welt, wenngleich auch die bisherigen Bewußtseinsstrukturen die nötige Absprungbasis bilden, von der aus sich die integral-arationale[1)] Welt realisiert.

Der Einbruch der Zeitintensität in das perspektivische, räumliche Denken manifestiert sich auf allen Gebieten unseres Lebens als Problem. Zum aperspektivischen Bewußtsein erwachende oder dahin mutierende Menschen un-

1) Die Vorsilbe ,,a'' bedeutet in der Terminologie Gebsers nicht etwa ,,un'' oder ,,ir''. Nicht der Gegensinn, nicht die bloße Verneinung ist gemeint, sondern ein Vorgang der Befreiung ,,von etwas'' ,,zu etwas''. ,,A-rational'' beispielsweise heißt nicht ,,irrational'', sondern ,,frei von der ausschließlichen Gültigkeit des Nur-Rationalen''. Entsprechendes gilt für ,,aperspektivisch'', ,,a-logisch'', etc. (Vgl. Gebser, Ursprung und Gegenwart, S. 25 f.)

serer Tage stellen stündlich das Manko fest: „Ich habe keine Zeit."

Das Leben des Geistes ist ein Leben außerhalb der Zeit, ist das Leben in seiner Wesenheit und in seinem ewigen Prinzip. Die Zeitfreiheit, das Achron, ist die bewußte Form des archaischen, ursprünglichen Vorzeithaften. In ihr wird alles Gegenwart, konkrete und damit integrierbare Gegenwart. Wer die drei bisher grundlegenden Zeitformen (die magische Zeitlosigkeit, mythische Zeithaftigkeit und mentale Begriffszeit) realisierte, das heißt sich ihrer Wirkungsweise „am eigenen Leibe" bewußt wurde, steht — die Zeit konkretisierend — bewußt in der Vierdimensionalität.

Erst dort, wo die Zeit nicht mehr in ihre drei Phasen Vergangenheit, Gegenwart und Zukunft zerfällt, sondern zur reinen Gegenwart wird, ist sie konkret geworden. Nicht der Augenblick ist gemeint, sondern die reine Gegenwart, die Quintessenz der Zeit. *Gegenwärtigung* ist mehr als bloße Rückbindung an die Vergangenheit; sie ist auch Hereinnahme des Zukünftigen.

Mit der Verwirklichung der integralen Bewußtseinsstruktur wird die Welt transparent, da sie vom Geiste stammt, denn die Transparenz des Geistigen durchwirkt das Ganze, und das Ganze ist Transparenz (Diaphanie). Diese Diaphanie ist eine Durchsichtigkeit sowohl des mentalen Raumes als auch der Zeit, sowohl des mythischen Zwielichtes (Licht-Dunkel), sowohl der Materie als auch der Seele, sowohl des Lebens als auch des Todes. In der integralen Struktur ist das Bewußtsein mit dem Geistigen „zusammengeschmolzen".

Die Transparenz des Geistigen ist nicht sinngerichtet denkbar, sondern sinnvoll wahrnehmbar. Um diese Fähigkeit zu realisieren, muß der große, schmerzvolle Weg der Bewußtwerdung beschritten werden; besser: die Entfaltung oder Intensivierung des Bewußtseins, ein immer intensiveres Aufleuchten des Geistigen im Menschen. Das integrale Bewußtsein fordert keine neuen mentalen „Größen", „Ordnungsschemata", „Standpunkte", „Dualismen", „Systeme", „Kausalverhältnisse", „Darstellungen", „Erklärungen" oder „Philosophien", braucht weder neue mythische „Bilder", „Entsprechungen" und „Ergänzungen" noch magische „Bezüge".

An die Stelle des „Philosophems" tritt das „Eteologem", so wie ersteres einst an die Stelle des *„Mythologems"* trat. Jedes Eteologem ist Wahrung dessen, was uns aus dem Ursprung heraus durchsichtig wird. Es geht um keine Darstellung der Welt durch philosophisches Denken, sondern um ein integrales Wahrnehmen, um die reine Aussage und Wahrung. Eteologeme sind Umschreibungen der Wirksamkeit aller Manifestationen und Aspekte der aperspektivischen Zeit.

Die Realisierung des integralen Bewußtseins ist die Bewußtwerdung des Geistigen. Voraussetzung für diesen Vollzug ist die Überwindung des mentalen Recht-haben-wollens, sowie aller rationalen Ismen, wie: Perspektivismus, Dualismus, Materialismus, Positivismus, Nihilismus, Existenzialismus,

Pragmatismus, Vitalismus, Rationalismus und Spiritismus. Ferner ist es nötig, sich mit allen bisher vom Bewußtsein geleisteten Zeitformen auseinanderzusetzen, ohne sich dabei magisch verführen, mythisch blenden oder mental begrenzen zu lassen, denn nur wer zeitfrei ist, durchsieht das Ganze, dem er nicht als Teil, sondern selbst als Ganzheit angehört.

Die neue Wirklichkeit ist weder rational vorstellbar noch dualistisch-alternativ denkbar; sie kann nur arational wahrgenommen werden. Weder bloßes mentales Denken noch bloßes mythisches Schauen sind gemeint, sondern ein integral-durchscheinendes Wahrnehmen und Wahrgeben. Der Sprung in die integrale Struktur ist keine Wiederholung des schon Gewesenen, ist kein Zurück, kein Vorwärts. Integrales Bewußtsein denkt nicht nur an Dinge oder auf Dinge hin, sondern nimmt das Denken selber wahr; man hält Distanz zur mentalen Welt, ohne ins Irrationale der mythischen und ins Vorrationale der magischen Welt zurückzugleiten.

Die Welt, in der der integrale Mensch lebt, ist eine gegenwärtige und durchsichtige. Dank seines intensiven Bewußtseins ist ihm die Wirklichkeit durchsichtig; er lebt in einer das Bewußtsein steigernden Überwachheit, in Ursprung und Gegenwart; er wahrt das Ganze und das Ganze wahrt ihn.

Die integrale Bewußtseinsstruktur ist weder durch das *Patriarchat* noch durch das *Matriarchat* gekennzeichnet, sondern durch das *Integrat:* Mann und Frau sind gleichberechtigt.

Mit dem Verwirklichen der integralen Struktur muß das Ich seine Vormachtstellung aufgeben und sich bewußt in ein größeres Ganzes eingliedern, denn es geht um den *Kern,* der wahrscheinlich mit der Ursprungsgegenwart selbst identisch ist. Er ist es, der den Menschen, und zwar jeden einzelnen Menschen, bildet und formt, gestaltet oder richtet. Man nennt ihn ,,Wesenheit'', ,,Wesen'', ,,Überselbst'', ,,supramentales Selbst'', ,,Höheres Selbst'', ,,Selbst'', ,,Sich'', ,,den göttlichen Funken'', ,,den inneren Christus'', etc.

Für diesen Vollzug, den *Mutationssprung vom ,,Ich'' zum ,,Sich'',* ist es Vorbedingung, die Projektionen zurückzunehmen, durch die alle bisherigen Bewußtseinsstrukturen unbemerkt in die Außenwelt gelangen, das heißt von uns auch in der Außenwelt wahrgenommen werden können. Projektionen müssen integriert werden. Ihre Rücknahme erfolgt durch die eigene Fähigkeit des geistigen ,,Durchscheinens''. Dadurch kann die neue Mutation verstärkt zum Durchbruch kommen, eine schöpferische Kraft aus den Urtiefen des Ursprungs.

Wem es im Alltag gelingt, das Ganze über sein Ich zu stellen (ein Ich, das er deshalb noch lange nicht verlieren muß!), wer aus Ich-Freiheit heraus zu handeln vermag, dem wird die Welt und selbst der Alltag durchsichtig. Dann rücken sich die allgemeinen Umweltgegebenheiten von ,,Selbst'' zurecht; sie strukturieren sich neu.

Kapitel 4:
„Querschnitte" durch die Bewußtseinsstrukturen

Das Denken

- *des magischen Menschen* ist punkthaft und richtungslos, ist mehr ein von Emotionen durchdrungenes Erleben als ein denkendes Erkennen. Der magische Mensch lebt noch völlig ununterschieden in die Natur eingeflochten. In uns ist diese Struktur z.B. in Form eines assoziativen, analogisierenden und sympathisierenden Verflechtens wirksam.
- *des mythischen Menschen* ist ein polares Bilderdenken. Es beruht auf Anschauung und Erfahrung einer kreisförmigen, flächenhaft-zweidimensionalen Wirklichkeit. Der mythische Mensch denkt in Entsprechungen und Ergänzungen, in einem „sowohl-als-auch", das so ungeschieden ist wie die Seele selbst. Dieses Denken bewegt sich zwischen erinnerndem Schauen und entäußerndem Sagen.
- *des mentalen Menschen* ist ein duales Begriffsdenken. Was im magischen Bewußtsein eins, im mythischen polar war, wird im mentalen Denken in Gegensätze gespalten, die sich einander ausschließen. Es arbeitet mit Synthesen, den Einigungen von Thesen und Antithesen und kausallogischen Schlüssen. Die Synthese aber zerfällt wieder, weil sie selber zur These wird und somit ein Resultat eines teilenden, perspektivischen Sehens bleibt. Während das mythische Denken umschreibend sich stets wieder ergänzt, ist das mentale perspektivisch gerichtet; es beschreibt und zerlegt die Wirklichkeit in einzelne Sektoren. Dieses ausschnitthafte Sehen und Erklären fixiert den Gegen-stand, erfaßt, begreift und beweist. Der mentale Mensch denkt in einem „Entweder-oder-System", neigt leicht zu Einseitigkeiten, zu Extremhaltungen. Sein Denken strukturiert den Raum und orientiert sich an ihm: Er *über*-legt, *unter*-stellt, ordnet *unter,* faßt *auf,* setzt *aus*-einander, stellt *vor,* etc. Das mentale Bewußtsein konstruiert eine Welt der räumlichen Vor-stellung.
- *des integralen Menschen* ist ein ganzheitliches, durchscheinendes, alles zusammenfassendes und von allen Seiten durchleuchtendes Denken. Nicht die mentale Methode, das erzwungene Nacheinander hat Gültigkeit, sondern das ganzheitliche Zugleich. Die mentalen Gegensätze sind überwunden; der ganze Mensch, die ganze Wirklichkeit sind gemeint.

Raum und Zeit

- *Der archaische Mensch* lebt vorzeithaft und vorräumlich.
- *Der magische Mensch* ist zeitlos. Das Bewußtsein, noch schwach und trancehaft, schläft in nicht vorstellbarer Raum-Zeitlosigkeit. Der Mensch lebt tief versunken in der Einheit mit der Natur, der Welt, dem All. Diese Welt ist bild- und vorstellungsfern, unanschaubar und undenkbar; sie ist dunkel. Der magische Mensch ist noch ganz im Geheimnis miteinbezogen, so wie wir heute noch im Schlaf in die nächtlichen Gründe der Welt miteinbezogen sind. Er ist noch, so wie wir im Tiefschlaf, zutiefst geborgen.
- *Der mythische Mensch* lebt raumlos, aber zeitnah. Alles Geschehene ist polar sich entsprechend, ist ein sich ergänzendes Kommen und Gehen, richtungslos und kreisend. Die mythische Zeithaftigkeit ist noch in sich geschlossen, eine Zeit der Phasen und Rhythmen. Alles kehrt in sich selbst wieder zurück, kreisschließend.

  Der mythische Mensch ist noch geborgen, doch seine Geborgenheit, schon durchsetzt von den Schrecken und Seligkeiten der Träume, ist schon viel mehr ein Aufgehobensein in polar sich ergänzendem Geschehen. Die mythische Welt ist nicht mehr dunkel, sondern zwielichtig: Licht und Schatten.

  Die archaische, magische und mythische Welt sind geschichtslos, denn es gibt noch keinen gerichteten Ablauf.
- *Der mentale Mensch* sprengt die kreishaft in sich zurückkehrende Zeithaftigkeit der mythischen Struktur, zerlegt und richtet sie in ,,Vergangenheit→Gegenwart→Zukunft''. Die mentale Zeit ist zum Teiler geworden, die zerteilt und zerschneidet. In ihr zeigt sich die Zeitform, mit der wir heute leben. Unsere Begriffszeit ist eine metrische, eine messende, eine quantitative Zeit.

  Mit dem Zerreißen des (zeit- und flächenhaften) Kreises erwacht der Mensch im Raum. Die mentale Welt ist raumhaft, perspektivisch und abstrakt. Dem perspektivischen Zeitalter ist die Zeit nichts anderes als ein Maß- und Bezugssystem zwischen zwei Augenblicken. Es läßt die Zeit als Qualität und Intensität völlig unberücksichtigt.

  Der mentale Mensch erlebt weder die magische Geborgenheit noch erfährt er das mythische Aufgehoben- und Umschlossensein. An deren Stelle tritt das Bemühen um Sicherheit, die er ins Außen verlegt. Die Welt des mythischen Zwielichts wandelt sich in die der mentalen Tageshelligkeit, die als Gegensatz zur Nacht aufgefaßt wird.
- *Der integrale Mensch.* Mit der Mutation in das integrale Bewußtsein stellen sich Raum und Zeit als neues Thema, als neue Aufgabe dar. Die Zeit bricht als neu zu realisierender Faktor in das bislang statisch und mecha-

nisch verstandene Raumgefüge ein und enthebt es seiner ausschließlichen Gültigkeit.

Durch die Relativitäts-, Quanten- und Mutationstheorie ist die mentale Vorstellung der Raum- und Zeitbegrenzung ins Wanken geraten. Auch in der Tiefenpsychologie, Kunst und Technik finden sich Ansätze zu einer neuen Wahrnehmung dessen, was wir als Raum und Zeit begreifen.

Hatte für den perspektivischen Menschen die Zeit einen einseitig *materialistischen* und *quantitativen* Sinn, so wird ihr der erwachende Mensch des neuen Zeitalters vor allem auch in ihrer *qualitativen* Seite gewahr. An uns liegt es, die Zeit nicht nur rational als meßbare Uhrenzeit, sondern sie in ihrer *Intensität* wahrzunehmen.

Noch immer herrscht die Vorstellung, Zeit erschöpfe sich in einer Rechengröße. Messen aber heißt letztlich „räumlichen" — entsprechend besteht das weit verbreitete Mißverständnis, man könne die Zeit „ausfüllen", etwa wie ein Gefäß. Dies jedoch ist eine Deklassierung und Degradierung der Zeit; Zeit ist etwas in sich Erfülltes.

Die Zeit umfaßt nicht allein den mentalen Zeitbegriff. Wir erleben diese Feststellung im Grunde täglich, wenn wir sagen: „Ich habe keine Zeit". Da sie einseitig quantitativ berücksichtigt wird, erscheint sie uns als Problem.

Die Zeit umfaßt nicht allein den mentalen Zeitbegriff, sondern äußert sich, „ihrer jeweiligen Manifestationsmöglichkeit entsprechend, unter den verschiedensten Aspekten als: Uhrenzeit, Naturzeit, kosmische Zeit oder Sternenzeit; als biologische Dauer, Rhythmus, Metrik; als Mutation, Diskontinuität, Relativität; als vitale Dynamik, psychische Energie (und demzufolge in einem gewissen Sinne als das, was wir ‚Seele' und ‚Unbewußtes' nennen), mentales Teilen; sie äußert sich als Einheit von Vergangenheit, Gegenwart und Zukunft, als das Schöpferische, als Einbildungskraft, als Arbeit, selbst als Motorik. Nicht zuletzt aber muß, nach den vitalen, psychischen, biologischen, kosmischen, rationalen, kreativen, soziologischen und technischen Aspekten der Zeit auch ihres physikalisch-geometrischen Aspektes gedacht sein, der die Bezeichnung ‚vierte Dimension' trägt."[1)]

Der heutige Mensch wird dann frei von dem „Zeitdruck" — wie er es erlebt —, wenn er realisiert, daß Zeit alle bisherigen Zeitformen mitmeint. Erst die Anerkennung aller den Menschen mitkonstituierenden Zeitformen entrückt ihn der ausschließlichen Gültigkeit der mentalen Zeitform, schafft Distanz und befähigt ihn zu ihrer Integrierung. Der Mut, die praerationale, magische Zeitlosigkeit und die irrationale, mythische Zeithaftigkeit neben dem rationalen, mentalen Zeitbegriff als wir-

1) Gebser, Ursprung und Gegenwart, S. 382

kend anzuerkennen, ermöglicht den Sprung in die arationale Zeitfreiheit.

Doch statt eine Zeitklarheit, die letztlich Zeitfreiheit ist, zu erreichen, unterliegen wir dem Zeitrausch, dessen Spiegelbild die Zeitangst ist, die uns beherrscht.

Die Vierdimensionalität der neuen Bewußtseinsstruktur stellt in „letzter Konsequenz eine Integration der Dimensionen dar; damit wird sie zu einer aperspektivischen Welt, die sowohl raumfrei als zeitfrei ist, d.h. in der unser Bewußtsein frei (bzw. befreit) über alle latenten und akuten Formen des Raumes und der Zeit verfügen kann, ohne sie abzuleugnen, aber auch ohne ihnen gänzlich unterworfen zu sein."[1)]

1) Jean Gebser, Ursprung und Gegenwart, S. 175

Kapitel 5:

Historischer Überblick

An dieser Stelle erscheint es mir angebracht, die Gedanken Jean Gebsers durch ein Kapitel mit eigenen historischen Betrachtungen zu ergänzen.[1)]

Vorbetrachtungen

Wer sich auf eine Reise durch die Geschichte begibt und an den zahlreichen Geschehnissen vorüberkommt, kann leicht durch die Fülle der Ereignisse verwirrt werden. Lenkt man dagegen die Aufmerksamkeit von der Oberfläche der vielfältigen Lebenserscheinungen auf den gemeinsamen Hintergrund, so entdeckt man ein Ordnungsgefüge, in dem das scheinbar unverbundene Weltgeschehen in einem Sinnzusammenhang steht. Diese Ordnung ist die Struktur des menschlichen Bewußtseins. Mit der Kenntnis der jeweils in einer Epoche vorherrschenden Bewußtseinsstrukturen ist die Möglichkeit gegeben, die historischen Geschehnisse leichter zu durchschauen.

Geschichtlich-kulturelle Ereignisse sind stets Folgewirkungen erwachter Bewußtseinsmöglichkeiten. Zunächst jedoch werden diese Möglichkeiten nach außen projiziert und erst dann wird sich der Mensch ihrer über das Äußere bewußt. Mit anderen Worten: Jeder Bewußtwerdung geht die Ent-Äußerung (Projektion) dessen voraus, was bewußt werden soll oder will. Das Bewußtwerden hat nachholenden Charakter.

Wenn in einer Mutation „neue" Bewußtseinsmöglichkeiten zur Wirkung gelangen und damit auch zu geschichtlichen Ereignissen führen, ist damit nicht gesagt, daß sie vorher nicht vorhanden waren. Es ist immer schon alles dagewesen, doch jeweils auf eine andere Weise, in einem anderen Lichte, in einer anderen Bewertung, in einer anderen Verwirklichung, in einer anderen Sichtbarwerdung. So gab es auch immer schon frühe schöpferische Ansätze zu etwas, das sich nicht verwirklichen konnte. Alle diese Ansätze sind Vorausnahmen späterer Blüten, sind Keimlinge, die zu ihrer Zeit aus Mangel an Nährboden infolge fehlender Aufnahmefähigkeit der damaligen Epoche nicht sogleich wirklich, also nicht sogleich wirkend zu werden vermochten.

1) Die geschichtlichen Daten entstammen weitgehend dem dtv-Atlas zur Weltgeschichte, München 1973

Jede Entdeckung des Menschen entspricht einem besonderen Bewußtseinszustand, einer besonderen Bewußtseinsstruktur. Es wird im Außen nie etwas ent-deckt, wofür das Bewußtsein noch nicht erwacht ist. Erst was dem Bewußtsein klar und deutlich ist, ist akut wirksam. Solange gewisse Zusammenhänge unbewußt sind, sind sie zumeist mehr latent als wirksam gegenwärtig.

So hat es beispielsweise die drei transsaturnischen Planeten Uranus, Neptun und Pluto gegeben, bevor man ihrer nach 1781 ansichtig wurde, hat es das Strukturgefüge des Atoms gegeben, bevor die neue Kernphysik es entdeckte. Aber die Auswirkungen dieser kernphysikalischen Entdeckung auf unser tägliches Leben wurden erst möglich und damit akut wirksam, als die kernphysikalische Forschung sah, daß das Atom nicht die letzte Energie-und Materieeinheit ist, sondern seinerseits aus anderen, bisher als undenkbar erachteten subatomaren Elementarteilchen besteht. Gleichermaßen löste das durch die transsaturnischen Planeten gesprengte System erst dann Konsequenzen in unserem Bewußtsein aus und wurde wirksam, als unser Bewußtsein diese alte Gegebenheit entdeckte.

Die folgenden historischen Daten beginnen mit dem Erwachen der mentalen Bewußtseinsstruktur und damit auch mit dem Erwachen eines Geschichtsbewußtseins, das die Zeit in ihrem Verlauf richtet und in die Phasen Vergangenheit-Gegenwart-Zukunft aufteilt.

Das Erwachen des mentalen Raumbewußtseins

Was sich etwa 500 v. Chr. in Griechenland vollzog, wird um 1250 n. Chr. für den europäischen Menschen Wirklichkeit: Er erwacht in Raum und Zeit. Das flächen- und kreishafte mythische Bewußtsein wird um eine weitere Dimension, die räumliche, intensiviert. Der Raum wird in seiner Perspektive ansichtig, die Zeit in ihrem gerichteten Verlauf. Als im Menschen die ersten Anzeichen eines Raumbewußtseins aufleuchten, entdeckt er die Landschaft. Eindrucksvolle Beschreibungen dieser Entdeckungen finden sich in den Aufzeichnungen von Francesco Petrarca, in denen er ab etwa 1336 seine Erfahrungen festhält. Mit dem Erwachen des Raumbewußtseins erwacht auch das Bedürfnis, die Zeit zu messen. 1283 wird die erste Uhr der Öffentlichkeit zugänglich.

Inneres Erwachen bedingt ein äußeres. Der Mensch, dessen Bewußtsein um eine weitere Dimension bereichert wird, sieht plötzlich auch in der Welt neue, bisher ungeahnte Möglichkeiten. Während sich das neue Bewußtsein seine Bahn bricht, hat dies in der Welt entsprechende Aus-wirkungen: Das Zeitalter der Entdeckungen und Erfindungen bricht an.

	Astronomie:
Ab 1475	berechnet Regiomontanus die täglichen Gestirnsstände (Ephemeriden)
1492	entwirft Martin Behaim den ersten Globus
1507	veröffentlicht Nikolaus Kopernikus das mathematisch noch unbewiesene heliozentrische Sonnensystem und aktualisiert damit den Gedanken des Pythagoras, daß die Erde eine Kugel ist
Bis 1600	Giordano Bruno (1546-1600) erweitert dieses System durch die pantheistische Vorstellung von einem unendlichen Universum ohne Mittelpunkt
Vor 1600	Tycho de Brahe (1546-1601) errichtet das erste Observatorium und führt die moderne Astronomie weiter
Um 1600	Johannes Kepler (1571-1630) weist die Ellipsenbahn der Planeten nach und sprengt damit die alte mythische Kreisvorstellung
1610	entwickelt Kepler das erste astronomische Fernrohr
1669	entwickelt Newton ein Spiegelteleskop
	Waffen:
Seit dem 14. Jh.	werden Feuerwaffen verwendet: Die Geschosse durchdringen den ,,Raum''
	Bildungswesen:
1445	erfindet Johann Gutenberg den Buchsatz: Durch die Verbreitung von Wissen eröffnen sich für das Unterrichts- und Bildungswesen neue Möglichkeiten; der alte Horizont ist nun sprengbar
	Medizin:
Um 1500	Paracelsus (1493-1541) reformiert die Medizin; er erkennt die chemischen und physikalischen Grundlagen des Lebens
Im 17. Jh.	William Harvey (1578-1657) begründet die Lehre vom Blutkreislauf, nachdem bereits Servetus (1511-1553) erkannte, daß Blut entgegen der Meinung Galens nicht durch

	die Herzscheidewände, sondern durch die Lungen fließt.
1590	entwickelt Zacharias das Mikroskop
Im 16. Jh.	Andreas Vesalius (1515-1564) entdeckt den Körperraum. Dieser hatte in Leonardo da Vinci (1452-1519) und Alkmaion (Antike) berühmte Vorgänger, die bereits Sektionen von Leichen vornahmen

Die Eroberung des Raumes findet zu Wasser, auf dem Land und sogar in der Luft statt. Durch die Verbesserung des Kompasses und der Navigationsgeräte (seit dem 14. Jh.) kann die Küstenfahrt zur Seefahrt ausgedehnt werden. Heinrich der Seefahrer (1394-1460) richtet die erste Seefahrtsschule ein.

1487	umsegelt Bartolomeo Diaz die Südspitze Afrikas (Kap der Guten Hoffnung)
1492	entdeckt Kolumbus die Karibischen Inseln
1498	findet Vasco da Gama den Seeweg nach Indien
1513	erreicht Balboa als erster Europäer den Stillen Ozean, nachdem er die Landenge von Panama durchquerte
1519-21	erbringt Magalhaes durch seine Erdumsegelung den Beweis für die Kugelgestalt der Erde
1577-80	erfolgt die zweite Erdumsegelung durch Francis Drake

Mit der Verbesserung der Seefahrt können die Europäer bislang unbekannte Kontinente erreichen und auch zu Land neue Entdeckungen machen.

1519-21	wird das Aztekenreich erobert
1531-34	erfolgt die Unterwerfung des Inka-Reiches
1535-38	erobert Quesada Kolumbien
1544	durchquert Orellana den südamerikanischen Kontinent (über den Flußweg Maranon-Amazonas)
1540-54	wird Chile durch Valdivia entdeckt
1642-59	entdeckt Abel Tasman die Mauritius-Inseln, Vandiemensland, Neuseeland und NW-Neu-Guinea
1721-22	entdeckt Roggeveen die Osterinseln, Samoa und die Salomonen

1766-68 werden Polynesien und Melanesien durch den Weltumsegler Bougainville entdeckt

1768-79 macht James Cook wissenschaftliche Seereisen nach Australien und erforscht die Ostküste

Um 1600 sind dem Abendländer bereits 49 % der Erde und 32 % ihrer Landfläche bekannt; um 1800 sind es 83 % der Erde und 60 % der Landfläche. Nach den ersten Entdeckungen bislang unbekannter Erdteile beginnt der Aufbau der Kolonialreiche. Die Erde wird europäisiert, der Welthandel gesteigert. Durch die Entdeckungen vermehrt sich die Kenntnis über Kulturen anderer Völker, was eine Erweiterung des geistigen Gesichtskreises zur Folge hat. Es kommt Kunde von fremden Ländern, anderen Menschen, von seltenen Pflanzen und Tieren. Die Wissenschaften, vor allem die Erd- und Völkerkunde, Astronomie und Philosophie intensivieren ihre Forschungen. Man wendet sich mit erwachender Neugier allem Neuen zu.

Der in Raum und Zeit erwachende Mensch erforscht nicht nur Meer und Festland, sondern beginnt — wenn auch noch auf sehr unvollkommene Weise — die Luft zu „erobern": Die ersten „Flugmaschinen" entstehen.

Das Erwachen des integralen Bewußtseins

Sieben Jahre vor der Französischen Revolution zerreißt das bloß statische und räumliche Gefüge, das seit 1500 n. Chr. das mentale Bewußtsein des europäischen Menschen prägte. James Watt erfindet 1782 die Dampfmaschine. Mit der Erzeugung motorischer Kraft kommt das dynamische Prinzip zur Geltung, und mit ihr die Zeit. Dieses erste Aufleuchten des dynamischen Zeitfaktors verwandelt jedoch nicht zugleich das statische Bewußtsein der Menschen. Was gegen Ende des 18. Jh. aufleuchtete, intensiviert sich im 19. Jh. und kommt erst im 20. Jh. in dem Moment endgültig zum Durchbruch, als der Mensch feststellt: „Ich habe keine Zeit".

Seit dem 19. Jh. bahnt sich der Menschengeist seinen Weg in die „Tiefen" der Schöpfung und ent-deckt dabei Dimensionen, die vorher nicht zu existieren schienen. Mit wachsender Geschwindigkeit durchschreitet er die letzten räumlichen Möglichkeiten, während er bereits in die unräumlichen „Tiefen" des Mikro- und Makrokosmos vorstößt, in denen der dreidimensionale Raum seine ausschließliche Bedeutung verliert. Die mentale Welt-Vorstellung erschöpft sich, eine andere weist in ihren ersten vierdimensionalen Ansätzen bereits auf unermeßliche neue Möglichkeiten der Weltsicht hin. Im Großen und Kleinen öffnen sich ihm bislang ungeahnte Möglichkeiten der Lebensgestaltung. Mit der Französischen Revolution zerreißen die alten gesellschaftlichen Bande; der Weg zu Neuem ist frei. Auch das alte Siebenersystem „Merkur, Venus, Erde, Mars, Jupiter, Saturn und Sonne'' wird gesprengt und überschritten: 1781 wird der Uranus, 1846 der Neptun entdeckt. Seit dem 19. Jh. erwacht der menschliche Forschergeist zu immer größerer Aktivität:

Um 1830	werden achromatische Mikroskope allgemein gebräuchlich. Dadurch wächst die Zuverlässigkeit mikroskopischer Beobachtungen.
1841	wird die erste allgemeine Gewebelehre auf mikroskopischer Basis begründet. Rudolf Virchow vertritt die Auffassung vom Sitz der Krankheit in der Zelle.
1852	entdeckt Remak die Zellteilung
1858	weist Louis Pasteur die Zersetzung der Stoffe durch Mikroorganismen nach
Ab 1865	begründet Mendel die Vererbungsregeln
1878	führt Robert Koch den Nachweis für die Erreger von Infektionskrankheiten

Neue Verkehrsmittel werden entwickelt. Nach der Erfindung der Dampfmaschine durch Watt (1769) entwickelt Montgolfier 1783 den Heißluftballon und Fulton 1807 das erste Dampfschiff.

1876	wird durch Otto der Viertaktmotor gebaut
1885	können Daimler und Benz den ersten Kraftwagen entwickeln

Auch in der Nachrichtenübermittlung werden Raum und Zeit in neuer Weise gemeistert.

1837	erfindet Morse den Schreib-Telegraph
1876	entwickeln Bell und Gray das erste Telephon

Für das Bauwesen eröffnen sich ebenfalls neue Möglichkeiten. Mit der Erfindung des Eisenbetons legt Monier 1867 den Grundstein für den späteren Stahl- und Spannbeton, der es ermöglicht, „größere Räume'' zu bebauen. 1867 entwickelt Nobel das Dynamit. Damit ist es möglich geworden, den Raum auch gewaltsam zu sprengen.

Das 19. Jh. kann auch als das Zeitalter der Nationalstaaten, des Imperialismus, Kolonialismus und Hochkapitalismus bezeichnet werden. Die Großmächte kämpfen um die wirtschaftlich-politische Aufteilung der Welt. 1847 verkündet Karl Marx das Kommunistische Manifest. Als Gegenreaktion zur industriellen Ausbeutung formieren sich Gewerkschaften. Die Gesellschaft wird als ein Organismus begriffen.

Mit dem Beginn des 20. Jh. kommen die Kräfte des integralen Bewußtseins in ihren ersten Ansätzen deutlicher zum Vorschein. Die neuen Erfindungen und Entdeckungen öffnen den Weg zu einem total neuen Verständnis der Welt.

1900	stellt Planck seine Quantentheorie auf
1900	publiziert Freud seine Traumdeutung
1902	formuliert de Vries die Mutationstheorie
1905	veröffentlicht Einstein die erste Relativitätstheorie
1905	hält Freud die ersten Vorlesungen über die Psychoanalyse
1909	begründet Morgan die Tierpsychologie
1912	begründet Lenz die Humangenetik
1914	erweckt Watson die Verhaltensforschung
1925	begründen Heisenberg, Born und Jordan die Quantenmechanik
1926	begründet Schrödinger die Wellenmechanik
1938	gelingt Hahn und Straßmann die künstliche Kernspaltung
1942	entwickelt Fermi den ersten Atomreaktor

In immer kürzeren Zeitabständen entdeckt der Mensch neue Möglichkeiten. Damit aber wird auch die Lebensweise des einzelnen in immer kürzeren Zeitintervallen in zunehmendem Maße beeinflußt und verändert.

Mit Hilfe neuer Transportmittel sind Expeditionen durchführbar, die sich auf die Erforschung der noch unbekannten Gebiete der Erde konzentrieren. Der Mensch besteigt die letzten, bislang noch unzugänglichen Gebirge, durchquert Wüsten und wagt sich in die Wildnis der großen Dschungel. Auch die Eiswüsten bleiben seinen Augen nicht verborgen.

1903-06	erkundet Amundsen die Nordwestpassage der Arktis
1909	landet Peary in Polnähe
1921-24	erfolgt die Thale-Expedition Rasmussens von Grönland zur Beringstraße
1926	fliegt Byrd von Spitzbergen zum Pol

1926	fliegt Nobiles mit Amundsen und Ellsworth von Spitzbergen über den Pol nach Alaska
Ab 1906	wird Grönland erforscht
1901-03	findet unter Drygalski eine deutsche Südpolexpedition statt
1902-04	erforscht Scott das Victoria-Land
1909	nähert sich Shackleton bis auf 200 m dem Pol
1912	erreicht Scott den Südpol

Immer mehr Expeditionen starten. Die ersten Flugzeuge erheben sich in den Luftraum, überfliegen unwegsame Gebiete und verkürzen die Reisezeit. Mit Hilfe von Eisbrechern und Kraftfahrzeugen kann der Mensch die letzten unbekannten Teile der Erde erreichen. Er vertieft die Kenntnis über Asien (Tibet, Gobi), Afrika (Arabien, Sahara) und Südamerika (Brasilien, Venezuela, Guayana).

1900	baut Zeppelin sein erstes Luftschiff
1903	gelingt den Gebrüdern Wright ihr erster Motorflug
1915	konstruiert Junkers das erste Ganzmetallflugzeug
1932	erreicht Auguste Piccard in einem Ballon die Höhe von 16.940 m.

Das Forschen zielt nicht nur in die *Weite*, sondern wendet sich auch den *Tiefen* der Welt zu. Mit der Raumfahrt, also seit 1953, wird der zunächst in seiner *Weite* durchquerte Luftraum in die *Tiefe* des Weltalls hinein durchstoßen.

Zu Land vervollkommnen sich Straßen- und Schienennetz. Auch auf dem Festland drängt es den Menschen nicht nur in die *Weite*, sondern er wendet sich nun auch verstärkt den *Tiefen* zu: Höhlenforschung, Tunnelbau und Bergbau werden intensiviert. Später treten die Tiefenbohrungen hinzu: Die Erdschichten werden in die Tiefen neuer Räume hinein durchstoßen.

Auch zu Wasser drängt er nicht nur in die *Weite*. Nachdem Semeaton 1778 die Taucherglocke entwickelte, Bauer 1850 ein Tauchboot baute, kann der Mensch des 20. Jh. auf diesen Vorläufern aufbauend in die *Tiefen* des Meeres hinabtauchen. Im Jahre 1953 erreicht der Physiker Piccard die Meerestiefe von 3150 m. Mit den neuen technischen Möglichkeiten eröffnen sich für die Ozeanographie die Wege der Tiefseeforschung.

Überall intensiviert sich im Menschengeist das Bedürfnis, die *Tiefen der Welt*, des Lebens, ja der Schöpfung zu erforschen. In den Sozialwissenschaften legt er die Strukturen gesellschaftlicher Verflechtungen frei. Die Altertumsforschung dringt in die Tiefen der Vergangenheit, geht den Kulturen längst vergessener Zeiten nach und befreit die noch erhaltenen Zeugnisse vom Staub des Weltgeschehens. Ruinen werden ausgegraben, alte Schriften der Weltreligionen wiederentdeckt und in Buchform der Öffentlichkeit zugänglich gemacht. Gleichzeitig begibt sich die Phantasie in die Tiefen der Zukunft: Science-fiction tastet die Möglichkeiten ab, die sich realisieren könnten.

Parallel zu den Erfindungen und Entdeckungen wächst das Wissen an, dessen Fülle immer weniger überschaubar wird. Die Wissenschaften verzweigen sich mehr und mehr; Spezialwissenschaften entstehen. Vom Erfolg bestätigt wendet sich der Menschengeist immer neuen Gebieten zu. Die Technik, einst durch die Naturwissenschaften ins Leben gerufen, hält Einzug in alle Lebensbereiche. Überall mehren sich Kenntnisse und Erkenntnisse. Eine Neuerung überholt die andere.

Die Erforschung der Tiefendimensionen des Mikro- und Makrokosmos hat den Wissenshorizont des Menschen beachtlich ausgeweitet. Sein Geist dringt in die *Tiefen des Universums* und wendet sich gleichzeitig den *Tiefen der Mikrowelt* zu. Biologen klären zunehmend die Funktionsweise der Zellen; der genetische Code wird entdeckt. Physiker und Chemiker erforschen die Strukturen der Atome und Moleküle.

Die Expansion in die *Tiefen der Schöpfung* dauert an. Der Forschergeist befaßt sich jedoch nicht nur mit der sichtbaren, materiellen Erscheinungswelt, sondern versucht gleichzeitig die Strukturen des Unsichtbaren, der unsichtbaren Wirklichkeit zu ergründen.

Produktionskapazität erweist sich als Bumerang: Sie trieb die einträglichste industrielle Sparte, die Rüstungsindustrie, zur Hochblüte.

Das Mentale ist ausgeschöpft, sein Träger erschöpft. Der Rationalist, der Mensch also, der weit überwiegend in Quantitäten denkt, er ist als rationaler Un-Mensch vermaßter und technisierter Art der defizient-mentale Mensch unserer Tage. Sein Denken ist kein lebendiges mehr, sondern ein totes, mechanisches.

Die Mehrzahl der Menschen heute vernachlässigt den Erwerb innerer Sicherheit. Äußere Sicherheiten, wie Besitz, Auskommen und Bankkonto, also anonyme Versicherung, ersetzen ihnen trügerisch die lebenspendende, lebensnotwendige Sicherheit in sich selber: Was dem Herzen eingeschrieben sein sollte, das steht schwarz auf weiß in irgendeiner Police — sie ist aber keine Gewähr. So lebt ein jeder aus der ihm gemäßen Quelle des Daseins, wobei viele gar nicht merken, daß das, was sie für Quellen halten, nur stehende Gewässer sind, aus denen sie zwar schöpfen, ohne aber deshalb selber schöpferisch zu sein.

Jede zu weit gehende Betonung der materiellen Seite des Lebens züchtet, ja überzüchtet die *Egozentrik*, bis sie schließlich in vollständige Beziehungslosigkeit ausartet. Ein Mensch aber, der zeit seines Lebens alle Erfahrungen, die er macht, nur dahin ausnutzt, seine Ichsucht zu steigern und zu befriedigen, schnürt sich selber von den echten Bezügen ab: von denen zu seinem eigenen Wesen, von denen zum Mitmenschen und von den ewigen Werten. Der Inhalt seine Lebens wird dürftig; dürftig wird, was er aus seiner Erfahrung lernt; armselig wird sein Ich, das minderen Werten nachjagt und ihn unfähig macht für sein innerstes menschliches Wesen.

Die Ichsucht, die es sich nicht eingestehen will, daß tiefer als das Ich größere Werte als das Ichhafte schlummern, diese Ichsucht, die sich vor dem Ungreifbaren ängstigt, ist ein Beweis für die Liebesunfähigkeit, aus der die mangelnde Erfahrung erwächst. Die eigenen großen Krisen werden aus Erfahrungsmangel und Erfahrungsangst übersprungen; sie gerade sollten Anlaß zum Reifen sein. Die Folge der Ichsucht ist die Flucht vor den inneren, den geistigen Werten, in die äußeren Werte. Diesen zu verfallen heißt aber, beziehungslos zu werden. Daß Materialismus und die zunehmende Beziehungslosigkeit eine große Gefahr bedeutet, ist heute eine schon beinahe globale Erfahrung.

Der Weg des Menschen sollte von der *Ichlosigkeit* über die *Ichhaftigkeit* zur *Ichfreiheit* führen. Die meisten glauben, ein Ich zu besitzen, weil sie es in ein Du projizieren; das ist ein Scheinbesitz und dazu noch eine Vergewaltigung des Du. Andere verwechseln die stets beziehungslose Egozentrik mit Ichhaftigkeit. Egozentrik aber ist nur der Ausdruck eines nie aus dem Wir zum Du erwachten Infantil-Ego. Unter Ichhaftigkeit dagegen sollte man die primäre Ichbehauptung und Ichstärkung verstehen: Sie schließt stets echte,

Kapitel 6:
Niedergang der mentalen Bewußtseinsstruktur

Jeder Bewußtseinsstruktur scheint es zu eigen, daß sie anfänglich qualitativ höherwertig (effizient) ist und dann eine allmähliche Entwertung (Defizienz) einsetzt. Das lebendige mentale Denken hat sich zu einem mechanischen, nichts-als-teilenden rationalen Denken verfinstert.

Für die heutigen rationalen *Materialisten, Pragmatisten* und *Existentialisten*, die in ihrer Anbetung der Materie, des Nutzens, des Erfolges und der nackten Existenz erstarren, hat außer diesen fragwürdigen Werten nichts mehr Wert. Nach der Todsagung Gottes wurde konsequenterweise auch die Todsagung des Menschen vollzogen. Sie machten Menschen oder menschliche Institutionen wie den Staat zur Maschine und begeisterten sich selber an den Automatismen, an den leeren, sinnlosen Bewegungen der Maschinen.

Der „moderne Mensch" ist ein verlorener, von allen lebendigen Bindungen und Werten abgeschnittener Sklave, der vielleicht mit Hunderten von Maschinen sachgerecht umzugehen weiß, sie aber nicht sinnvoll in seinen Lebensprozeß einzuordnen versteht. Sein Modernitätsrausch ist jene Lüge, die alle Werte vernichtet, welche vom Ursprung her das innerste Wesen des Menschen ausmachen. Diese Werte, nenne man sie nun ethische, sittliche, religiöse, humane oder göttliche, sind und bleiben die ausschlaggebenden. Wer sie verneint, begibt sich seines Menschseins.

Die Entwurzelung und Heimatlosigkeit des heutigen Angestellten und Arbeiters, die Entfremdung vom Kunstempfinden und die anrüchig gewordene Sachlichkeit, bzw. Nüchternheit des heutigen Büro- und Fabrikmenschen sind nur allzu deutliche Beweise für den Verlust an wahren Werten, an Natur und Kultur. Es ist ein alarmierender Verlust an Menschsein, denn der Mensch wird mehr und mehr entpersönlicht — er wird statistisch erfaßt, wird zum Objekt, zur Nummer. Wenn das so weitergeht, ist er übermorgen eine Null, und das große Nichts, an dem sich schon heute die Existentialisten und die Totensänger der Kultur berauschen, wird tragische Wirklichkeit.

Die Übertreibung der sogenannten materiellen Werte hat sich bitter gerächt. Der übertriebene Nützlichkeitsstandpunkt hat sich, überspitzt, ins Gegenteil verkehrt. Die aus Nutzsucht übersteigerte maschinelle und technische

Produktionskapazität erweist sich als Bumerang: Sie trieb die einträglichste industrielle Sparte, die Rüstungsindustrie, zur Hochblüte.

Das Mentale ist ausgeschöpft, sein Träger erschöpft. Der Rationalist, der Mensch also, der weit überwiegend in Quantitäten denkt, er ist als rationaler Un-Mensch vermaßter und technisierter Art der defizient-mentale Mensch unserer Tage. Sein Denken ist kein lebendiges mehr, sondern ein totes, mechanisches.

Die Mehrzahl der Menschen heute vernachlässigt den Erwerb innerer Sicherheit. Äußere Sicherheiten, wie Besitz, Auskommen und Bankkonto, also anonyme Versicherung, ersetzen ihnen trügerisch die lebenspendende, lebensnotwendige Sicherheit in sich selber: Was dem Herzen eingeschrieben sein sollte, das steht schwarz auf weiß in irgendeiner Police — sie ist aber keine Gewähr. So lebt ein jeder aus der ihm gemäßen Quelle des Daseins, wobei viele gar nicht merken, daß das, was sie für Quellen halten, nur stehende Gewässer sind, aus denen sie zwar schöpfen, ohne aber deshalb selber schöpferisch zu sein.

Jede zu weit gehende Betonung der materiellen Seite des Lebens züchtet, ja überzüchtet die *Egozentrik*, bis sie schließlich in vollständige Beziehungslosigkeit ausartet. Ein Mensch aber, der zeit seines Lebens alle Erfahrungen, die er macht, nur dahin ausnutzt, seine Ichsucht zu steigern und zu befriedigen, schnürt sich selber von den echten Bezügen ab: von denen zu seinem eigenen Wesen, von denen zum Mitmenschen und von den ewigen Werten. Der Inhalt seine Lebens wird dürftig; dürftig wird, was er aus seiner Erfahrung lernt; armselig wird sein Ich, das minderen Werten nachjagt und ihn unfähig macht für sein innerstes menschliches Wesen.

Die Ichsucht, die es sich nicht eingestehen will, daß tiefer als das Ich größere Werte als das Ichhafte schlummern, diese Ichsucht, die sich vor dem Ungreifbaren ängstigt, ist ein Beweis für die Liebesunfähigkeit, aus der die mangelnde Erfahrung erwächst. Die eigenen großen Krisen werden aus Erfahrungsmangel und Erfahrungsangst übersprungen; sie gerade sollten Anlaß zum Reifen sein. Die Folge der Ichsucht ist die Flucht vor den inneren, den geistigen Werten, in die äußeren Werte. Diesen zu verfallen heißt aber, beziehungslos zu werden. Daß Materialismus und die zunehmende Beziehungslosigkeit eine große Gefahr bedeutet, ist heute eine schon beinahe globale Erfahrung.

Der Weg des Menschen sollte von der *Ichlosigkeit* über die *Ichhaftigkeit* zur *Ichfreiheit* führen. Die meisten glauben, ein Ich zu besitzen, weil sie es in ein Du projizieren; das ist ein Scheinbesitz und dazu noch eine Vergewaltigung des Du. Andere verwechseln die stets beziehungslose Egozentrik mit Ichhaftigkeit. Egozentrik aber ist nur der Ausdruck eines nie aus dem Wir zum Du erwachten Infantil-Ego. Unter Ichhaftigkeit dagegen sollte man die primäre Ichbehauptung und Ichstärkung verstehen: Sie schließt stets echte, mitmenschliche Beziehung ein und kann an der vom Individuum aufgebrachten (echten) Rücksicht gemessen werden. So gesehen führt die Ichfindung zur Ichhaftigkeit, und nur diese kann, sofern sie nicht in der Egozentrik steckenbleibt, zur Dufindung führen.

Da jede echte Ich-Du-Beziehung das menschliche Gegenübersein in ein Miteinander verwandelt, kann von hier aus der Abbau der Ichhaftigkeit erfolgen, jene Ichüberwindung, die nicht etwa den Ichverlust nach sich zieht, sondern in die Ichfreiheit führt. Doch wie viele von uns überwanden ihr Ich? Es gibt also Arbeit genug, höchst mühsame Arbeit an uns selber. Jeder einzelne muß leisten, was in den Bewußtwerdungsmöglichkeiten der Menschheit liegt und vorgegeben ist.

Dem einzelnen sollte es gelingen, sowohl den Persönlichkeitskult als den Persönlichkeitsverlust zu überwinden. Diese Aufgabe ist groß und schwer, ist aber weniger groß und schwer als es scheinen mag, denn wer ja zu ihr sagt, sagt zugleich auch ja zu den Kräften, die die neue Form des Menschseins vorbereiten. Und diese Kräfte werden ihn auch stützen.

Kapitel 7:
Defiziente Bewußtseinsstrukturen

Wenn die vorherrschende Bewußtseinsstruktur einer Menschheitsepoche erschöpft ist, verfällt sie in einer quantitativ-defizienten Entwertung. Daß dies auch heute geschieht, ist im vorigen Kapitel aufgezeigt worden. Betrachtet man die Geschehnisse dieser Zeit etwas genauer, so wird man nicht nur auf defiziente rationale Elemente aufmerksam, sondern ebenfalls auf die Auswirkungen der entwerteten ,,alten'' Bewußtseinsstrukturen, die nach wie vor in jedem von uns wirksam sind.

Es scheint, daß die Krisensituationen während einer Mutation alles Bisherige mit aufwirbeln und der Mensch des Übergangs dazu neigt, in seiner Unsicherheit und Unbewußtheit dem sich vollziehenden Geschehen gegenüber, nicht nur der entwerteten Struktur seiner Epoche zu verfallen, sondern gleichermaßen den Wirkungen der defizienten ,,alten'' Strukturen zu erliegen. In diesem Kapitel soll gezeigt werden, auf welche Weise der heutige Mensch — unbewußt — die defizienten Kräftewirkungen der verschiedenen Bewußtseinsstrukturen auslebt.

Die defiziente magische Bewußtseinsstruktur

In ihr taucht der Mensch in die magische Ich-Losigkeit zurück, was einer Ent-Persönlichung gleichkommt. Dies geschieht heute auf vielfältige Weise.

— Vielerorts kann heute ein starkes *Bedürfnis nach Okkultem* beobachtet werden. In spiritistischen Sitzungen beispielsweise gibt man sich auf zweifelhafte Weise den Kräften hin, die ,,jenseits'' unseres Verstandes, ,,jenseits'' unserer mental-rationalen Bewußtseinsstruktur wirken. Das Zweifelhafte liegt nicht etwa in der Existenz okkulter Phänomene selbst, sondern in der Ich-Aufgabe dessen, der sie in solchen Sitzungen heraufschwört. Der Mensch sinkt in Trance, versklavt sich und entledigt sich seiner Persönlichkeit. Damit aber entmündigt er sich. In der magischen Verflochtenheit ist alles ungerichtet, ist der Mensch — wenn er sich in mediale Zustände begibt — zu keiner Verantwortung mehr fähig. Ohne es bewußt zu wollen, suchen heute viele Menschen instinktiv die Konfrontation mit Okkultem. Ihr eigentliches Anliegen ist in den meisten Fällen die Flucht vor der Wirklichkeit, der Auseinandersetzung mit sich selbst.

— Den defizienten Wirkungen des Magischen verfällt der heutige Mensch auch überall dort, wo er es zuläßt, *hörig* zu werden. Er gibt seine Individualität auf und degradiert sich zu einem ichlosen Objekt, das in einer anonymen Masse untergeht. Der Mensch wird zum bloßen Mitläufer, unkritisch und namenlos — sei es in Sekten, in Vereinen, im Militärischen, in Volksversammlungen oder anderen Großorganisationen. Die magische Bitte kann sich dabei bis zu einem blinden *Fanatismus* steigern. Alles, was nach Gleichheit und Einheit klingt, zieht ihn an, denn sein unbewußtes Ziel ist die Flucht vor der Verantwortung, der er sich dadurch zu entziehen sucht, daß er seine Individualität in *Nivellierungsstreben* und *Gleichmacherei* aufgibt. Typische Merkmale des defizient Magischen sind die starke, ungezügelte Emotionalität und das Bedürfnis nach Macht, das sich schnell in einen Ausschließlichkeitsanspruch intolerantester Art hineinzusteigern vermag.

— Auch in dem häufigen Gebrauch von *Schlagwörtern*, dem Einsatz von *Propaganda und Werbung* aller Art sind die defizienten magischen Kräfte wirksam.

— Die Stimulierung der Leistungsfähigkeit der Arbeitenden durch *Musik*, wie sie in *Betrieben* praktiziert wird, ist ebenfalls ein Ausdruck defizient-magischer Praxis.[1] Die Musik, an den Vitalbereich gerichtet, wird gezielt zur Steigerung des Profits eingesetzt, nicht etwa des Menschen wegen. In Supermärkten wird es ganz offensichtlich, daß die Musik dazu dient, die Bewußtseins- und Kritikfähigkeit des Kunden durch eine Art Trancezustand zu überlagern, um ihn zu vermehrtem Konsum anzuregen.

— Ein allzu deutlicher Ausdruck für die Wirksamkeit defizient-magischer Kräfte zeigt sich in der Tendenz vieler Menschen, vor allem vieler *Jugendlicher*, in einem *Musikrausch* unterzugehen.[1] Am Arbeitsplatz wie im privaten Bereich läuft nicht selten ganztags das Radio, lebt der Mensch permanent in eine Geräuschhülle eingebettet. Er ist passiv, unkreativ, ist Konsument und schluckt pausenlos und undifferenziert alles in sich hinein, was gerade gesendet wird.

Besonders klar zeigt sich das Phänomen des Musikrausches in vielen

[1] Dieser Aspekt ist ein ergänzender Beitrag des Autors.

Diskotheken. Hier findet man eine Fülle von Merkmalen, die der magischen Struktur zugehören: Die Räume selbst gleichen Höhlen, in deren gedämpftem Licht sich die Konturen des einzelnen verwischen. Lärm, Rauch, Alkohol und nicht zuletzt auch Drogen stärkerer Art lassen jenen Zustand entstehen, der magisch ist: ich-los und trancehaft. Kommunikation findet nur wenig statt; man döst weitgehend vor sich hin und schwelgt in der Illusion, geborgen zu sein. Die Stille, aus der heraus sich der Mensch dem anderen wesenhaft öffnen könnte, gibt es nicht; der Mensch ist isoliert. In vielen modernen „Musikhöhlen" wird nicht etwa das echte Miteinander gefördert, sondern lediglich jene Sphäre stimuliert, in der die emotionalen Kräfte und Regungen beheimatet sind. Die Gleichförmigkeit der Rhythmen, das meist niedrige Niveau der Texte unterstützen diesen Vorgang.

Seit einigen Jahren hat sich in der Jugend-Musik-Szene eine Bewegung herauskristallisiert, die sich „Punk-Rock" nennt. Unter extremer Lautstärke und Härte werden Texte gesungen, in denen letztlich alle Kulturwerte auf das allerniedrigste Niveau heruntergerissen werden. Lieblos erzogene und seelisch vernachlässigte Jugendliche schlagen mit aller Gewalt zurück und dokumentieren nach außen eine um ein Vielfaches übersteigerte Macht, die — pervertiert — lediglich kompensierte Ohn-macht ist. Die wachsende Schar der Punk-Rock-Fans unter den Jugendlichen sollte zum Nachdenken Anlaß geben, da hierin die Vernachlässigung des menschlichen Innenlebens unmißverständlich Zeichen gibt.

— Auch die heutige *Machtpolitik* entspringt der magischen Wurzel: Die Natur, die Umwelt und die anderen müssen beherrscht werden, damit der Mensch nicht von ihnen beherrscht werde; diese Furcht, daß man gezwungen sei, das Außen zu beherrschen (um nicht von ihm beherrscht zu werden), ist symptomatisch gerade auch für unsere Epoche.

Die defiziente mythische Bewußtseinsstruktur

Hierbei handelt es sich um den Rückfall ins Bildhafte, das Vorwiegen des Bildmäßigen, Ambivalenten, Psychischen, der ungezügelten Phantasie, Imagination und Einbildungskraft. Während defizient-magisch der *Musikrausch* dominiert, wirkt defizient-mythisch der *Bildrausch*, die Sucht nach Bildern.

— Zu nennen sind die Psychophysiker und Neo-Mystiker, die einseitig die Seele mit dem Leben gleichsetzen. Sie tauchen in den ewigen Fluß des zweidimensionalen psychischen Kreises zurück und versenken sich in die vieldeutige Bilderwelt. Die Ausschließlichkeit, mit der sie sich, meist ohne es zu wissen, auf dem psychischen Felde tummeln, gibt all ihren Äußerungen jenen Charakter des Ungeprägten und Unverbindlichen, welcher der defizient-mythischen Struktur anhaftet.

— Dem Bildrausch begegnet man heute nicht nur in dem starken Bedürfnis nach Illustrierten und Comics;[1] er tritt vor allem in der Fernsehsucht zutage.[2] Denken wir beispielsweise an die USA, wo mehr als zehn Programme rund um die Uhr gesehen werden können. Auch an den seit Jahren üblichen Kinofilmen läßt sich der defizient-mythische Charakter ablesen. Filme von Wert, welche den Menschen echte Lebenshilfe anbieten könnten, sind zu einer Seltenheit geworden. Weit häufiger dienen sie der bloßen Unterhaltung, dem Abwechslungs- und Fluchtbedürfnis des modernen Menschen. Die Defizienz wird offensichtlich, wenn man die Fülle des heutigen Filmangebots kathegorisiert. Wohl die überwiegende Zahl der heutigen Filme läßt sich unter einen der folgenden Aspekte einordnen:

— Unterhaltung: Erhaltung und Aufbau von Klischees
— Kriminalität, Macht und Gewalt
— Sexualität
— Horror, Schock und pervertierte Phantasie
— Nostalgie und Sentimentalität

Da diese Filme so überaus begehrt sind, kann direkt darauf geschlossen werden, auf welcher Kulturstufe sich ein Großteil unserer Bevölkerung befindet: auf der Stufe seelisch-geistiger Perversion und Barbarei.

In den meisten Fällen werden die defizienten Kräfte der Bewußtseinsstrukturen nicht isoliert, sondern kombiniert wirksam. An der *Werbung* kann dies recht deutlich gezeigt werden: Sie zieht den Menschen musikalisch in Bann und konfrontiert ihn mit Schlagwörtern; sie blendet ihn mit Bildern und setzt die Mittel des rhetorischen Wortspiels ein.

1) Die folgenden Aspekte zum Thema der defizient-mythischen Bewußtseinsstruktur sind Beiträge des Autors.

2) Siehe dazu: Karl Heinz Pfeiffer, Unsere Kinder vor dem Bildschirm, Freiburg 1976.

Die defiziente mentale Bewußtseinsstruktur

— Der Abstraktion des Mentalen wohnt eine isolierende Perspektivierung inne, die ihrerseits zu *Sektorisierungen* führt. Alle Erscheinungen werden fortschreitend unterteilt, bis sich letztendlich Chaos ergibt. Eine Kettenreaktion autonomer Aufteilungen führt zur Atomisierung und Vermassung. Das gesamte Leben wird sektorisiert: Wir sprechen vom Wirtschafts*sektor*, technischen *Sektor*, privaten *Sektor* und so fort. Die wenigsten merken, daß damit das Leben selber auseinanderzufallen beginnt. Die Welt des rationalen Menschen zersplittert, die Ganzheit des Lebens zerreißt, der Scheuklappenmensch geht hervor.[1)]

— Das Mentale wird maß- und richtungslos verstreut. Der *Dualismus*, zuvor fließend, wird jetzt kompromißlos fixiert. Das erstarkte Ich erstarrt in seiner Übersteigerung, der Ego-Hypertrophie. Die rationale Fixierung führt zur Isolation, zu Aufspaltungen, Unterteilungen und Vermassung.

— Der defizient-rationale Mensch unserer Tage verliert sich nur allzu leicht in einem labyrinthischen Netzwerk bloßer Begriffe. Der Alltag ist eine *maßlos geschäftige*, weder sinngerichtete noch sinn- oder weltbezogene Handlung.

Die defizient-rationale Phase der Menschheitsentwicklung ist geprägt durch Mißbrauch der Technisierung, durch einen linearen und verabsolutierten Fortschrittsgedanken und durch radikale Rationalisierung. Einseitige technische und entmenschlichende Fortschritte dauern an. Der Mensch hat sich isoliert und von seinen Grundbezügen abgeschnitten.

1) Der rationale Mensch weiß von weniger immer mehr, bis er von nichts alles weiß.

Kapitel 8:

An der Menschheitskrise wachsen

Unsere Zeit ist eine zerbrechende Zeit, und neue Kräfte suchen sich durch uns auszuformen: Wir Heutigen müssen eine *neue Bewußtwerdung* vollziehen, welche uns befähigen könnte, der neuen Wirklichkeit gewahr zu werden. Wo etwas zerbricht, drängen neue Kräfte nach. Es gilt dann, dieser bewußt zu werden, sie gewähren zu lassen und sich an ihnen zu bewähren.

Wo etwas zu Ende geht, ist immer auch ein Anfang. Jeder Abschied ist zugleich auch Aufbruch. Aus der Fülle und Unzerstörbarkeit des Lebens und des Geistes entsteht Neues gerade dort, wo wir glauben, an einem Ende zu sein. Wer liebend Leben und Geist zu verbinden sich bemüht, der steht im Schutze des Lebens und des Geistes und damit selber in dem von ihnen bewirkten neuen Anfang, ohne Angst davor, daß Überflüssiges zu Ende geht. Wer in der vollen, der integralen Wirklichkeit lebt, hat Mut und Demut.

Jede Krise ist wie jede Krankheit nur eine Herausforderung, daß wir sie überwinden und an ihr wachsen sollen; andernfalls werden wir zugrunde gehen, im besten Falle bloß weitervegetieren, vermasst, vertechnisiert, mechanisiert, sinnlos und leer geworden, leer wir selber, wie alles, was wir tun.

Es ist gerade Mode geworden, ,,neue'' Weltanschauungen zu erfinden. Aber wo auch immer man hinsieht, da können wir bestenfalls feststellen, daß es sich um durchaus nichts ,,Neues'' handelt, sondern um Neubelebungsversuche vergangener Haltungen. Es ist ein Widersinn zu glauben, wir kämen auf eine bequeme Weise aus dieser Krise heraus, etwa dadurch, daß wir erschöpfte und verbrauchte Formen der menschlichen Wirklichkeit wiederbeleben. Die Krise, in der wir uns befinden, zwingt uns, ob wir wollen oder nicht, zu einer immensen Anstrengung. Denn nur, wenn wir eine neue Form, eine neue Strukturierung unserer Wirklichkeit erreichen, entgehen wir dem Untergang des mentalen Menschen und sichern denen, die nach uns kommen, eine im tiefsten Sinne des Wortes christliche und damit lebenswerte Welt. Es kann keine Wandlung erfolgen, wenn man lediglich Altes wiederbelebt, sondern nur, wenn man die Krise überwindet, an ihr wächst und eine nochmals neue Form findet, um mit ihr das Leben und Menschsein würdig zu bestehen.

Die allgemeine Meinung geht meistens dahin, daß man glaubt, es müsse dort, wo eine Krise herrscht, alles krank sein. Aber gerade die Krise kann auch ein Gesundungsprozeß sein. Und jede Krise wird dann als Zeichen der Gesundung gewertet werden dürfen, wenn es offensichtlich ist, daß zutiefst positive, aufbauende Kräfte in denen wirksam sind, die von einer Krise befallen wurden. Diese Kräfte sind heute vorhanden. Auf sie hinzuweisen, sie deutlich werden zu lassen, soll Anliegen des nächsten Kapitels sein.

Kapitel 9:

Manifestationen der aperspektivischen Welt

Die vorangegangenen Ausführungen dienten dazu, auf unsere heutige Situation aufmerksam zu machen und die Strukturen des „alten" und „neuen" Bewußtseins durchsichtig werden zu lassen. In diesem Kapitel sollen die allgemeinen Erscheinungen unserer Epoche in die Betrachtung einbezogen werden. Aufgabe ist, zu ergründen, auf welche Weise sich die integralen Ansätze in Wissenschaft und Kunst äußern. Überall dort werden wir von Manifestationen der aperspektivischen Welt sprechen dürfen, wo wir auf Themen stoßen, die mehr oder weniger mit folgenden Stichworten umschrieben werden können:

Das Ganze,
Ganzheit,
Durchsichtigkeit (Diaphanität, Transparenz),
Das Geistige (Diaphainon),
Überwindung des Ich,
Realisierung der magischen Zeitlosigkeit,
Realisierung der mythischen Zeithaftigkeit,
Realisierung der mentalen Begriffs-Zeit,
Realisierung der integralen Zeitfreiheit, des Achron,
Zerbrechen des Räumlichen,
Zerbrechen des Nur-Systematischen,
Eindringen des Dynamischen,
Anerkennung des Energetischen,
Meisterung der Bewegung,
Vierte Dimension,
Überwindung des Patriarchats,
Verzicht auf ein neues Matriarchat,
Verzicht auf Herrschaft und Macht,
Gewinn an Intensität des Bewußtseins,
Klarheit, statt bloßer Wachheit,
Wandel des schöpferischen Ansatzpunktes.

Mathematik

Der ,,Einbruch der Zeit'' in das mathematische Denken löste eine Fülle von Phänomenen aus, von denen die vordergründigsten, die Technisierung und die Vierdimensionalität unserer Welt, eine unmißverständliche Sprache sprechen.

Die alte, vorwiegend statische Maßgeometrie Euklids wird nach fast zweitausendjähriger Alleingültigkeit 1637 durch die ,,Analytische Geometrie'' des Descartes, 1639 durch die auf Anschauung (und nicht etwa auf Messung!) beruhende ,,Projektive Geometrie'' des Desargues, 1638/87 durch die ,,Dynamische Mathematik'' eines Galilei und Newton abgelöst. Verwiesen sei ferner auf die ,,Gruppen-Theorie'' von Speiser, sowie auf die ,,Wahrscheinlichkeitsrechnung'', die im Begriff ist, das statische Weltbild umzumodeln, in dem es keine mentalen Sicherheiten, sondern nur mehr Grade der Wahrscheinlichkeit gibt.

Physik

Hier sind die ,,Relativitätstheorie'' Einsteins und die ,,Quantentheorie'' Plancks, Heisenbergs, Schrödingers und Bohrs zu nennen. Durch Einsteins Relativitätstheorie verlor das bisher gültig gewesene kopernikanische Weltbild bzw. Weltsystem seine ausschließende Bedeutung. An seiner Stelle trat das Einsteinsche ,,Raum-Zeit-Kontinuum''. Ihm zufolge haben wir uns die Welt nicht mehr kopernikanisch als ,,unendlich und unbegrenzt'' vorzustellen, sondern als ,,endlich, aber unbegrenzt''. In der Quantentheorie werden die Elementarteilchen und ihre Wechselwirkungen beschrieben. Planck entdeckte, daß die Lichtenergie nur in bestimmten kleinsten Mengen, den Lichquanten, abgegeben wird. Dadurch wurde die Lichtabsorbtion von Atomen verständlich. Heisenberg schuf eine Matrizendarstellung der Quantenmechanik, eine abstrakte mathematische Theorie, mit der die damals vorliegenden Experimente widerspruchsfrei erklärt werden konnten. Das Komplementaritätsprinzip sieht im Licht eine Erscheinung, die sowohl ,,Korpuskel'' (Körperchen) als auch ,,Welle'' (also eine Intensität) ist.

Das duale Denken der aristotelischen Logik, das nur den Gegensatz, das ,,Entweder-oder'' kennt, ist durch die Quantentheorie überwunden: Ein Atom oder ein Elementarteilchen ist nicht entweder Korpuskel oder Welle, sondern sowohl als auch. Wir werden heute, und das ist der Unterschied, durch die bewußte Akzeptierung des ,,Sowohl-als auch'' nicht wieder mythisch-irrational, sondern die Akzeptierung ist ein Zeichen dafür, daß wir fähig wurden, uns aus einem wachen oder überwachen Bewußtsein heraus sowohl die mentale Art zu sehen als auch die mythisch-irrationale Art, die

Welt anzuschauen, bewußt zu machen.

Das bis 1900 gültige mechanische Weltbild der klassischen Physik ist zerstört, bildhafte Vorstellungen werden immer mehr von Unanschaulichem abgelöst. Die heutige Physik muß zugeben, daß unser Verstand der Natur nicht gewachsen ist, weil es nicht gelingt, ihren Mechanismus durch eine gedankliche Konstruktion nachzubilden. Das anschauliche Rutherford-Bohrsche Atommodell beispielsweise mußte von der Quantenmechanik aufgegeben und durch völlig unanschauliche, mathematische Konstruktionen ersetzt werden. Die in neuerer Zeit entdeckten physikalischen Abläufe sind nicht mehr vorstellbar; sie sprengen daher die dreidimensionale Raumwelt des mental-rationalen Bewußtseins.

Werner Heisenberg weist darauf hin, daß in ganz kleinen Raum-Zeit-Bereichen, also in Bereichen der Größenordnung der Elementarteilchen, Raum und Zeit in einer eigentümlichen Weise vermischt sind, nämlich derart, daß man in so kleinen Zeiten selbst die Begriffe ,,früher'' oder ,,später'' nicht mehr richtig definieren kann. In der Mikrophysik ist der Raum überwunden. Ein Elektron beispielsweise befindet sich an keinem Ort, sondern es befindet sich an vielen Orten zugleich. Die Zeit erweist sich in der Physik nicht als lineare, stetige und kausal bestimmte ,,Größe'', sondern als eine ,,Intensität''.

Das 19. Jh. dachte noch ausschließlich (makroskopisch) kausal. Die neue Physik zwingt uns, auch akausale Vollzüge anzuerkennen. Akzeptiert man hingegen das neue Vokabular der Quantenmechanik, so gewinnt man — wenn auch unanschaulich — auf einer anderen Ebene ein neues Verständnis für das Kausalitätsprinzip. Es ist irrig zu sagen, es sei die Mikrophysik, die unser Weltbild verändert habe. Unsere eigene Grundeinstellung änderte sich und ermöglichte u.a. auch die neuen Erkenntnisse der Physik, die aber spontan im Kunstwerk vorausgenommen worden waren. Die Wissenschaft vermag lediglich erkenntnismäßig zu bestätigen, was als Grundtendenz sich bereits vielerorts schon vor dem physikalischen Nachweis zu manifestieren begann. Zuerst muß man — wenn auch unbewußt — ,,finden''; erst dann kann man suchen.

Als Ergänzung zu den Ausführungen Jean Gebsers sollen einige Zitate aus Fritjof Capras Buch ,,Der kosmische Reigen'' angeführt werden: ,,Im Sinne der Relativitätstheorie ist der Raum nicht dreidimensional, und die Zeit ist keine selbständige Einheit. Beide hängen eng zusammen und bilden ein vierdimensionales Kontinuum, die ,Raum-Zeit' . . . Nach Einsteins Theorie bewirkt die Gravitation eine ,Krümmung von Raum und Zeit'. Dies bedeutet, daß die gewöhnliche Euklidische Geometrie in solch einem gekrümmten Raum nicht mehr gilt . . .[1] Einsteins allgemeine Relativitätstheorie schafft

[1] Der kosmische Reigen, S. 62

somit die Begriffe ‚absoluter Raum' und ‚absolute Zeit' vollständig ab . . .[1] Die Quantentheorie hat die klassischen Begriffe von festen Körpern zerstört. Auf der subatomaren Ebene lösen sich die Festkörper der klassischen Physik in wellenartige Wahrscheinlichkeitsbilder auf . . .[2] Wenn wir in die Materie eindringen, zeigt uns die Natur keine isolierten ‚Grundbausteine', sondern erscheint eher als ein kompliziertes Gewebe von Zusammenhängen zwischen verschiedenen Teilen des Ganzen . . .[3] Nach der Quantentheorie ist die Materie immer in einem Bewegungszustand. Makroskopisch gesehen erscheinen die Gegenstände um uns herum leblos, aber wenn wir solch ein ‚totes' Stück Stein oder Metall vergrößern, sehen wir, daß es voller Aktivität steckt . . .''[4]

Biologie

Die Biologie[5], das Bedürfnis, den Bios, das Vitale, die Lebensvorgänge, zu erforschen, meldet sich nicht zufällig in dem Moment zu Wort, als sich in der Französischen Revolution der ,,Einbruch der Zeit'' ereignet. Es sind vor allem Goethe, Johannes Müller und Karl Ernst von Baer, denen wir das Entstehen der Biologie zu danken haben. Im 19. Jh. ist es vor allem Darwin, der einen neuen Akzent setzt. Seit Mitte des letzten Jh. herrscht die Evolutionstheorie, die materialistisch betont, schließlich zur mechanistischen Auffassung führt. Auf sie folgt der Vitalismus mit seiner Betonung des Organischen. Das Grundmuster (Urpflanze) wird von einem Konzept abgelöst, das man als mechanistisches Schema bezeichnen kann, und dieses von dem der organischen Ganzheit, die aus der irrationalen ,,Lebenskraft'' lebt.

Das energiegeladene Urmuster, das entwicklungsträchtige, mechanistische Schema, das dynamisch überladene organische Prinzip, sie werden dann in den zwanziger und dreißiger Jahren des 20. Jh. von dem Gestaltprinzip abgelöst. Dies ist ein weiterer Sprung der Konzepte, da in ihm statt der bloß energiegeladenen, der entwicklungssüchtigen oder funktional-vitalen Akzentuierung die qualitative einsetzt, die zudem das Ganze, und nicht nur dessen reduzierte Erscheinungsform, die Ganzheit zu erfassen trachtet.

Die Entdeckung der natürlichen Mutation durch de Vries verwischt die alte Denkschablone des nichts als rhythmischen und evolutiven, womöglich final (zielgerichtet) und utilitär (nützlich) gerichteten Ablaufs im biologischen Geschehen. Die Entdeckung der spontanen ,,Zellkernverdoppelung'' und der ,,biologischen Induktion'' durch Sauser eröffnet dem Verständnis für die

[1] Fritjof Capra, Der kosmische Reigen, S. 63
[2] a.a.O., S. 67
[3] a.a.O., S. 68
[4] a.a.O., S. 193
[5] Vgl. Gebser, Ursprung und Gegenwart, S. 512 ff.

Artentstehung erstmalig die Wege, wobei jede Zelle ein ,,strukturiertes Kraftfeld'' bildet, dem eine Struktur ,,zugrundeliegt''.

Auch Portmann anerkennt die raumzeitliche Struktur, und zwar für alle biologischen Lebensformen: ,,Als ein ungeheures und undurchdrungenes Ganzes ist die Fülle des Lebendigen gegeben. Rätselhaft ist sie in all seinen Formen, rätselhaft in der Vollendung, in der Sinnhaftigkeit der Anpassung an die verschiedenen Bedingungen der Umgebung, noch rätselhafter in jenen Gestaltungen, in denen jeder uns faßbare Lebenszweck überschritten scheint, in jenen Formen, die wir uns noch in der Sprache unserer eigenen zweckfreien Schöpfung zu schildern vermögen, in der Sprache der Kunst. Schwer zu fassen sind diese Lebensformen, in denen eine lange Vergangenheit von Formumwandlungen während Jahrmillionen noch heute volle Gegenwart ist und in denen zukünftige Gestaltungen bereits durch einen unfaßbaren Schatz von Bildungspotenzen mitten unter uns leben und die nächsten Wandlungen vorbereiten.''[1)]

Die klassischen Gegensatzpaare *anorganisch : organisch* und *Körper : Seele* werden hinfällig, denn sie werden als Einheiten betrachtet. Damit entsteht die *psychophysische*, später die *psychosomatische* Medizin.

Psychologie

Nach der Totsagung Gottes zu Beginn des vergangenen Jh. wird die Erforschung des Unbewußten zum Generalthema. Sie ist der Beginn der Biologie als Wissenschaft: die Suche nach den unbewußten Gründen des Lebens. Es ist gleichzeitig der Beginn von fünf weiteren Wissenschaften, die das gleiche zu suchen bemüht sind: Archäologie, Geologie, Mythologie, Okkultismus und Psychologie. Sie stellen sich, nachdem die Höhen des Himmels verlorengingen, die Aufgabe, ins Tiefe zu schürfen.

Mit den dabei entdeckten ,,Schichten'' wird plötzlich die Zeit sichtbar: der Mensch wird der Zeit ansichtig. Die Vergangenheit, das Vergessene, das räumlich Unsichtbare, also die Latenzen und Intensitäten, nehmen in ihrer gewesenen oder nicht faßbaren Realität Gestalt an.

Winkelmann, ein Freund Goethes, begründet die Archäologie, Carus, Jung-Stilling, Justinus Kerner und Brentano suchen im Okkultismus die unsichtbaren Auslöser und Kräfte, der bisher beargwöhnten Phänomene. Dupuis schreibt in den ersten Jahren der Französischen Revolution die erste große Mythologie.

Geologie, mythologische und psychologische Schichten beherrschen die Vorstellungswelt des nun mehr der Erde und dem Menschen sich zuwenden-

1) Portmann, zitiert nach J. Gebser, Ursprung und Gegenwart, S. 517

den Forschens. Es ist vor allem die Traumdeutung, in der die Zeit als qualitative Dimension berücksichtigt wird: Im Traum ist der Ablauf des Geschehens ,,intensiver'' und schneller als im Wachbewußtsein. Das neue Bewußtsein ist vor allem in der Tiefenpsychologie C. G. Jungs auffindbar: Die Individuationslehre strebt im ,,Selbst'' eine Ganzheit der Psyche an. Weitere Aspekte sind die ,,psychische Energetik'' (die dynamische Struktur der Psyche) und die ,,Quaternitätslehre''.

Der Ursprung scheint in den Konzepten der ,,Urphänomene'', der ,,Urworte'', des ,,Urgesteins'', der ,,Urpflanze'' Goethes und in den ,,Urbildern'' (Archetypen) C. G. Jungs auf. Alle diese Konzepte sind Bemühungen, das Erfassen des Nicht-Räumlichen anschaulich zu machen. Die ,,archetypischen Strukturen'' sind im gleichen Maße wie die ,,atomaren Strukturen'' oder wie die ,,biologischen Strukturen'' unanschaulich und unvorstellbar — und dennoch existent!

Der Gegensatz *Ich : Welt* wird durch das überpersönliche *Sich* oder *Selbst*, also durch aperspektivische ,,Größen'' überwunden.

Parapsychologie

Sie ist die Lehre von den Erscheinungen, die neben (para) dem uns bekannten Seelenleben auftreten, ohne deshalb krankhaft zu sein. Man kann sie auch als wissenschaftlichen Okkultismus bezeichnen. Die von ihr untersuchten Phänomene sind meist magisch-praerational und daher mit unserem mentalen Messen und Denken nicht zu erfassen.

Die rationale Interpretation, die mentale Aufhellung der praerationalen Finsternis führt lediglich zur Zerstörung dieser Finsternis; ihre Wirklichkeit entzieht sich dem rationalen Zugriff. Das Wesen des Geheimen, des Okkulten, ist seine raumzeitlose Verborgenheit. Sie kann niemals anschaulich gemacht werden. Aber: sie könnte durchsichtiger werden. Dies geschähe, träte man an diese Phänomene weder rational heran, ließe man sich von ihnen weder irrational verführen noch praerational überwältigen, sondern nähme man sie arational wahr.

Sobald sie die rationale Methode wenigstens teilweise zugunsten der arationalen Diaphanik aufzugeben vermag, werden ihre Forschungsgebiete in einem erstaunlichen Maße zu Erkenntnissen aperspektivischer Art führen. Ein fruchtbares Arbeitsfeld für die Parapsychologie wäre es z.B., fundamentale Phänomene wie den Zufall zu untersuchen: ,,Warum und wieso fällt gerade mir das zu?'' Damit könnten die Gesetze des Zufalls, ein bislang verborgenes Grundmuster und die Sinnfülle des Lebens sichtbar, bzw. durchsichtig gemacht werden.

Psychosomatik

Sie verbindet Psychologie mit Medizin. Die Hauptsache beim Verhältnis von Leib und Seele besteht nicht darin, daß sie zwei Erscheinungen sind, welche nebeneinander da sind und aufeinander wirken, sondern daß sie einander wechselseitig erläutern. Durch die Seele wurden wir hellsichtig für die unbewußte Vernunft und Leidenschaft des Leibes, durch den Leib werden wir über die natürlichen Notwendigkeiten der Seele belehrt.

Bei der Krankheit gibt es selten Möglichkeiten zu beobachten, ob die physische oder psychische Erscheinung die Ursache, also auch der frühere Vorgang gewesen sei; sie wirken simultan (gleichzeitig). Organprozesse werden seelisch, Gefühle rational, das Denken unbewußt überformt. Die sphärische Durchdrungenheit des Geistes mit dem Materiellen des Leibes ist für alle Gelegenheiten des menschlichen Lebens eine Urgegebenheit.

Philosophie

Der philosophische Systembau, der mit dem griechischen Denken begann, als in ihr die Mutation vom mythischen ins mentale Bewußtsein vollzogen wurde, zerbricht. Seit der Wende des 18. zum 19. Jh. beginnt das Zeitproblem in der Philosophie immer vordergründiger zu werden.

Die Anerkennung der Zeit als Intensität und Qualität, als eigenständiger Wert oder als Eigen-Element, hat die formallogische Systematik der bisherigen Philosophie gesprengt. Eine „offene Philosophie" geht hervor. In der „offenen Philosophie", als welche sie F. Gonseth bezeichnet hat, erfolgt das Eingeständnis der Unzulänglichkeit des Rationalen. Sie arbeitet mit „geöffneten Begriffen" und verabscheut das Gefängnis der fixierten Begriffe. Der Anspruch der Philosophie auf Allgemeingeltung und Objektivität ist erschüttert, die subjektive Bedingtheit jedes Philosophems nachgewiesen, da das Denken nur begrenzt und sektorhaft objektiv sein kann.

Der Mensch braucht an der jeweiligen Denkgrenze nicht in Psychismus, nicht in die Befangenheit der Seele zurückzufallen, er braucht auch nicht in der ausweglosen perspektivischen Fixierung stehenzubleiben, sondern es öffnet sich ihm und in der Welt die offene, aperspektivische Sicht. Dies wäre ein Überwinden der extremen Diesseitigkeit, der menschlichen Armseligkeit und Erbärmlichkeit der nichts-als-existenziellen Frage- und Infragestellung, und damit eine Abkehr von der Gültigkeit des Rationalen und des ihm innewohnenden Dualismus.

Infolge Georg Simmels Formulierung und Szilasis Nachweis, daß das Transzendente nicht eine abgesonderte Region der Welt ist, sondern als

Transzendentalität eine uns innewohnende Kraft oder Seinsmöglichkeit, ja daß sie überhaupt die grundlegende Seinsmöglichkeit unseres Daseins ist, öffnet sich die perspektivisch fixierte Weltvorstellung. Die phänomenologische Philosophie, deren Begründer Husserl ist, geht nicht von eidetischen (wesensmäßig schauenden) Wissenschaften aus und untersucht nicht kontingente (zufällige) Faktoren; sie geht deskriptiv (beschreibend) vor, und die Wesenszusammenhänge bilden den Gegenstand, wobei schrittweise eine Erhellung des Wesens durch die Anschauung erfolgt. Charakteristisch ist, nicht nur die Zusammenhänge, sondern die Wesenszusammenhänge zu durchschauen, die Strukturen des reinen Bewußtseins. Bloße Vorstellung wird durch Ganzheitsschau ersetzt.

Der Phänomenologie Husserls geht es nicht um Existenz, sondern um Essenz, um die möglichen Bewußtseinsarten als solche, gleichgültig, ob und wo und wann sie vorkommen. Es geht nicht um ein analysierendes Nacheinander, sondern um das Ganze, das auf einmal ist. Das Ganze ist durchsichtig wahrnehmbar, wobei der Ursprung, der auch alle Zukunft enthält, zeitfreie Gegenwart ist.

Heidegger schreibt von einer „Lichtung", einer „offenen Stelle inmitten des Seienden". Diese Lichtung ist nicht etwa „nichts", sondern die Anwesenheit des Achron, der Zeitfreiheit.

Anthropologie / Soziologie

Seit der Totsagung Gottes wurde die Theologie ersetzt und ent-setzt durch die Anthropologie, die so gesehen eine Pseudo-Theologie ist. Nicht mehr die theologische Fragestellung *Mensch:Gott,* sondern die anthropologische *Mensch:Mensch* wird vordringlich. In dieser Reduktion und Nivellierung, in diesem Fragen des Menschen nach sich selbst und seiner Umwelt, gründet alle Soziologie. Die Totsagung Gottes hatte den Himmel verfinstert, die Erde aber ist nicht heller geworden.

Kann eine Welt, die so blind war, Gott auszuschalten (der unausschaltbar ist), weil sie in ihn die überlebte patriarchale Betonung ihrer eigenen mentalen Bewußtseinsstruktur projizierte, weiterbestehen? Die Armseligkeit und Hilflosigkeit der ins Massenhafte angewachsenen soziologischen Bemühungen scheinen dagegen zu sprechen. Aus den vielen Ansätzen hat sich ein verwirrendes Geflecht von Meinungen, Theorien, Ressentiments, Postulaten, Lehren und Ideologien herausgebildet. Entsprechend bleiben auch die *vielen* Reformkonzepte des Mentalen unwirksam.

Nicht Gott wurde getötet, sondern der Vater, die Vorherrschaft des Väterlichen, der mental vorgestellte Vater-Gott. Gott jedoch ist weder in Bildern noch Vorstellungen faßbar. Ein Grundfehler aller heutigen Soziologie ist, daß sie als selbstverständlich annimmt, es gäbe gültige Beziehungen von Mensch zu Mensch, die von verläßlichem Bestande wären, seien sie nun sozialer, affektiver oder anderer Art. Die echte Bindung von Mensch zu Mensch geht immer, mental gesprochen, über Gott. In ihm liegt der gültige Bezugspunkt. Alle andere Bindung zwischen Menschen, die um diesen fundamentalen Sachverhalt nicht weiß und ihn unberücksichtigt läßt, ist vergänglicher Rausch, vergängliches Gefühl, vergängliche Projektionen des vergänglichen Ich.

Romano Guardini formuliert: „Das Gefühl für das Eigensein und die Eigensphäre des Menschen, vorher die Grundlage allen sozialen Verhaltens, verschwindet immer mehr. Immer selbstverständlicher werden Menschen als Objekte behandelt, von den unzähligen Weisen statistisch-behördlicher ‚Erfassung' bis zu den unausdenklichen Vergewaltigungen des einzelnen, der Gruppen, ja ganzer Völker."[1]

Von dem neuen, dem integralen Bewußtsein finden sich Spuren: Lecomte du Noüy spricht vom sich bildenden „universellen Bewußtsein",Hans Zbinden vom „Erwecken eines neuen Gewissens" und Alois Dempf umreißt den „integralen Humanismus". Er, wie auch Buber, fördern die Lehre vom „ganzen Menschen". Pestalozzi fordert, das Kind als Menschen und nicht als Besitz zu behandeln. Auch in der Frau wird nicht länger die Nur-Frau, sondern der Mensch erblickt. Ein anderer Aspekt der neuen Bewußtseinsstruktur zeigt sich in der „offenen Verwaltung", deren Verfechter André Siegfried wurde. Sie richtet sich nicht nach „formalistischen Verfahren", sondern nach den Absichten des Menschen.

Architektur

Der „Einbruch der Zeit" bewirkt eine Auflockerung des Raumes. Die „neue Architektur" ist weder rein pragmatisch-zweckgerichtet noch befriedigt sie den an „harmonische" Proportionen gewöhnten Blick. Sie ist a-harmonisch, a-proportional und stil-frei. Es gilt nicht länger ein Stil, der als Schablone eine von außen aufgezwungene Norm vorgibt.

Bei der richtigen Auffassung von organischer Architektur ist Stil der Ausdruck des Charakters. Wahrer Stil kann immer in der Struktur und dem Zweck des Gebäudes gefunden werden; darum wird Stil erreicht, weil Charakter (das Geheimnis des Stils) Ausdruck des Prinzips ist, das von innen nach außen baut.

In der „neuen Architektur" werden Dach und Mauern, die ohne feste Beziehung zu dem regelmäßigen Muster der tragenden Säulen gestellt sind, zu

[1] Zitiert nach J. Gebser, Ursprung und Gegenwart, S. 582

unabhängigen, einander schneidenden Flächen, um ein beständiges „Fließen des Raumes" auszudrücken. Die festen Beziehungen weichen flexibleren: Die Berücksichtigung des Zeitelements als Bewegung löst den starren Raum auf, lockert ihn, bringt ihn zum Fließen; eine Welt der Übergänge und der Zusammenhänge tritt an Stelle der durch bloße Wände abgekapselten Räume; statt einer Teilung (im Sinne des Rationalen) erfolgt eine Verschmelzung, und der abstrakte Raum wird zu einem konkreten Raum-Zeit-Kontinuum, das unverhaftet Leichtigkeit ausströmt; die trennenden Wände und teilenden Wandflächen werden klar von der Struktur unterschieden; auf ihr, nicht auf den Wänden allein, liegt jetzt die Betonung.

Die neue Raumauffassung und Zeitauswertung führten zu einem freien, offenen Grundriß. Die starren, nur raumfixierten Grundrisse weichen offenen, freien, bewegten. An Stelle der geometrisch-festgelegten Kurve tritt die freie.

Jedes Haus war bisher seinem Wesen nach der Gegensatz des Innen zum Außen. Das Urbild des Hauses, die Höhle, war bergende Dunkelheit. Heute beginnen die das Innen und Außen trennenden Mauern zu fallen. An ihre Stelle tritt Glas. Das Haus öffnet sich nach außen, „in-door" und „outdoor" werden, wie Wright es sagt, zur Einheit.[1)] Der Mensch beginnt im Offenen nicht nur zu denken und zu musizieren, sondern auch zu leben und zu wohnen.

Die Spiegelwelt einstiger Salons, in der auf magische Weise die Perspektiven eine trügerische Unendlichkeit zu erobern vortäuschten, verliert gänzlich ihren Reiz. Im Bereiche des Rationalen ist alles auf ein Zentrum zentriert, wobei der einzelne immer ausschnitthaft-perspektivisch dieses Zentrum erfaßt. Zentralisierung war das Ideal der Monarchie; Integrierung ist das Ideal der Demokratie. Den einst im Außen gesuchten Mittelpunkt findet der „neue Mensch" nun in sich selbst.

Malerei

Auch in der Malerei zeigt sich das Bestreben, die toten Wände zum Verschwinden zu bringen. Mit farbigen Elementen strukturiert sie die Wand derart um, daß sie nicht mehr trennende, tote Fläche ist, die den Raum begrenzt, sondern ihn dehnt, elastisch macht und das Gefühl der räumlichen

[1)] Interessant ist in diesem Zusammenhang die Beobachtung, daß auch die Autos im Laufe der Zeit immer größere Fenster aufwiesen. Man denke etwa an das ehemals winzige Heckfenster des „Käfers", das mit jedem Jahr an Größe gewann. Erwähnenswert ist auch der symbolische Zusammenhang zwischen dem heutigen Trend zum Ausbau und zur Verglasung des Dachgiebels und der entsprechenden traumsymbolischen Bedeutung: Der Dachgiebel wird durchsichtig — ebenso das Denken.

Dreidimensionalität auf eine überraschende Weise zum Verschwinden bringt, ohne deshalb in eine zweidimensionale Flächenwirkung zurückzufallen.

Michel Eugène Chevreul hielt bereits 1828 in Paris Vorlesungen über das Gesetz des Komplementär- oder Ergänzungsfarben. Théodore Géricault (1791-1824) und Heinrich Füßli (1741-1825) sprengten die starre Form, dynamisierten das Bildgeschehen durch rauschhaften Gebrauch der Farben. Delacroix meisterte den Zeitaspekt auf malerische Weise; van Gogh bildete es weiter aus. Nicht mehr die begrenzende, räumliche Linie ist Trumpf, sondern die dem Bilde eigene psychische Konfiguration der Polarität wird hier erstmals erkannt. Der „gekrümmte Raum", das sphärische Raumgefühl, sprengt die durch die Waage- und Senkrechte perspektivisch fixierte Dreidimensionalität. Dies kommt vor allem bei Paul Cézanne (1836-1906) deutlich zum Ausdruck. Georges Braque sagte, daß der Geist allein die Form gestaltet, während die Sinne zerstörend auf sie einwirken. Picasso erfaßt den Körper nicht in seiner flächenhaften Form, sondern als ein im Raum Befindliches. Die Grenzen zwischen dem Raum des Betrachters und dem des Kunstwerkes werden aufgehoben. Eine offene Welt ist gewonnen, eine Welt ohne ein Gegen-über.

Nicht die Fassade der Dinge, sondern ihre geheime Struktur ist Anliegen vieler Maler geworden. Von Cézanne eingeleitet, findet sich dann Ende der achtziger Jahre der gleiche Vollzug bei van Gogh, Gaugin, Ensor und Holder. Die Perspektive wird überwunden; ein Blickpunkt wird durch mehrfache Blickpunkte und verschiedene Bildachsen ausgetauscht.

Die Gewinnung der offenen Welt ohne Gegenüber ist keine negative, dulose, beziehungsleere Welt, sondern sie ist entschrankt, entgrenzt, eine Welt, die unserer Wahrnehmung die Fülle und den Beziehungsreichtum des unvorstellbaren Ganzen erschließt. Dieser „Verlust" des Gegenüber, der nur jenen ein Verlust ist, welche, aus Mangel an eigener Sicherheit im „Sich", der sie sichern sollenden Grenzen ihrer Systeme und der Besitzsucht ihres verhärteten Ich nicht entraten können, — diese Aufgabe des Gegenüber ist Gewinnung des Miteinander, der echten, auch mitmenschlichen Teilhabe.

In diesem Miteinander wird das Du, sei dies nun der Partner, die Welt oder das Göttliche, nicht mehr als uns gegenübergestellt gedacht, begriffen oder ergriffen. Subjekt und Objekt, die einander dualistisch bekämpfen, verlieren ihren Gegensatzcharakter; und was zumeist feindseliger Kampf um Bewahrung eines mißverstandenen Ich-Wertes ist, verwandelt sich in die schöpferische Spannung, welche lebenserhaltend dem Miteinander der sich ergänzenden Pole entspricht.

Der *Impressionismus* löst die Form auf. Der *Pointilismus* bringt den Raum zum Vibrieren. Der *Fauvismus* meistert ein neues Verhältnis von Linie und Farbe, von Raum und Zeit. Der *Expressionismus* versucht affektgeladen die letzten Reste der naturalistischen dreidimensionalen Weltvorstellung und -darstellung zu erschlagen. Der *Futurismus* und der *Kubismus* gestalten ansatzweise die neue sphärische und durchsichtige Struktur der Welt. Der *Surrealismus* erliegt der Zeithaftigkeit der Psyche.

Musik

Die neue musikalische Schöpfung ist vor allem eine Auseinandersetzung mit der Zeit. Sie steht im Begriff, die einstigen Zeitformen zu überwinden. Die „Neue Musik" scheint sich ausdrucksmäßig wieder der zeitlosen Musik anzunähern, überdeterminiert sie jedoch in eine zeitfreie. Als ihre Vertreter können u.a. Hindemith, Krênek, Schönberg, Busoni und Strawinsky genannt werden.

Seit der Jahrhundertwende bereitet sich in dem der Musik zugrundeliegenden Tonmaterial eine tiefgreifende Änderung vor. Der neue Anstoß innerhalb der Musik setzt sich zum Ziel, die Tonalität, das bis dahin uneingeschränkt herrschende Dur-Moll-System zu überwinden. Die Oktave mit ihrem eigenen Dualismus, ihrem Dur-Akzent und ihrer klangräumlichen Abgezäuntheit und Begrenztheit ist zu einem falschen Bezugssystem geworden. *Tonalität* ist das Charakteristikum seit der Renaissance, also der perspektivischen Musik bis 1900. Sie besteht in den Gegensätzen *Dur:Moll* und *Konsonanz:Dissonanz*, im Vorherrschen *eines Grundtones*, auf den sich jede in sich geschlossene musikalische Äußerung bezieht, die sich im fest umrissenen Klangraum der *Oktave* abspielt und im *Dreiklang* ihre Erfüllung findet.

Die *Atonalität* ist die Überwindung der Tonalität, die Überwindung des Perspektivischen. Atonal ist eine Musik, bei der die Töne der Oktave nicht mehr zentral auf das Ordnungsschema der Tonart — Dur-Moll-System oder Modi der Kirchentonarten — bezogen sind. Die integrale Musik ist vom Zwang des Klangraumes befreit.

Früher mußte man die Musik, die man hören wollte, in dem Raum erzeugen, wo man sich befand. Heute dringt sie in Form elektromagnetischer Wellen von außen durch die für undurchdringlich gehaltenen Mauern und Wände unserer Behausungen ein und macht die Dreidimensionalität als räumliche Grenze akustisch illusorisch. War aber einmal das dreidimensionale Prinzip auf der ganzen Linie im Fallen, oder, wenn man lieber will, in der Fortentwicklung zur Vierdimensionalität begriffen, so konnte das musikalische Symbol der Dreidimensionalität, der Dreiklang, nicht länger gehalten werden. Wie die Malerei von der Perspektive abrückt und sich aperspektivisch zu orientieren sucht, so verläßt die Musik die Normen des Tonalen und sucht eine Neuorientierung im Atonalen. Die neue Musik will weder dem mentalen Bewußtsein Sicherheit und Halt geben noch dem mythisch gebundenen Schönheitsideal entsprechen. Sie ist sphärisch-offen und damit vierdimensional.

Kein Ohr kann die Kontrastfülle hörend analysieren, aber jeder kann sie hörend wahrnehmen und erleben. Wir benutzen beim musikalischen Kunstgenuß Fähigkeitsstufen, die unserer Organentwicklung weit voraus sind. In der neuen Musik äußert sich ein Trieb zum Ursprünglichen, der auf den Aufbau des Abstrakt-Gedanklichen, also des Mental-Rationalen abzielt. Es erfolgt ein Bruch mit der gedanklich unterbauten Klangwelt, der Ideenmusik mit ihrem Richtungscharakter. Die atonale Musik ist nicht Stil, sondern Struktur; sie bewirkt einen Strukturwandel des Musikmaterials.

Das musikalische Siebenersystem der klassischen Musik hat eine Verwandtschaft mit dem bis 1781 gültigen Siebenersystem, das aus den sieben Himmelskörpers Merkur, Venus, Erde, Mars, Jupiter, Saturn und Sonne bestand. Im Jahre 1781, kurz vor der Französischen Revolution, wurde dieses astronomische Siebenersystem zerbrochen, da Herrschel den ersten transsaturnischen Planeten, Uranus, entdeckte. Diese Entdeckung fällt nicht zufällig mit der Französischen Revolution zusammen; die alten Bande (Königsherrschaft, Roi Soleil) werden gesprengt und der alte Herrscher Saturn überschritten.

Das heliozentrische, um die Sonne kreisende System wird im Verlauf der letzten 5 Generationen zu dem, was wir heute als kosmozentrisch strukturiertes System bezeichnen können, da unser System als Ganzes seinerseits um ein stärkeres Zentrum, als es die Sonne ist, zu kreisen scheint. Nicht zufällig fällt die Entdeckung des Uranus musikalisch gesehen in die Zeit Mozarts, in dessen Musik erstmals ganz neue Töne zu finden waren. Nicht zufällig fällt die Entdeckung des zweiten transsaturnischen Planeten, des Neptun, die 1846 erfolgt, in die Schaffenszeit Wagners, dessen Musik als Beginn der formalen Auflösung der klassischen Musik gewertet wird. Über den Bezug zwischen dem 1930 entdeckten Pluto und der derzeitigen Musik läßt sich noch nichts Klares aussagen.

Zusammenfassend sei gesagt:

Die Tonalität, das bis dahin uneingeschränkt herrschende Dur-Moll-System, wird durch die atonale Musik überwunden. Die geschlossene Form, nämlich der Klangraum der Oktave, das Siebenersystem, ist durch die Zwölftonmusik gesprengt; die Gegensätze Dur : Moll und Konsonanz : Dissonanz sind überwunden. Die neue Musik ist sphärisch-offen. Bei der Gewinnung der Vierdimensionalität darf es sich aber niemals darum handeln, dieser Ausschließlichkeitscharakter einzuräumen. Im Gegenteil: Nur wenn sie Einschließlichkeitswirkung erhält, also integral statt abspaltend zur Geltung kommt, wird sie dem neuen Bewußtsein auf gültige Weise zum Durchbruch verhelfen. Die mentale Musik Bachs z.B. ist durch die integrale Musik keineswegs in Frage gestellt. Es geht nicht um ein Ausschließen, sondern um Wahrung des Ganzen, um eine von jeder Teilung befreite, das Ganze diaphan machende Musik.

Dichtung

Dichtung ist Geschichtsschreibung. Sie ist mehr als nur Lyrik, Drama oder Epik; sie ist Geschichtsschreibung des Datenlosen, ist Aufzeichnung und Aussage über unsichtbare Ereignisse und Geschehnisse, jener Ereignisse, die vom Ursprung wirken, die im dichterischen Wort gegenwärtig werden und dann in sozialen, politischen und wissenschaftlichen Tatsachen zu greifbarer Auswirkung gelangen.

An Stelle der Logik und somit auch perspektivisch gerichteten Beschreibung tritt in der neuen Dichtung die alogische und somit auch aperspektivische Aussage. Zu nennen sind u.a. Hölderlin, T. S. Eliot, Paul Valéry, Jorge Guillén und R. M. Rilke. Das Zeitthema zeigt sich ferner in Goethes „Faust", im „Werther", in Constants „Adolphe", in K. Ph. Moritz' „Anton Reiser", etc. Es geht um das Sinnganze der Welt, das Durchscheinen der großen Figurationen des Geistes. Thomas Mann behandelt das Zeitproblem im „Zauberberg" und bei Hermann Hesse kommt es vor allem in seinem „Glasperlenspiel" zum Vorschein.

Die *Expressionisten* sowie die *Futuristen*, brechen aus der Rationalität mit Aggressivität und Affektgeladenheit aus, bringen zwar das Über- und Baufällige zum Einsturz, werden aber von den einstürzenden Trümmern selbst begraben. Dadaïsten und Surrealisten zerbrechen jedwede Form, jedes rationale Sprachgefüge. Im *Dadaïsmus* wird versucht, den magischen Laut wiederzubeleben, im *Surrealismus* handelt es sich um herausgeschleuderte Assoziationen, somit um eine Überwältigung vom Psychisch-Mythischen. Die *Nihilisten* verfallen der magischen Faszination, dem Unverbindlichen und Wortmagischen. Die *Infantilisten* tauchen in die kindliche Ausdrucksweise zurück.

Kapitel 10:
Die Menschheit in der Herausforderung

Das heliozentrische Weltbild hat keinen Bestand mehr. Mit der Entdeckung außergalaktischer (außerhalb unseres Milchstraßensystems gelegener) Sternensysteme hat sich „der Himmel geöffnet". Dies jedoch ist bewußtseinsmäßig bisher von den wenigsten mit all den Folgen für unser Leben, Denken und Wahrnehmen realisiert worden. Der Raum wird sich ändern, ja: er ändert sich bereits.

Diese überlebte Raumwelt wird zerbrechen, wie alles zerbricht, was erstarrt. Unformen, welche bis zur nächsten Jahrhundertwende die ganze Erde und Menschheit mit ungeahnten Schrecken überziehen werden, sind nur noch zu umgehen, wenn die gegenwärtige Mutation des Bewußtseins auch wirklich zugelassen und realisiert wird. Ist bis dahin die für uns neue Kraft des Geistes nicht wahrgenommen worden, so werden alle Leiden und Ängste unserer Tage vergeblich gewesen sein.

Je todeswütiger sich die Äußerungen unserer zu Ende gehenden Übergangsepoche zu erkennen geben, desto lebenskräftiger werden weltverändernd die neuen in Erscheinung treten. Nirgends liegt das Neue so sichtbar zutage, wie dort, wo etwas zugrunde geht, zu jenem Grunde, der von sich aus immer auch das Neue enthält. In der Vierdimensionalität der neuen Bewußtseinsstruktur ist eine neue Weltmöglichkeit begründet, in der die Zeit zur Gegenwart zu werden vermag, die das Ursprüngliche durchsichtig macht.

Es ist der begreifliche Fehler unserer heutigen Rationalität zu glauben, irgendwelche Lösungen könnten — sei es durch Macht, durch Einvernehmen, Kompromiß, sei es durch Reformen oder dergleichen — dem amokartigen Ablauf der Geschehnisse Einhalt gebieten, wobei natürlich stets unterstellt wird, daß dabei der Mensch von sich aus der Gestalter der Zukunft sei. Wer sich diesem Irrglauben menschlicher Art hingibt, darf getrost auf ein „Ende mit Schrecken" gefaßt sein, da er sich aus dem Gefängnis seiner dreidimensionalen Vorstellungswelt nicht zu befreien vermag.

Wer nur einen Teil der Welt realisiert oder anerkennt, sollte sich nicht wundern, wenn er eines Tages selber geteilt wird oder nur noch als Teil einer Masse erscheint. Das Schicksal unserer Erde wird von der Bewußtseins-Intensität abhängen, die der Mensch erreichen soll und die er erreichen würde, gelänge es ihm, die neue Mutation zu leben. Das Dilemma der heutigen

Erde und Menschheit wird sich nicht durch irgendwelche Machenschaften lösen: Die *magische Bitte und Beschwörung*, der *mythische Wunsch* und der *mentale Wille* allein werden nicht ausreichen.

Der Mensch muß sich bemühen

— die Zeit zu konkretisieren, d.h. sein Leben bewußt in der ursprünglichen Gegenwart zu leben

— das Geistige zu konkretisieren, es durchscheinend werden zu lassen

— das Ganze wahrzunehmen und wahrzugeben

Es bedarf einer gewissen Behutsamkeit; es bedarf vieler Geduld, der Abstreifung vieler vorgefaßter Meinungen, vieler vorausgeträumter Wünsche, vieler blindwaltender Forderungen; es bedarf eines gewissen Abstandes zu sich selber und zur Welt, eines langsam ausreifenden Gleichgewichtes aller in uns veranlagten Komponenten und Bewußtseinsstrukturen, um die Absprungbasis in die neue Mutation vorzubereiten.

Das neue Bewußtsein wird nicht vollgültig, solange es nicht im Alltag gelebt wird. Die Wirrnis der heutigen Situation erfordert eine gewisse Bereitschaft, Aufgeschlossenheit und Mitarbeit von jedem einzelnen. Ein jeder kann durch seine Haltung und Handlungsweise dazu beitragen, daß sich der Umwandlungsprozeß ohne den Umweg über die mögliche Katastrophe vollzieht. Der Umstrukturierung unserer Denkweise kann sich auf die Dauer niemand entziehen.

Unmerklich und selbstverständlich wird die neue Bewußtseinsstruktur für jeden Gültigkeit erhalten. Und jene, die sie nicht annehmen, die in der alten verharren wollen, werden durch die neue Kraft im Verlauf der nächsten Generation weitgehend ausgeschaltet werden. Der im Irdischen und Alltäglichen sich in Raum und Zeit aufblätternde und entfaltende Ursprung erfüllt sich hier auf unserer Erde. Die göttliche, geistige Herkunft und Zukunft dessen, was uns als Geschehen erscheint, sollte über den bloßen Erklärungsversuch nie vergessen werden.

Der Ursprung, aus dem heraus jeder Augenblick unseres Lebens lebt, ist göttlicher und geistiger Art. Wer das verneint, verneint sich selber. Wer es nicht verneint, ist bereits ein Mitarbeiter der Aperspektive, der integralen Bewußtseinsstruktur. Sie gründet in der Bewußtwerdung und Durchsichtigwerdung des Ganzen. Damals waren es nur die Jünger Christi, die das Christentum wahrzunehmen vermochten. Eines Tages wird es die größte Gemeinde sein. Es ist kein Zufall, daß der Sinn für die Durchsichtigkeit heute überall zum Durchbruch kommt.

Was im Großen vorbereitet wird, muß im Kleinen mitvorbereitet werden. Wer Distanz zu sich gewinnt, gewinnt zugleich Distanz zur Welt. Distanz schließt Toleranz ein. Jeder ist heute imstande, dies im Rahmen seiner Möglichkeiten zu durchschauen. Solange wir noch ichhaft denken, solange wir noch ausschließlich ichhaft denken, teilen wir die Welt. Dem Ich wird im glücklichsten Falle das Du sichtbar, aber niemals das Ganze. Ich-Isolation ist Flucht vor der Masse, der minderwertigen Form der Gesellschaft; sie führt auf die Dauer gleicherweise wie der Ich-Verlust zum Ich-Mord. Ich-Losigkeit ist der Rückfall ins Magische; bloße Ichhaftigkeit ist Verharren im Mental-Rationalen.

Nur die Überwindung des Ich, die eine Überwindung sowohl der Ichlosigkeit als auch der Ichhaftigkeit ist, stellt uns in die Ich-Freiheit, die das Achron und das Diaphainon zu wahren vermag. Ich-Freiheit ist Freisein vom Ich, ist nicht Ichverlust oder Ichverzicht, ist nicht Ichmord, sondern Überwindung. Das Ich-Bewußte ist das Charakteristikum der mentalen Struktur; die Ich-Freiheit ist das der integralen.

Wer sich dem Ursprung entzieht, wer sich seinem Auftrag, der ein geistiges Ansinnen ist, entzieht, handelt gegen den Ursprung. Wer gegen ihn handelt, hat keine Gegenwart, heute so wenig wie morgen. Nur als ganzer Mensch ist man fähig, das Ganze wahrzunehmen. Die Ausbalancierung unserer Reaktionen auf Schicksalsschläge, Fehltritte und Mißgeschicke durch das Bewußtsein, die Einsicht in die Zusammenhänge der vitalen und psychischen Mächtigkeit in uns, vermag jenes Gleichgewicht herzustellen, innerhalb dessen sich ein Leben als Ganzes bewahren und bewähren kann.

Die Frage nach dem Wie und Wann der Mutation ist daran gebunden, ob es uns vergönnt sein wird, durch einen bewußten Vollzug, nämlich durch die geforderte neue Bewußtseinsleistung, standhaltend und mitgestaltend der neuen Mutation zum Durchbruch zu verhelfen. Was jetzt wichtig ist, ist nicht so sehr die Zukunft in ihrem zeitlichen und äußeren Aspekt, sondern ihre Präsenz in uns. Das Verborgene (die Latenz) ist die nachweisbare Gegenwart (Präsenz) der Zukunft. Es handelt sich um das Zukünftige in uns, das in demselben Maße Gegenwart ist, wie alles Vergangene in uns Gegenwart ist. Die Neukonstruierung der gesamten Wirklichkeit hat bereits eingesetzt. Nur mit unserer Hilfe kann eine Katastrophe vermieden werden.

- Alle Strukturen konstituieren uns.
- Alle Strukturen müssen ihrem konstitutionellen Werte gemäß gelebt werden, wenn wir ein ganzes Leben leben wollen.
- Keine Struktur darf deshalb negiert, sondern alle Strukturen müssen in ihren effizienten Wirkungen integriert werden.

Mit diesen Kerngedanken Jean Gebsers soll der erste Teil dieses Buches beendet werden. Es sei jedoch noch mit Nachdruck darauf hingewiesen, daß die hier gegebene Zusammenfassung *niemals* das Werk Gebsers ersetzen kann! Jedem interessierten Leser wird daher empfohlen, nach der Lektüre dieses Buches das Hauptwerk Gebsers, ,,Ursprung und Gegenwart'', nochmals selbst zu studieren.

II. Teil:

Über das „Stirb und Werde" des rationalen Menschen

Vorbetrachtung

Das Leben in unserer modernen Welt erscheint den meisten Menschen nur noch dann ,,lebenswert'', wenn sie ihre wahre Situation verdrängen können. Es wäre für sie nicht ertragbar, wollten sie sich Tag für Tag dessen bewußt werden, wie es um die Lebensbedingungen auf unserem Planeten Erde wirklich steht. Die weltweite Krisenstimmung wird daher so weit wie möglich aus dem Blickfeld geschoben und bestenfalls in dem Maße aufmerksam verfolgt, wie es um eine unmittelbare Bedrohung der eigenen Interessen geht.

In Wirtschaft und Politik hat man sich bis 1981 weitgehend gezwungen optimistisch gegeben und mit unbeschränktem Wachstum kalkuliert. Erst jetzt werden die Mahnungen des Club of Rome ernstgenommen — vorher verhallten sie in ungehörten Räumen.

Auf dem Gedankengut Jean Gebsers aufbauend will der II. Teil dieses Buches aufzuzeigen suchen, wo und wie im einzelnen das rationale Bewußtsein an die Grenzen seiner Möglichkeiten gestoßen ist und einer Überhöhung durch das integrale Bewußtsein bedarf. Wenn wir den gegenwärtigen Gefahren der Menschheit konstruktiv begegnen wollen, müssen wir uns in aller Ehrlichkeit darum bemühen, diese Gefahren auch tatsächlich zu erkennen. Erst dann, wenn es gelingt, auf alle Beschönigungen, Verschleierungen und Vertuschungen zu verzichten und die vielfältigen Formen des zur Gewohnheit gewordenen Selbstbetrugs zu durchschauen, ist es möglich, den anstehenden Problemen gegenüberzutreten.

Kapitel 1:
Über das Phänomen des „Umkippens"

Leben ist rhythmisches Schwingen zwischen Polen, hinter deren mannigfaltigen Erscheinungsformen letztlich doch nur zwei Grundkräfte wirksam sind: Yin und Yang.[1] Alles, was lebt, entsteht durch die wechselseitige Durchdringung und Befruchtung dieser beiden göttlichen Kräfte des urweiblichen und urmännlichen Prinzips; hierauf beruht die gesamte Schöpfung.

Rhythmisches Pulsieren zwischen zwei Polen, die sich ergänzen, tritt besonders deutlich in der mythischen Struktur in Erscheinung. In der mentalen Struktur dagegen zerreißen die Polaritäten in scheinbar unvereinbare Gegensätze, in Dualismen. Je mehr der Mensch im mentalen Ich-Bewußtsein erwachte, desto „tiefer" sank die mythische (und auch die magische) Struktur in einen ihm nicht bewußten Bereich zurück: das sogenannte Unbewußte. Da die Entwicklung des Ich-Bewußtseins zu den nötigen Zwischenschritten des menschlichen Werdens gehört, stellt die vorübergehende Dominanz der mentalen Struktur an sich keine krankmachende Erscheinung dar, solange zwischen dem Ich-Bewußtsein und den ihm unbewußten Schichten, beziehungsweise Strukturen, ein polares Austauschverhältnis bestehen bleibt. In der Tiefenpsychologie spricht man von einer *guten Beziehung zum Unbewußten*, aus dessen (dunklen) Tiefen das (tageshelle) Ich-Bewußtsein seine Kraft (Libido) bezieht.

Selbst wenn das innere Gleichgewicht durch irgendwelche Einflüsse einmal gestört wird, ist dies weiter nicht gefährlich, solange es vorübergehend und innerhalb bestimmter Grenzen geschieht. Es ist ein allem Lebenden eingeborenes Gesetz, demzufolge immer wieder das Gleichgewicht angestrebt wird, sobald es gestört ist. In der Psychologie spricht man von *Kompensation* und meint damit, daß einseitige Einstellungen und Haltungen innerseelisch durch Betonung anderer Wesensseiten ausgeglichen werden. Wie die Erfahrung der Tiefenpsychologie jedoch zeigt, ist dies nicht unbegrenzt der Fall. Wird beispielsweise eine bewußte Lebenshaltung über ein bestimmtes Maß hinaus übertrieben, so stellt das Unbewußte seine ausgleichenden Aktivitäten ein

[1] Yin und Yang sind Begriffe aus der chinesischen Philosophie. Yin ist das urweibliche und Yang das urmännliche Prinzip. Ihre wechselseitige Bezogenheit läßt sich besonders gut im chinesischen I Ging, dem Buch der Wandlungen, studieren.

und tritt plötzlich zum Ich-Bewußtsein in Opposition, was eine seelische Katastrophe zur Folge hat.

Daß Einseitigkeiten überall nur innerhalb eines begrenzten Spielraumes ausgeglichen und aufgefangen werden können, zeigt sich auch im Bereich der grobstofflichen Materie, wo ganz bestimmte Belastungen nicht überschritten werden dürfen, will man das Material nicht zerstören.

Diese Thematik ist für den Menschen immer dann von Bedeutung, wenn er im Begriff ist, Einseitigkeiten über ein bestimmtes Maß hinaus zu forcieren. In unserer Zeit, da die mentale Bewußtseinsstruktur — defizient geworden — weitgehend nur noch rein rational wirksam ist, hat der Mensch bereits eine Kettenreaktion ausgelöst, die unweigerlich zu einer Katastrophe führt, wenn nicht sofort auf breiter Basis ein konsequentes Umdenken erfolgt.

Eine erschreckend große Zahl von Menschen der westlichen Welt identifiziert ihr Mensch-Sein ausschließlich mit dem rationalen Ich-Bewußtsein. Letzteres hat sich bereits so weit von den ihm unbewußten Bewußtseinsstrukturen entfernt, daß es der Illusion Glauben schenkt, im Menschen „Alleinherrscher" zu sein. Begriffe wie *Entwurzelung* und *Verkopfung* kennzeichnen diese Situation. In der einseitig extravertierten Ausrichtung auf die materielle Außenwelt tendiert vor allem der westlich Mensch in einen Zustand hinein, dessen duale Spannungen letztlich nicht mehr ausgeglichen werden können: Ein *Umkippen* in eine Katastrophe ist die zwangsläufige Folge.

Das Phänomen des *Umkippens* ist ein deutlicher Ausdruck dafür, daß die rationale Bewußtseinsstruktur tatsächlich defizient und damit kulturzerstörend wirksam ist. Eine Reihe von Beispielen soll dazu dienen, die Gesetzmäßigkeiten dieses Phänomens in mehreren Lebensbereichen erkennen zu lernen.

Körper, Geist und Seele

Trotz modernster Medizin steigen die Krankheiten unaufhörlich an. Einige, wie beispielsweise Herz- und Kreislaufkrankheiten und Krebs, haben sich in den letzten Jahren besonders in den Vordergrund gedrängt. Sie sind Alarmzeichen dafür, daß natürliche Kreisläufe und Regelsysteme gestört sind und der Organismus in ein bedrohliches Ungleichgewicht geraten ist. Das Phänomen des Umkippens heißt hier unter anderem *Herzinfarkt*, Ausdruck für eine gesamtmenschliche Lebensfehlhaltung, die nicht mehr ausgeglichen werden konnte.

Ganz besonders deutlich tritt die Fehlhaltung des defizient gewordenen rationalen Bewußtseins in der Krebskrankheit zutage. Die Zellen sind nicht mehr an die Ganzheit des Organismus angeschlossen und wuchern ohne jegliche Anpassung an die Umgebung. Der psychosomatische Zusammenhang ist evident: Sowenig das Ich auf ein größeres Ganzes bezogen lebt, sowenig tut dies auch die Zelle. Beiden mangelt es an geistigen Ordnungsbildern, an Informationen, welche dem Wissen um Ganzheitszusammenhänge entspringen. Ich und Zelle sind von Ursprung entwurzelt, sind abgeschnitten und führen ein Eigenleben in der Isolation. Leben ohne Einpassung in ein übergeordnetes Ganzes aber mündet früher oder später in ein Chaos, da es an geistigen Strukturen fehlt.

Nicht nur die somatischen, sondern auch die seelischen und geistigen Erkrankungen schnellen zahlenmäßig in die Höhe. In der von den unbewußten Wurzelgründen abgeschnittenen, einseitig verabsolutierten rationalen Lebensweise ist der Mensch derart veräußerlicht, daß er innerlich zunehmend entleert und verdorrt. Denken und Fühlen sind oberflächlich, hastig und ohne Tiefe. Diese Fehlhaltung kann immer weniger ausgeglichen werden. Auf der Suche nach einem verlorengegangenen, zumeist nie gekannten Lebenssinn gleiten auffallend mehr Menschen in Sucht, Kriminalität und Selbstmord. Der rationale Mensch *kippt um*, da seine extreme Einstellung zum Dauerzustand geworden ist und nicht mehr ausbalanciert werden kann.

Gesundheitswesen

Zur Behandlung der oben genannten Störungen müssen immense Geldsummen aufgewendet werden. Anstatt die Krankheit an der Wurzel zu heilen, die meist in einer Fehlhaltung der gesamtmenschlichen Lebenseinstellung begründet liegt, behandelt man weitgehend die Symptome, ohne daß der Patient durch seine Krankheit eine Wandlung seiner Bewußtseinshaltung erfahren kann.

Einerseits werden immer mehr Menschen öfters krank und andererseits verzweigt sich das Gesundheitswesen in eine Vielzahl von einzelnen Fachgebieten, so daß insgesamt die Kosten zur „Reparatur" der Krankheiten (besser: der Symptome) ins Uferlose ansteigen. Erhöhte Krankenkassenbeiträge sind die Folge. *Wucherung* ist auch hier ein Schlüsselwort.

Irgendwann jedoch dürfte der Punkt erreicht sein, bei dem die Sozialabgaben prozentual zum Einkommen in ein solches Mißverhältnis geraten, daß schließlich unser gesamtes Gesundheitswesen finanziell wie arbeitsmoralisch *umkippt*. Dieser Punkt wäre im übrigen schon längst überschritten worden, hätten die Krankenkassen auch all die Kosten übernommen, welche im Rahmen der Psychotherapie angefallen sind.

Sozialwesen

Während die Ansprüche unaufhörlich steigen und einzelne wie Gruppen verstärkt auf ihre *Rechte* pochen, weicht die Bereitschaft zur Mäßigung, schwindet die Frage nach den *Pflichten*. Ans *Nehmen* gewöhnt, hat man schon lange vergessen, auch das *Geben* zu kultivieren. Damit jedoch ist jeder sozialen Einrichtung der Boden entzogen. Kein noch so gutgemeintes Sozialwesen kann auf die Dauer effizient funktionieren, solange sich die betreffenden Menschen als verwöhnt-egoistische Wohlstandskinder erweisen und Schlaraffenlandvorstellungen pflegen.

Natürliche Umwelt

Ohne den Blick auf das Ganze zu lenken, vermag der im rationalen Bewußtsein verhaftete Mensch lediglich Teilbereiche zu übersehen und die Vorderseite der Dinge anzuschauen. Nur so konnte es zu den gewaltigen Umweltverschmutzungen kommen, die mittlerweile zu solchen Schäden führten, daß sie zu einem großen Teil irreparabel geworden sind. Die Luft ist verunreinigt,[1] Lebensmittel enthalten Schadstoffe und das Trinkwasser wird immer weniger genießbar, da Privat- und Industrieabwässer ins Grundwasser gelangen. Die Abwasserbelastung hat in zahlreichen Gewässern den kritischen Punkt bereits überschritten, ab dem eine biochemische Selbstreinigung nicht mehr stattfinden kann. Man sagt: Die Bäche, Flüsse und Seen sind *biologisch umgekippt*.

Selbst weite Küstenstreifen sind heute so stark verschmutzt, daß das Leben der Meerestiere und Meerespflanzen überaus gefährdet ist und sich vielfache Mißbildungen und Zerstörungen abzeichnen. Es zeugt in der Tat nicht gerade von Weitblick, geschweige denn von einem ganzheitlichen Verständnis, wenn man das Meer als eine riesige Müllgrube begreift und ohne Skrupel täglich viele Millionen Tonnen Giftstoffe hineinlaufen läßt.[2]

Nicht unerwähnt sei der übertriebene Einsatz von Insekten- und Unkrautbekämpfungsmitteln sowie von Kunstdüngern. Die biologische Forschung hat seit langem nachgewiesen, daß die Verwendung von Pestiziden das Gleichgewicht zwischen *Räuber* und *Beutetier* erheblich stört. Pestizide und

1) Der Kölner Dom ist in den letzten 30 Jahren mehr verwittert als in den Jahrhunderten davor.

2) Die Danziger Bucht ist nur eines der vielen Beispiele, wo die hohe Abwasserbelastung zu einem Umkippen des biologischen Gleichgewichts geführt hat. Selbst wenn man ab sofort die gesamte Schmutzwasserzufuhr stoppte, würde es — so schätzen Experten — mehr als 30 Jahre dauern, bis sich die biologische Selbstreinigung wieder einstellte.

Kunstdünger wirken sich nicht nur negativ auf die menschliche Gesundheit aus — sie gelangten über die Nahrung in den Körper —, sondern beeinträchtigen auch das Leben der Mikroorganismen in der Muttererde.

Ein Teufelskreis entläßt schon nach kurzer Zeit eine Vielzahl neuer, die sich ihrerseits wiederum rasch vermehren. Je mehr das rationale Bewußtsein in seiner einseitigen Einstellung und Denkweise wirksam ist, desto weniger kann der betreffende Mensch die aus ihm entstehenden Teufelskreise steuern und korrigieren.

Der Mensch hat bereits das Klima verändert! Es ist nur noch eine Frage der Zeit, bis er auch das natürliche Gleichgewicht im Großen zerstört hat — man denke etwa an die Abholzung der großen Regenwälder (Dschungel).[1)] „Solche Untersuchungen haben u.a. ein ‚Club of Rome' und eine Studiengruppe ‚Global 2000' angestellt.[2)] Was diese Sachkundigen herausfanden, übertraf die pessimistischsten Befürchtungen. Schon in einer Generation würden sich die Verhältnisse auf dem Planeten derart verschlimmern, daß immer mehr pflanzliches, tierisches und auch menschliches Leben zugrunde gehen müßte. Man hatte z.B. errechnet, daß Jahr um Jahr neue Wüsten entstehen und fruchtbare Acker- und Weideflächen verdrängen würden. Giftige Gase würden die Atmosphäre immer mehr verunreinigen. Es würde saurer Regen entstehen, der überall die Böden und die Ernten schädigen würde. Das Trinkwasser würde rar und schmutzig werden. Und man würde die Abfallprodukte von Atommeilern schwerlich sicher beseitigen können. Hundertau-

1) „Mit unserer bisherigen, unbekümmerten und undurchdachten technisch-zivilisatorischen Entwicklung stürzen wir nicht nur die Natur, sondern auch uns selbst in immer größere Anpassungsschwierigkeiten." (Frederic Vester, Phänomen Streß, S. 19)

2) Das Fazit des *Club of Rome,* einer Vereinigung von Wissenschaftlern, wurde in dem Buch ‚Die Grenzen des Wachstums' wie folgt beschrieben: „Der ‚teuflische Regelkreis' — die Menschheitszunahme als Ursache und Folge der Ausplünderung unseres Lebensraumes — kann nur durch radikale Änderung unserer Denkgewohnheiten, Verhaltensweisen und Gesellschaftsstrukturen durchbrochen werden. Fortschrittsglaube und Leistungswillen dürfen sich nicht länger an der Zuwachsrate des Bruttosozialprodukts ausrichten. Das technische Potential und die wissenschaftliche Kapazität der Industrienationen müssen zum weltweiten Ausgleich des sozialen Gefälles, zur Verbesserung von Geburtenkontrolle, Ernährung und medizinischer Versorgung, zur Entwicklung haltbarer Produkte, zur Wiederverwendung der Abfälle und zur Gewinnung rohstoffunabhängiger Energiequellen eingesetzt werden." (Club of Rome, Die Grenzen des Wachstums, S. 2) Rüstung, Industrialisierung, Bevölkerungsexplosion, Unterernährung und Umweltzerstörung verfinstern die Zukunft der Menschheit.

Der ehemalige amerikanische Präsident Jimmy Carter hatte am 23. Mai 1977 dazu aufgefordert, die voraussichtlichen Veränderungen der Bevölkerung, der natürlichen Ressourcen und der Umwelt auf der Erde bis zum Ende dieses Jahrhunderts zu untersuchen, um auf den dabei entstehenden Einsichten eine längerfristige Planung aufzubauen. Das Ergebnis, im Bericht *Global 2000* festgehalten und veröffentlicht, ist erschreckend: Eine Fortsetzung gegenwärtiger Politik und Lebensweise würde ins Verderben führen.

sende von Tier- und Pflanzenarten würden unweigerlich aussterben. Krankheiten und Vergiftungen der Menschen würden zunehmen. Binnen zwanzig Jahren würden etwa 600 Millionen Menschen am Rande des Existenzminimums vegetieren.''[1]

Solange das Übel unserer Zeit nicht an der Wurzel erkannt ist, werden Katastrophen über den Menschen hereinbrechen, denen er auch bei modernster Technik nicht wirksam begegnen kann. Soll etwa eine Ökokatastrophe vermieden werden, muß sich vor allem *der einzelne Mensch* bewußt werden, daß die Ursachen der Mißstände in ihm selbst zu suchen sind. Erst mit der Verwirklichung des integralen, in Ganzheitsbezügen denkenden Bewußtseins dürfte das apokalyptische Geschehen des weltweiten *Umkippens* zu umgehen sein.

Landwirtschaft

Ein weiteres Beispiel der Kulturzerstörung zeigt sich in der Landwirtschaft. Auch hier hat die defizient-rationale Bewußtseinsstruktur deutliche Spuren hinterlassen. Wie in Industrie und Wissenschaft, so sind auch die Landwirte zur Spezialisierung und Rationalisierung ihrer Betriebe übergegangen. Höfe, auf denen vielerlei Tiere gehalten und vielerlei Früchte wie Getreidearten angebaut werden, schwinden immer mehr. Auch die Landwirte bewegt nur die eine Frage: ,,Was ist rationell, wirtschaftlich und damit gewinnbringend?''

Das Ergebnis dieser Denkweise ist Vereinseitigung. Man denke beispielsweise an das Extrem *Hühnerfarm*, wo die Hühner — dicht zusammengedrängt — mit künstlichem Futter gemästet werden und unter künstlichem Licht stückweise auf den Tag ihres Verpackens dahinvegetieren. Das gleiche Prinzip der Vermassung findet sich in den modernen Kuh- und Schweineställen, welche viel eher ,,Aufzuchtsfabriken'' genannt werden sollten. Noch vor wenigen Jahrzehnten wurde beispielsweise jeder Kuh ein Name gegeben. Bauer wie Melker oder Stallknecht hatten ein ,,persönliches Verhältnis'' zu den einzelnen Tieren und erfaßten sie in ihrer Individualität. Heute hingegen geht es nur noch darum, auf welche Weise die Tiere in kürzester Zeit zu größtem Gewicht herangezüchtet werden können. Der Respekt vor der Schöpfung Gottes ist gänzlich verlorengegangen.

Abgesehen von der fehlenden Ethik, der mangelnden Einfühlung in das Leben der Kreatur, geraten die spezialisierten Bauernhöfe in größere Abhängigkeit von den Schwankungen des Marktes: Sie machen große Geschäfte, wenn ihr Produkt gut geht, kommen aber in Gefahr, wenn die Marktlage

[1] Horst E. Richter, Alle redeten vom Frieden, S. 22 f.

plötzlich eine andere ist. Jede Einseitigkeit, die nicht rechtzeitig ausgeglichen werden kann, führt unweigerlich zum *Umkippen*, sei es hier nun ethisch oder marktwirtschaftlich.

Der einseitige Anbau von bestimmten Getreidearten und bestimmten Früchten fordert die Erde nur in einseitiger Weise. Dadurch wird das organische Gleichgewicht in der Welt der Mikrorganismen erheblich beeinträchtigt. Der Teufelskreis beginnt: Monokulturen stellen einseitige Anforderungen an die Natur. Alle Einseitigkeiten jedoch lösen in der Natur eine Lawine von Folgewirkungen aus. Der Mensch versucht daraufhin — beispielsweise durch Pflanzenschutzmittel — ein Gleichgewicht herzustellen, erreicht aber genau das Gegenteil, weil all seine rationalen Versuche wiederum einseitig sind und erneute Teufelskreise bewirken. Es ist schon seit langem erwiesen, daß Pestizide zu keiner wirklichen Lösung führen, weil das sogenannte „Unkraut" und die Insekten nach einiger Zeit immun werden, was neue Giftkompositionen nötig macht. Abgesehen davon ergibt sich auch im Bestand der Insekten ein Ungleichgewicht, denn einige Arten verringern und andere vermehren sich zu sehr.

Es ist typisch für das rationale Bewußtsein, daß es zunächst rationalisiert, ein organisches Gleichgewicht zerstört und dann die Symptome bekämpft, anstatt die wahren Ursachen zu erkennen. Wie alles, was vereinseitigt wird, droht auch der gegenwärtige Trend der Landwirtschaft in eine Sackgasse einzumünden.[1)]

Auch das innere Verhältnis zur Scholle ist durch Entfremdung geprägt. Durch den Einzug der Technik in die Landwirtschaft ist zwar die körperliche Arbeit auf ein Minimum geschrumpft, gleichzeitig aber ist der lebendige Kontakt zur Erde, zu Pflanzen und Tieren verlorengegangen. Dies ist nichts weiter als die Projektion innerer Gegebenheiten ins Außen: die Entfremdung von der eigenen Innen-Natur, den nicht-rationalen Bewußtseinsstrukturen.

1) Dem Trend zur Spezialisierung und Massenfabrikation in der Landwirtschaft wird schon lange — wenn auch nur hier und dort — durch alternative Anbauweisen („biologisch-dynamisch") entgegengewirkt. Sensibilisierte Landwirte, denen das Gespür für natürliche Prozesse nicht abhanden kam, setzen sich dafür ein, die biologischen Regelkreise zu beachten und geschickter auszunutzen. Dabei hat sich gezeigt, daß zum einen die Qualität der landwirtschaftlichen Erzeugnisse wesentlich höher ist, zum anderen die Quantität nicht hinter der üblichen Bewirtschaftung zurückbleibt. In Zukunft werden Technik und verbesserte Kenntnis der natürlichen Abläufe und Zusammenhänge sicherlich vereint, um die Menschheit qualitativ und quantitativ ausreichend ernähren zu können. Die Auseinandersetzungen zwischen der etablierten und alternativen Landwirtschaft dauern an.

Forstwirtschaft

Nicht nur die Landwirtschaft ist unverkennbar von dem Stempel des defizient-rationalen Bewußtseins gezeichnet, sondern auch die Forstwirtschaft. So merkwürdig es auch klingen mag, das defizient-rationale Bewußtsein zeigt sich sogar im Wald! Mischwälder fallen immer mehr der Säge zum Opfer; an ihre Stelle treten Fichten. Auch hier hat sich die Einstellung zur Natur auf ein reines Zweck-, Nützlichkeits- und Kostendenken reduziert. Fichten wachsen schneller und lassen sich wegen ihrer geraden Stämme besser verarbeiten. Der Wald ist vielerorts zur Plantage geworden; die Bäume stehen in Reih und Glied, Soldaten gleich. Ohne weiteres ließe es sich assoziieren: ,,Achtung, deutscher Wald! Still gestanden!'' Im Abstand von etwa 2 m wachsen die jungen Fichten jenem Tag entgegen, an dem sie gefällt werden. Selbst der Wald ist rationalisiert: Die exakt geometrische Aufteilung der Grundflächen macht sowohl ein rationelles Sauberhalten der Schonung als auch ein rationelles Holzfällen möglich. Alles ist rational-linear, vom Grundriß bis zu den hohen, schmalen und geraden Fichtenstämmen.

Da die rationale Struktur die Zeit als Intensität nicht realisiert hat und mit ihr daher auch nicht fertig wird, fällt ihr das Warten schwer. Es fehlt die Geduld, Mischwälder heranwachsen zu lassen — dies wäre nach rationalen Erwägungen unwirtschaftlich. Entsprechende Folge rationaler Forstwirtschaft ist die Monokultur, das genaue Abbild der rationalen Bewußtseinsstruktur.

Alle Einseitigkeiten drohen aber irgendwann *umzukippen* — so auch die Fichtenwälder. Daß dies durchaus wörtlich genommen werden kann, beweisen die enormen Sturmschäden Jahr für Jahr. Monokulturen sind viel anfälliger gegen Wetterbedingungen als Mischkulturen. Mischwälder sind nicht nur Stürmen gegenüber viel besser gefeit, sondern bieten auch Baumkrankheiten und Insekten viel mehr Widerstand. Monokulturen können binnen kurzem ,,hinweggefegt'' werden, sei es durch Wind, Feuer, Krankheit oder Schädlinge — sie sind weniger resistent.

Davon abgesehen gibt es noch weitere Entsprechungen zwischen dem rationalisierten Wald, wenn auch mehr symbolischer Art: Die Wurzeln der Fichten verlaufen relativ flach unter der Erdoberfläche, was oftmals schon bei mittleren Windbelastungen zu Entwurzelungen führt. So wenig die Fichten mit ihren Wurzeln in die Tiefe gehen, so wenig hält es auch das rationale Ich-Bewußtsein für nötig, sich in tieferen Lebensschichten zu verwurzeln. Es verwundert daher nicht, daß sie sehr schnell in Not geraten und oft große, bleibende Schäden erleiden, wenn die Lebensstürme über sie hinweg wehen.

Ein anderer Aspekt: Das anfallende Regenwasser wird vom Nadelwaldboden viel weniger zurückgehalten und gespeichert als im Mischwald; es fließt relativ schnell als Oberflächenwasser ab, dem nächsten Bach entgegen. Hieraus entsteht zum einen erhöhte Erosionsgefahr, zum anderen sinkt der

Grundwasserspiegel merklich ab. Auch hier wieder die Parallele zum rationalen Bewußtsein: Dieses läßt die mitmenschlichen Regungen ebenfalls an der Oberfläche abgleiten ohne tiefer berührt zu werden. Das Innere (das Grundwasser) wird nicht angereichert; es sinkt ab und „verarmt".

Am Beispiel des Fichtenwaldes wird auf bildhafte Weise überaus anschaulich: Je stärker das rationale Bewußtsein verabsolutiert wird, desto tiefer sinken die nicht-rationalen Strukturen (vgl. das Grundwasser) ins Unbewußte hinab. Der Mensch verarmt innerlich, dorrt aus und begibt sich in die Gefahr der Entwurzelung.

Die Einwegdenkweise

Ein anderes anschauliches Beispiel für rationale Denkweise ist die Einwegflasche sowie all die vielen Verpackungsarten, welche die Assoziation „Einbahnstraße" hervorrufen, in welcher der Verkehr nur in eine Richtung fließen kann. Die rationale „Einwegdenkweise" wurde erst in dem Moment überdacht und gründlich in Frage gestellt, als Umweltschmutz und Energieknappheit dies von außen erzwangen.

Dennoch ist die Wegwerfgesellschaft noch lange nicht überwunden. Es bleibt nur zu hoffen, daß man immer mehr dazu übergeht, die Abfälle unserer Wohlstandswelt in den Kreislauf von Produktion und Konsumption zurückzuführen, was man *Recycling* nennt. Das Produktions- und Konsumverhalten der zukünftigen Menschen muß ganzheitsbezogen und ganzheitsbewußt sein, soll nicht das Wohlstandssystem im eigenen Müll sein Ende finden.[1)]

Schule

Es ist gewiß nicht zufällig, daß die Kritik an den Staatsschulen nicht verstummt und das Bedürfnis nach alternativen Schulmodellen größer wird.[2)]

1) „Wer sich überfrißt, droht an seinen gestörten Ausscheidungsprozessen zugrunde zu gehen — das ist für den Einzelnen so gültig wie für den Organismus eines Kollektivs, eines Volkes. So geht es heute der sogenannten Wohlstandsgesellschaft, deren Ausscheidungen durch sinnlosen Konsum uns bereits zu vergiften begonnen haben . . . die selbstverschuldete Umweltverschmutzung bedroht sogar unsere Luftversorgung, so daß uns gleichsam ‚die Luft ausgehen' kann — dieses Element, das bisher immer und in jeder Menge, ohne soziale und sonstige Unterschiede, für jeden im Überfluß vorhanden war . . ." (Fritz Riemann, Die schizoide Gesellschaft, S. 23, 17 f.)

2) Zu diesen experimentellen Alternativschulmodellen zählen u.a. die Waldorfschule, die Montessorischule und die Landschulheime (Reformpädagogen: Lietz, Nohl, Wyneken, Salem, etc.)

Die Anzahl der Privatschulen ist in den letzten Jahren beachtlich angestiegen — kein Wunder, da sich Bildung in den Staatsschulen weitgehend in der Vermittlung rationalen Wissens und der Anpassung an die bestehenden Gesellschaftsstrukturen erschöpft. Auf alternativem Wege wird verstärkt versucht, diese einseitige Betonung von Wissen und Funktionalität zu überwinden, indem die geistige, soziale und charakterliche Erziehung gleichberechtigt mit einbezogen wird.[1]

Staatsschulen sind Spiegelbilder der jeweils vorherrschenden Bewußtseinsstruktur in der Bevölkerung. Entsprechend liegt im Westen der Hauptakzent auf einer einseitig extravertierten, veräußerlichten Lebensweise, die rational und materialistisch zugleich ausgerichtet ist. Ohne ein erweitertes Verständnis von Bildung, eine Bildung, die den *ganzen Menschen* einbezieht, wird das etablierte Schulsystem in der beschriebenen Einseitigkeit *umkippen*.

Mit der steigenden Wissensflut in den Wissenschaften wachsen automatisch die Anforderungen an die Schüler (und Studenten), denn solange sich die Schule als Vorbereitungsstätte für das spätere Berufs- und Gesellschaftsleben begreift, wird sie daran interessiert sein, dem Schüler diesbezüglich die besten Startbedingungen mitzugeben. Entsprechend müssen die Schüler in immer kürzeren Zeitabständen mehr lernen — daß der Wissensstoff nicht einfacher wird, liegt auf der Hand.

Erwartet man von einem Abgangsschüler den Wissensstand, der es ihm ermöglicht, reibungslos den Übergang zur aufbauenden Berufsausbildung zu finden, müssen die erhöhten Anforderungen an den Endklässler auf alle vorangehenden Schuljahre verteilt werden. Selbst der Kindergarten kann auf die Dauer von diesem Vorgang nicht ausgeschlossen bleiben.

Um den wachsenden Anforderungen an den Schulabgänger schon früh zu entsprechen, werden die Erkenntnisse der Lernpsychologie benutzt, um das Lernen effektiver werden zu lassen. Dies bringt neue Lehrmethoden und eine neu konzipierte Schulliteratur mit sich. Auch die schon früh einsetzende Spezialisierung ist ein Versuch, der Wissensflut entgegenzuwirken, daß letztlich — auf Kosten der Allgemeinbildung — nur noch eine Fachrichtung beschritten werden kann.

Das Ringen um die Bewältigung der vielfältigen Anforderungen kann jedoch nicht allein auf methodischem Wege zum Erfolg führen, denn die eigentliche Problematik liegt darin, daß sich das Aufnahmevermögen der Schüler mit Hilfe formaler Techniken nur begrenzt steigern läßt.[2]

Es gilt viel mehr, die Schüler ganzheitlich anzusprechen, sie gesamt-

1) Vielfältige Anregungen zu diesem Thema findet der Leser in den Büchern der Psychagogin Christa Meves — siehe Literaturverzeichnis.

2) Über Lerntechniken, siehe: Regula D. Naef, Rationeller Lernen lernen. Weinheim-Berlin-Basel 1972

menschlich zu erziehen und das Wissen so zu vermitteln, daß es sinnvoll in ein ganzheitliches Weltverständnis eingebettet ist. Davon zeigt sich in den Staatsschulen bislang wenig. Die Schüler (und Studenten) leiden darunter, daß sie sich mit unzusammenhängendem Einzelwissen befassen müssen und dabei fälschlicherweise den Eindruck gewinnen, das Leben sei eine Vielzahl isolierter Teile.

Um den erhöhten Anforderungen unserer komplexen und komplizierten Welt schulisch zu genügen, ohne dabei in Didaktik, Methodik oder im Fachidiotentum steckenzubleiben, bedarf es der Entfaltung des Bewußtseins! Erst über eine gesamtmenschliche Erziehung, die den zentralen Lebensfragen nicht ausweicht, können die im Schüler schlummernden geistigen Fähigkeiten geweckt werden. Die damit einhergehende Intensivierung des Aufnahme- und Verarbeitungsvermögens, nicht etwa eine Perfektionierung der Methode, könnte den wachsenden Anforderungen an den Schulabsolventen entsprechen.

Von einer solchen Erziehung jedoch sind wir in den Staatsschulen noch weit entfernt, damit aber auch von der Möglichkeit, den zunehmenden Anforderungen gewachsen zu sein. Alarmierend ist die Zahl der Schüler, die Verhaltens- und damit auch Lernstörungen aufweisen. Disziplinschierigkeiten erschweren ein geregeltes Arbeiten. Für Schüler und Lehrer scheint die Staatsschule zur Hölle zu werden.

Die Mitmenschlichkeit schwindet mehr und mehr. Schon die Kinder werden zu erbarmungslosen Einzel- und Ellenbogenkämpfern herangezüchtet, welche im anderen den Rivalen, den Feind und Gegen-Menschen sehen, den es zu übertreffen und zu besiegen gilt. Viele Schüler beklagen sich über fehlende Klassengemeinschaft und die Schwierigkeit, wirkliche Freunde zu finden.

Während die moderne Welt höhere Anforderungen an die Schüler stellt, sind immer weniger in der Lage, die in sie gesetzten Erwartungen zu erfüllen — die Diskrepanz zwischen dem, was sie müssen und sollen und dem, was sie können und wollen, klafft zunehmend auseinander. Für jene, die nicht rebellieren, resignieren, aussteigen oder apathisch werden, gibt es keine Ruhe, kein Luftschnappen, keine Besinnung. Kaum ist das eine Pensum erfüllt, wartet bereits das nächste, so daß die Schüler schließlich von einer Stunde in die andere taumeln. Ein achtstündiger Arbeitstag ist auch für den Schüler keine Seltenheit.[1)]

Die Überbewertung des rationalen Wissens macht selbst im Religions-, Kunst- und Musikunterricht nicht halt. Auch hier erleben Schüler keinen Zugang zu tieferen Schichten des Menschseins. Statt das Schöpferische anzusprechen und zur Erfüllung werden zu lassen, sind die oben genannten Fä-

[1)] Siehe dazu: Rudolf Affemann, Der Mensch als Maß der Schule, Stuttgart 1979

cher zumeist durch intellektuelle Betätigung gezeichnet.[1] Was nützt die Erziehung zur intellektuellen Kritikfähigkeit, wenn das Herz des Menschen unangesprochen bleibt? Es fehlen Lehrer, die den Kindern lebenswichtige Grundlagen und religiöses Gedankengut lebenspraktisch vortragen und überzeugend vorleben können.

Das eigentliche Grundübel unserer Schulmisere ist nicht etwa die Wissensfülle, denn Wissen muß vermittelt werden — es ist auch nicht die so viel beklagte, nicht erreichte und vielfach mißverstandene Chancengleichheit, sondern der Mangel an menschengemäßer Liebe. Es wäre verfehlt zu glauben, Kinder bräuchten in erster Linie einen intellektuell gepflasterten Karriereweg; unendlich wichtiger als die seelenlose Bildungsatmosphäre in den Staatsschulen ist die geistige und charakterliche Führung der Schüler durch reife und liebesfähige Persönlichkeiten.

Was nützt es den Kindern, wenn sie jahrelang ausschließlich unpersönliches Wissen aufnehmen, sich damit in späteren Lebensnöten nicht im geringsten helfen können? Schicksalsnöte bleiben keinem Menschen erspart. Kann etwa eine chemische, physikalische oder mathematische Formel über die Tiefs des menschlichen Lebens hinwegtragen?[2]

Solange wir nicht die Herzensbildung gleichberechtigt neben die Schulung des Verstandes stellen[3] und lernen, eine Atmosphäre der Wärme, Zuneigung und echten Spiritualität zu verbreiten, wird auch unsere Staatsschule dem Untergang, dem *Umkippen*, nicht entgehen.

Der Zwang zur Spitze

Wohl zu den auffallendsten Merkmalen der defizient gewordenen mentalen Bewußtseinsstruktur zählt der Zwang zur Spitze. Die rationale Struktur hat sich mittlerweile so extrem zu einem Pyramidenbewußtsein zugespitzt,

[1] ,,Erziehung und Schule sind viel zu einseitig auf die Betonung rational-intellektueller Leistung und Lernziele eingestellt . . . Dadurch werden schon früh die Weichen gestellt und gerade *die* Kinder benachteiligt, die handwerkliche oder musisch-schöpferische Begabungen haben . . . Es gehört sicher zu unserem Mensch-Sein, daß wir uns auch in einer Leistung verwirklichen wollen. Aber Leistung als Selbstverwirklichung und aus schöpferischer Freude ist etwas sehr anderes als geforderte oder gar erzwungene Leistung, die zur Form wird . . . Kunsthandwerkliche, musikalische, malerische und plastische Betätigung können uns . . . Begabungen in uns entdecken lassen . . .'' (Teppichknüpfen, Malen, Keramik, Schnitzen, etc.) (Fritz Riemann, Die schizoide Gesellschaft, S. 28 ff.)

[2] ,,Das meiste, was wir in der Schule lernen, brauchen wir im Leben nicht. Das meiste, was wir im Leben brauchen, lernen wir in der Schule nicht.'' (Rudolf Affemann, Lernziel Leben, S. 12)

[3] ,,Unser dringlichstes Problem heute ist, wie wir Bildung und Leben verbinden können.'' (Rabindranath Tagore, Einheit der Menschheit, S. 32)

daß alles Streben sich nur noch auf einen einzigen oberen Punkt konzentriert: ,,Die einsame Spitze".

In unserer Sprache hat dieses ,,Spitzen-Denken'' schon länger Einzug gehalten. Ohne es weiter zu notieren, geschweige denn kritisch zu überdenken, hat die Mehrheit der westlichen Bevölkerung das neue Vokabular in den täglichen Sprachschatz aufgenommen. Weil die ,,Spitzen-Wörter'' ohne Unterlaß aus den Medien quellen, hat sich die Gewohnheit eingeschlichen, diese Ausdrücke ebenso ,,normal'' zu finden, wie alle anderen auch.

Wie oft rufen wir von Begeisterung erfüllt: ,,Das ist spitze!'' Ein vorbeifahrendes Auto fährt ,,Spitze'', eine Frau oder ein Mann sieht ,,spitze'' aus, der Inhalt eines Buches ist ,,spitze'' und so fort. Begriffe wie ,,Spitzenpolitiker'', ,,Spitzenkandidaten'', ,,Topmanager'', ,,Spitzensportler'' und ,,Spitzengehälter'' sind ,,in''.

Man möge sich die Fülle der ,,Spitzen'' einmal bildlich als Landschaft vorstellen: Diese bestünde aus lauter hohen und spitzen Pyramiden, welche sich gegenseitig zu übersteigen suchen. In solch einer ,,Landschaft'' leben wir: unnatürlich, unorganisch, kantig, spitz und lebensfeindlich.

Wer ,,spitze'' ist, ist ein ,,Star'', der ist ,,klasse''. Wer ,,spitze'' ist, der ,,bringt's'', der ,,hat etwas d'rauf'' und ,,kann sich sehen lassen''. Wer aber nicht ,,top'' ist, ist entweder ,,noch nicht oben'' oder ist ,,ein hoffnungsloser Fall'', der sein Leben als ,,Taugenichts'' im Schatten derer dahinlebt, die ,,es geschafft haben''. Diese Lebensphilosophie ist das klägliche Überbleibsel der einst effizienten mentalen Bewußtseinsstruktur. Man sollte sich ernsthaft einmal fragen: ,,Treibt man es nicht auf die Spitze?''. Was ist diesem Denken gemäß mit all jenen, die es nicht zu ,,Spitzenleistungen'', ,,Spitzenposten'' und ,,Spitzenlöhnen'' gebracht haben und keine ,,Spitzenkapazitäten'' geworden sind? Die Antwort ist einfach, verachtend und unmenschlich zugleich: ,,Sie sind eben *keine* Spitze!''

Diese Denkweise, welche in den USA ihre stärkste Ausprägung hat, ist zutiefst pervers. Wie weit müssen Menschen von den Grundsätzen Christi entfernt sein, wenn sie das rationale Erfolgsringen hin zur Spitze unterstützen! Man denke etwa an Arthur Millers Stück ,,Death of a Salesman'' (Tod eines Handlungsreisenden), in dem die Tragödie dieser Lebenshaltung zutage tritt.

Die Karikatur des ,,Spitzenbewußtseins'' zeigt sich besonders klar im ,,Spitzensport''. Da die natürlichen Kräfte des Menschen nicht mehr reichen, um das hochgesteckte Ziel der Spitze zu erlangen, wird der Organismus über das gesunde Maß hinaus gestreßt und nicht selten mit Aufputschmitteln vollgestopft. Ist es etwa nicht grotesk, wenn Sport betrieben wird, von dem man bereits im voraus weiß, daß er krank macht und die Menschen frühzeitig physisch altern läßt, weil vielfache Abnutzungserscheinungen eintreten? Ist Berufssport eigentlich noch Sport, wenn er des ständigen Beiseins eines Sportmediziners bedarf?[1)]

Diesem Sport wohnt ein enormer Zwang inne: Der Zwang zur Spitze. Prestigegründe und finanzielle Ziele bewirken, daß der Sieg errungen werden *muß;* Niederlagen sind nicht gestattet. Mit schöpferischem Spiel hat der heutige Sport schon lange nichts mehr zu tun; er ist zum Kampf und Krampf geworden. Erst kürzlich wurde im Fernsehen auf den Kinder- und Jugendsport aufmerksam gemacht, in welchem sich die Unmenschlichkeit des „Spitzensportes" am klarsten abzeichnet. Von blindem Ehrgeiz und übertriebenem Geltungsbedürfnis angefeuert, treiben Eltern und Trainer die jungen Menschen bis zu Erschöpfungszuständen und Zusammenbrüchen: Der Spitzensportler *kippt um.*

Einer weiteren Karikatur des „Spitzenbewußtseins" begegnen wir in der Waschmittelwerbung, wo die Farbe weiß „auf die Spitze getrieben wird": weiß, blütenweiß, schneeweiß, ultraweiß, das strahlendste Weiß, weiß — weißer gehts nicht; und was kommt danach? Nun, die Werbefachleute werden sich sicher noch etwas einfallen lassen, was die momentan höchste Spitze nochmals um einiges überbietet. Die Frage ist nur, ob ein bestimmtes Maß an Menschenverdummung noch überstiegen werden kann? Irgendwann muß der Punkt erreicht sein, bei dem die Menschen mit Werbung abgesättigt sind, vollgestopft und nicht mehr aufnahme- und reaktionsfähig. Die Fülle der Werbereize wird dann über den Konsumenten hinwegfließen, ohne den beabsichtigten Effekt auszulösen. Einerseits werden sich die einzelnen Unternehmen in ihrer Werbung noch mehr zu überbieten suchen, noch schillernder, noch auffallender, noch geschickter — andererseits wird sich das Kaufverlangen der Kunden über ein bestimmtes Maß nicht mehr steigern lassen. Dann dürfte der kritische Punkt gekommen sein, bei dem die Ausgaben für Werbung zu den Einkünften durch Werbung in ein nicht mehr tragbares Mißverhältnis geraten.

Die Kritik am „Spitzenbewußtsein" richtet sich nicht gegen den gesunden Antrieb des Höherstrebens, des Weiterschreitens in der Entwicklung, in der Evolution. Leben ohne Wachstum kann und sollte es nicht geben; es ist sogar Auftrag des Menschen, aus seinen Anlagen das Beste zu machen, sie zu entfalten und bestmöglich in das individuelle und soziale Leben einzubeziehen. Kritik setzt jedoch da an, wo der rationale Mensch auf unorganische Weise Einzelgebiete, Einzelaspekte und Einzeltätigkeiten punktuell auf die Spitze treibt und Gesamtzusammenhänge übersieht.

[1)] Daß der heutige Sport krank, ja sehr krank ist, zeigt sich nicht nur an der Siegesfixiertheit und an der Notwendigkeit ärztlicher Betreuung. Auch die Werbung, das Sich-Verkaufen, hat viel zur Entfremdung vom Eigentlichen beigetragen. Der politische Einfluß sei nur am Rande erwähnt. Die Krönung der Perversion jedoch findet statt, wo das tägliche Training der Spitzensportler von einem Computer überwacht wird, in den zu diesem Zweck eine Vielzahl sehr persönlicher, intimer Daten eingegeben wird. Ohne es zu merken, ist der Spitzensportler zur Maschine, zum Roboter geworden.

Hara

Beenden wir unsere Betrachtungen zum Thema des *Umkippens* mit dem leiblichen Menschen selbst. Alle Einseitigkeiten im weltlichen Außen haben ihre Entsprechungen im menschlichen Innen und umgekehrt. Es ist vor allem Prof. Karlfried Graf Dürckheim zu verdanken, daß uns Westlichen die Einseitigkeit unserer Lebensweise auch an der Haltung unseres Leibes bewußt werden konnte.

In fast allen seinen Werken, insbesondere im Buch „Hara — Die Erdmitte des Menschen", weist er darauf hin, daß sich der leibliche Schwerpunkt des rationalen Menschen weit nach oben verlagert hat. Der rationale Mensch ist durch sein Denken *kopflastig* geworden und hat seine Atmung auf die Region des Brustkorbs reduziert. Hinzu kommt die Betonung der Brust- und Nackenpartie, was in der Schaustellung des Oberkörpers einerseits, in der Verkrampfung desselben andererseits seinen Ausdruck findet.

Im Westen heißt es: „Brust heraus — Bauch hinein!" Hierin verbirgt sich die Verlagerung des natürlichen Schwerpunktes aus dem Bauch-Becken-Raum hinauf in Kopf, Schultern und Brustkorb. Der Zwang zur Spitze findet auch leiblich seinen Niederschlag in Schulter-Nackenverspannungen, in Kurzatmigkeit und einer Überbelastung des Kopfes. Füße und Hände sind nicht selten kalt, der Spürkontakt mit den unteren Körperregionen ist zumeist eingefroren.

Erinnern wir uns an das Bild des Fichtenwaldes, das Absinken des Grundwassers als Symbol für Hinabgleiten der nicht-rationalen Bewußtseinsstrukturen. Das Hinaufziehen des natürlichen Schwerpunktes kennzeichnet die eigenwillige Herrschaft des Ich, das sich oben auf den Thron verstiegen und sich vom Unten abgeschnitten hat.

Aber gerade dieses Unten ist für den Menschen lebenswichtig! Der natürliche Schwerpunkt im Bauch-Becken-Raum ist der Wurzelgrund; hier wurzelt der Mensch in sich selber. Von dort wird er gespeist und getragen von der „Großen Natur", welche sich ohne das Zutun von Kopfwissen und Wollen eigengesetzlich auswirkt. Es ist die „Erdmitte des Menschen", oder *Hara,* wie es die Japaner nennen.[1]

Ruht der Mensch im Hara, so ruht er in sich selbst, gelassen und an die erneuernden Kräfte aus dem Ursprung angeschlossen. Interessant ist nun, daß sich das Phänomen des Umkippens auch leiblich zeigt. Je höher der Schwerpunkt, desto instabiler ist das Ganze — je tiefer der Schwerpunkt, desto stabiler ist das Ganze: körperlich, geistig und seelisch.

Abschließend sei noch darauf hingewiesen, daß der rationale Mensch mit der Schwerpunktverschiebung nach oben auch den Schwerpunkt seines

[1] Siehe hierzu: K. Graf Dürckheim, Hara — Die Erdmitte des Menschen, München 1975

Atems, des Lebensstromes, weit nach oben verlagert hat. Doch läßt sich die Fehlform der Brustkorbatmung nicht ohne weiteres in eine Zwerchfelltiefatmung hineinführen; es muß die Wandlung des ganzen Menschen einhergehen, eine Verwandlung seines Bewußtseins.

Kapitel 2:
Streß

Eine allgemein bekannte Folge defizient-rationaler Lebensweise ist der Streß. Gesundem Leben ist der Streß immanent — heute aber melden sich wohlbegründete Zweifel, ob das, was wir als Streß erleben, noch als gesund bezeichnet werden kann. Die folgenden Ausführungen orientieren sich weitgehend an dem Buch „Phänomen Streß", in dem es Frederic Vester meisterhaft gelungen ist, umfassend und tiefschürfend darzustellen, um was es dabei geht. Einen letzten Erkenntnisschritt jedoch hat er nicht vollzogen: Die Verkettung des Streßphänomens mit den Bewußtseinsstrukturen vor dem Hintergrund eines neuen Zeitalters.

Was ist Streß?

Was ist eigentlich Streß? Aus dem Englischen entlehnt bedeutet dieser Begriff soviel wie *Druck, Belastung, Spannung.* Heute jedoch verstehen wir darunter fast ausschließlich seine Negativformen: *Überdruck, Überbelastung, Verspannung.* Streß in seiner übersteigerten Erscheinungsweise hat daher den Charakter des Verbiegens, Zerrens und Zerbrechens. In dieser destruktiven Form existiert Streß eigentlich erst seit der industriellen Revolution — damit seit dem Umschlagspunkt vom mentalen ins rationale Bewußtsein bei gleichzeitigem Erwachen des sich keimhaft zeigenden integralen Bewußtseins. Streß ist eine Zivilisationserscheinung der rationalen Kulturen.

In seiner natürlichen, biologischen Form ist Streß „ein allen höheren Tieren und auch dem Menschen eingebauter Verteidigungsmechanismus, der bei Gefahr in Sekundenschnelle alle Energiereserven für eine extreme Muskelleistung mobilisiert. Er dient zu blitzschneller Vorbereitung auf Flucht oder Angriff. Auslöser sind dabei ganz bestimmte Alarmsignale aus der Umwelt."[1)]

Die natürliche Streßreaktion stellt sich dar als lebensrettendes Programm für alle höheren Lebewesen. Im Unterschied zur heutigen Form der negativen Streßsituation handelt es sich in freier Wildbahn nur um vorübergehende

[1)] Frederic Vester, Phänomen Streß, S. 19

Notbereitschaft, so daß nach der Gefahrensituation genügend lange Erholungspausen gegeben sind, in denen die Streßenergie wieder abgebaut und in Körperbewegung umgesetzt werden kann.

In unserer modernen Zivilisation jedoch stehen wir gewissermaßen im Daueralarm, weil ein regelrechtes Trommelfeuer von Umweltreizen über uns hereinbricht. Je komplexer unsere Welt wurde, je dichter die Bevölkerung zusammenrückte, desto öfter entstanden immer neue Erregungen durch Streßauslösung. Und dadurch, daß die Streßreize (die sogenannten ,,Stressoren'') zahlenmäßig zugenommen haben, darüberhinaus auch intensiver und über längere Dauer wirksam wurden, war bald der kritische Punkt organischer Belastbarkeit überschritten. Die Folge war, daß bei Dauerstreß die Erholungsphasen immer kürzer wurden und so die körperlichen und seelischen Funktionen nicht mehr genügend Ruhe finden konnten.

Es ist ein weitverbreiteter Irrtum anzunehmen, Streß sei lediglich auf das gehetzte Leben der Manager bezogen und habe daher mit einem selbst nichts zu tun. Streß in seiner übersteigerten und negativen Wirksamkeit finden wir heute überall, sei es bei Angestellten, Schülern und Älteren, sei es in der Familie, auf der Straße oder im Urlaub. Auch ist Streß nicht die bloße körperliche Anstrengung, nicht die große Schrecksituation noch die massive Aufregung. Um ein Vielfaches gefährlicher sind die unzähligen kleinen Stressoren, die uns täglich umgeben und uns unterschwellig erregen. Diese sublimen Streßreize summieren sich und im Unterschied zu unseren Vorfahren werden sie in den wenigsten Fällen abreagiert.

Nur in seltenen Ausnahmefällen läßt sich Streß heute eindeutig auf einen einzigen Auslöser zurückführen und ebenso selten kann gesagt werden, daß dieser dann einzig und allein ,,diese'' Krankheit verursacht hat. In der Regel bestehen stets mehrere Faktoren gleichzeitig. So können beispielsweise Stressoren von außen oder von innen und zudem auf verschiedenen Ebenen wirken; andererseits ist auch die psycho-physische Konstitution des Individuums dafür ausschlaggebend, wie die Reaktion auf Streßreize erfolgt. Bei dem einen stellen sich jene Krankheitssymptome ein, bei einem anderen zeigt es sich wiederum ganz anders.

Kybernetische Sichtweise[1)]

Vester betont den komplexen Zusammenhang des Streßgeschehens und macht darauf aufmerksam, daß es im gesamten biologischen Bereich (im Grunde in allen Lebensbereichen) nur Vielfachbezüge gibt, Wirkungsketten

[1)] Kybernetik ist die Wissenschaft von Steuerungsmechanismen und Regelkreisen in Technik und Natur.

und Regelkreise, die wiederum mit anderen Regelkreisen verflochten sind. Diese Denkweise ist dem rationalen Bewußtsein fremd, da es gerne direkte und eindeutige Beziehungen zwischen Ursache und Wirkung abzuleiten versucht. Rationales Denken hat einen eher linearen und statischen Charakter, während das Denken in Regelkreisen und Vielfachbezügen dynamisch und damit ein Element des integralen Bewußtseins ist.

Direkte Bezüge zwischen Ursache und Wirkung lassen sich nur auf kleinen Strecken feststellen; auch dies wiederum nur annähernd, weil sogar dann noch andere Faktoren mehr oder weniger stark hineinspielen. ,,Ein neues medizinisches Denken, beim Arzt wie beim Laien, ist hier erforderlich. Ein Denken in Netzen, ja selbst in mehrdimensionalen Strukturen. Dieses Denken ist nicht etwa schwerer als dasjenige in Tausenden einzelner, voneinander unabhängiger Ursache-Wirkung-Schritte, es ist nur ungewohnt, und man muß lernen, mit ihm zu hantieren.''[1)]

Eine Übersicht über mögliche Streßreize

Wie alle Lebewesen, so sind auch wir Menschen in unsere Umwelt, ja in die gesamte Biosphäre dieser Erde biologisch eingebettet. Aus dieser erreichen uns ständig vielfältige Impulse, welche automatisch psychosomatische Vorgänge in uns auslösen.

,,Geringste Informationen, Gerüche, Berührungen oder Eindrücke über das Auge wie Licht, Schatten, Farben und Formen veranlassen uns wegzuspringen, zu schreien, freudig auf etwas zuzugehen oder auf etwas starken Appetit zu entwickeln. Schon bloße Schallwellen — in Form bestimmter Wörter — können uns zu Taten anfeuern und in tiefste Depressionen versetzen, Angstzustände erzeugen und über das vegetative Nervensystem und seine Steuerfunktionen zu Magengeschwüren, Herzinfarkten und Impotenz führen . . . Alles in allem ein gewaltiges Gefüge von Wirkungen und Rückwirkungen, das uns im wahrsten Sinne des Wortes durch die Haut geht.''[2)]

Das Streßgeschehen ist eines der Phänomene, das unter dem Einfluß verschiedener Seiten jenes ständige Pulsieren zwischen Mensch und Umwelt in uns wirksam ist. Um zunächst einen groben Überblick zu bekommen, sollen eine Reihe der vielen möglichen Streßreize — nach verschiedenen Aspekten geordnet — aufgezeigt werden:

1) Frederic Vester, Phänomen Streß, S. 139
2) a.a.O., S. 9

I. Nach der Sinnesreizung

a) *optischer Streß:* optische Überreizung durch Werbeplakate, verwirrende Geschäftsauslagen, Reklamerummel, Flackerlicht, Fernsehen, tausendfältige, (meist) unrhythmische Bewegungen, künstliche Farbenfülle, etc.

b) *akustischer Streß:* akustische Überreizung durch Verkehrslärm, Baumaschinengeräusche, Medien, ja Lärm aller Art.

c) *Geruchsstreß:* Überreizung durch künstliche Gerüche, vor allem durch Autoabgase, Industriesmog und Zigarettenqualm.

II. Nach der Örtlichkeit

a) *Verkehrsstreß:* durch die Fülle der Sinnesreizungen, Kolonnenfahrten, Verstopfungen, endloses Parkplatzsuchen, Ungeduld und Aggressivität anderer Verkehrsteilnehmer, ständige Alarmbereitschaft bei gleichzeitig körperlichem Bewegungsminimum.

b) *Wohnstreß:* durch die Enge der Bebauung, die Ausbreitung von Industrie- und Verkehrsanlagen, Wohnen in Massen-Wohnsilos in vegetationslosen Betonlandschaften, Lärmbelästigung, Geruchsverpestung, Wohnen in ungestalteten und unbelebten Ausstellungs-Zimmern; kurz: durch eine denaturierte Umwelt.

c) *Familienstreß:* durch steigende Ansprüche zwischen den Familiengliedern, Verständigungsschwierigkeiten, Streiterei, Entfremdung und fehlenden Zusammenhalt, falschen Ehrgeiz, vermaterialisierte Wertvorstellungen, Mißbrauch der Familie als einen Ort des Abreagierns.

d) *Berufsstreß:* durch Terminterror, Rang-, Überlegenheits- und Prestigekämpfe, durch Angst vor der Gefährdung der eigenen Stellung, Schikanen, Vorwürfe, Entmutigungen, Über- oder Unterforderung, zu vielfältige oder zu monotone Arbeit, inneres Aufbegehren gegen die Arbeit, weil diese den eigenen Anlagefähigkeiten nicht gerecht wird und dem Menschen damit nicht zur Entfaltung verhilft (falsche Arbeit), durch Zwang zur Berufsnorm, durch Luftverpestung, Geräuschbelästigung, etc.

e) *Urlaubsstreß:* durch Prestige- und Kulissenurlaub, Zwang zum standesgemäßen Urlaub, Versklavung an eingebildete Bedürfnisse, ständiges Komfortdenken, Geltungsansprüche, strapaziöse Reisevorbereitung, strapaziöse Ab- und Heimreise, Hitze, Autoschlangen, Ärger, kostenaufwendigen Urlaub (der Überstunden und Mehrarbeit nötig macht), zu viel Reisegepäck, zu viel Freizeitangebote.

III. Nach psychologischen Aspekten

a) *Konfliktstreß:* durch Zwang zur Anpassung an überholte Umgangsformen, Traditionen, Regeln, Normen und Tabus, durch Unterordnung unter falsche Autoritäten, durch zu viel oder zu wenig Verantwortung, durch intellektuelle Wortgefechte, durch Umgang mit unpersönlichen und uninteressanten Begriffen, Daten und Fakten, durch enges Zusammen-sein-Müssen mit unsympathischen Menschen, durch offene oder versteckte Konflikte, Zweifelsucht und Erwartungsängste, etc.

b) *Frustrationsstreß:* durch Enttäuschungen und Störungen in früher Kindheit (die oft das ganze Leben lang nachwirken), durch permanente Überansprüche und zu hohe Erwartungen bei gleichzeitiger Unzufriedenheit, durch Entmutigungen und Versagergefühle, durch mangelnde berufliche und sonstige Erfüllung, durch ausbleibende Erfolgserlebnisse, durch Überbetonung eines Lebensgebietes auf Kosten anderer, durch fehlende Anerkennung, Liebe und Zuwendung.

c) *Erfolgsstreß:* durch innere und äußere Erfolgszwänge, rastloses Streben nach Erfolg, nach Aufstieg und Ansehen, durch Überbewertung des Leistungsfaktors, Sorge um die Karriere, durch übertriebenen Ehrgeiz, Perfektionszwang, durch Konkurrenzkämpfe, ständigen Wettbewerb sowie durch Status- und Prestigezwang.

d) *Isolationsstreß:* durch Langeweile, Einsamkeit, Selbstzweifel, Entfremdung, Sinnlosigkeitsgefühle, Gefühle des Nicht-gebraucht-Werdens, mangelnde Kommunikation, Interesselosigkeit; besonders bei alten Menschen: durch Angst, von niemandem geliebt zu sein, zur Last zu fallen, vergessen zu werden, durch Gebrechlichkeit, freudeloses Dasein, durch das Gefühl nichts Vernünftiges tun zu können, durch Mangel an körperlicher Berührung, etc.

Die einzelnen Bereiche überschneiden sich und lassen sich im Grunde gar nicht isoliert betrachten — eins wirkt aufs andere.

Streß macht krank

So vielfältig die Streßreize sind, so vielfältig sind auch die individuellen Reaktionen — je nach Konstitution. Aus der Vielfalt an Möglichkeiten sollen nur einige markante herausgegriffen werden:

— Herzkrankheiten, vor allem Herzstechen und Infarkt
— Gefäßkrankheiten, Arterienverkalkung und Durchblutungsstörungen
— Kreislaufstörungen, Zirkulationsstörungen
— Magen- und Darmgeschwüre, Verdauungsstörungen
— Nierenstörungen
— Thrombose
— Schäden am Nervensystem, Nervosität
— sexuelle Impotenz, schwindende Fruchtbarkeit
— erhöhte Krebsdisposition
— Augen- und Gehörleiden
— Schlafstörungen, Appetitlosigkeit, Freßsucht
— Migräne, Blässe
— verminderte Immunabwehr, erhöhte Infektionsanfälligkeit
— Lungen und Muskeln werden durch Ablagerungen geschwächt
— Denk-, Konzentrations- und Lernstörungen

Viele dieser Krankheiten entstehen durch Langzeitschädigungen, durch die Summe kleinster, aber ständiger nicht umgesetzter Streßreize, was oft über Jahre unbemerkt vonstatten geht. Langzeitschäden stellen sich zwangsläufig ein, wenn

a) keine genügend lange Streß-Erholungspause gegeben ist
b) die erzeugte Alarmbereitschaft vom Körper nicht mit Flucht oder Abwehr beantwortet werden kann
c) der Abbau nicht durch die sublimere Form einer symbolischen Umsetzung geschieht: durch Umwandlung in Interesse, Neugier, durch symbolische Verarbeitung, durch Spielen, Lachen, Weinen.

Angesichts der Streßkrankheiten sollten wir nochmals darauf zurückkommen, was im vorigen Kapitel über das Gesundheitswesen gesagt wurde. Auf längere Sicht werden die Folgekosten ins Unermeßliche ansteigen, so daß ein Umkippen unvermeidlich ist. Flucht in die Krankheit, in Unwirklichkeit und Illusion wird zunehmend zum Massenphänomen. Die Drogenanfälligkeit wächst; es kommt zu Verhaltensstörungen, und auch die Kriminalität breitet sich aus. Nicht zu vergessen sind die enormen Arbeitsausfälle durch Krankheit und Berufsunfähigkeit.

Aufwachen!

„Daß wir ein neues Überlebensprogramm finden müssen, ist unabdingbar. Vor allem, wo es keine realen Hoffnungen gibt, die eingeborenen, in den Genen fest verankerten Streßreaktionen zu ändern — etwa durch genetische Manipulation . . . So sind die zur Zeit durch Streß erzeugten Schäden letztlich Reaktionen der Natur, die, wenn man so will, in Aktion tritt, um uns aufzurütteln, um noch größere Schäden zu vermeiden . . . Es gibt überhaupt keinen Grund, daran zu zweifeln, daß die dabei eingeplante mögliche Vernichtung des Menschengeschlechts mit tödlicher Sicherheit durch die eingebauten mächtigen Rückkoppelungsmechanismen eintreten wird, wenn dieses Menschengeschlecht seine Entwicklung nicht wieder in die Hand bekommt."[1)]

Frederic Vester gibt eine Reihe von Anregungen, auf welche Weise wir der tödlichen Streßgefahr begegnen können. Er spricht davon, daß es viel nützlicher ist vorzubeugen, als das Geschädigte zu heilen. Dies wiederum meint die Verlagerung der Aufmerksamkeit auf die Eigenverantwortlichkeit des einzelnen. Wir müssen lernen, bewußter zu leben, anstatt unbewußt-unreflektiert in unheilvolle Lebenshaltungen hineinzurutschen und dann nach Ärzten und Vater Staat zu schreien. Es wird Zeit, diese kindlich-unreife Einstellung zu überwinden.

„Um die im Hintergrund einer Streßfrühwarnung drohenden eigentlichen Katastrophen zu erkennen, wird es Zeit, die Aufmerksamkeit des einzelnen, der Bevölkerung, der Behörden und nicht zuletzt der Ärzteschaft auf diese Zusammenhänge zu lenken. Vor allem auf die Tatsache, daß die Gesundheit des Menschen eben nicht nur vom reibungslosen Funktionieren seiner inneren Organe oder von direkten äußeren Einwirkungen abhängt, nicht nur von Bakterien, Viren, Giftstoffen, Unfällen und Verletzungen. Unsere Gesundheit ist im großen Maße auch ein Ausdruck des dauernden Wechselspiels des Menschen mit seiner Umwelt. Und gerade dieses Wechselspiel hat sich heute in einer dramatischen Weise verändert."[2)]

Es nützt wenig, wenn man sich einzelnen Symptomen zuwendet und in der Umwelt Veränderungen bewirken will. Wir müssen in unserer Betrachtung noch ein Stück weiter den Hintergrund ausleuchten. Wirkliche Veränderungen treten erst dann ein, wenn der einzelne erkennt, daß

a) wir in einer Zeitenwende stehen
b) wir ein völlig neues Bewußtsein realisieren müssen
c) wir deshalb auch in keiner Lebensfrage am Alten haften bleiben dürfen

1) Frederic Vester, Phänomen Streß, S. 72 f.
2) a.a.O., S. 60

d) ein neuer Zeitgeist von uns erkannt werden will und von uns Konsequenzen fordert.

Ohne diese Einsicht und alle daraus resultierenden Konsequenzen wird alle Frühaufklärung über Streß ohne durchschlagende Wirkung bleiben.

Kapitel 3:
Aspekte des Verlorenseins

Wir haben uns daran gewöhnt, die Höhe unserer Kultur einseitig an dem Entwicklungsstand der Technik sowie an den glänzenden Außenfassaden unserer Wohlstandswelt zu messen. Eine Kultur also, in der tolle Autos gefahren und teure Häuser gebaut werden können, ist demnach eine Hochkultur. Man könnte tatsächlich meinen, der Mensch im Wohlstandsstaat hätte nun alles, was sein Herz begehrt. Da sind beispielsweise die mannigfaltigen Angebote der Freizeitindustrie und vielfältige Möglichkeiten zu interessanten Ferienreisen. Ein jeder kann sich aus dem großen Wohlstandskuchen ein Stück herausschneiden und es in vollen Zügen genießen.

Wären diese Gegebenheiten tatsächlich einziger Kulturmaßstab, so müßten sich die meisten Menschen heute glücklich und zufrieden fühlen. Daß dies nicht zutrifft und die Realität eher Züge des Gegenteils aufweist, zeigen die zahllosen verspannt-verbitterten Gesichter.

Zur Situation der Jugend

Die wachsende Zahl der Jugendlichen, welche protestieren, süchtig oder kriminell werden, sollte nachdenklich stimmen. Immer mehr Jugendliche steigen aus dem gesellschaftlichen Leben aus und verweigern jegliche Anpassung. Arbeit und Leistung, Fleiß, Disziplin und Ordnung sind ihnen längst Fremdwörter geworden. Schüler haben keine Lust mehr, Lehrlinge machen, wenn sie nicht gerade ,,krank feiern'', nach großer Überwindung gerade noch ,,Dienst nach Vorschrift''.[1)]

Gesellschaftliche Verhältnisse sind ihnen gleichgültig geworden. Seit vielen Jahren schon haben Sozialwissenschaftler und Psychologen — ich erinnere nur an Christa Meves — vor den Gefahren unserer Konsumgesellschaft gewarnt. Heute stehen wir vor den Resultaten. Einerseits haben die Jugendlichen immer höhere Ansprüche, andererseits aber sind sie nicht bereit, sich anzustrengen, um ihre hochfliegenden Erwartungen zu realisieren. Eine Genuß- und Bequemlichkeitsmentalität breitet sich aus.

1) Siehe dazu: Christa Meves/Heinz-Dietrich Ortlieb, Macht Gleichheit glücklich?, Freiburg 1978

Während der Wille zur Arbeit abnimmt, nehmen parasitäre Gesinnungen und Lebensformen zu. Den Folgen der Verwöhnung stehen gesteigerte Forderungen seitens der Berufs- und Arbeitswelt gegenüber. Diese Kluft wird ständig größer. Verlangt die Welt der Produktion Leistungswille und Aktivität, so drängt die Welt des Konsums den Menschen durch Werbung und Genußzwänge genau ins Gegenteil.

Diese Situation allein erklärt jedoch noch nicht erschöpfend, warum immer mehr Jugendliche der Industriegesellschaft den Rücken kehren, tagträumen oder stören. Vielmehr sind die Ursachen jugendlicher Lustlosigkeit und Apathie darin zu erblicken, daß es viel schwerer geworden ist, in unserer Gesellschaft einen Sinn des eigenen Lebens zu finden.[1] Die heute herrschenden Ideologien bieten keine wirklich überzeugenden Ziel- und Wertvorstellungen; sie realisieren nicht, was sie versprechen.

Im Vergleich zur älteren Generation besitzen die jungen Menschen eine verfeinerte Antenne, eine Sensibilität für das, was innere Erfüllung verspricht. Sie spüren, daß die einseitig an materiellem Wachstum orientierte Industriegesellschaft keine glaubwürdigeren Werte fördern und keine Antworten auf Sinnfragen zu geben vermag. Statt dessen wird gefordert, stumpfsinnig zu funktionieren. Die Möglichkeiten, etwas Individuelles zu schaffen und etwas Einmaliges, Unaustauschbares zu sein, sind erschreckend weniger geworden. Jugendliche wittern es, wohin sie diese Tendenz leitet: Am Ende der *Wegwerfgesellschaft* steht der *Wegwerfmensch*.

Wen wundert es, daß sich junge Menschen von der sie anödenden Welt der Erwachsenen abwenden und das Erwachsensein als wenig nachahmenswert beiseiteschieben? Am Ende eintöniger Schulzeit steht für sie ein eintöniger Job in der sie entpersönlichenden Fabrikgesellschaft.

Was nützt es, die ganze Welt zu gewinnen und dabei Schaden an Leib und Seele zu nehmen? Mit Hilfe von Naturwissenschaft und Technik sind wir beachtlich fortgeschritten, „die Welt zu gewinnen", doch zahlten wir hierfür einen teuren Preis: den Lebenssinn. Im Schatten der Fortschrittsideologie sacken mehr und mehr Menschen in sich zusammen, fühlen sich entleert, gelähmt und ohne Motivation. Die Depression ist zur Volkskrankheit geworden.

Wurzel der *Motivationskrise* ist die allgemeine *Sinnkrise* in der modernen Welt. Mit dem Lebenssinn weichen Initiative und die Freude am Gestalten; es weicht auch das Selbstwertgefühl. Von Resignation und tiefer Ratlosigkeit geprägt begeben sich daher zunehmend mehr Jugendliche auf die Suche nach Ersatzbefriedigungen. Traditionelle Werte, Normen und Leitbilder haben ihren verhaltenssichernden Charakter verloren.

[1] „Der menschliche Geist ist so angelegt, daß kein Luxus und keine Schätze der Erde seine brennende Sehnsucht nach einer Erklärung der eigenen Existenz beruhigen können." (C. F. von Weizsäcker/Gopi Krishna, Biologische Basis der Glaubenserfahrung, S. 105)

Mit Drogen aller Art versuchen sie die innere Leere zu betäuben. Das Leben scheint nur noch im Rausche ertragbar zu sein, sei es im Drogen-, Sex-, Musik- oder Geschwindigkeitsrausch. Die Hohlheit und Verlogenheit unserer einseitig auf Wohlstand ausgerichteten, materialistisch denkenden Bevölkerung bleibt den Jugendlichen nicht verborgen. Sie spüren es, was die Älteren längst verdrängten. Zwischen der grauen Alltagswirklichkeit und der glitzernden Welt aufgestellter Fassaden klafft ein Abgrund.

Wie man sein soll, um für die Gesellschaft brauchbar zu sein, und wie man ist, geraten in immer stärkeren Gegensatz. Die damit verbundene Zerreißprobe wird bei einigen Anlaß zum Selbstmord, bei anderen richtet sich die Aggression nach außen. Das Gefühl, den äußeren Forderungen nicht zu genügen, schlägt um in Wut und Ohnmacht. Wir sehen es heute an den gewaltbegleiteten Demonstrationen, den eingeschlagenen Fensterscheiben, den besetzten Häusern und der Punk-Bewegung.

Da es in unserer modernen Gesellschaft an echten, nachahmenswerten Persönlichkeiten fehlt, bleibt der Jugend nichts anderes übrig, als sich der Glitzerwelt konstruierter und aufgebauter Persönlichkeitsentwürfe zuzuwenden. Die Schwierigkeit, seinen eigenen Lebensstil zu finden, ist beachtlich größer geworden.[1)]

Unsere Gesellschaft ist so stabil, wie ihr *schwächstes* Glied. Wir erblicken es primär in der Jugend, die der Erwachsenenwelt den Rücken kehrt, weil diese wenig sinnversprechend ist. Die jungen Menschen wollen keine Welt, in der die Garantie materiell gesichert zu sein und nicht zu verhungern, mit der Gefahr erkauft wird, an innerer Leere und Langeweile zu sterben.

So entpuppt sich die Jugend immer mehr zum Schreckgespenst der Gesellschaft,[2)] da sie ausspricht, was die Älteren zu verdrängen suchen. Der Generations*konflikt* hat sich längst zu einer Generations*krise* ausgeweitet. Gräben sind zu Abgründen geworden. Einer versteht den anderen nicht mehr. Von der Jugend werden die Erwachsenen als engstirnig, kleinkariert, langweilig und subaltern eingestuft, aus Sicht der Älteren erscheinen die Jüngeren extrem, faul und wild. Die Jugend wendet sich radikal von dem Althergebrachten ab, ohne das Neue bereits gefunden zu haben.

1) Punker, Popper, Rocker, Teds und Freeks zeigen uns, welche Irrwege beschritten werden, wenn es an echten Leitbildern mangelt.

2) Man denke z.B. an die zunehmenden Aktivitäten der Links- und Rechtsextremisten in den Großstädten.

Eine bloße Nummer in der Anonymität der Masse

Die zwischenmenschlichen Beziehungen verfinstern sich immer mehr, zersplittern und münden ein in Einsamkeit und Isolation.[1] Die sektorhaften Zerlegungen des rationalen Bewußtseins führen zunehmend zu Atomisierung und Vermassung. Die Individualität des Menschen rückt mehr und mehr aus dem Blickfeld und gleitet, als bloße Nummer degradiert, in die Anonymität der Masse.[2]

Schulen verwandeln sich zu Lern- und Bildungsfabriken; Einzelhandelsgeschäfte mit individueller Bedienung werden durch Supermärkte mit unpersönlicher Atmosphäre verdrängt. Kleinbetriebe werden durch Großunternehmen erstickt und Behörden wuchern — nicht zuletzt durch die wuchernden Ansprüche der Bevölkerung — zu unübersichtlichen und unüberschaubaren Verwaltungsapparaten. Hochhäuser schießen wie Pilze aus dem Boden und erdrücken die Individualität der Einfamilienhäuser. In Betonkäfigen zusammengepfercht leben die Menschen nebeneinander her. Die Städteplanung erfolgt größtenteils ohne wirkliche Rücksicht auf die wahren Bedürfnisse des Menschen. Nicht selten finden Kinder keine ausreichenden, kindgerechten Spielmöglichkeiten.

Der Mensch verliert immer deutlicher das Gefühl echten personalen Angesprochenseins. Menschliche Regungen werden, soweit sie nicht den rationalen und konventionellen Schemata entsprechen, als störend empfunden und — wo es möglich ist — ausgeschaltet. Der rationalisierte Mensch entartet mehr und mehr zu einem automatisierten, numerierten Etwas, das sowohl sich als auch die anderen nur noch funktional betrachtet und einseitig nach dem bewertet, wieviel man zu *leisten* vermag, was man *hat, kann* und *weiß*.

Wert hat nur noch das wertlos Sachliche

Kaltes Zweck- und Nützlichkeitsdenken[3] prägen nicht nur die heutige Arbeitswelt, sondern sind auch im privaten Miteinander dominant geworden.

[1] Vgl. Horst E. Richter, Lernziel Solidarität, Reinbek 1974

[2] „Wir wohnen in genormten Betonbauten, deren Komfort, Hygiene und austauschbare Unpersönlichkeit das Grün einer landschaftlichen Umgebung, die man lieb gewinnen kann, nicht zu ersetzen vermag . . . Wir reisen mit Massenverkehrsmitteln in ferne Gegenden, finden überall die gleichen Hotels vor, wie auch unsere Städte mehr und mehr austauschbar geworden sind und ihre individuelle Prägung zu verlieren drohen, die einst ihren spezifischen Reiz ausmachte.“ (Fritz Riemann, Die schizoide Gesellschaft, S. 26)

[3] „Jede Zwecksetzung ist immer machtgeladen, und vor allem auch betont eigennützig, und steht somit im Gegensatz zum Weltganzen.“ (Jean Gebser, Ursprung und Gegenwart, S. 159)

„In einer Zivilisation, die auf Leistung und Wohlgefallen gestellt ist, der Ratio den Vorzug gibt vor dem Gemüt, und Wissen höher einschätzt als Weisheit, Können höher als Reife, ist es selten, im Wesen wahrgenommen zu werden . . ."[1] Anstatt sich auf ihr wahres Menschsein zu besinnen, tendieren immer mehr Menschen dahin, sich hinter Statussymbolen zu verstecken und Prestige in den Vordergrund zu stellen.

„Wert hat nur das wertlos Sachliche, Materielle, Rationale. Alles andere sind belächelte Sentimentalitäten. Mit diesem hybriden Lächeln vollzieht der heutige Mensch das Todesurteil an sich selbst, da er den größten Teil dessen, was ihn konstituiert, verneint. Gelingt ihm nicht nur eine neue Bejahung, ohne daß er damit krampfhaft das Gewesene wiederzubeleben versucht, so wird die Selbstverurteilung vollzogen werden. Nur die Realisierung der neuen Mutation als einer integralen Haltung kann ihn vor dem gänzlichen Verlust an Menschsein bewahren."[2]

Mit der einseitigen Hinwendung an die sichtbar-physische Außenwelt hat er sich seiner eigenen schöpferischen Möglichkeiten beraubt. Alles Unsichtbare, Nicht-Meßbare, naturwissenschaftlich nicht Beweisbare wurde als inexistent abgewertet und tabuisiert. Fortan wurden Mensch und Welt nur noch in ihrer materiellen Erscheinungsform gesehen. Wenn jedoch das Menschlich-Wesenhafte, das stets ein Unsichtbares ist, nicht mehr sein darf, ist es höchste Zeit, sich auf die wahren Werte des Lebens zu besinnen.[3]

Zerstreuung statt Sammlung

Solange wir unser Kulturniveau nach dem Stand der technischen Entwicklung bewerten, haben wir ohne Zweifel eine hohe Kultur — für viele ein Anlaß zum herablassenden Belächeln der „Minderentwickelten". Legen wir hingegen die Fähigkeit des Liebens an, so sinkt unsere Kultur auf die Stufe der (seelischen) Barbarei. In einer Kultur, in der die Menschen weder für sich

[1] Karlfried Graf Dürckheim, Vom doppelten Ursprung des Menschen, S. 210

[2] Gebser, Ursprung, S. 414

[3] Ein unverkennbares Zeichen für den Mangel an Menschlichkeit heute ist der Mangel an echtem Lob, echter Ermutigung und echter Anerkennung. Wirkliches Lob, das dem spontanen und daher aufrichtigen Herzensimpuls entspringt, ist zur Seltenheit geworden. Hingegen hat der Tadel, die Neigung zur Kritisiererei und Herabsetzung so stark zugenommen, daß immer mehr arbeitende Menschen die Lust an ihrem Tun verlieren. Anstatt aufrichtig das Positive zu würdigen, wird das Negative und Fehlerhafte heraufgespielt. Fällt tatsächlich einmal ein Lob, dann ist es meistens unecht und dient einem berechneten Zweck. Es würde manches erleichtern, wenn man doch lernte, die positiven Eigenschaften am anderen zu erkennen und das Negative — so weit es möglich ist — zu umgehen. Indem wir gegen das Übel kämpfen, stärken wir es; indem wir aber das Positive stärken, schwindet mit der Zeit das Negative ganz von selbst!

noch für andere Menschen Zeit haben, gibt es nur wenig Gelegenheiten zur Entfaltung ethisch-sittlicher Lebenshaltungen.

Es muß *immer etwas los sein.* Anstatt sich in aller Stille einmal tiefer auf sich zu besinnen und in sich hineinzulauschen, sucht man die äußere Beschäftigung. Das Motto heißt *Ablenkung* statt *Hinwendung, Zerstreuung* statt *Sammlung.* Anstatt zu versuchen, in der Gegenwart präsent zu sein und die Zeit zu *leben,* ist man allerorts bestrebt, sich die Zeit zu *vertreiben.* Aus Angst vor der Stille flüchten sich die meisten in die Angebote der Freizeitindustrie, so daß ihnen ihre innere Leere nicht bewußt wird, keine Langeweile entsteht und sich die Illusion eines ausgefüllten Lebens aufrecht erhalten läßt.

Eine Kultur, in der es ferner Werbung gibt, die mit den raffiniertesten Methoden das Unbewußte des Menschen mit Scheinwerten „impft", in der man unter Liebe Sex versteht und in täglichen Konkurrenzkämpfen getarnte Gewalt ausübt, bietet nur wenig Nährboden für wahren menschlichen Fortschritt. Solange sich der westliche Mensch nicht von seinen Illusionen befreit und sich auf die echten Werte des Lebens besinnt, läuft er Gefahr, in den vielfarbig schillernden Scheinwerten eines entäußerten Lebens verlorenzugehen.

Fortschritt ohne Reife

Von den ersten Anfängen industrieller Revolution bis zum heutigen Tage häuften sich die naturwissenschaftlichen und technischen Möglichkeiten und mit ihnen die Möglichkeiten sowohl zum Aufbau als auch zur Zerstörung menschlicher Kulturen. Während sich die westliche Welt mit großen Anstrengungen dem äußeren Fortschritt widmete, vergaß sie den Gegenlauf, die periodische Hinwendung nach innen. Man übersah, daß äußerer Fortschritt und inneres Reifen parallel laufen müssen, damit der Mensch auch fähig bleibt, das Außen sinnvoll zu verwalten.[1] Heute zeigt es sich, daß das äußere Werk vielfach der Verantwortungs*fähigkeit* entgleitet und in seinem Wirken

1) „Nach amerikanischem Modell gibt es auch in der Bundesrepublik seit einigen Jahren eine ‚Gesellschaft für Verantwortung in der Wissenschaft', deren Ziel es unter anderem ist, wissenschaftliche Entdeckungen und Erfindungen hinsichtlich ihrer Nützlichkeit oder Schädlichkeit, insbesondere auf ihre Auswirkung in der Zukunft und auf humane Anliegen zu überprüfen und dementsprechend zu beeinflussen. Es gibt eine Friedensforschung, die sich zum Ziel gesetzt hat, Gefahren abzuwenden und Schäden zu verhüten für den Menschen als Individuum, als soziales Wesen und als biologische spezies. Und es werden zunehmend Bestrebungen erkennbar, in Teamarbeit die Wissenschaften und ihre Erkenntnisse aus ihrer Isolierung von einander herauszunehmen und in einer ganzheitlichen Schau zusammenzufassen, die das übergeordnete Ziel einer gemeinsamen Zukunftsausrichtung hat." (Fritz Riemann, Die schizoide Gesellschaft, S. 24)

autonom wird, so daß es letztlich den versklavt, der es in die Welt setzte: den Menschen.

Wenn wir das Zeitgeschehen betrachten, wie es sich uns täglich präsentiert, so wird deutlich, daß die Verwendung naturwissenschaftlicher Erkenntnisse mehr zur Vernichtung als zur Weiterentwicklung der Menschheit tendiert. Man denke an die Möglichkeiten der modernen Kriegsführung, an die Erpressungs- und Sabotageakte der Terroristen. Nicht unerwähnt sei der Hinweis darauf, daß heute eine Vielzahl von Unfällen sich binnen kurzem zu Katastrophen ausweiten kann. Reaktor- und Chemiegasunfälle stellen den zukünftigen Menschen in größte Ohnmachtsgefühle, da Gegen- und Schutzmaßnahmen nur sehr begrenzt möglich sind. Daran können all die vielen Katastrophen- und Evakuierungspläne auch nichts ändern.

Wir sind bereits jetzt schon viel hilfloser als wir es uns im allgemeinen eingestehen wollen. Wir sollten jedoch nicht den Fehler begehen, die Technik selbst anzuklagen. Es ist im Grunde der Mensch, der es nicht vermag, über den engen Horizont seiner egoistischen Ziele hinauszublicken und damit noch nicht reif genug ist, die Technik menschen- und umweltgerecht einzusetzen. *Jede Kraft und jede Erfindung kann sich zum Segen oder zum Fluch der Menschen auswirken, je nachdem, wer sich ihrer mit welchen Absichten bedient.*

Kapitel 4:
Der rationale Dualismus als Wurzel heutiger Konflikte

Es wurde ersichtlich, daß die mental-rationale Lebensweise in ihrer alleinigen Gültigkeit für die Bewältigung heutiger Probleme nicht ausreicht. Ein völlig neuer Faktor muß hinzutreten, um das menschliche Bewußtsein von Grund auf zu erneuern. Ohne den Sprung in ein ganzheitlich-integrales Bewußtsein wird der moderne Mensch schon bald verloren sein. Dies wird besonders deutlich, wenn man den Dualismus, jene lebensfeindliche Einstellungsweise der defizient-rationalen Bewußtseinsstruktur näher betrachtet.

Erinnern wir uns kurz an die Mutationsfolge der Bewußtseinsstrukturen: Aus dem Nulldimensional-Archaischen mutierte die eindimensional-magische Struktur; aus der Identität mit dem All entstand die Unität. Im weiteren Werden des Bewußtseins erwachte die zweidimensional-mythische Struktur, deren Charakteristikum die Polarität ist. Aus der polaren mythischen Struktur schließlich mutierte die dreidimensional-mentale Struktur, in der die Pole als duale Gegensätze auseinanderfallen. Nicht *Ergänzung,* sondern *Trennung* bestimmt nun das Leben.

Solange die mentale Struktur effizient-aufbauend war, entwickelte der Mensch ein konstruktiv-unterscheidungsfähiges Denken, dank dem er auf dialektischem Wege zu erkennen vermochte. Als jedoch der Höhepunkt überschritten war, vermehrten sich die negativen Auswirkungen des nunmehr *nichts-als-teilenden* Prinzips. Was zuvor durch die Synthese vereinigt werden konnte, zerfällt jetzt zunehmend in Teile, die — nicht zuletzt wegen ihrer unüberschaubaren Fülle — nicht mehr zusammengedacht werden können.

,,Dieser teilende Aspekt der Ratio und des Rationalismus, der inzwischen alleingültig geworden ist, wird immer noch übersehen, obwohl er von ausschlaggebender Bedeutung für die Beurteilung unserer Epoche ist.''[1] Wir haben uns zu sehr daran gewöhnt, alles nur vom Mental-Rationalen her als gültig und verbindlich zu betrachten. Daß diese Sichtweise in ihrer Ausschließ-

[1] Jean Gebser, Ursprung und Gegenwart, S. 161

lichkeit jedoch zu keiner weiteren Kulturentfaltung[1] führen kann, soll in den nun folgenden Ausführungen dargelegt werden.

Eiserne Grenzen

Typisch für die unfruchtbar gewordene defizient-rationale Bewußtseinsstruktur ist der Zerfall unserer Wirklichkeit in eine Vielzahl von *eisernen Fronten.* Die Gegensätze können nicht mehr dialektisch vereinigt werden und treten einander als unversöhnliche, unüberbrückbare Alternativen gegenüber. Auf allen Lebensgebieten stoßen wir heute auf diese Gegebenheiten; bis ins Kleinste hinein dringt die Kälte und Lebensfeindlichkeit dieses kompromißlosen rational-dualen Prinzips. Hierzu nun einige Beispiele:

NATO : Warschauer Pakt

Das gesamte Weltgeschehen der Gegenwart steht in der Spannung zwischen zwei Supermächten, die sich todfeindlich gegenüberstehen. Jede von ihnen hat eine Reihe von Mitläuferstaaten um sich geschaart, welche diesen Vorgang rational-dualer Spaltung mitvollziehen. Tiefstes Mißtrauen herrscht auf beiden Seiten des „Eisernen Vorhanges". Wie krank und fehlgeleitet das rationale Bewußtsein ist, zeigt sich hier u.a. in der unaufhörlich sich nach oben windenden Rüstungsspirale, die nahezu völlig automatisch nach dem Aktions-Reaktionsschema einen Teufelsakt nach dem anderen schafft.

Ein jeder schaut auf den anderen verächtlich herab, doch keiner merkt, daß die eigentliche Konfliktsituation in ihm selbst besteht. Der „Eiserne Vorhang" spiegelt lediglich im Außen, was durch jeden einzelnen hüben wie drüben hindurchläuft. Solange dies nicht erkannt ist, wird auch weiterhin keine wirkliche Entspannung eintreten — selbst dann nicht, wenn beide Seiten ständig davon reden. Erst wenn jeder von ihnen den Feind in sich selbst entdeckt, die Abhängigkeit seines Verhaltens von inneren Teufelskreisen durchschaut, dürfte die Möglichkeit zur wahrhaften Versöhnung gegeben sein. Doch davon sind beide Machtblöcke noch weit entfernt.

[1] Die rationale Kulturentfaltung hat ihren Höhepunkt überschritten. Wir können dies u.a. daran erkennen, daß unsere Kultur zu einer Konfliktkultur geworden ist.

Politisch links : Politisch rechts

Das lebensfeindliche Dualsystem des defizient-rationalen Bewußtseins zeigt sich ferner auch in dem Zwei-Fronten-Gegensatz zwischen Regierungs- und Oppositionsparteien. Die Parteilandschaft zerfällt im wesentlichen in zwei große Sektoren, die ihrerseits in Interessengruppen zersplittern — überall begegnen wir dem Gegensatzprinzip.

Da sich beide Parteiblöcke nicht als Pole, sondern als Gegensätze verstehen, findet zwischen ihnen nur noch selten ein wirklicher Austausch statt. Nicht *Ergänzung* steht im Vordergrund, sondern *Kampf aus Prinzip.* Das einseitige Beharren auf einer Parteiseite läßt jegliches Pulsieren parlamentarischen Lebens im Keime ersticken.

Wer *aus Prinzip* opponiert und über die Parteiprogramme nicht hinauszublicken vermag, führt parlamentarisches Arbeiten ad absurdum und verwandelt das Parlamentsgebäude in eine Stierkampfarena.[1] Entsprechend gespannt ist auch die zwischenmenschliche Atmosphäre. Der gegenseitige Respekt geht zunehmend verloren; die Würde des Menschen steht nur noch auf dem Papier, besonders in den Wahlkampfzeiten. Der Boden unserer grundgesetzlich-ethischen Ordnung ist untergraben: durch pervertierten Drang nach Geltung, Macht, Einfluß und Besitz.

Emotionen wallen, Mißtrauen, Neid und Polemik wuchern. Die Möglichkeiten zu echter Zusammenarbeit, zu menschlicher Kooperation schwinden merklich. Verständnislosigkeit, wohin man blickt — Parteienhaß, Eigensucht und Konfliktbereitschaft töten alles ab, was letztlich das Menschliche ausmacht: Liebe, Zuneigung und Helfen. Jeder will allein recht haben und keinen Schritt von seiner starren Meinung abweichen.

Ich : Du[2]

Wie im großen, so im kleinen. Was sich weltpolitisch zwischen den Machtblöcken und innenpolitisch zwischen den Parteiblöcken abspielt, hat seine Entsprechung in der Beziehung zweier Menschen. Dieselbe Grenze manife-

[1] „Leider scheint es noch weit verbreitet zu sein, daß die jeweilige Opposition nicht konstruktive Kritik übt, sondern destruktive, was natürlich sehr viel leichter, aber auch unreifer und zudem nutzlos ist. Es sollte in der Politik nicht um pubertierendes Streiten gehen, wer recht hat oder wer am lautesten schreien kann; Opposition heißt ja nicht, immer und um jeden Preis anderer Meinung zu sein, nur um der Gegenpartei eins auszuwischen und ihr Wähler abspenstig zu machen, sondern ihre einzig vernünftige Funktion kann nur sein, Einseitigkeiten aufzuzeigen und konstruktive Vorschläge aus ihrer Sicht zur Diskussion zu stellen . . . miteinander ins Gespräch zu kommen.'' (Fritz Riemann, Die schizoide Gesellschaft, S. 51)

[2] Siehe dazu auch: Martin Buber, Das dialogische Prinzip, Heidelberg 1979

stiert sich auch zwischen *Ich* und *Du,* denn überall zeigt sich das gleiche Prinzip defizient-rationaler Spaltung in Gegensätze.

Ich und *Du* sind schon lange keine Mit-Menschen mehr, sondern stehen einander im täglichen Konkurrenzkampf rivalisierend und daher feindlich gegenüber. Aus Angst, dem anderen eine Schwäche zu zeigen, flüchten sich *Ich* und *Du* hinter Masken: Sie lächeln, weil sie sich einen Vorteil versprechen und sind hilfsbereit, weil sie sich selbst Unterstützung erhoffen. „Der Kontakt muß sich schon lohnen", sagen die einen, „Nichts ist umsonst, nicht mal der Tod", betonen die anderen.

Anstatt einander als Menschen zu begegnen, haben *Ich* und *Du* zumeist irgendein Ziel, eine Absicht, einen Zweck im Auge. Wohl die meisten Kontakte zwischen den Menschen stecken heute voller Berechnung. Es gibt keine wirkliche Gemeinschaft mehr; *Ich* und *Du* haben sich im Grunde nicht viel zu sagen, plaudern an der Oberfläche und leben maskiert und unverbindlich nebeneinander her. Zwischen *Ich* und *Du* verlaufen Gräben — nicht Mit- sondern Gegen-Menschen sind wir heute.

Ratio : Psyche

Wir sahen, daß weltpolitisch, parteipolitisch und zwischenmenschlich strukturell die gleichen Grenzen verlaufen. Doch diese Gegebenheit bleibt zwischen dem Ich und dem Du nicht stehen; sie findet sich in gleicher Weise auch im Einzelmenschen, dem Individuum.

Mit der Rationalisierung des Menschen wurde die Psyche gänzlich aus dem Bewußtsein verdrängt, tabuisiert und sogar für tot erklärt. Durch diesen Schritt hat sich das Ich-Bewußtsein isoliert und von seinen Grundbezügen abgeschnitten. Dieselbe Scheidelinie, welche die Menschen im großen trennt, verläuft mitten durch den einzelnen selbst: zwischen der mental-rationalen Bewußtseinsstruktur auf der einen und den anderen Strukturen auf der anderen Seite.

Damit ist die Einsicht in die Gesetze der Psyche verloren gegangen. „Der echte, der mentale Bezug zur Psyche ist zum Nachteil des in der Isolation blind gewordenen Ich in seinen Gegensatz verkehrt."[1)] Die Entfremdung von der eigenen Psyche geht so weit, daß heute Unzählige meinen, sie hätten keine Seele. Andere sind davon überzeugt, die Existenz der Psyche beruhe nur auf bloßem Glauben.

In Anbetracht der einseitigen Überbewertung des Rationalen verfügen wir heute zwar über ein fortgeschrittenes naturwissenschaftlich-technisches Wissen, doch über die eigene Psyche wissen die meisten Menschen wenig. Erst

[1)] Jean Gebser, Ursprung und Gegenwart, S. 164

mit dem Notschrei der Seele, den mannigfaltigen Erscheinungsformen seelischer Vernachlässigung drang in dem letzten Jahrzehnt auch psychologisches Wissen auf breiterer Ebene in das Bewußtsein der Bevölkerung ein. Mit Hilfe der Tiefenpsychologie und vor allem der humanistischen und transpersonalen Psychologie wurde transparent, daß der Spalt zwischen Ratio und Psyche, beziehungsweise zwischen dem mental-rationalen Ich-Bewußtsein und den anderen Bewußtseinsstrukturen die Wurzel jener Krankheit ist, welche die heutigen Menschen in Un-Menschen verwandelt: der innere Dualismus.

Ich : Körper

Mit der Überhebung des mental-rationalen Ich-Bewußtseins kam es nicht nur zu einer Abspaltung der mythisch-psychischen Struktur, sondern ebenso zu einer Entfremdung von dem magischen Vitalbereich, dessen sichtbarer Ausdruck unserer Körper ist.

Rationale Menschen leben daher auch mit ihrem Körper in einem Ich-Du-Verhältnis: Sie *haben* einen Körper, so wie sie ein Fahrrad, ein Auto oder etwas anderes *haben*. Sind sie krank, so ist ihr Körper krank, zu dem im Grunde kein bewußter Bezug besteht. Die Folge ist, daß die meisten Menschen die Verantwortung für ihre Körperdefekte abschieben und gar nicht daran denken, die tieferen Gründe für ihr Kranksein zu erforschen.

Das gleiche Verhältnis, wie es zwischen Ich und Körper[1)] heute üblich ist, spiegelt sich auch in der Beziehung zwischen Ich und Arzt: Der Kontakt ist nur ein scheinbarer. Sowohl Arzt als auch Patient konzentrieren sich primär auf den Körper, der wie ein Drittes zwischen beiden steht. Daß hinter Krankheiten zumeist falsche Lebenseinstellungen stehen, wird oftmals beiden nicht bewußt.

Ich : Gott

Wohl der schwerwiegendste Dualismus unserer Zeit ist der Gegensatz zwischen Gott und Mensch. Im gleichen Maße, in dem sich der rationale

1) Literaturempfehlungen über ein neues Leibbewußtsein:
— K. Graf Dürckheim, Hara, München 1975
— K. Graf Dürckheim, meditieren — wozu und wie, Freiburg 1976
— K. Graf Dürckheim, Übung des Leibes, München 1978
— K. Graf Dürckheim, Vom Leib, der man ist
— Gerda Alexander, Eutonie, München 1976
— Alexander Lowen, Bioenergetik, München 1976
— Anton und Marie-Luise Stangl, Lebenskraft, Düsseldorf 1978

Mensch von seinen anderen ihn konstituierenden Bewußtseinsstrukturen entfernte, entfremdete er sich von seinem inneren Wissen und dem Gespür des eigenen Ursprungs.

Fortan wurde Gott verstärkt angezweifelt. Selbst die Kirchen konnten die immer größer werdende Kluft zwischen Mensch und Gott nicht überbrücken, da sich der Riß durch ihre eigenen Reihen fortsetzte. Anstatt das Himmelreich innen im Menschen zu suchen und Gottes Wirklichkeit als erfahrbar anzuerkennen, traten die begrifflichen Auseinandersetzungen in den Vordergrund.

Die Unfähigkeit der zivilisierten, rationalisierten und technisierten Menschen, dem Du in Liebe zu begegnen, wurzelt in der Todsagung Gottes. Solange man davon ausgeht, daß es keinen erfahrbaren Gott gibt, der im Menschen unsichtbar und uns unbewußt zugegen ist, kann das Ich dem Du nicht wirklich begegnen. Ohne in sich selbst und im anderen das Göttliche suchen zu wollen, kann es keine Liebe zwischen den Menschen geben, denn Gott ist die Liebe.[1)]

Feind : Feind

Je mehr sich die Technik entwickelte, desto größer wurde die Zerstörungsfähigkeit der Waffen, und umso weiter wurde der geographische wie menschliche Abstand zwischen den Feinden. Ein entscheidender Unterschied zu früheren militärischen Auseinandersetzungen (vor der Industrialisierung) ist der fehlende Sichtkontakt mit dem, den man töten soll oder will. Wenn sich einst auf dem Schlachtfeld Soldaten gegenüberstanden, erlebte jeder von ihnen die Körpersprache des anderen. Der Sieger sah den Besiegten sichtbar als einen Menschen, der blutete, um Hilfe flehte, vor Schmerzen schrie oder starb. Manch einer konnte sich bei diesem Anblick im nachhinein bewußt werden: ,,Ach, das ist ja auch ein Mensch!''

Heute bleibt der andere anonym. Mit dem Feindbild vor Augen drückt man Knopf auf Knopf — den Rest besorgt die Technik: In Sekundenschnelle hat die computergesteuerte Zerstörungstechnik den Feind geortet, anvisiert und kurz darauf auch schon vernichtet. Da hört man keine Schreie und sieht nicht das Elend, das die eigene Hand soeben angerichtet hat. Aber wen kümmert dies? Auf die heutige Distanz von Tausenden an Kilometern verliert sich leicht die letzte Regung menschlichen Gewissens.

1) Literaturempfehlung:
— K. Graf Dürckheim, Überweltliches Leben in der Welt, Weilheim 1972
— K. Graf Dürckheim, Im Zeichen der Großen Erfahrung, München 1974

Kapitel 5:

Über die Wahrscheinlichkeit eines dritten Weltkrieges

Der rationale Dualismus führt uns auf direktem Wege zu der Frage, ob seine äußerste Zuspitzung mit einer Eskalation der Machtinteressen heutiger Supermächte zusammenfällt. Da die Krisenerscheinungen an Zahl und Ausmaß täglich zunehmen und die Nachrichtensendungen mehr und mehr Kriminal- und Horrorfilmen ähneln, wird die Verschärfung der politischen Weltlage mittlerweile selbst in der breiten Öffentlichkeit als gegeben anerkannt; der Gedanke an einen möglichen dritten Weltkrieg rückt damit näher in das Blickfeld des einzelnen. Was noch vor wenigen Monaten belächelt und als unwahrscheinlich abgewehrt wurde, läßt heute manchen Skeptiker erzittern. Der Glaube an die Vernunft der politisch Verantwortlichen in der Welt sowie an die Theorie vom Gleichgewicht der Angst hat in weiten Teilen der Bevölkerung an Kraft verloren.

Je stärker sich die Vorahnung eines Weltbrandes ausbreitet, desto intensiver beschäftigen sich die Menschen mit der Frage: ,,Hat die Menschheit eine Zukunft?'' In Funk und Fernsehen, in Zeitungen, Magazinen und Büchern, in Gesprächen zwischen Freunden und Bekannten, Nachbarn und Kollegen, nimmt das Thema ,,Unsere Zukunft'' einen immer größeren Stellenwert ein. Man zweifelt und ist beunruhigt — man hat Angst. Tausende schließen sich der Friedensbewegung an und suchen nach alternativen Lebensformen. Menschen aller Altersstufen, Berufe und sozialen Schichten gehen auf die Straße, da ihnen die gegenwärtige Politik unglaubwürdig wurde.

An Hand von Tendenzen soll im weiteren der Versuch unternommen werden, zu zeigen, daß in der Tat die Gefahr eines dritten Weltkrieges wesentlich erhöht ist.[1)] Der Physiker Dr. F. Berdjis, ein wissenschaftlicher Mitarbeiter von C. F. v. Weizsäcker, stellt hierzu einige Gedanken vor, die jeden Beobachter des Zeitgeschehens zum Nachdenken veranlassen.[2)] Nach seiner Ein-

1) ,,,Die Völker der Erde werden vereint werden.' Er (Gopi Krishna) meinte einen Weltkrieg. Er sprach aus, was ich (C. F. v. Weizsäcker) seit langem fühle, aber nicht in Bestimmtheit zu denken gewagt habe. Man darf es in der Tat nicht anders denken als: ,Krieg ist unvermeidlich, wenn nicht das Notwendigste geschieht!' Aber was ist das Notwendigste?'' (C. F. v. Weizsäcker/Gopi Krishna, Biologische Basis der Glaubenserfahrung, S. 24)

2) Weiterführende Literatur: C. F. v. Weizsäcker, Der bedrohte Friede, München-Wien 1981

schätzung ist die Wahrscheinlichkeit eines dritten Weltkrieges u.a. aus folgenden Gründen erhöht gegeben:

a) Die Sowjetunion ist politisch und militärisch eingekreist

Es existiert eine klassische Vorstellung, nach der dann Frieden herrscht, wenn fünf politische Mächte einander im Verhältnis 3:2 gegenüberstehen. Verschiebt sich dieses Verhältnis in Richtung 4:1, dann ist akute Kriegsgefahr gegeben. In der Frührenaissance Italiens wurde dies unter den Stadtstaaten Neapel, Rom, Venedig, Mailand und Genua beobachtet. Später tauchte dieses Phänomen bei Frankreich, England, Preußen, Österreich und Rußland auf. Heute kommt strukturell dieselbe Situation zwischen den USA, West-Europa, dem Ostblock, Japan und China zum Vorschein.

Gemäß der Beobachtung, daß bei 4:1 der Friede aufs höchste bedroht ist, müßte demzufolge auch heute akute Kriegsgefahr bestehen. Seitdem sich China zum Westen hin geöffnet hat, stehen vier Großmächte der Sowjetunion politisch und militärisch gegenüber.

Damit aber ist die UdSSR in eine Position gedrängt, aus der heraus sich unberechenbare Ängste bilden können. In diesem Kontext taucht nun der Nachrüstungsdoppelbeschluß der NATO auf. Es sei dahingestellt, ob die Sowjetunion den Zeitpunkt abwarten wird, an dem der Westen die Mittelstreckenraketen auf europäischem Boden stationiert. Man bedenke die Situation eines Tieres oder eines Menschen, der in die Enge getrieben wird — Angriff ist für ihn die beste Verteidigung!

b) Politik ist unkontrollierbar und unberechenbar geworden

Da das gesellschaftliche Leben der Völker ständig komplexer wird und in seiner verwirrenden Vielschichtigkeit zutage tritt, sind die Politiker immer weniger in der Lage, die Flut der Ereignisse und die Kompliziertheit der Prozesse umfassend zu verstehen und zu steuern.

Während sich die nationalstaatlichen Probleme zunehmend verwikkeln, verstricken sich auch die internationalen Beziehungen in einer Weise, die jegliche Ordnung und Übersicht unmöglich macht. Ohne eine für alle Staaten verbindliche internationale Instanz, die mit Legislative, Judikative und Exekutive auf Weltebene regulierend eingreifen kann, werden die heute bestehenden Nationalstaaten schon bald in einem Chaos versinken.

Durch die vielfältigen nationalstaatlichen Abhängigkeiten und Verflechtungen — vor allem wirtschaftlicher Art — ist den Politikern der einzelnen Staaten die sichere Orientierung verloren gegangen. Die vielen Dunkelstellen und unkontrollierbaren Lücken aber bergen gerade die Unberechenbarkeiten, welche eine Kriegsgefahr in Sichtnähe rücken.

c) Das Hegemoniestreben der Großmächte dauert an

Sowohl die USA als auch die Sowjetunion könnte aus eigener Macht die gesamte Welt beherrschen. Ist es erklärtes Ziel der UdSSR, durch Weltrevolution langfristig die Welt zu unterwerfen und sie ihrem Diktat zu unterstellen, so sind auch die USA, wenn auch unter anderem politischem Vorzeichen, mit allen Kräften bestrebt, weltpolitisch uneingeschränkt Nr. 1 zu werden.[1)]

Da besonders die Sowjetunion diesen Macht- und Rüstungswettlauf aufgrund erheblicher Rüstungsausgaben wirtschaftlich nur noch über eine sehr befristete Dauer mithalten kann, ist die Gefahr erhöht, daß sie sich außerhalb ihres Territoriums weitere wirtschaftliche Nachschubbasen sichert. Auch Westeuropa liegt in ihrem Interessenbereich.

d) Der Glaube an einen militärischen Sieger

Im Unterschied zu weiten Kreisen des vor allem europäischen Westens geht der Ostblock weitgehend davon aus, daß im Falle eines dritten Weltkrieges ein Sieger übrig bleibt. Entsprechend ist die Bereitschaft zum atomaren Angriff erhöht, zumal von östlicher Seite davon ausgegangen wird, daß sich im Ernstfall durch gezielten Beschuß keine allzu großen Zerstörungen ergeben werden, man Europa und seine Wirtschaft also nahezu unversehrt in die Hand bekommt.

e) Je präziser die Waffen, desto eher ein Krieg

Nach C. F. v. Weizsäcker erhöht sich die Wahrscheinlichkeit eines Krieges mit zunehmender Genauigkeit der Waffen. Wenn Militärs davon ausgehen können, daß im Kriegsfall die Zivilbevölkerung nicht so sehr in Mitleidenschaft gezogen wird, schwinden die Bedenken, diese Waffen auch tatsächlich einzusetzen. Bedenkt man, daß Langstreckenraketen bis auf wenige Meter genau ihr Ziel zu treffen vermögen, kann man ermessen, wie leicht es zu ihrem Einsatz kommen könnte.

1) Ob im Osten oder im Westen, ein größenwahnsinniges, pervertiertes Machtdenken findet sich auf beiden Seiten. Die Perversion militär-amerikanischer Lebenseinstellung hat sich der Welt erst kürzlich wieder neu gezeigt, als man den Beschluß faßte, die Neutronenwaffe zu produzieren. Eine Waffe, die Material mehr schont als Menschen, kann keinem gesunden Denken entspringen.

f) Vom Stellvertreterkrieg zum Weltbrand

Bisher ist es den Großmächten immer wieder gelungen, in Krisenherden und Spannungsgebieten anderer Länder ein Ventil für die eigenen Aggressionen zu finden und die Spannungen untereinander in sogenannten *Stellvertreterkriegen* auszuagieren. Je mehr jedoch die Entwicklungsländer, insbesondere die reich gewordenen Ölländer, zu eigener politischer Willensbildung erwachen, im eigenen Machtstreben voranschreiten und sogar nuklear aufrüsten, stellen sie neue und zudem unberechenbare Machtblöcke dar, die das weltweite Konfliktpotential erhöhen.[1)] Stellvertreterkriege und internationaler Waffenhandel können sich so gesehen in Windeseile zu einem Weltbrand ausweiten, je nachdem, in welcher Weise die neuen Mächte auf das Spannungsgefüge der Supermächte Einfluß nehmen werden.

g) Der Kampf um die Rohstoffe

Nationalstaatliche Macht basiert im wesentlichen auf einer starken Wirtschaft. Überall in der Welt stellen sich auch die Entwicklungsländer auf Industrialisierung um. Der Kampf um die Rohstoffe wird damit zwangsläufig verschärft. Die Aufteilung derselben, ohne eine für alle Länder übergeordnete und verbindliche internationale Instanz, dürfte in schon naher Zukunft ungeahnte Konflikte freisetzen.

h) Technische Pannen

Auch in der modernen Waffentechnik hat die Elektronik einen breiten Raum eingenommen, so daß die Auslösung und Steuerung der Waffen weitgehend über Computer- und Satellitenanlagen erfolgt. Präzision und Schnelligkeit sind die Vorzüge dieses Systems — Anfälligkeit und Störbarkeit sind seine Kehrseite.

Schon mehrmals gab es im amerikanischen Militärapparat rein technische Pannen, die erst im letzten Moment als solche identifiziert werden konnten,

1) Eine nicht zu unterschätzende Gefahr besteht auch darin, daß es in den meisten Entwicklungsländern keine soziale Mittelschicht gibt. Unten findet sich die breite, ungebildete Masse, die überaus leicht emotionalisierbar ist; oben herrschen einige wenige Familien, die alle entscheidenden Fäden und den Reichtum in ihren Händen halten. Primitive Macht- und Geltungswünsche seitens der Herrschenden können ohne Kontrolle des Volkes zur Wirkung gelangen. Hinzu kommt der Umstand, daß gerade die Ölländer keine gewachsene Wirtschaft haben; der Reichtum ist quasi aufgestülpt und kam ohne entsprechende Arbeit zustande. So steht deren Wirtschaft auf schmalen Fundamenten und reckt sich hoch hinaus. Die Dritte Welt, insbesondere die Ölnationen, stellen ein hohes Konfliktpotential dar, unberechenbar und jederzeit als Auslöser größter Weltkonflikte geeignet!

bevor es dazu kam, das Riesenarsenal der Atomraketen abzufeuern. Bis jetzt ging es gut — es verblieb genügend Zeit, um die Technik zu überprüfen.

Mit fortschreitender Perfektionierung der Waffensysteme allerdings schrumpft die Früh- bzw. Vorwarnzeit und damit auch die Möglichkeit herauszufinden, ob der Alarm nun tatsächlich durch menschliche Entscheidung oder durch technische Pannen zustande kam.

Die Waffenarsenale sind bis zum Überlaufen voll, so daß heute mehrtausendfache nukleare Explosionen alle Erdenvölker vernichten, die Erde lange Zeit verseuchen und alles pflanzliche, tierische und menschliche Leben auslöschen können. Noch nie hatte die Kriegsführung ein derart weites Feld von Möglichkeiten zur Verfügung wie zur Zeit. Selbst der Weltraum ist in das militärische Tauziehen miteinbezogen. Bedeutet dies für uns ein Ende mit Schrecken in Form eines wechselseitigen Vernichtungskrieges?

Die Zeitbombe tickt — Overkill scheint einem geheimen Datum X entgegenzustreben. In den Staaten des Westens bemühen sich die Politiker, den Countdown aufzuhalten und ihren Untergang durch eine Politik militärischen Kräftegleichgewichts bei gleichzeitiger Gesprächsbereitschaft mit dem Osten abzuwenden. Eine ausgeglichene militärische Stärke — so sagt man — sei die einzig mögliche Voraussetzung für eine wirksame Friedenssicherung. Doch *wann* wird das Kräftegleichgewicht jemals ausgeglichen sein? Verfügt nicht bereits schon jetzt jede Supermacht über soviel militärische Schlagkraft, daß sie den Feind binnen kurzem *vielfach* vernichten kann?

Die Illusion vom militärischen Kräftegleichgewicht

Wenden wir uns zur Erhellung der Theorie vom militärischen Kräftegleichgewicht dem Erfahrungsgut der Tiefenpsychologie zu. Tiefenpsychologisch erweist sich jene Theorie vom Gleichgewicht der Stärke, des Mißtrauens und der Angst als eine der größten Illusionen und Selbsttäuschungen unseres Jahrhunderts.

Es wurde bereits ausgeführt, daß der ratiobetonte, materialistische Mensch unserer Tage sein Ich-Bewußtsein verabsolutiert und sich von allen anderen — ihm unbewußten — Bewußtseinsstrukturen abgeschnitten hat. Durch diesen Vollzug entstand zwangsläufig eine tiefgründige Existenzangst, die er über ein vermehrtes Sicherheitsbestreben zu bannen sucht. Gleichzeitig verstärkte sich die Projektion nicht zugelassener, unterdrückter und verdrängter Inhalte des Innen ins Außen. *Sündenbock-Ethik* und *Sicherheitszwang* sind daher zwei markante Kennzeichen defizient-rationaler und materialistischer Lebensweise.

Genau dies spiegelt sich auch in der Weltpolitik. Die einzelnen Nationen mißbrauchen einander als Sündenböcke und versuchen gleichzeitig den Frieden durch Aufrüstung und Verträge zu sichern. Wie jedoch die Ereignisse zeigen, stellen sich die Abmachungen nur allzu oft als leere Versprechungen heraus. Verträge sind nämlich nur so gut wie der Geist, in dem sie unterzeichnet wurden — und dieser Geist ist heute zweifelhafter denn je: ein Sündenbock-Geist!

Wir haben gesehen, daß sich die befeindeten Nationen dual-ausschließend gegenüberstehen. Wir haben ferner erkannt, daß der Dualismus die Wurzel des Konkurrenzdenkens und Gegenmenschentums ist. Defizient-rationale Menschen neigen nicht nur verstärkt zur *Sündenbock-Projektion* und stehen nicht nur unter dem Zwang, ihr Leben *äußerlich abzusichern*, sondern sie fühlen sich zudem ständig gedrängt, dem anderen *überlegen* zu sein.

Überlegen möchte jedoch nur der sein, der sich seiner selbst nicht sicher ist und sich unbewußt geringer einschätzt als er ist. Am Ausmaß des Überlegenheits- und (Ver-) Sicherungsstrebens läßt sich direkt ablesen, wie unsicher und unterlegen sich der Betreffende insgeheim fühlt. Denn wozu sollte es nützlich sein, *mehr* sein zu wollen als andere, wenn nicht, um das eigene *Weniger* auszugleichen? Macht ist das Symptom für uneingestandene Ohnmacht und demonstrierte Stärke ist lediglich die Kompensation einer unbewußten Schwäche.

Das Arsenal der Möglichkeiten, Überlegenheit zu zeigen, ist sehr groß.[1)] Es drückt sich u.a. darin aus, daß man der Größte, Stärkste und Mächtigste sein will, der Reichste, Berühmteste oder Erfolgreichste. Auf der einen Seite strebt man nach oben, ringt um Rekorde, Originalität und Bewunderung — auf der anderen Seite tritt man nach unten, entmutigt, verleumdet und klatscht. Wenn wir uns heute umschauen, so können beide Verhaltenweisen zugleich beobachtet werden: Überlegenheitsstreben einerseits, Neid, Kritisierei und Verletzung der menschlichen Würde andererseits. Bildlich gesehen ergibt sich eine ins Ungleichgewicht gestellte Wippe.

Dieses Wissen ist nötig, wenn wir uns jetzt mit der Theorie von der Notwendigkeit des militärischen Kräftegleichgewichts befassen. Alle Nationen der Erde verhalten sich im Grunde gleich: Sie alle projizieren ihren eigenen Schatten auf einen Sündenbock und alle wollen Stärke und Überlegenheit demonstrieren, um sich auf diese Weise abzusichern. Jede einzelne Nation hat den Drang nach Macht. Was wir im Kleinen tagtäglich in unserem Alltag erleben, spiegelt sich im Großen auf Weltebene wider.

Das Besondere und Entscheidende ist nun — so zeigt es die psychotherapeutische Erfahrung —, daß sich der nach Macht und Überlegenheit strebende Mensch erst dann *gut genug* fühlt, wenn er weiß, daß er *besser* ist als andere. Nur so läßt es sich verstehen, daß die Rüstungsspirale bisher nicht zum

1) Weiterführende Literatur: Schottky/Schoenacker, Was bestimmt mein Leben?, München 1976

Stillstand kam. Denn sowohl die Paktstaaten des Westens als die des Ostens gehen davon aus, daß sie sich erst dann in Sicherheit wiegen können, wenn sie dem anderen *gleichwertig*, d.h. in Wirklichkeit *überlegen* sind. Der nach Überlegenheit Strebende wird immer den Zwang verspüren, dem anderen in irgendeiner Weise *voraus* sein zu müssen.

So sehen wir immer wieder, daß trotz Abrüstungsgesprächen weiter aufgerüstet wird. Zwischen Wort und Tat besteht also ein erheblicher Unterschied. In der Individualpsychologie Alfred Adlers gibt es folgenden Schlüsselsatz: *„Wenn du wissen willst, was du wirklich willst, dann mußt du schauen, was du tust."* Legen wir diese durch lange psychotherapeutische Erfahrungen belegte Einsicht der heutigen Weltpolitik zugrunde, so können wir klar sehen, was die einzelnen Nationen wirklich wollen: Aufrüstung! Abrüstungs- und Entspannungsgerede können nicht darüber hinwegtäuschen, daß letztlich ein jeder auf vermehrte Waffenproduktion und damit in letzter Konsequenz auf Krieg eingestellt ist. Nicht *Gleichwertigkeit*, sondern *Überlegenheit* ist das wahre Ziel!

Ist Abrüstung nur eine bloße Hoffnung?

Angesichts ständiger Aufrüstung ungeachtet wirtschaftlicher Krisen gibt es immer noch zahlreiche Menschen, die an die Stärke politischer Vernunft glauben und in der Hoffnung leben, die drohende Weltkatastrophe könne durch einsichtsvolle Abrüstungsverhandlungen vermieden werden. Schon längst aber ist die Technik dem menschlichen Verstande entglitten, so daß wir heute Erfindungen machen, ohne das nötige Bewußtsein zu haben, diese auch verantwortlich einzusetzen. Es ist, als spielten Kinder mit atomaren Sprengköpfen im Sandkasten.

Läßt sich ein Ende mit Schrecken tatsächlich noch umgehen oder ist unser Untergang bereits heute schon vorprogrammiert? Viele meinen, man bräuche lediglich abzurüsten und dann sei alles behoben. Abrüstung tiefer verstanden bedeutet jedoch mehr als bloße Reduzierung vorhandener Waffenbestände: Abrüstung wäre zunächst psychisch-geistige Abrüstung und erst in zweiter Linie materiell. Somit käme wirkliche Abrüstung einer umfassenden Wandlung des Bewußtseins gleich, einer Revolution im Geiste. Dies jedoch wurde leider bis heute noch nicht in seiner ganzen Tragweite erkannt.

Voraussetzung effizienter Abrüstung wäre eine genaue gegenseitige Kenntnis des nationalen Waffenarsenals. Jedes Land müßte anderen Einblick in die geheimsten militärischen Anlagen gewähren — mehr noch: Jedes Land müßte bereit sein, internationale Kommissionen zu dulden, die den Abrüstungsvorgang an Ort und Stelle beobachten, überwachen und bestätigen. Die gesamte Schwerindustrie müßte sich fremder Kontrolle unterziehen und im Beisein von UN-Spezialeinheiten schrittweise ihre Produktionen drosseln. Erst durch Verzicht auf jegliches Verschleiern, Täuschen und Ablenken könnte Abrüstung Vertrauen erwecken und tatsächlich wirksam funktionieren.

Abrüstung ernstgemeint hieße Verzicht auf nationale und persönliche Profit- und Machtinteressen, hieße Verzicht auf eine Politik militärischer Stärke, hieße Verzicht auf feindliche Stimmungsmache, Hetzpropaganda, Provokation und gezielte Begriffsverwirrung; Abrüstung so verstanden wäre Überwindung ideologischer Gräben und nationaler Vorurteile. Wirkliche Abrüstung wäre letztlich eine Absage an ein altes Bewußtsein, das sich selbst auf den Thron des Allmächtigen verstieg und von dort aus nationalistisch und ichbezogen zugleich in einem erbarmungslosen Konkurrenzkampf danach trachtet, die Güter der Erde an sich zu reißen.[1)]

Abrüstung hieße Neuorientierung des gesamten Lebens — ein neues Fremd- und Selbstverständnis müßte gefunden werden. Abrüstung müßte damit einhergehen, eine Atmosphäre der Zuneigung und des Vertrauens unter den Völkern zu verbreiten. Kulturaustausch müßte intensiviert, die Völker müßten im Geiste der Liebe, des Verstehens und der Zusammenarbeit erzogen werden. Abrüstung käme auch einer Neugestaltung der gesamten Innen- und Außenpolitik gleich. Der Mensch müßte ferner zur Natur, zu sich selbst, zum Mitmenschen und zu Gott in eine völlig neue Beziehung treten. Dies wiederum forderte eine Abkehr von einer veräußerlichten, verweltlichten und materialistisch-selbstverherrlichenden Lebenshaltung.

Mit diesem Vollzug würden Egoismen überwunden und private wie nationale Gladiatorenkämpfe aufgegeben werden. Vertrauen würde sich verbreiten, Parteihader und nationale Feindschaften fänden ein Ende und Geheimdiensttätigkeit wie Rüstungsindustrie — damit aber auch alle lukrativen Waffengeschäfte — würden eingestellt. All dies wäre Abrüstung!

Doch wer ist dazu bereit, einen solchen Bewußtseinswandel zu vollziehen? Entsprechend gering ist die Chance, daß sich echte Abrüstung verwirklichen läßt — umso größer ist die Wahrscheinlichkeit, daß das Leben auf unserem Planeten vernichtet wird. *Abrüstung ohne tiefgreifende Änderung des menschlichen Bewußtseins ist Illusion!* Wir können nicht einseitig militärisch abrüsten wollen, ohne die Motivation zur Aufrüstung an ihrer Wurzel zu er-

1) ,,Natürlich konnten solche Selbsttäuschungsversuche immer nur mangelhaft gelingen. Es ließ sich nur schwer weiterleben ohne den beschützenden Gott, den sie in sich getötet hatten, und ohne die entschädigende Gewißheit, selbst stark und mächtig genug zu sein, keinen Trost und keine Gnade mehr nötig zu haben. Die Menschen fanden keine Stütze mehr, weil sie um sich herum nichts mehr hatten stehen und leben lassen, wie sie es vorgefunden hatten. An alles hatten sie Hand angelegt. Die Umwelt war zu ‚ihrer' verstümmelten, vergifteten, denaturierten Synthetikwelt geworden.'' (Horst E. Richter, Alle redeten vom Frieden, S. 28 f.)

kennen und umzuwandeln. Abrüstung heißt Selbsterkenntnis, heißt Erkenntnis eigener Ziele, Strebungen und Dunkelseiten. Wer aber möchte schon freiwillig seinem eigenen Schatten begegnen?

Man wird vermutlich bis zum Zeitpunkt X auch weiterhin von Abrüstung und Friedenssicherung reden, ohne den vielen Worten die nötigen Taten folgen zu lassen. Als Alibi für alle uneingestandenen Geltungs- und Machtgelüste werden die Politiker an dem Wahngebäude *Abrüstung aus der Position der Stärke und des militärischen Gleichgewichts* — im Klartext: aus der Position der Überlegenheit — festhalten und damit den Weg bis zum Völkermord zu Ende gehen.

Die Einsicht, daß Macht unaufhörlich in Richtung *Über*-Macht drängt, wird ausbleiben. Der Erkenntnis beraubt, daß Macht auf Mißtrauen basiert und schon deshalb niemals ein Kräftegleichgewicht zulassen kann, wird über kurz oder lang der Impuls zur Machtausweitung erfolgen, weil der Mißtrauende sein ihm unbewußtes Mißtrauen in sich selbst zwangsläufig auf andere projiziert und deshalb glaubt, der andere hätte von sich aus heimlich in aller Stille das Kräftegleichgewicht zu seinen Gunsten überschritten. Abrüstung dürfte vor diesem Hintergrund eine bloße Hoffnung bleiben.

Optimisten mögen einwenden, daß ein künftiger Krieg niemals solche Ausmaße annehmen werde, da es keiner wage, atomare Waffen einzusetzen — alle würden sich schließlich doch auf konventionelle Waffen beschränken. Stellen wir uns vor, zwei Menschen würden sich bekriegen wollen. Jeder von ihnen hätte vier Waffen zur Verfügung: eine Holzkeule, einen Bogen, ein Gewehr und eine Kanone. Wer würde sich schon freiwillig auf die Keule beschränken? Vergessen wir nicht, daß es um den Sieg und das eigene Überleben geht! Es wäre geradezu Selbstmord, sich mit Pfeil und Bogen zufrieden zu geben und dabei das Risiko einzugehen, daß der andere sein Gewehr benutzt.

Krieg wird wesentlich von unberechenbaren Ängsten und Emotionen beherrscht, niemals von klarer Vernunft. Deshalb ist die Chance, daß Feinde nicht sogleich zu ihren schlagkräftigsten Waffen greifen, äußerst gering. Ein möglicher dritter Weltkrieg würde nicht konventionell ausgetragen, da niemand wüßte, wann der andere mit ABC-Waffen begänne und dadurch große strategische Vorteile hätte. Jeder würde so rasch wie möglich seine ganze „Stärke" auszuspielen suchen. Gewehre, Granaten, Panzer und Geschütze gehören im Grunde schon längst der militärischen Vergangenheit an. Rekruten werden künftig keine Schützengräben mehr auszuheben brauchen. Ihre Ausbildung an den konventionellen Waffen dient lediglich der Ablenkung von den wahren Gegebenheiten und ist ein Akt zur Beruhigung der Massen.

Entsprechend selbsttäuschend ist es, seine Hoffnung in Privatbunker zu legen und zu glauben, es bestünde eine Chance, einen nuklearen Weltkrieg zu überleben. Selbst wenn es einzelnen gelänge, den Hauptschlag unterirdisch auszuhalten, irgendwann müßte jeder einmal seinen Käfig verlassen, um an die Erdoberfläche zurückzukehren. Dort angelangt würde er jedoch vermutlich wünschen, zu den Toten zu zählen.

In einem dritten Weltkrieg, einem „weltweiten Nuklearkrieg, würde mehr Zerstörungskraft als im gesamten Zweiten Weltkrieg freigesetzt werden, und zwar in jeder Sekunde des langen Nachmittags, den man für den Abschuß aller Raketen und Bomben benötigen würde; jede Sekunde würde ein Zweiter Weltkrieg stattfinden, und in den ersten Stunden würden mehr Menschen getötet als in allen Kriegen der Geschichte zusammen."[1)]

Der Countdown läuft. „Die Welt bewegt sich in Richtung Hölle mit einer hohen Geschwindigkeit."[2)] Der kollektive Selbstmord durch einen dritten Weltkrieg wird unvermeidbar sein, wenn nicht etwas völlig Unerwartetes geschieht. Vermutlich jedoch wird der Krieg erst seine ganze Grausamkeit entfalten müssen, bevor er endgültig von den wenigen Überlebenden in seiner Absurdität durchschaut und als ein überkommenes, dem künftigen Menschengeist inadäquates Mittel zur Durchsetzung seiner Interessen abgeschafft wird.

1) Jimmy Carter, zitiert nach Horst E. Richter, Alle redeten vom Frieden, S. 9
2) Vgl. R. Oppenheimer, zitiert nach a.a.O., S. 15

Kapitel 6:
Die Antikultur

Die Höllenfahrt

Es fordert gewiß eine beachtliche Portion Mut und Ehrlichkeit sich selbst gegenüber, der Wirklichkeit unverblümt ins Auge zu schauen.[1] Noch immer gibt es zahlreiche Menschen, welche an der alten Kultur festhalten, sie in den Himmel heben und dabei nicht bemerken, daß sie an ihren Grundpfeilern längst morsch geworden ist. Wir befinden uns auf der Höllenfahrt, einer Fahrt, die unvermeidbar nach unten führt. Es ist dies der Prozeß kultureller Zersetzung, eine fortschreitende kulturelle Krankheit, welche alle Organe des gesellschaftlichen Ganzen befallen hat.

Der Terror regiert, Flugzeugentführungen überraschen schon lange nicht mehr, Geiselnahmen gehören bereits zur Tagesordnung und Bombenanschläge wie Überfälle sind feste Bestandteile der Nachrichten geworden. Überall blüht die Gewalt. Die Kriminalität wuchert, so daß die öffentliche Sicherheit mehr und mehr gefährdet ist. Bewaffnete Banden entstehen hier und dort und mit ihnen private Bewachungsunternehmen. Der Moment rückt näher, an dem wir — wie schon viele New Yorker Einwohner — zum Selbstschutz einen Revolver bei uns tragen werden. Die Welt wird brutaler mit jedem Tag.[2]

Abgesehen von der Fülle gewalttätiger Handlungen blüht das Perverse auch auf anderen Gebieten. Neben der Verherrlichung entarteter Aggression findet eine Verherrlichung der sexuellen Perversion statt — man denke nur an die Kinoangebote. Das Niedrigste wird zu Kulturwerten erhoben, das Abartige und Absurde „normal" angesehen. In der Politik, selbst im Theater, ist die Fäkalien- und Gossensprache bereits zum festen Bestandteil der Kommunikation geworden.

In einer Zeit, in der die Würde des Menschen im Sumpf des Entstellten un-

[1] Zu empfehlende Literatur:
Fritz Riemann, Die schizoide Gesellschaft, München 1975

[2] In den USA gibt es schätzungsweise 1.000.000 „Survivelists". Dies sind Menschen, die sich auf eine mögliche Katastrophe vorbereiten, sich in die Natur und Wildnis zurückziehen, dort Nahrungsvorräte für den Ernstfall anlegen und sich im Selbstschutz trainieren. Deutlichere Alarmzeichen für den Zustand unserer modernen Welt kann es kaum noch geben.

terzugehen droht, ist es nicht verwunderlich, wenn Menschen verstärkt zur Flasche greifen, sich mit LSD berauschen oder im Lärm des Punk-Rock untertauchen. Ob Sex-, Drogen- oder Gewaltwelle, es sind Wellen der Hölle. Wir befinden uns auf der Fahrt in die Abgründe der Gesetzlosigkeit und Triebhaftigkeit. Liebe ist in Macht verkehrt, eine Welt ohne Schönheit, Licht und Tugenden ergreift Raum. Das Unterste ist nach oben gekehrt, die Hölle zum Alltag geworden.

Endloser Protest

Wenn man Menschen danach fragt, worin sie ein wirksames Mittel sehen, die heutigen Mißstände zu überwinden, so ertönt von allen Seiten die Forderung nach Umwandlung der Gesellschaft. Die gesamte Verantwortung wird auf die Umwelt abgeschoben und Gesellschaftskritik zu einer Tugend erklärt. Das Heil scheint ausschließlich dann erreicht zu sein, wenn man sich von jeglichem Druck, von jeglicher Verpflichtung befreit.

„Statt all der Werte, die allein den Zusammenhalt und das Funktionieren der Gesellschaft garantieren, folgt in der Hierarchie säkularer Ersatzwerte auf die Forderung nach unlimitierter Freiheit unmittelbar die Quadriga Zweifel, Kritik, Protest, Konflikt. Dieses Vierergespann, die modernen ‚Kardinaltugenden', ersetzt immer mehr die alten Tugendwerte. Alles bezweifeln und kritisieren, unentwegt protestieren und Konfliktbewußtsein entfalten — so lautet die Devise."[1)]

Wohin diese Einstellung führt, haben mir kürzlich einige Schüler demonstriert — sie empfanden das gesamte Leben als eine permanente Unterdrückung. Wer einseitig Konfliktpädagogik betreibt, muß sich nicht wundern, wenn das Mißtrauen und die Auflehnung gegen jegliche Ordnung und Autorität überhandnimmt. Ein Klima hoffnungsloser Orientierungslosigkeit, ständiger Skepsis und chronischer Konfliktbereitschaft breitet sich aus — Konfliktsucht ist die Folge.

Hans Heigert hat die neuen Imperative auf einen kurzen Nenner gebracht: „Du darfst dich nicht anpassen! Du mußt dich selbst finden, indem du dich erst mal wehrst, sprich dich deshalb immer aus, artikuliere deine Interessen, laß dir nichts einreden, bleib mißtrauisch, zumals den Herrschern im Elternhaus, Schule und Staat gegenüber. Entlarve deine gesellschaftliche Umwelt, durchschaue die Manipulation, habe den Mut zur Konfrontation mit Strukturen und Institutionen, durchbreche die Tabus, erkenne hinter der Norm immer die Wirklichkeit, demaskiere die Interessenlage der anderen, analysie-

1) Udo Schaefer, Der Bahá'í in der modernen Welt, S. 94

re deine Rolle in der Gesellschaft, provoziere also, verweigere, verwirkliche dich!"[1]

So wichtig und notwendig Kritik ist, so negativ ist sie, wenn sie sich aus dem Wertgefüge herauslöst. Auf zügellosem Protest, auf permanenten Zweifel und Kritik läßt sich keine Gesellschaft gründen! Die Frage lautet nicht, ob es Konflikte gibt oder nicht, sondern wie man sie auf fruchtbare Weise löst.[2]

Wie es zur Antikultur kam

Der Tiefstpunkt heutiger Höllenfahrt ist noch nicht erreicht; vielleicht wird er *dritter Weltkrieg* heißen. Wir wollen es jedoch hier als „tief" genug gelten lassen, wenn wir feststellen, daß sich unsere Kultur bereits in einem fortgeschrittenen Zerfallsstadium befindet und der völligen Entartung entgegenstrebt. „Eine Antikultur hat sich etabliert, in der ‚Unehrlichkeit, Irrationalität, Vorurteil, Intoleranz, schlechtes Benehmen, Gewalt und Zerstörung als primäre Wertsetzungen gelten, während Ehrlichkeit, Vernunft, Unparteilichkeit, Toleranz, gutes Benehmen, Sorgfältigkeit, Leistung und schöpferische Arbeit verteufelt und zu Antiwerten erklärt werden'."[3]

Nachdem wir nun in zahlreichen Ausführungen dem kollektiven Kultur-*Schatten* (siehe C. G. Jung) begegnet sind, stellt sich beinahe von selbst die Frage „Was nun?". In Pornographie, Terrorismus, Kriminalität, Drogensucht, Kritikwahn, Horror-, Schock- und Sensationszwang — kurz: in seelisch-geistiger Barbarei — läßt sich wenig Hoffnung setzen. Hier dürfte das Menschheitsglück, die Sehnsucht nach Frieden und Erfüllung nicht zu finden sein. Auf diese Weise wird der Sinn des Lebens wohl nicht in Erscheinung treten.

Wenn wir jetzt danach Ausschau halten wollen, was wir in unserer verfahrenen, krisenhaften Situation tun können, müssen wir den Weg des Zerfalls zum Ausgangspunkt zurückverfolgen. Nur wenn wir nach den tiefsten Wurzeln der Antikultur fragen, können wir hoffen, für unsere Zukunft eine Antwort zu erhalten.

[1] Hans Heigert, zitiert nach Udo Schaefer, Der Bahá'í in der modernen Welt, S. 96 f.

[2] „Auch der Konflikt ist dem Zusammenleben der Menschen immanent, und selbst die beste aller vorstellbaren Ordnungen, ja selbst das ‚Reich Gottes auf Erden' wird — sofern nicht schwärmerisch mißverstanden, sondern als reale, diesseitige Wirklichkeit vorgestellt — den Konflikt zwischen Menschen nicht aus der Welt schaffen. Es wird immer Konflikte geben. Die optimale Friedensordnung wird nicht die Ruhe des Kirchhofs schaffen. Sie wird aber Mittel zu einer optimalen Konfliktbewältigung verfügbar machen, den Gewaltzirkel aufheben und die friedliche Konfliktlösung sicherstellen." (Udo Schaefer, Der Bahá'í in der modernen Welt, S. 95).

[3] Tayler, zitiert nach Udo Schaefer, Der Bahá'í in der modernen Welt, S. 98

Jean Gebser machte darauf aufmerksam, daß jede Bewußtseinsstruktur eine Phase defizient-quantitativer Entwertung durchläuft, während der bereits die Keime der neuen Struktur Wirklichkeit zu werden beginnen. Das entscheidendste Ereignis zum Auftakt der defizient-rationalen Phase war die Totsagung Gottes.[1] Für Ludwig Feuerbach bedeutete Religion eine erniedrigende Entfremdung und Entzweiung mit sich selbst. Karl Marx glaubte, Gott entlarven zu können, indem er die Religion als einen ideologischen Überbau der herrschenden Klasse degradierte. Für ihn war Religion *Opium fürs Volk*, eine Art Flucht aus den gesellschaftlichen Mißständen in ein illusorisches Glück.

Das religiöse Weltbild wurde zertrümmert, der Atheismus breitete sich aus. An die Stelle der Religion traten zahlreiche Ersatzreligionen, eine Vielzahl aufklärerischer Ideologien. Nicht nur Feuerbach, Marx und Nietsche verkündeten den Tod Gottes, viele andere stimmten mit ihnen den Todesgesang an. Freud sah in Gott lediglich ein in den Himmel projiziertes Vaterbild, einen Ausdruck des Vaterkomplexes. Udo Schaefer bemerkt, daß zwar zahlreiche Denker siegesgewiß Gottes Tod hinausposaunten, sich im Grunde aber niemand von ihnen wirklich erfreut und erleichtert fühlte. Was übrig blieb, waren Leere und Dunkelheit.

Mit der Todsagung Gottes starb die lebenspendende, integrierende Kraft der Religionen und damit die Grundlage von Ethik und Moral. Alle Werte wurden umgestürzt, Liebe wurde mit Macht vertauscht. Ein Prozeß der Zerstörung, des Untergangs und der Vernichtung setzte ein; Wirrnis, Angst und Orientierungslosigkeit waren die Folge.

An die Stelle des Religiösen rückte der Glaube an die Wissenschaft, der Glaube an die Fortschrittsideologien.[2] Die Devise Galileis trat als wissenschaftliches Dogma in den Vordergrund: „Alles messen, was meßbar ist, und alles meßbar machen, was nicht meßbar ist." Je mehr sich dieses Motto zum absoluten Ideal verstärkte, desto weiter trat das Religiöse in den Hintergrund. Wissen und Glauben spalteten sich in zwei getrennte Lager, Naturwissenschaft und Geisteswissenschaft gerieten zueinander in Gegensatz. Alles Meßbare und Profane wurde geheiligt, alles Unmeßbare und Transzendente als nichtig verworfen. Die Welt wurde entmythologisiert und verweltlicht. Heute nun herrscht gefährliche Einseitigkeit, die alles akzeptiert und für wahr erklärt, was mit der Aufschrift *wissenschaftlich* versehen ist.

An die Stelle religiöser Normen traten nicht nur politische Ideologien und

[1] Vgl. Horst E. Richter, Der Gotteskomplex, Die Geburt und die Krise des Glaubens an die Allmacht des Menschen, Reinbek 1979

[2] Siehe dazu:
— Christa Meves, Die Befreiung vom wissenschaftlichen Glauben, Freiburg 1974
— Christa Meves, Manipulierte Maßlosigkeit, Freiburg 1975
— Christa Meves, Unser Leben muß anders werden, Freiburg 1977

naturwissenschaftliche Erkenntnisse — das Vakuum wurde ferner von tausendfältigen Theorien ausgefüllt, welche durch zahlreiche Soziologen, Verhaltensforscher, Psychologen, Philosophen, Politologen und Ökonomen ins Leben gerufen wurden.

Besinnung auf die Religion

Daß keine von Menschen ersonnene Theorie das Leben in seiner Ganzheit, Komplexität und Tiefe auszuloten vermag, wird heute nur allzu deutlich. Trotz harter wissenschaftlicher Arbeit ist der menschliche Geist nicht zu jenen Tiefen vorgedrungen, in denen er Antworten auf die Sinnfragen erhalten könnte. Nur Religionen vermögen bei Wert- und Sinnfragen weiterzuhelfen — selbst Philosophie und Psychologie können die letzten Fragen und Geheimnisse des Menschseins nicht sicher enträtseln.

„Die Wissenschaft ist auf dem Gebiet des Sittlichen inkompetent. Sie kann keine Ethik zwingend ableiten. Ethische Normen lassen sich nicht im Computer simulieren. Wie der Mensch leben soll, um ein erfülltes, seiner Bestimmung gemäßes Leben zu führen, ist wissenschaftlich nicht darstellbar. Die Wissenschaft kann zwar Methoden ermitteln, wie vorgegebene gesellschaftliche Ziele zu verwirklichen sind, diese Ziele aber selbst nicht absolut setzen . . . Die Vernunft bedarf auf dem Gebiet des Sittlichen eines letzten, absoluten Maßstabes. Völlig außerstande ist sie aber, das als richtig Erkannte mit innerer Verpflichtungskraft, mit durch Gesetze nicht zu erzwingender Verbindlichkeit auszustatten. Die Verbindlichkeit aber ist unabdingbarer Bestandteil eines ethischen Systems. Ein Pluralismus unverbindlicher Wertvorstellungen in zentralen Lebensfragen endet in der Auflösung der Ethik schlechthin . . . Die normative Ethik hatte seit je ihren Ursprung in der Religion. Die Religion allein schafft, ein System transzendenter Werte und Ideale, das die Zentralwerte der Gesellschaft in große und letzte Zusammenhänge einordnet. Sie baut eine Werthierarchie auf, erklärt Werte für absolut und universal, andere für relativ und partikulär, sanktioniert, negiert, differenziert und setzt Prioritäten, übersetzt Werte in Verhaltensnormen, überliefert sie durch Erziehung der jungen Generation und hält sie im Bewußtsein der Gesellschaft lebendig'."[1)]

Wo religiöse Werte gelebt werden, erblüht eine Kultur, wo sie hingegen verachtet werden, stirbt die Kultur. Wer die heutige Situation tief genug durchdenkt, gewinnt die Einsicht in die existentielle Notwendigkeit und Unersetzbarkeit der Religion. Dies gilt für den einzelnen, für die Gesellschaft,

1) Udo Schaefer, Der Bahá'í in der modernen Welt, S. 129 f.

ja für die gesamte Menschheit. Die Mehrzahl der Menschen hat jedoch zur Religion keinen lebendigen Zugang mehr.[1]

[1] Weiterführende Literatur:
— Udo Schaefer, Der Bahá'í in der modernen Welt, Hofheim-Langenheim 1981
— Huschmand Sabet, Der gespaltene Himmel, Stuttgart 1967

Kapitel 7:
Gibt es einen Gott?

Das Bild, das wir uns vom Menschen, von der Welt, von der Wirklichkeit machen, hängt — wie im I. Teil dieses Buches ausgeführt — von der Art des Bewußtseins ab. Mit der Mutation in das integrale Bewußtsein verliert nicht nur die bisherige räumliche Weltvorstellung ihre ausschließliche Gültigkeit, sondern mit ihr auch alles, was zuvor an Bildern und Vorstellungen aufgebaut wurde. So gesehen ist es verständlich, daß heute die meisten Menschen keinen lebendigen religiösen Bezug mehr haben. In Zeiten der Mutationskrise, des Übergangs, muß sich alles von Grund auf wandeln, auch die Form der Religiosität.

Durch das Zusammenbrechen des alten Glaubens, welcher sich an einem mental vorgestellten Vater-Gott orientiert, ist der heutige Mensch erneut mit der Frage konfrontiert: „Gibt es eigentlich einen Gott?" Begriffe, die dem religiösen Gedankengut zugehören, wirken in unserer Zeit auf viele Menschen wie Reizwörter, die in ihnen Widerwillen hervorrufen. Dennoch, irgendwann stellt sich dem einzelnen die Frage nach Gott, die Aufgabe, den Sinn einer Religion erneut zu überdenken.[1)]

„Gibt es einen Gott?" meint eigentlich nicht „Gibt es Ihn überhaupt?", sondern ist für den einzelnen stets eine Frage seines Bewußtseins. Im Grunde müßte er fragen: „Gibt es *für mich* einen Gott?" oder „Existiert Gott *in meinem* Bewußtsein?"

Hieran anschließend könnte man fragen: „Wenn es so ist, daß die alte Vater-Gott-Vorstellung an das mentale Bewußtsein gebunden war, wie ist Gott im neuen Bewußtsein?" Bahá'u'lláh lehrt: „Gott umfaßt alles. Er kann nicht umfaßt werden . . . Denn wie kann ein Tropfen den Ozean enthalten oder ein im Sonnenschein tanzendes Stäubchen das Weltall umfassen? Und dennoch spricht das ganze Weltall von Gott. In jedem Wassertropfen sind Weltmeere von Bedeutung verborgen, und in jedem Sonnenstäubchen ist ein ganzes Weltall von Bedeutsamkeiten eingeschlossen, weit über den Gesichts-

[1)] Die Ausführungen dieses Kapitels sollen und können keine Gottesbeweise sein, sondern sind lediglich als Gedankenanstöße zu verstehen, die den Leser zur Suche nach eigenen Antworten motivieren sollen.

kreis des gelehrtesten Wissenschaftlers hinausreichend."[1]

Damit ist gesagt, daß das Fassungsvermögen des menschlichen Bewußtseins nicht ausreicht, um die Dimension Gottes zu erfassen. Der Neuplatoniker Dionysius Areopagita nennt Gott den *Unnennbaren*, den *Namenlosen*, der unfaßbar *über* allen Namen weder in Sprache noch in Bild beschrieben werden kann.[2] Kein mentaler Begriff ist in der Lage, die Totalität Gottes einzufangen. Gott, der stets das Ganze umfaßt, ist kein Objekt des teilenden, rational-begrifflichen Denkens; Er ist kein Gegenstand, der empirisch zu erfassen ist.

Das altchinesische Weisheitsbuch I Ging lehrt, daß das TAO (die Gottheit) in Seiner Form äußerster Harmonie und Ursprung allen Seins nicht in Erscheinung tritt, sondern gleichsam *hinter* oder *in* Seiner Schöpfung als geistiges Urbild verborgen bleibt. Gott ist demnach nur an Seinen Kräftewirkungen in der Schöpfung erkennbar und erfahrbar.

Auf das Bewußtsein kommt es an

Es ist ein Trugschluß rationalen Denkens, daß bereits bloßes Wissen über Religion uns Gott näher bringt. Solange wir uns rein theoretisch mit heiligen Texten befassen, Predigten hören oder auf andere Weise lediglich Wissen aufnehmen, sind wir bewußtseinsmäßig von Gott ebenso weit entfernt, als wüßten wir gar nichts von Seiner Existenz.

Die meisten Menschen unserer Zeit setzen in ihrem Sprachgebrauch *Wissen* und *Bewußtsein* so ein, als seien sie beliebig austauschbare Synonyme. Wer Wissen und Bewußtsein gleichsetzt, wird denken, er brauche nur viel zu lernen und damit (rationales) Wissen aufzunehmen, um bewußt zu werden. Die Erfahrung im Umgang mit Menschen widerlegt diese Annahme, denn es zeigt sich immer wieder, daß intellektuelle Bildung allein das Bewußtsein des Menschen *nicht* intensiviert.[3]

Wissen an sich ist tot. Erst wenn es zum integrierten Bestandteil unserer Persönlichkeit verschmilzt, erwacht es zum Leben und stellt fortan einen Teil unseres Bewußtseins dar. Über theoretisch-*verkopftes* Wissen, abstrakt-

1) Bahá'u'lláh, zitiert nach J. E. Esslemont, Bahá'u'lláh und das neue Zeitalter, S. 230

2) Vgl. Dionysius Areopagita, Von den Namen zum Unnennbaren

3) Bewußtsein ist nicht identisch mit formalem Wissen, nicht mit bloßer Kenntnis, noch mit Erkenntnis; es erschöpft sich nicht einmal in verarbeitetem Wissen. Bewußtsein ist die Fähigkeit, die Zusammenhänge zu durchschauen, die uns (bewußt oder vorbewußt) bestimmen; es ist erhellend, beobachtend und integrierend. Bewußtsein ist auch nicht mit dem Denkprozeß identisch, noch meint es das bloße Ich-Bewußtsein. Bewußtsein ist die Fähigkeit, die einzelnen Bewußtseinsstrukturen in ihrer Wirkungsweise zu erkennen, zu erfahren und zu erleben.

mentales Denken und intellektuelles Diskutieren allein wird es dem Menschen kaum gelingen, einen lebendigen und bewußten Zugang zu Gott zu finden.

Aufschlußreiche Hinweise zu dieser Thematik finden sich in den Büchern Graf Dürckheims. Im Unterschied zu einem *Glauben an etwas,* das man anzweifeln kann, betont er den *Glauben aus eigener Erfahrung* göttlicher Kräftewirkungen.[1] Während der Glaube an etwas lediglich auf übernommenem mentalen Wissen beruht und daher jederzeit dem Zweifel ausgesetzt ist, bleibt der Glaube aus innerer Erfahrung unverlierbares Gut des Menschen, das durch keine Wortfechterei hinweggewischt werden kann. Für die Menschen, denen Gott nicht nur ein leerer Begriff ist, sondern denen Seine Hilfe zur lebendigen Erfahrung wurde, ist der im Rationalen gründende Zweifel hinfällig geworden. Diese Erfahrung kann man nicht willentlich herbeizwingen. Wohl aber kann sie lebendig werden, wenn sich der Mensch öffnet, sein Schicksal annimmt und bewußt an seinen Lebensnöten zu wachsen, zu reifen sucht.

Das Suchen als Menschheitsanliegen

Die Menschen aller Zeitalter haben nach einer tieferen Wirklichkeit gesucht. Den Überlieferungen längst vergangener Kulturen kann entnommen werden, wie Völker in allen Regionen der Erde eine für sie geheimnisvolle Kraft anbeten, die größer war als sie selbst. Wenngleich auch die Angehörigen verschiedener Religionen in Ritus, Symbol und Sprache verschiedene Ausdrucksformen fanden, waren sie alle erfüllt von der Sehnsucht nach einer Kraft, der sie sich hoffnungsvoll zuwandten. Zu allen Zeiten haben Menschen — ihrer Bewußtseinsstruktur entsprechend — über Gott nachgedacht bzw. tiefere Wirklichkeiten zu schauen oder zu erleben versucht. Gerade weil dies nicht allein ein Bedürfnis heutiger Menschen ist, sondern als Phänomen die ganze Geschichte hindurch immer wieder auftauchte, kann das Sehnen nach Gott nicht als kurzlebige Modeerscheinung gewertet werden. Auch mit bloßer Einbildung, Phantasie oder Spekulation scheint dies wenig zu tun zu haben, denn es wäre vermessen und anmaßend zu folgern, daß bisher alle gottsuchenden Menschen in abgrundtiefe Selbsttäuschung verfallen waren.

Zur Frage nach Gottes Existenz fordern viele Menschen unseres wissenschaftlich-technischen Zeitalters naturwissenschaftliche Beweisbarkeit. Sollte man nicht näher am Menschen orientiert fragen: „Was erleben Menschen mit einer lebendigen Beziehung zu Gott, wie fühlen sie sich und wie geht es in tiefster Seele denen, die Ihn nur als hohlen Begriff kennen?" Kann allein das

[1] Vgl. Karlfried Graf Dürckheim, Vom doppelten Ursprung des Menschen, S. 155

Wissen um objektive Daten zur Sinnerfüllung des Lebens verhelfen? Was nützen Statistiken, Tabellen und technische Instrumente, wenn der Mensch sein persönliches Erleben als *nur subjektiv* verwirft?

Mit dem Aufkommen der Technik haben sich die Menschen der zivilisierten westlichen Welt in eine einseitige Haltung begeben, in der das Streben nach objektiv Beweisbarem das subjektive Erleben in den Hintergrund drängte. Das Subjektive, als unbrauchbar abgestuft, galt fortan als irreführende Fehlerquelle.[1)]

Heute schwingt das Pendel aus dieser Extremstellung wieder mehr zur Mitte zurück und läßt moderne Menschen wieder hellhörig werden, wenn es um die innere Erfahrung geht. Die Psychologie bietet eine kaum noch zu überschauende Fülle von Techniken an, mit denen der Mensch sein Subjektsein wieder „aufzutauen" vermag.[2)] In dem Maße, wie eigenes Subjektsein bewußt und ernstgenommen wird, rückt die Teilhabe an Gottes Sein als erfahrbare Wirklichkeit näher in den Erlebnisbereich des einzelnen.

Auch über die Naturwissenschaften zu Gott!

Naturwissenschaften sind in Wirklichkeit keine toten Gleise, auf denen die Fragen nach Gott in eine Sackgasse münden. Das Streben nach Objektivität muß nicht zur seelischen Blindheit führen. Wenn es dem Menschen gelingt, Subjektsein und Forschen nach objektiv Beweisbarem im rechten Maße aufeinander abzustimmen und in sich selber als polar zusammengehörig (nicht

1) Heute stellt sich mehr und mehr die Frage: „Kann ein Mensch eigentlich objektiv sein?" Hierauf die Antwort eines Physikers: „In der Atomphysik kann . . . der Wissenschaftler nicht die Rolle eines unbeteiligten Beobachters spielen, sondern er wird in die beobachtbare Welt miteinbezogen und beeinflußt die Eigenschaften des beobachteten Objekts. Heisenberg: ‚Die Naturwissenschaft beobachtet und erklärt die Natur nicht einfach so, wie sie an sich ist. Sie ist vielmehr ein Teil des Wechselspiels zwischen der Natur und uns selbst . . . Was wir beobachten, ist nicht die Natur selbst, sondern Natur, die unserer Art der Fragestellung ausgesetzt ist'. Da Raum und Zeit jetzt auf die subjektive Rolle von sprachlichen Elementen reduziert sind, die ein bestimmter Beobachter für seine Beschreibungen von Naturphänomenen benutzt, wird jeder Beobachter die Phänomene auf verschiedene Weise beschreiben." (Fritjof Capra, Der kosmische Reigen, S. 141 f., 166)

2) Auch „die christlichen und östlichen Meditationslehren erfreuen sich zunehmender Anhängerschaft; das Bedürfnis nach Sammlung, Stille und Einsamkeit wird wieder in uns wach, soweit wir es nicht aus Angst vor der Leere, vor Langeweile und Nicht-Alleinseinkönnen durch Kontakte zudecken, die uns nur wieder von uns selbst entfernen. Die Suche nach neuen *inneren* Erlebnisbereichen läßt sich noch in den extremen Formen der Rauschgiftsucht und dem Mißbrauch von Psychopharmaka erkennen, die, soweit sie nicht nur der Weltflucht dienen und die Angst zudecken sollen, doch auch eine Suche nach grenzüberschreitenden, transzendierenden Erlebnissen bedeuten." (Fritz Riemann, Die schizoide Gesellschaft, S. 28)

etwa als dualen Gegensatz) zu erkennen, vermag auch der naturwissenschaftliche Weg zu tieferen Antworten auf die Fragen nach Gott zu führen. Die nur-rationale Denkweise jedoch muß dabei in eine integrale überschritten werden.

Den Beweis liefern folgende Erklärungen (Statements) aus dem Manuskript des Österreichischen Rundfunks vom 22. 12. 1978. Die Sendung hieß: „Gibt es einen Gott? Naturwissenschaftler antworten".[1)]

„Für die alten Kulturvölker stand es außer Frage, daß Herkunft, Sinn und Ziel jeglicher Schöpfung dem göttlichen Bereich angehören. Jahrtausende nach dem Schreiben solcher Texte ist unser Wisssen um den Kosmos zwar um vieles größer geworden, die letzten Fragen sind jedoch die gleichen geblieben: Woher kommen wir? Was sind wir? Wohin gehen wir?

Ist in und hinter den Erscheinungen dieser Welt ein Göttliches zu vermuten? Heute heißt es: Am Anfang war der Wasserstoff. Was oder wer aber war *vor* dem Wasserstoff? Was war vor der Raumzeit? Gott? Ein Schöpfer? Gibt es Gott?

Kein denkender Mensch kann sich auf die Dauer der Frage nach Gott entziehen. Unser Wissen ist lawinenartig angewachsen. Auch unser Wissen um Gott? Gibt es nun einen Gott? Viele Menschen sind ratlos, unentschieden, skeptisch. Viele zweifeln an ihrem Glauben, zweifeln aber auch an ihren Zweifeln. Die Sehnsucht nach Gewißheit bleibt. Kann sie gestillt werden?

Statement Prof. Gustav Andreas Tammann, Astronom

„. . . die Naturwissenschaften können die Existenz Gottes in keiner Weise beweisen. Aber mit ihrer Hilfe kann auch nicht ein Gegenbeweis geführt werden. Es gibt jedoch Zusammenhänge, . . ., die uns die Postulierung eines schöpfenden Gottes attraktiv erscheinen lassen.

Albert Einstein, der Vater der Relativitätstheorie, bekennt: ‚Das Wissen darum, daß das Unerforschliche wirklich existiert, und daß es sich als strahlendste Schönheit offenbart, von der wir nur eine dunkle Ahnung haben können — dieses Wisssen und diese Ahnung sind der Kern aller wahren Religiosität.'"

Statement Bernhard Philberth, Physiker

„Angesichts dieser großartigen Natur stellt man sich die Frage, ob diese Natur aus sich selbst ist, oder ob sie von einem Gott geschaffen ist, von einem bewußten Gott, von einem personalen Gott. Ich persönlich bin der Mei-

1) Die Statements sind nur in Auszügen wiedergegeben.

nung, daß diese Welt geschaffen ist, dieses ganze Weltall. Gott aber hat diese Welt nicht geschafften in Raum und Zeit, sondern er hat Raum und Zeit selbst geschaffen — zusammen mit der Materie . . . Gott hat sie geschaffen als der Gesetzgeber, als der Souverän, der die Naturgesetze ausgesprochen hat in seinem Wort, und in diesen Naturgesetzen entsteht dieser Kosmos, entfaltet sich und wird wieder vergehen . . ."

Statement Prof. Gernod Eder, Atomphysiker

„So glaube ich . . ., daß nur im Vertrauen auf die Gottesidee und auf die Existenz Gottes die wahren und ewigen Werte für das Einzelschicksal, für das menschliche Zusammenleben und die gesamte Menschheit erkannt werden können. Umgekehrt kann für uns die Existenz Gottes nur dadurch sichtbar werden,daß wir versuchen, diese Hintergründe, die die gesamte Dynamik des Universums bestimmen, zu erkennen — nicht nur intellektuell im Wahren, sondern auch im Schönen und Guten . . ."

Statement Prof. Hans Tuppy, Biochemiker

„Der Blick hinaus in die Weiten der Galaxien und der Blick hinein auf die peinliche Ordnung im Mikrokosmos sind heute zusätzliche Möglichkeiten, einen überlegenen Geist hinter den Erscheinungen zu fordern. Aber auch das Reich der bekannten Natur ist voll von wunderbaren Einrichtungen . . . Wenn ich als Biochemiker die erstaunlichen Erkenntnisse der Biologie und Chemie betrachte, die gezeigt haben, was für Vielfalt, für Mannigfaltigkeit, für Entwicklungsfähigkeit, für Planmäßigkeit unter den Lebewesen herrscht, dann kann ich nicht anders, als an einen großen Entwurf denken, der all dem zugrunde liegt, und die Frage nach dem zu stellen, der diesen Entwurf in die Welt gesetzt und verwirklicht hat."

Statement Prof. Rupert Riedl, Biologe

„Die Naturwissenschaftler stoßen mit ihren Forschungen immer wieder an die Grenzen der Erkenntnis. Darüber hinaus gibt es keine Aussage. Wer ein Metermaß anlegt, wird stets nur Dezimeter und Millimeter als Ergebnis erhalten. Naturwissenschaftliche Gottesbeweise finden nicht statt. Andererseits braucht Gott heute nicht mehr dort, wo Hypothesen für ungeklärte Fragen gebraucht werden, den Lückenbüßer abzugeben . . . Praktisch führt ja jede Frage ins Unbekannte — jede Frage, die wir auch als Naturwissenschaftler stellen, in das der Naturwissenschaft Jenseitige . . . Für alle aber gilt, eine letzte, eine absolut letzte Instanz, eine unerreichbare letzte Konsequenz zu finden. . ."

Statement Prof. Fritz Heppner, Neurochirurg

„Wenn man hochmütig sagt, ‚der Mensch sei das Maß aller Dinge', so anerkennt man zugleich, daß unsere Weltvorstellung kategorisch begrenzt wird durch das menschliche Begriffsvermögen, welches alles darüber hinaus zielende Philosophieren abprallen läßt wie eine Fliege an einer Fensterscheibe. So verhält es sich auch mit unserer Gottsuche, wenn wir sie auf rein rationaler Grundlage betreiben: Mit den Mitteln des logischen Kalküls, mit dem Mittel des Experiments, welches den Naturwissenschaften und damit der Technologie zum heutigen Stand verholfen hat, kann Gott nicht nachgewiesen werden. Da er einer anderen Dimension als Raum, Zeit und Kausalität, und zwar einer nicht vorstellbaren Dimension angehört, entzieht er sich aller menschlichen Meßtechnik. Gott kann man nicht beweisen, allerdings auch nicht widerlegen".

Kapitel 8:
Religion, Zerfall und Neubeginn

Betrachtet man die heutige „religiöse Szene", so zeigt sich eine verwirrende Vielfalt von Bestrebungen, die verschütteten religiösen Bezüge wiederzubeleben. Ferner ist zu beobachten, daß die bislang im Verborgenen gehaltenen esoterischen Auslegungen der Heiligen Schriften mehr und mehr der Öffentlichkeit zugänglich werden.

In der von Hektik und Streß durchdrungenen modernen Welt ist der Mensch in Atem- und damit in Lebensnot geraten. Die einst verheißenen *goldenen Zeiten* konnten nur teilweise materiell realisiert werden. Heute erweist sich diese Einseitigkeit als ein fataler Irrtum: Der materielle Wohlstand zeigt auf seiner Schattenseite die seelische Unterernährung. Aus der Not heraus, sich der vernachlässigten Seele wieder zuzuwenden, erwacht auch die alte Frage der Menschheit, die Frage nach Gott.

Betrachtet man die Menschen unserer Zeit in Hinblick auf ihre Religiosität, so lassen sich etwa drei große Gruppen unterscheiden: jene, die *noch gläubig*, solche, die *nicht mehr gläubig* und andere, die *wieder gläubig* sind. Sucht man für diese Beobachtung eine tiefere Erklärung, findet sich in den Bewußtseinsstrukturen nach Gebser eine einleuchtende Antwort.

Menschen, in denen vorwiegend die magisch-mythische Bewußtseinsstruktur wirksam ist, leben in einem vor-rationalen Zustand, dem Zustand des Geborgen- und Aufgehobenseins im Glauben. Sie sind eins mit ihrem Glauben und kennen keine tieferen Zweifel. Erst mit der Dominanz des mentalrationalen Bewußtseins tritt das teilende Prinzip in Aktion. Teilen jedoch heißt *zwei-feln,* heißt *ent-zwei-en.* Die zuvor noch bergende Einheit und Polarität zerreißt in die Gegensätze *Glauben : Wissen.* Selbst im Glauben bilden sich Spaltungen heraus, sei es in Form von Kirchenspaltungen oder Aufspaltungen in Sekten. In dieser Phase des Zwei-felns leben heute wohl die meisten westlichen Menschen. Erst im Mentalen erwacht der Gegensatz *gut : böse* in seiner ganzen Tragweite. Demzufolge hat auch die mentale Struktur, den Glauben betreffend, zwei Seiten: Zum einen führt sie zu Zweifeln und in der Übersteigerung zum Ver-zwei-feln; andererseits ist das Teilen, das Differenzieren die Voraussetzung für die Bewußtwerdung — nur am Unterscheiden kann man erkennen.

In der sich hieran anschließenden Entwicklungsphase tritt der Mensch wieder in den Glauben, jetzt aber — im Vergleich mit dem magisch-mythischen und vorrationalen Bewußtsein — in eine arationale Weise der Religiosität. Die Grenzen zwischen Glauben und Wissen heben sich auf; sie erweisen sich als vorübergehend notwendige Mittel des mental-rationalen Bewußtseins. In der integralen Struktur sind die Dualismen überwunden und die Grenzen aufgelöst. Das Ganze, das Wesentliche rückt ins Blickfeld.

Bei Gebser heißt es: ,,Das neue (aperspektivische) Zeitalter ist eine Überwindung der vorangehenden rationalen Epoche, die zudem stark antireligiös gefärbt war, und es ist zugleich die Gegenströmung zu dem unchristlichen Nihilismus unserer Tage. Damit ist auch gesagt, daß dieses Zeitalter nicht mehr antireligiös sein kann noch sein wird. Nur das rationale Denken ist antireligiös; das arationale wird, schon der Transzendenz wegen, ein neues, gestärktes Verhältnis zur Religion gewinnen.''[1]

Aus diesen Worten geht auch hervor: Die rational vorgestellte Trinität, also die der mentalen Bewußtseinsstruktur zugehörige Gottesvorstellung ist mit dem Einsetzen der Mutation in das integrale Bewußtsein ins Schwanken gekommen.[2] Weniger die Kirchen, sondern die Bewußtseinswandlungen sind Auslöser für die heutige *Kirchenflucht*. Mit anderen Worten: Viele alte religiöse Vorstellungen, die in den Kirchen gepflegt werden, entsprechen nicht mehr den Erfordernissen der sich anbahnenden Neuorientierung des Bewußtseins. Eine neue, dem Neuen entsprechende Weise der Religiosität muß gefunden werden. Diese muß eine ganzheitliche sein.

,,Was durch Rückbindung, durch Religion aufrechterhalten und durch die Ratio zerstört worden ist, wird in der Praeligio gegenwärtig wahrnehmbar. Die tiefe Wahrheit des Christlichen von der Transparenz, der Diaphanität der Welt wird wahrnehmbar. Der lautere Einbruch des Jenseitigen ins Diesseitige, des Todes ins Leben, des Transzendenten ins Immanente, des Göttlichen ins Menschliche wird transparent.''[3]

Die dem mentalen Bewußtsein gemäße Gottesvorstellung ist eine Projektion des Vaterbildes in den Kosmos. Mit der integralen Struktur löst sich diese Fixierung auf. Der Mensch befreit sich aus der einseitig patriarchalen und ichgebundenen Fixierung; er wird integral-ichfrei.[4]

,,Der ungeteilte, der ichfreie Mensch, der nicht mehr Teile sieht, sondern das ,Sich' realisiert, die geistige Form des Mensch- und Weltseins, nimmt das Ganze wahr, das ,vor' allem Ursprung ,liegende' Diaphainon, das alles

1) Ursprung und Gegenwart, S. 180

2) ,,Die göttliche Wirklichkeit ist über das Verstehen der Geschöpfe erhaben . . . Die göttliche Wirklichkeit ist über die Vereinzelung geheiligt, wieviel mehr noch über die Vielheit." ('Abdu'l-Bahá, Beantwortete Fragen, Kap. 27, S. 115)

3) Jean Gebser, Ursprung und Gegenwart, S. 671

4) Wie schon ausgeführt, kann damit nicht Ichlosigkeit gemeint sein, sondern eine das mentale Ich-Bewußtsein überragende, überschreitende Weise in der Bewußtheit.

durchscheint. Für ihn gibt es weder Himmel noch Hölle, weder Dieseits noch Jenseits, weder Ich noch Welt, weder Immanenz noch Transzendenz, sondern über deren magische Einheit, deren mythische Ergänztheit, deren mentale Entzweiung und Synthese hinaus das nur wahrnehmbare Ganze. In dieses braucht er sich nicht zurückzubinden (Religion). Es ist praereligiös, es ist gegenwärtig in achronischer, zeitfreier Art. Magische Proligio, mythische Religio und mentale Religion werden zu mitstützenden Fundamenten der Praeligio(n).''[1]

An anderer Stelle sagt Gebser: ,,Praeligio schließt alle Befangenheiten aus, ist ohne Erwartung, ohne Hoffnung auf etwas — denn alles zu erhoffende ist latent in uns und wird durch die Praeligio realisiert . . . Praeligio schaltet keine der anderen Formen der Bindung aus, sondern bindet sie alle ,in' das Ganze . . .''[2]

Mit der Mutation ins Mythische starben die magischen Götzen; die mythisch-antiken Götter wurden geboren. Als diese starben, wurden sie in der mentalen Struktur durch einen Vatergott ersetzt. Heute ist es erforderlich geworden, die magischen Idole, mythischen Symbole und mentalen Dogmen zu überschreiten. Die Forderung das Ganze zu wahren, kann von keinem alten oder neuen Dogma realisiert werden, denn seiner Struktur nach splittert es die Wirklichkeit in Sektoren auf, wobei es nur für einen Teilbezirk Gültigkeit hat, den religiös-theologischen.

Das neue Zeitalter, die neue Religiosität, braucht weder das magische Ritual noch das mythische Mysterium noch die mentale Zeremonie; es braucht keinen Religionsersatz. Die aperspektivische Form der Religion entsteht durch Integrierung der arachaischen Präsenz, die gegenwärtig ist, weder zukünftig noch rückwirkend. Es geht nicht um eine Wiederbelebung des Alten, obgleich die weltweiten Erneuerungsversuche der alten Weltreligionen eine Absprungbasis sein können, von der aus das Neue realisiert werden kann.

[1] Jean Gebser, Ursprung und Gegenwart, S. 689
[2] a.a.O., S. 371

Kapitel 9:
Stimmen des erneuernden Geistes

In einer Zeit des Umbruchs, der Krise und Verwirrung, einer Zeit des *Stirb und Werde* des menschlichen Bewußtseins gelingt es nicht jedem Menschen, die Echtheit neuer Impulse zu erkennen. Nur allzu viele lassen sich von den Verheißungen falscher Propheten blenden. Diese gibt es heute in Fülle.

Die Not der haltsuchenden Menschen wird auf rücksichtslose Weise ausgenutzt, seine Situation auf schändlichste Weise dazu mißbraucht, um Profit zu machen. Funk und Fernsehen sind nicht untätig gewesen, das unmenschliche Treiben vieler falscher Führergestalten zu durchleuchten. Es ist erschreckend, wie der *religiöse Hunger* des heutigen Menschen zum kommerziellen Anreiz wird und diese Art des Geschäftemachens die letzten Marktlücken füllt. Einige Führer der verschiedenen Jugendreligionen und Sekten sind der Öffentlichkeit als mahnende Beispiele vor Augen geführt worden.[1]

Andererseits: Das gewinnsüchtige Treiben dieser zweifelhaften „Führergestalten" hat auch seine positiven Seiten, denn durch das Auftreten dieser negativen Auswüchse wird im gleichen Maße das Positive provoziert. Die Menschen sind aufgefordert, wach zu werden und unterscheiden zu lernen.

Mitten in der Fülle zweifelhafter Gestalten finden sich Menschen, deren Anliegen echt sind, denen es nicht um den finanziellen Gewinn, sondern um den menschlichen Reifungsprozeß geht. Es sind Menschen, die weniger Aufsehen erregen, sich also nicht marktschreierisch in die Öffentlichkeit drängen. Einige von ihnen sollen in diesem Kapitel zu Wort kommen. Durch sie hindurch wird jener Geist spürbar, dessen Wirken sich auf die Realisation eines neuen Bewußtseins konzentriert. Die Auswahl der Personen erfolgt nach keinem bestimmten Schema oder System — nur eines gilt: Es sind Stimmen des erneuernden Geistes.

[1] Vgl. Henri Nannen, Die himmlischen Verführer, Hamburg 1979

Carl Gustav Jung

Laurens von der Post über C. G. Jung:

,,Das Fach Psychologie samt der angewandten Psychologie war sein Medium und hat ihn die neue Welt im menschlichen Geist zuerst entdecken und dann erforschen lassen . . .[1] Psychologie und Psychiatrie sind jedoch nur ein Weg, kein Ziel an sich . . .[2] Man braucht nur einmal in Jungs ‚Erinnerungen Träume Gedanken' hineinzublicken, um zu sehen, daß dieser Mann fast überfloß von einem größeren Anliegen . . .[3] Jung: ‚Es ist, als sähe ich tief innen im Leben des Menschen ein Spiegelbild alles dessen, was dem Universum an Gesetz innewohnt, um Sonne, Mond, Planeten und Sterne auf ihrer Bahn zu halten . . . Ich fand . . ., daß sich, je mehr ich den Geist meiner Patienten und meinen eigenen erblickte, ein unendliches objektives Geheimnis der Innenwelt vor mir ausbreitete — weit und wunderbar wie ein gestirnter Himmel in einer klaren mondlosen Winternacht.'[4] Das paulinische Wunder ‚Nicht ich, sondern Christus in mir' war für Jung immer weit über jedes egoistische Streben des Menschen hinaus eine Selbstverwirklichung gewesen, in der ein ewiger Zustand der Wahrheit erreicht wird, in dem der Mensch endlich, in lebendiger Bindung an einen Wert, der größer ist als er selbst, freier war als zuvor. . .[5] Im Kollektiven Unbewußten sind alle Menschen und Rassen und Farben bereits verwandt und erfreuen sich der gleichen Herkunft. Es ist das große religiöse Meer, in das sich alle religiösen Ströme der Welt ergießen . . .[6] Jung war überzeugt, daß unser erschöpftes Ich und unsere verschlissene Gesellschaft sich nicht zu erneuern vermöchten, es sei denn, ihr Gottesbegriff und somit die ganze Beziehung zu Gott erneuere sich . . .[7] Die wahre Bedeutung Christi bestand für Jung darin, daß jeder einzelne sein eigenes natürliches und spezifisches Selbst voll ausleben solle — ebenso wahrhaftig wie Christus das seine bis zu dem Ende ausgelebt hatte, zu dem er geboren worden war . . .[8] Jung spürte, daß sich die Jahreszeit des Christus und des Antichrist ihrem Ende nähert. Eine neue Jahreszeit schickte sich an zu beginnen, in der die großen Gegensätze von Licht und Schatten offen gegenüberstehen, und in der die Aufgabe, diese zu transzendieren, vollendet werden kann . . .[9]''

1) Laurens van der Post, C. G. Jung, der Mensch und seine Geschichte, S. 11
2) a.a.O., S. 11
3) a.a.O., S. 11
4) a.a.O., S. 203
5) a.a.O., S. 274
6) a.a.O., S. 290
7) a.a.O., S. 292
8) a.a.O., S. 314 f.
9) a.a.O., S. 325

Karlfried Graf Dürckheim

„Wie zu allen Zeiten, so steht auch heute die Trägheit des Gewordenen dem Neu-Werden im Wege. Nur wo das Licht des überweltlichen Lebens in der Welt aufgeht, zergehen die Nebel, die seinsferne Einseitigkeit über die Wahrheit des Daseins gelegt haben. Dann erweisen sich Gegensätze, die in der begrenzten Sicht unreifer Menschen entstehen, als falsche Fronten . . .[1] Alles Lebendige ist Form und Verwandlung, ist, wo es in Ordnung ist, durchlässige Form und geformte Durchlässigkeit zugleich. . . Die Unfruchtbarkeit der . . . sich bildenden falschen Fronten zeigt sich am deutlichsten in der Auseinandersetzung zwischen den Religionen . . . Lebendige Religiosität verbindet; denn sie gründet in einem allen gemeinsamen Urerleben und bewegt sich im Rhythmus einer alle Religiosität bewegenden Dialektik zwischen dem Glauben an eine vom Menschen getrennte Gottheit und der mystischen Erfahrung eines alle Dualität aufhebenden All-Einen . . .[2] Es geht heute um eine Verwandlung des Menschen, die ihn aus dem Gefängnis eines weltbefangenen statischen Denkens heraus in die Freiheit einer Bewegung hineinführt, darin er, im Mündigwerden, allen äußeren Umständen zum Trotz und im Überwachsen seiner inneren Blockaden, auf dem Weg seiner wahren Selbstverwirklichung gelangt, die ihn an das überweltliche Leben anschließt. Es geht um den Menschen, der, eins geworden mit seinem Wesen, als Person eine höhere Freiheit gefunden hat . . .[3] Das ‚Wesen' in uns ist die Weise, in der in jedem von uns das göttliche Sein anwesend ist und zur Manifestation drängt. ‚Person' ist der Mensch in dem Maße, als er zur Integration mit seinem Wesen gelangt ist und es vermag, kraft dieser Integration in diesem Dasein von dem ihm zum Offenbar-Werden drängenden Sein aus Freiheit und mit Bewußtsein zu zeugen."[4]

Sri Aurobindo

„Die Menschheit steht gegenwärtig in einer Krise ihrer Evolution; die Wahl ihres zukünftigen Schicksals liegt darin verborgen. Der Mensch hat mit seinem ewig regen Geist und Lebenswillen für seine geistigen, vitalen und physischen Ansprüche und Bedürfnisse ein äußeres Lebensgerüst von nicht mehr beherrschbarer Ausdehnung aufgerichtet, eine vielfältige politische, soziale, administrative, ökonomische, kulturelle Maschinerie, ein organisier-

[1] Karlfried Graf Dürckheim, Überweltliches Leben in der Welt, S. 3
[2] a.a.O. S. 4
[3] a.a.O. S. 7
[4] a.a.O. S. 19

tes Instrument zu seiner intellektuellen, sinnlichen, ästhetischen und materiellen Befriedigung . . .[1] Ein Leben der Einheit, der Gemeinschaft und Harmonie, aus einer tieferen und umfassenderen Wahrheit des Seins herausgeboren, das ist die einzige Lebenswahrheit, die die unvollkommenen, intellektuellen Konstruktionen der Vergangenheit ersetzen kann . . .[2]''

,,Die nötige rettende Macht besteht in einem neuen psychischen Faktor, der gleichzeitig auf die Notwendigkeit eines geeinten Lebens für die Menschheit drängt, sie aber auch zwingt, die Prinzipien der Freiheit zu respektieren. Die Religion der Humanität scheint die einzige wachsende Kraft zu sein, die in diese Richtung strebt. Denn sie erweckt den Sinn für das Einssein der Menschen; ihre Idee ist die der Einheit der Menschheit; sie achtet zugleich das menschliche Individuum und die natürliche menschliche Gruppierung. Ihre jetzige intellektuelle Gestalt scheint jedoch kaum zureichend zu sein. Obwohl schon sehr mächtig, ist diese Idee an sich und in ihren Auswirkungen noch nicht mächtig genug, um alles menschliche Leben nach ihrem Bilde umzuprägen . . .[3] Eine spirituelle Religion der Humanität ist die Hoffnung für die Zukunft . . . Religion der Humanität bedeutet die immer umfassender werdende Realisation dessen, daß es einen geheimen Geist, die eine Göttliche Wirklichkeit gibt, in der wir alle geeint sind . . .[4]''

Rabindranath Tagore

,,Tagore hat einen besonders entwickelten Sinn für die Einheit des Lebens. Keine Spaltung der Ideale oder Kulturen, die ihm begegneten, schmälerte seine Schaffenskraft . . .[5] Tagore glaubte begeistert an die Würde des Individuums und den Wert von Freiheit und Unternehmungsgeist für alle Nationen.[6] Die Forderung der Einheit der Menschheit inmitten aller Verschiedenheiten veranlaßte Tagore, in die fernsten Gegenden der Welt zu reisen . . .[7] In Ost und West äußerte Tagore mit Leidenschaft die Ansicht, daß der besondere Beitrag seines Landes zur Weltkultur im Prinzip der Einheit in der Vielheit zu suchen sei . . .[8] Da Tagore das Blühen der Persönlichkeit hochwertete, war es unvermeidlich, daß er auch größten Nachdruck auf den Geist und nicht auf den Buchstaben der Religion legte.''[9]

1) Sri Aurobindo, Der integrale Yoga, S. 19
2) a.a.O., S. 20
3) Sri Aurobindo, Das Ideal einer geeinten Menschheit, S. 342
4) a.a.O., S. 343
5) Rabindranath Tagore, Einheit der Menschheit, S. 5
6) a.a.O., S. 16.
7) a.a.O., S. 17
8) a.a.O., S. 16
9) a.a.O., S. 19

Gopi Krishna

„Es gibt nichts Zufälliges und Willkürliches im Universum, und die Gesetze im geistigen Bereich sind ebenso wirksam und unverletzbar wie im Psychischen. Die augenblickliche explosive Situation in der Welt beruht auf der ernsthaften Mißachtung dieser Gesetze."[1]

Marie-Gabriele Wosien

„Wir befinden uns in einer Zeit des Umbruchs, an der Schwelle zu einem Neuen Zeitalter, wie viele glauben, oder am Abgrund, der endgültigen Vernichtung der menschlichen Rasse, wie andere befürchten. Tatsächlich haben sich die Verhältnisse seit Beginn unseres Jahrhunderts so zugespitzt, daß nur noch ein radikaler Wandel des Bewußtseins der Menschen, das immer der letzte Grund und Ursache für die selbstgeschaffenen Lebensbedingungen ist, das „Ruder herumwerfen" und das Raumschiff Erde einer sicheren Zukunft entgegensteuern kann."[2]

Fritjof Capra

„Die ersten drei Jahrzehnte unseres Jahrhunderts änderten radikal die ganze Situation der Physik. Zwei getrennte Entwicklungen, die Relativitätstheorie und die Atomphysik, zerstörten alle Grundbegriffe der Newtonschen Weltanschauung: die Vorstellung vom absoluten Raum und von der absoluten Zeit, die festen Elementarpartikel, die streng kausale Natur der physikalischen Phänomene und das Ideal einer objektiven Beschreibung der Natur . . .[3] Die Entdeckungen der modernen Physik erforderten eine tiefgreifende Wandlung von Begriffen wie Raum, Zeit, Materie, Objekt, Ursache und Wirkung etc., und da diese Begriffe für unsere Weltanschauung so grundlegend sind, ist es nicht überraschend, daß die Physiker, die gezwungen waren, sie zu ändern, davon erschüttert wurden. Aus dieser Wandlung ging eine neue, radikal andere Weltanschauung hervor, die immer noch dem Prozeß der Um- und Neubildung durch die laufende wissenschaftliche Forschung unterworfen ist . . .[4] Die Erforschung der subatomaren Welt hat eine Wirk-

[1] C. F. von Weizsäcker/Gopi Krishna, Biologische Basis der Glaubenserfahrung, S. 49
[2] Marie-Gabriele Wosien, Babadschi, aus „Über dieses Buch"
[3] Fritjof Capra, Der kosmische Reigen, S. 51
[4] a.a.O., S. 59

lichkeit enthüllt, die immer wieder Sprache und logisches Argumentieren überschreitet, und die Vereinigung von Begriffen, die bisher entgegengesetzt und unvereinbar erschienen, erweist sich als einer der überraschenden Züge dieser neuen Realität . . .[1] Ich glaube, daß die Weltanschauung, die aus der modernen Physik hervorgeht, mit unserer gegenwärtigen Gesellschaft unvereinbar ist, weil sie den harmonischen Zusammenhängen, die wir in der Natur beobachten, nicht Rechnung trägt. Um einen solchen Zustand des dynamischen Gleichgewichts zu erreichen, bedarf es einer völlig anderen sozialen und ökonomische Struktur: einer kulturellen Revolution im wahren Sinne des Wortes. Das Überleben unserer ganzen Zivilisation kann davon abhängen, ob wir zu einer solchen Wandlung fähig sind.[2]''

John C. Lilly

,,Während der Zeit, in der ich dieses Buch schrieb, entdeckte ich mehrere neue Landkarten und mehrere neue Räume . . . Satori oder Samadhi oder Nirvana meinen gewaltige Bereiche von Bewußtseinsstadien, die weit jenseits von allem liegen, was mit Worten beschrieben werden könnte. Jede Erfahrung auf einer dieser hohen Ebenen überzeugt einen von der Unermeßlichkeit des Selbst und des Universums, das vom Selbst auf unmittelbare Weise wahrgenommen werden kann . . .[3] Auf meinem eigenen Weg stellte ich fest, daß tiefes Verstehen für mich der beste Weg ins Unbekannte, in die ‚höchsten' Stadien des Bewußtseins ist . . . Bin ich lediglich der Führer von hundert Billionen verbundener Zellen? Wenn ja, wer wählte mich zum Führer? Woher stammen die Zellen? Wenn ich mehr bin als nur die Netto-Summe von hundert Billionen Zellen, die in einer Kooperative leben, woher bin ich dann gekommen?''[4]

[1] Fritjof Capra, Der kosmische Reigen, S. 148
[2] a.a.O., S. 307
[3] John C. Lilly, Das Zentrum des Zyklons, S. 12
[4] a.a.O., S. 221

Kapitel 10:
Gibt es für uns eine Zukunft?

Man kann sich die heutige Situation am Bilde zweier sich kreuzender Rolltreppen veranschaulichen.[1] Eine führt hinab in die Tiefen des Zerfalls, die andere führt aus den Tiefen des Urgrundes hinauf in eine neue Welt. *Stirb und Werde* bestehen gleichzeitig nebeneinander. Für uns Menschen ist es jedoch eine existentielle Frage, ob wir uns nach oben oder nach unten bewegen. Eins ist sicher: Solange wir uns unserer Situation nicht bewußt sind, bewegen wir uns mit der Masse abwärts. Entsprechend Umgekehrtes gilt für jene, die sich ihrer selbst bewußt zu werden beginnen; sie sind — wie es die Beobachtung zeigt — bei weitem in der Minderzahl.

Die Mehrzahl versucht die alte Kultur zu reparieren und übersieht dabei, daß Teil-Reformen niemals eine grundlegende Wandlung herbeiführen können. ,,Sollte keine neue Mutation wirksam werden — denn nur eine gänzliche Neueinstellung, und nicht irgendwelche sektorhaften Teilreformen (Reformen sind ja stets nur Wiederbelebungsversuche), würde einen Weiterbestand der Erde und der Menschheit verbürgen . . .''[2]

Der Sprung ins Integrale

Wir müssen in eine andere Dimension unseres Bewußtseins ,,springen''. ,,Vielleicht spricht die allgemeine Unsicherheit dafür, daß wir heute auf dem Sprunge sind? Denn der Abgrundtiefen wird man nur gewahr, — und genügend Abgründiges wurde in all den letzten Jahren ja sichtbar — wenn man springt.''[3]

Auch Christus wies zu Seiner Zeit auf die Notwendigkeit einer Bewußtseinserneuerung hin, als Er sagte: ,,Und niemand faßt Most in alte Schläuche; sonst zerreißt der Schlauch und der Most wird verschüttet. Sondern Most soll man in neue Schläuche fassen, so werden beide erhalten.''[4] Zu ei-

[1] Man denke etwa an Kaufhäuser.
[2] Jean Gebser, Ursprung und Gegenwart, S. 162
[3] a.a.O., S. 166
[4] Lukas 5: 37—38

nem *neuen* Zeitgeist, der sich realisieren will, gehört ein *neues* Bewußtsein!

Die integrale Struktur verlangt „die Anerkennung aller ‚vorangegangenen' und aller ihrer unverlierbaren effizienten Wirksamkeiten, die durch sie integriert und wahrnehmbar werden . . .[1] Wer den Verfügungen des magischen Vermögens, alles zu einheitlichen, zu entgehen sucht, den Blendungen des Psychischen nicht zu erliegen trachtet, die Sicherungen der rationalen Systeme als fragwürdig erkannte und doch alle die Hilfen, die diese Bereiche bieten, anerkannte, mag befugt sein, den entscheidenden Schritt weiterzugehen. Wer die Bedingtheit, Befristetheit und Begrenztheit, die den verschiedenen Bewußtseinsstrukturen eignen, kennt und akzeptiert, darf nach der Befreiung fragen."[2]

Man sollte sich jedoch nicht täuschen: „Die neu in den Menschen einbrechende Kraft ist keine Macht; sie macht ihn nicht mächtiger; aber sie soll ihn wahrmachen; sie intensiviert die Bewußtwerdung, hebt ihn aus der Materie- und Psychegebundenheit heraus, wandelt ihn, daß ihm das Geistige durchsichtig wird. Wo dieser Kraftzuwachs in Mächtigkeit umschlägt, statt als ‚neue Aufgabe' bewußt zu werden, zerstört er den Menschen. Wer der Mutation nicht gewachsen ist und ihren Anspruch mißbraucht, zerbricht an ihr . . . Wo Mut sich nicht mit Demut paart, hat der Mensch verspielt."[3]

1) Jean Gebser, Ursprung und Gegenwart, S. 487
2) a.a.O., S. 490
Zu [1] und [2]: Bemerkenswert ist die Tatsache, daß der Prozeß, alle Bewußtseinsstrukturen anzuerkennen und zu integrieren, in seiner entäußerten Form bereits schon im vorigen Jahrhundert eingesetzt hat, ohne daß er in dem Maße, wie er äußerlich stattfindet, auch als innere Aufgabe erkannt wird. Die äußere Entsprechung zur Wiederentdeckung der magischen Struktur hatte ihren Auftakt in der Höhlenforschung. Die mythische Entdeckungsfahrt fand in der Rückwendung zu den Mythen der Völker statt. Alles in allem: Äußerlich findet statt, was der Mensch in sich selbst erst noch entdecken muß.

Es ist enorm, mit welchem Engagement sich Menschen der Sichtbarmachung der Vergangenheit zuwenden: in den Ausgrabungen der Archäologen, den Schürfungen und Sondierungen der Geologen, den Forschungen der Völkerkundler und Biologen, den Studien der Historiker und so fort. Das Alte wird vom Staub der Geschichtsereignisse befreit und in die bewußte Gegenwart gehoben, d.h. über die Bewußtseinsschwelle; sei es die Kunst der alten Kulturen, ihre Literatur und Bau- wie Lebensweise. Wir entdecken unsere Vergangenheit, um unsere Zukunft zu finden. Doch geht dies am Eigentlichen vorbei, solange sich die Ent-deckungen auf das Außen beschränken, auf Restaurierung alter Bauten und Denkmalschutz. Die Freilegung der inneren Bewußtseinsstrukturen steht uns noch als Aufgabe bevor. Sie ist das Wichtigste und Schwierigste. Erst mit der inneren Bewußtwerdung ist die Absprungbasis ins Integrale gegeben.
3) a.a.O., S. 455

Selbsterkenntnis

Wer die Menschheit verändern will, um die Welt menschlicher zu machen, muß — wie die alte Erkenntnis lehrt — bei sich selbst beginnen, denn „die Bedingungen, unter denen die Menschen auf der Erde leben, sind das Ergebnis ihres Bewußtseinszustandes. Die Bedingungen ändern zu wollen, ohne das Bewußtsein zu wandeln, ist ein vergebliches Trugbild, denn keine menschliche Organisation kann sich radikal wandeln, es sei denn, das menschliche Bewußtsein ändert sich . . . Kollektiver Fortschritt und individueller Fortschritt sind gegenseitig abhängig. Darum muß man einen Weg finden, auf dem beide Arten des Fortschritts gemeinsam verfolgt werden können."[1)]

Wenn der einzelne zur Bewußtwerdung strebt, kann auch das Kollektiv zu höheren Stufen gesellschaftlichen Zusammenlebens gelangen.[2)] Es nützt wenig, wenn Institutionen und Gesetze erneuert werden, der Mensch selbst aber unberührt und ungewandelt bleibt. Die Reparaturen und Flickarbeiten an der Außenseite des gesellschaftlichen Lebens führen zu keiner Verbesserung menschlicher Verhältnisse.

Doch Selbsterkenntnis ist nur ein Pol des Ganzen!

Obwohl das Streben nach Selbsterkenntnis unvermeidbar zur Bewältigung unserer Menschheitskrise gehört, würde die Hinwendung nach innen allein wieder eine neue Einseitigkeit mit sich bringen. Zur Selbsterkenntnis, dem Innenprozeß, muß ein ergänzender Pol im Außen gefunden werden. Wir brauchen eine äußere Struktur, eine äußere Ordnung, die der Zeit gemäß folgenden Anforderungen genügen muß:

1) Sie muß die Grundsätze der *neuen Ethik* enthalten.
2) Sie muß *ganzheitlich* sein und kann daher nur aus dem göttlichen Urgrund entstammen.
3) Sie muß für alle Menschen, alle Völker, Rassen, Nationen und Glaubensrichtungen gleichermaßen *verbindlich* sein.
4) Sie muß letztlich religiös, bzw. praeligiös sein, um *aus sich selbst heraus motivieren* zu können.

1) Michel Klostermann, Auroville, S. 11
2) Siehe dazu: Jolande Jacobi, Der Weg zur Individuation, Olten 1971 und: Die Psychologie von C. G. Jung, Olten 1976; siehe ferner: Ester Harding, Selbsterfahrung, Zürich 1957

Ohne eine äußere soziale Struktur ist Selbsterkenntnis nicht ausreichend. Was nützt die Individuation ohne die gesetzmäßige Einordnung des innen Entdeckten ins soziale Außen? Nur-Selbsterkenntnis führt zum Individualismus. Wo aber gibt es eine für alle verbindliche neue göttlich-ursprüngliche und ganzheitliche Ordnungsstruktur für das beginnende Zeitalter?

Die Lösung unserer Weltprobleme, ob Aufrüstung, Wirtschaftskrise, Energie- und Rohstoffverknappung, Welthungersnöte, Massenarbeitslosigkeit oder soziale Unruhen, verlangt nach internationaler Kooperation, nach Überwindung des ichhaften, nationalstaatlichen Interessendenkens. ,,Nun setzt gemeinsames Handeln ein gemeinsames Ziel und gemeinsame Werte voraus. Unser Dilemma: Wir haben weder das eine noch das andere.''[1]

Woher nehmen wir die neue Ordnung?

Schauen wir uns einmal ernsthaft um, wo eine Gesellschaftsstruktur zu finden ist, die für Indianer, Eskimos, Araber, Europäer und sonstige Völker gleichermaßen geeignet und verbindlich sein kann. Wo gibt es einen solchen Plan, nach dem das gigantische Unternehmen der *Einheit der Menschheit* realisierbar ist?

Die Vereinten Nationen?

Die Vereinten Nationen ,,bilden keine Weltregierung. Sie sind ein vertraglicher Bund, dessen Mitglieder nicht unabhängig und objektiv repräsentiert, sondern durch instruierte Beauftragte vertreten werden. Die Entscheidungsfreiheit der einzelnen Staaten ist nur durch die übernommenen Verpflichtungen begrenzt; sie tritt nicht hinter einen übergeordneten Willen der Gesamtheit zurück. Die Grundrechte der Staaten, insbesondere auf Unabhängigkeit und Souveränität, werden durch den Eintritt in die Organisation nicht aufgehoben. Die innere Entscheidungsfreiheit (innere Angelegenheiten) bleibt unberührt.''[2]

Die UNO ist demnach nicht in der Lage, die Weltkonflikte wirksam zu lösen. Erst in dem Moment, in dem ein international anerkanntes Völkerrecht ,,das Staatenrecht brechen kann'', die UNO also zu einer Weltregierung erweitert wird und eine *Weltlegislative, Weltexekutive* und *Weltjudikative* ins Leben gerufen werden, sind die Weltprozesse sinnvoll regulierbar. Stellen wir uns der Anschaulichkeit wegen einmal vor, daß innerhalb der Bundesre-

1) Udo Schaefer, Der Bahá'í in der modernen Welt, S. 60
2) Das Fischer Lexikon ,,Internationale Beziehungen'' (1969), S. 286 f.

publik das Bundesrecht dem Landesrecht untergeordnet sei: Hessen und Bayern könnten heute noch Kriege gegeneinander führen und niemand könnte sich in die ,,inneren Angelegenheiten'' einmischen.

In der UNO ist ein Plan für die echte Integration aller Völker zu einem Weltstaatenbund mit Weltregierung derzeit nicht zu finden.

Parteiprogramme?

Können etwa die Parteiprogramme einen Plan zur politischen Vereinigung aller Nationen aufweisen? Schon allein das Wort *Partei* macht alle Programme für ein zusammenschließendes Weltunternehmen ungeeignet. Wer den *Part,* den *Teil* in den Vordergrund stellt, sieht nicht das *Ganze.* Welche der tausendfältigen politischen Parteien, die im übrigen immer nur nationale Gültigkeit haben, verfügt über ein Konzept, das für *alle* Menschen Gültigkeit haben könnte? Wir benötigen zur Welteinheit *einen* Plan, *eine einzige verbindliche Plattform,* nicht etwa tausend verschiedene und sich zudem bekämpfende! Die Parteienlandschaft, welche sich immer weiter zersplittert, dürfte nicht der Ort sein, wo wir ein ganzheitliches und integrierendes Weltkonzept erwarten können.

Ideologien?

Auch hier herrscht das Prinzip des *Dualismus,* der *Zersplitterung* und des *Pluralismus.* Gerade in der Ideologie-Landschaft gab und gibt es keine Einheit, kein Miteinander, sondern das krasse Gegenteil.

Sozial- und Geisteswissenschaften?

Wer sich zur Aufgabe setzt, die unzähligen, zudem oft recht widersprüchlichen, soziologischen Einzelansichten, die zahlreichen psychologischen Lehrmeinungen, ökonomischen Systeme und philosophischen Denkrichtungen so zu vereinen, daß hinterher ein ganzheitliches, in sich geschlossenes und dennoch geöffnetes Weltbild entsteht, der dürfte schon bald den Mut, die Kraft und die Geduld verlieren. Und außerdem: Nicht ein hochkompliziertes wissenschaftliches Modell ist gefragt, sondern ein von jedermann in seinen Grundzügen verständlicher und einsehbarer Plan, denn nicht nur die Akademiker sollen vereint werden, sondern *alle* Menschen! Mit gesellschaftlichen Mitteln dürfte es nicht gelingen, die Menschen auf der Grundlage einer neuen Ethik ,,zusammenzuschweißen''. ,,Eine neue Moral läßt sich nicht staatlich dekretieren, die alte nicht mit gutem Zureden von den Toten erwecken. Eine Gesellschaft kann keinen Lebenssinn vermitteln, den die Menschen verloren haben."[1]

Die alten Religionen?

Alle Religionen der Erde sind im Laufe ihrer Geschichte verkrustet und durch vielfache Auslegungen von ihrem Ursprung entfremdet worden. Die Menschheit ist zudem religiös in Sekten, Kirchen und mannigfaltige Glaubensrichtungen zersplittert und aufgeteilt. Wie könnte angesichts dieses desintegrierenden Pluralismus Einheit entstehen? Etwa durch die Kirchen, welche selbst zunehmend morsch werden und in sich zusammenfallen? Die Zahl der Kirchenbesucher und -mitglieder bröckelt unaufhörlich ab, die Kirche ist — wie alle anderen mentalen Einrichtungen auch — im Verfall begriffen, ihr Gehäuse traditioneller Bindungen ist brüchig geworden. Auch die Theologie blieb von der Bewußtseinskrise nicht verschont. Wie ließe sich auf der Ruinenlandschaft religiöser Zersplitterung eine Welteinheit gründen?

Wiederbelebung der alten Religionen durch Sekten und einzelne?

Seit Beginn des vorigen Jahrhunderts hat sich eine Vielzahl religiöser Strömungen herausgebildet. Zahlreiche Sekten sind entstanden. Bei näherer Untersuchung jedoch stellt sich heraus, daß sie allesamt lediglich einen schwachen Abglanz der ohnehin schon vorhandenen Religionen darstellen und ausnahmslos in ihren grundlegenden Aussagen aus dem Mutterschoß einer dieser großen Weltreligionen hervorgegangen sind. Kein einziger dieser scheinbar neuen Impulse ist unmittelbar von Gott gegeben; es handelt sich um menschliche Interpretationen.

Abgesehen von Sekten existieren auch viele Bestrebungen einzelner Menschen oder kleinerer Gruppen, die Religionen von ihren historischen und dogmatischen Verkrustungen zu befreien, zeitbedingte Einflüsse abzuschälen, um so zum Kern ihrer Wahrheit vorzudringen. So wertvoll diese Bemühungen für dem einzelnen auch sein mögen — können sie für alle Menschen *verbindlich* sein? So gesehen bleibt dieser Weg ein Weg für wenige.

[1] Udo Schaefer, Der Bahá'í in der modernen Welt, S. 117

Eine synkretistische Religion?

Unter den tausendfältigen Versuchen, die alten religiösen Bezüge zu beleben, gibt es Anstrengungen, die gegebenen Weltreligionen in der Weise zu vereinen, daß man ihre Gemeinsamkeiten zusammenträgt. Mag diesem Ansatz auch eine positive Motivation zugrundeliegen, von Erfolg dürfte auch dieser Weg nicht gekrönt sein, da er grundlegende geistige Gesetzmäßigkeiten unberücksichtigt läßt.

Religion besteht nicht nur dem Worte nach; das Wesentliche ist der sie belebende Heilige Geist. Da überall auf Erden die Lebenskraft des Glaubens der Menschen an die Religion ihres Kulturkreises dahinschwindet, kann kaum erhofft werden, durch ein *religiöses Konglomerat* eine Neubelebung zu bewirken. Kann nicht das Wort Gottes allein für sich in Anspruch nehmen, die Fähigkeit einer so großen, so weitreichenden Wandlung zu besitzen?

Esoterik?

Die Gedanken und Methoden der Esoterik beziehen sich primär auf den einzelnen Menschen, das individuelle Schicksal. Esoterik vermittelt uns daher keine Gesellschafts-, sondern eine Individualethik. Könnte etwa die Astrologie, die Zahlenmystik, das Pendeln oder Tarot die gesamte Menschheit einen? Den Plan und die Integrationskraft zur Vereinigung der Völker kann auch von der Esoterik nicht ausgehen; wohl aber sind viele ihrer Auffassungen und Techniken sehr dazu geeignet, innerhalb des großen Weltenplanes angewandt zu werden.

Die geistigen Avantgardisten?

Es gibt eine Vielzahl geistiger Pioniere, inspirierter Avantgardisten, die über das neue Zeitalter und die Einheit der Menschheit nachgedacht haben, u.a. Aurobindo und Tagore. Doch auch sie haben keinen *detaillierten, verbindlichen* Plan vorlegen können, nach dem sich die Vereinigung der Völker, Rassen, Nationen und Religionen hätte vollziehen sollen. Den Plan zur Welteinheit finden wir bei keinem Träger des neuen Zeitgeistes, weder bei Rudolf Steiner noch bei Graf Dürckheim, weder bei Hermann Graf Keyserling noch bei anderen. Kein Kulturphilosoph hat uns ein solches Weltkonzept hinterlassen.

Vergessen wir ferner nicht, daß der gesuchte Plan ganzheitlich sein muß, aus dem göttlichen Urgrund stammend: Eine *göttliche* Offenbarung! Keiner der vielen Avantgardisten hat je von sich behauptet, der Offenbarer Gottes für das beginnende neue Zeitalter zu sein.

Offenbarungsvisionen?

Das gesuchte geistige Konzept, der Plan zur Vereinigung der Menschheit, scheint nirgends auffindbar zu sein. Bleibt uns nur noch der Blick hinter die Kulissen des allgemein Bekannten. Und tatsächlich tauchen plötzlich mannigfaltige Schimmer auf, die auf das Gesuchte hinzuweisen scheinen.

Ohne daß es die breite Öffentlichkeit erfahren hat, halten sich heute zahlreiche sensibilisierte Menschen für berufen, göttliche Botschaften zu empfangen. Suchende scharen sich um sie und glauben in der Nähe eines Gottgesandten zu verweilen; geistige Zentren entstehen. Wohl niemand, der sich der Fülle heutiger Phänomene zu stellen vermag, kann bezweifeln, daß solche visionäre Eingebungen möglich sind. Die Parapsychologie bietet im übrigen genügend Beispiele dafür.

Wohl aber muß mit aller Entschiedenheit gesagt werden, daß solche Visionen *niemals unmittelbar* von Gott stammen können! Es ist bekannt, daß es unzählige, aus unserer Perspektive heraus *jenseitige* Sphären und Welten gibt, in denen Wesen leben, die mit empfänglichen Menschen Kontakt aufnehmen können. Doch kein Mensch ist imstande, das Wort Gottes *direkt* zu vernehmen. Er würde ein ähnliches Schicksal erleiden wie eine Glühbirne, die man versehentlich an das Starkstromnetz angeschlossen hat, ohne einen Transformator zwischengeschaltet zu haben.

Unsere Hoffnung, die gesuchte Lösung zur Rettung der Menschheit in solchen Offenbarungsvisionen und sogenannten *Licht-* oder *Kernzentren* zu finden, schmilzt bei kritischer Betrachtung dahin. Kann ein Mensch, selbst wenn seine Weisheit und sein Verständnis weit fortgeschritten sind, die göttliche Offenbarung für das neue Zeitalter empfangen?

Was können wir jetzt tun? Wo sollen wir noch suchen?

III. Teil:
Wesentliche Prinzipien aus der Offenbarung Bahá'u'lláhs

Vorbetrachtung

Derzeit gibt es auf Erden keinen praktikablen, von Menschen konzipierten Plan, auf dessen Grundlage die zunächst politische, später die geistig-religiöse Vereinigung aller Nationen, Völker und Rassen möglich wäre. Es kann ihn auch gar nicht geben, da ein solches Weltunternehmen weit über das menschliche Wollen, Tun und Denken hinausgreift, das menschliche Vermögen also um ein Vielfaches überschreitet. Mit den Worten von Aurelio Peccei, des Präsidenten des Club of Rome: „Die Grundfrage besteht darin: Woher wird die in so viele gegensätzliche Gruppen aufgesplitterte Menschheit die Eintracht und die Schöpferkraft, das Kapital, das Material und den Raum für ein solch außerordentliches Unterfangen nehmen?"[1] Unsere einzige Hoffnung besteht in einer göttlichen Offenbarung — sie allein könnte den heutigen und zukünftigen Zeiterfordernissen ganzheitlich gerecht werden.

Doch noch niemals in der Geschichte hat Gott Seine Offenbarung in Form eines Heiligen Buches einfach „vom Himmel fallen" lassen, noch hat Er irgend einen beliebigen Menschen für Seine Botschaft bestimmt, denn das menschliche Auffassungsvermögen ist stets begrenzt. „Zu welchen Höhen sich der Verstand des erhabensten Menschen auch emporschwingen mag, wie groß die Tiefen auch seien, in die das gelöste, verstehende Herz einzudringen vermag — Verstand und Herz können niemals das Erzeugnis ihrer eigenen Vorstellungen, das Erzeugnis ihrer eigenen Gedanken übersteigen."[2]

Selbst die Mystiker und Weisen, selbst die tiefsinnigsten Denker konnten sich nie anmaßen, unmittelbares Sprachrohr Gottes für die Menschen zu sein. Diese Funktion war seit jeher denen vorbehalten, die Gott eigens für diesen Zweck auserwählte und mit einer Stufe versehen hat, die unerreichbar erhaben ist über die des gelehrtesten und vollkommensten Menschen. Entsprechend können wir einen Plan zur Vereinigung aller Völker nur in Form einer Offenbarung durch einen Mittler erwarten, wie sie uns beispielsweise durch Christus und Muḥammad zuteil wurde. Daß es auch für dieses beginnende neue Zeitalter einen solchen göttlichen Mittler gibt, dies will der sich nun anschließende dritte Teil dieses Buches belegen.

Bevor der Leser mit einigen wesentlichen Prinzipien der Offenbarung Bahá'u'lláhs bekannt gemacht wird, sei zum Aufbau des dritten Teils folgendes

[1] Auf dem Weg in die Katastrophe, Der Spiegel, Nr. 21, 1981, S. 90
[2] Bahá'u'lláh, Ährenlese 148

vorangeschickt: Zu Beginn der Kapitel 4—15 erscheint der genaue Wortlaut eines Bahá'í-Prinzips, wie es 'Abdu'l-Bahá, der Sohn Bahá'u'lláhs, bei Seinen Ansprachen in Paris im Jahre 1911 erläuterte. Eigene Gedanken des Autors schließen sich den jeweiligen Prinzipien an.

Da 'Abdu'l-Bahá und Shogi Effendi[1] die einzig bevollmächtigten Ausleger der Bahá'í- Offenbarung sind und infolgedessen niemand außer Ihnen die Heiligen Texte verbindlich interpretieren darf, sind die eigenen Gedanken des Autors stets als persönliche Ansicht zu betrachten. Dies gilt gleichermaßen für alle Ausführungen über die Bahá'í-Religion, sofern es sich nicht um Zitate handelt. Sollte der Leser den Wunsch haben, sich in die Offenbarung Bahá'u'lláhs zu vertiefen, sei ihm empfohlen, sich *direkt* den offenbarten Texten zuzuwenden, um auf diese Weise *eigenständig* nach Wahrheit suchen zu können.[2]

[1] Siehe dazu: Kap. 3, III. Teil, S. 187 ff.
[2] Siehe dazu: Kap. 4, III. Teil, S. 191 ff.

Kapitel 1:
Bahá'u'lláh

Es mehren sich die Einsichten, daß die heutigen Probleme der Welt letztlich auf einer Krise der Ethik und Moral beruhen und allein eine tiefgreifende religiöse Erneuerung zu einer neuen, tragfähigen ethisch-moralischen Grundlage führen kann. Wie schon mehrfach erwähnt, wäre eine neue göttliche Offenbarung die einzige Quelle, aus der heraus Normen und Werte *Verbindlichkeitscharakter* erhalten können.

Daß eine solche Manifestation Gottes nicht außerhalb des Möglichen liegt, darauf hat auch Jean Gebser eindringlich hingewiesen: „Und es kommt noch etwas hinzu, was dem Bewußtsein der meisten heute nicht mehr gegenwärtig zu sein scheint: daß bisher noch in jeder echten Mutationszeit jene Kräfte in menschlicher Form Gestalt annahmen, die dann während längerer Zeiten wirkend das jeweilige Mutationsprinzip sichtbar verkörperten. Gestalten wie Zarathustra, Kungfutse, Tschuangtse, Lao-Tse, Buddha, Mahavira, Sokrates und Platon, vor allem aber wie Jesus Christus, erscheinen nicht zufällig gerade in dem Moment, da eine Mutation sich vollzieht. Und ohne daß man deshalb Prognostik, geschweige denn Prophetie triebe, dürfte es einleuchtend sein, daß auch diesmal, im Moment der jetzt sich vollziehenden Mutation, diese Mutation eine Inkarnation erfahren werde."[1]

Was Jean Gebser deutlich macht, ist im Grunde eine ungeheure Aussage. Würde sich tatsächlich bewahrheiten und erfüllen, was er sagt, dann käme dies wohl einer geistigen Umwandlung unvorstellbaren Ausmaßes gleich. Während Gebser nur auf die Möglichkeit hindeutete, daß ein göttlicher Gesandter erscheinen könnte, will dieses Buch darauf aufmerksam machen, daß ein göttlicher Bote bereits erschienen ist: Bahá'u'lláh (1817—1892) erhob den Anspruch, der Offenbarer Gottes für das beginnende neue Zeitalter zu sein.[2]

[1] Ursprung und Gegenwart, S. 397

[2] „Ich war nur ein Mensch wie andere und lag schlafend auf Meinem Lager. Siehe, da wehten die Lüfte des Allherrlichen über Mich hin und lehrten Mich die Erkenntnis all dessen, was war. Dies ist nicht von Mir, sondern von Einem, der allmächtig und allwissend ist. Und Er gebot Mir, Meine Stimme zwischen Erde und Himmel zu erheben." (Bahá'u'lláh, Brief an den Sohn des Wolfes, S. 26)

Im ersten Moment erscheint dieser Anspruch wie eine große Anmaßung und wirkt daher leicht unglaubwürdig. Einige mögen zudem einwenden, warum die Weltöffentlichkeit nicht längst über das Kommen dieses göttlichen Boten informiert wurde, zumal doch jedes Ereignis, woimmer es auch passiert, in Kürze über den ganzen Globus verbreitet werden kann. Es ist in der Tat bemerkenswert, daß trotz des hoch entwickelten Nachrichtenwesens, trotz des weitverzweigten Systems der Massenmedien, die Botschaft Bahá'u'lláhs öffentlich noch nicht bekannt wurde.

Einwände und Fragen dieser Art wirken zunächst einleuchtend, doch zeigen sich bei näherer Betrachtung gewichtige Gründe dafür, daß diese seit Christus und Muḥammad wichtigste historische Begebenheit in seiner Bedeutung weitgehend unentdeckt blieb, obwohl selbst die kleinste Regung in den entferntesten Winkeln der Erde heute kaum mehr ungesehen bleibt.

Wäre der Menschheit ein Gottgesandter eigentlich wirklich willkommen? Wir müßten vieles aufgeben: alte Denk- und Lebensgewohnheiten, viele Klischeevorstellungen und unzählige Vorurteile. Wir müßten unsere materialistische Lebensweise hinterfragen und manche liebgewonnene oder eingefahrene Einstellung korrigieren. Wären wir angesichts dieser „Opfer" wirklich so erfreut bei dem Gedanken, daß Gott uns einen Boten schicken könnte? „Zu keiner Zeit und in keiner Sendung sind die Propheten Gottes der Lästerung ihrer Feinde, der Grausamkeit ihrer Unterdrücker, der Anklage durch die Gelehrten ihres Zeitalters, die unter dem Mantel der Aufrichtigkeit und Frömmigkeit auftraten, entronnen."[1]

Es ist bisher kein Bote Gottes zu den Menschen gekommen, ohne daß sie Ihn verlachten, verhöhnten und mit Eigensinn auf Ihn reagierten. Engstirnig und hochmütig sind sie Ihm entgegengetreten und haben versucht, Seine Sendung in den Schmutz zu treten und zu erniedrigen.

Damals wie heute waren es weniger die Gelehrten und Geistlichen, die Ihn erkannten, sondern einfache Menschen. Erstere „verwarfen Seine Botschaft, während jene, die aller Gelehrsamkeit entbehrten, Seinen Glauben erkannten und annahmen."[2] Bahá'u'lláh erinnert daran, „wie ein einfacher Schafhirte so von der Begeisterung für Gottes Worte hingerissen war, . . .

[1] Bahá'u'lláh, Ährenlese 23:3
Gopi Krishna stellt diese ablehnende Haltung auch heute fest: „In keiner anderen geschichtlichen Zeitspanne waren die Gelehrten so mißtrauisch gegenüber den göttlichen Möglichkeiten im Menschen wie in unserer, und in keinem anderen Zeitalter ist das Bedürfnis nach geistigen Genies so dringend gewesen wie in unserer Zeit." (C. F. v. Weizsäcker/Gopi Krishna, Biologische Basis der Glaubenserfahrung, S. 105)

[2] Ährenlese 35:4
Es gab auch einzelne Gelehrte von Rang, wie Vahíd und Mírzá Abdu'l-Faḍdl, die sich zu der neuen Offenbarung bekannten.

während jene, die sich mit ihrem Wissen und ihrer Weisheit brüsteten, weit von seinem Pfade abirrten . . ."[1]

„Der schlimmste aller Schleier ist der Schleier des Wissens."[2] Das Verstehen der Worte eines Offenbarers ist in keiner Weise von angelerntem Wissen abhängig. „Es hängt nur von der Reinheit des Herzens ab, von der Keuschheit der Seele und der Freiheit des Geistes."[3]

Mit aller Deutlichkeit weist Bahá'u'lláh sogar darauf hin, daß alles menschliche Wissen unnütz sei, solange es nicht zur Erkenntnis Gottes beitrage. „Bedenke: Wie kann ein Mensch, der am Tage der Gottesoffenbarung versäumt, die Gnade der ‚göttlichen Gegenwart' zu erreichen und Seine Manifestation zu erkennen, gerechterweise gelehrt genannt werden, und hätte er auch tausend Jahre studiert und all das beschränkte, irdische Wissen der Menschen erworben? Es ist wahrlich augenfällig, daß er in keiner Weise als Besitzer wahrer Erkenntnis gelten kann. Dagegen wird auch der ungelehrteste aller Menschen, wenn er mit diesem höchsten Unterscheidungsvermögen geadelt ist, wahrlich als einer jener göttlich gelehrten Menschen angesehen, dessen Erkenntnis von Gott ist, denn solch ein Mensch hat das Ziel der Erkenntnis und den Gipfel des Wissens erreicht."[4]

Damals, wie auch in der noch keine zwei Jahrhunderte alten Bahá'í-Geschichte, waren die Vermittler des Wortes Gottes von Menschen umgeben, deren geistigen Zustand diese Boten selbst als kleingeistig, eitel, eingebildet, aufgebläht, streitsüchtig und heuchlerisch beschrieben. Daß diese Eigenschaften seelisch-geistiger Blindheit vor allem auch durch die Geistlichen des jeweiligen Zeitalters wiedergespiegelt wurden, kann die Vergangenheit bezeugen.

„Die Widersprüche und Zänkereien dieser Religionsführer rühren in der Hauptsache von ihrem Mangel an Erkenntnis und Verständnis her."[5] An anderer Stelle schreibt Bahá'u'lláh: „Auf ihrer Zunge ist die Erwähnung des Angebeteten ein leerer Name geworden und in ihrer Schar Sein heiliges Wort ein toter Buchstabe. So stark ist der Sturm ihrer Begierden, daß die Leuchte des Gewissens und der Vernunft in ihren Herzen verlöscht ist . . ."[6]

Man sollte eigentlich davon ausgehen, daß gerade die Geistlichen die Zeichen Gottes erkennen und den göttlichen Führeren bei Ihrer Aufgabe helfen würden. Doch was sich in Wirklichkeit abspielt, kann den folgenden Worten entnommen werden: „Sie hängen sich an eitlen Wahn und sind weit abgeirrt von . . . der ‚Sicherheit' göttlicher Erkenntnis. Ihre Herzen scheinen sich we-

[1] Bahá'u'lláh, Ährenlese 35:4
[2] Bahá'u'lláh, Das Buch der Gewißheit, S. 126
[3] a.a.O., S. 140
[4] a.a.O., S. 100 f.
[5] a.a.O., S. 21
[6] a.a.O., S. 29

der nach der Erkenntnis noch nach dem Tor zu ihr zu sehnen, noch an ihre Offenbarungen zu glauben, da sie in leeren Phantasiegebilden das Tor gefunden haben, das zu irdischem Reichtum führt . . .''[1]

Noch deutlicher wird Bahá'u'lláh an dieser Stelle: ,,Nicht zwei von ihnen sind bereit, ein und dasselbe Gesetz anzunehmen, denn sie suchen keinen Gott außer ihrem eigenen Begehren und wandeln auf keinem anderen Pfad als auf dem Pfade des Irrtums. Führer zu sein, das ist das oberste Ziel ihres Strebens, und in Stolz und Dünkel sehen sie die höchste Erfüllung ihres Herzenswunsches. Sie haben ihre schmutzigen Ränke über den göttlichen Ratschluß gestellt, haben die Ergebung in Gottes Willen hochmütig abgetan und sind den Weg des Heuchlers gegangen. Mit aller Macht und Kraft trachten sie danach, sich hinter ihren kleinlichen Schlichen sicher zu fühlen, ängstlich darauf bedacht, daß nicht das geringste Mißtrauen ihre Würde untergraben oder das Gepränge ihrer Herrlichkeit trübe.''[2]

Bis zum heutigen Tage ist die Offenbarung Bahá'u'lláhs von den Geistlichen der verschiedenen Religionen nicht anerkannt und als ein trügerisches Blendwerk abgewertet worden.[3] Anstatt dem Willen Gottes für dieses neue Zeitalter zum Durchstoß in die Öffentlichkeit zu verhelfen, setzen Geistliche Hetz- und Schmähschriften in die Welt. Im Iran hat die Verfolgung der Bahá'í die größten Ausmaße angenommen — weit mehr als 20.000 Bahá'í sind bis heute hingerichtet worden. Seit der Iranischen Revolution allein haben mehr als 150 persische Bahá'í allein ihres Glaubens wegen den Tod gefunden.[4]

Es bewahrheitet sich erneut: Nur wenige wünschen sich einen göttlichen Gesandten herbei! Die meisten sind an einer neuen göttlichen Botschaft uninteressiert oder wehren sie sogar energisch ab.[5] Nach diesen Ausführungen wird es nun leichter einsehbar, warum trotz modernster Nachrichtentechnik nur eine Minderheit über die Bahá'í-Offenbarung informiert ist. Während Terrorakte, Verbrechen oder sonstige Ereignisse binnen kurzem um die ganze Welt verbreitet werden, ist das wichtigste Geschehnis der jüngeren Geschichte von der Presse bis heute in seiner wahren Bedeutung weitestgehend unerkannt geblieben. Die gelegentlichen Berichte über die Verfol-

[1] Bahá'u'lláh, Das Buch der Gewißheit, S. 29

[2] a.a.O., S. 29 f.

[3] ,,Zu allen Zeiten haben religiöse Führer ihre Anhänger daran gehindert, die Küsten des Meeres ewigen Heiles zu erreichen, denn sie halten die Zügel der Gewalt über die Menschen in ihrem mächtigen Griff.'' (Bahá'u'lláh, Das Buch der Gewißheit, S. 20)

[4] Vgl.: Die Bahá'í-Religion, größte religiöse Minderheit im Iran. Dokumentation zur Verfolgung der Bahá'í im Iran, Hofheim-Langenhain 1981

[5] Gewisse Zweifel kommen auch bei C. F. von Weizsäcker zum Ausdruck: ,,Es ist mir neulich zugestoßen, in kirchlichen Kreisen etwas Staunen zu erregen, als ich sagte, zum Christentum gehöre der Glaube an die Wiederkehr Christi.'' (C. F. von Weizsäcker/Gopi Krishna, Biologische Basis der Glaubenserfahrung, S. 44)

gung der persischen Bahá'í als Mitglieder einer ,,islamischen Sekte'' sind ein weiteres Indiz dieser Unkenntnis.

Im übrigen sagt die Tatsache, ob etwas öffentlich bekannt ist oder nicht, noch lange nichts über den Wahrheitsgehalt, geschweige denn die Bedeutung des betreffenden Sachverhalts aus — meistens ist es gerade das Nebensächliche, Oberflächliche und Flachgeistige, womit sich die Menschen befassen.

Wie auch immer man auf den *Anspruch* Bahá'u'lláhs reagieren mag, er ist die *größte Herausforderung* an die heutige Menschheit! Jeder verantwortungsbewußte, ernsthafte und wahrheitssuchende Mensch ist aufgerufen, den Anspruch Bahá'u'lláhs zu überprüfen. Wer nicht leichtfertig vorurteilen möchte, kommt nicht umhin, die Herausforderung Bahá'u'lláhs anzunehmen und Seine umfangreichen Schriften eigenständig zu studieren.

Kapitel 2:
Die Welt ist in Aufruhr geraten

Nach Auffassung der Bahá'í hat mit der neuen göttlichen Offenbarung auch ein neues Zeitalter begonnen, das den einzelnen wie die Gemeinschaft in einen völlig neuen Lebenszusammenhang stellt — ein Zeitalter der Einheit ist angebrochen, ein neues Bewußtsein beginnt zu erwachen.

Mit der Offenbarung Bahá'u'lláhs wurde ein Prozeß tiefgreifender Umwandlung und Erneuerung der menschlichen Lebensweise eingeleitet. „Neues Leben durchpulst in dieser Zeit alle Völker der Erde, und doch hat keiner seine Ursache entdeckt und seinen Grund erkannt."[1] Das Wort Gottes hat allem Erschaffenen neues Leben eingeflößt[2], aber nur wenige haben dies bisher bemerkt.

Die Bahá'í führen die gewaltigen gesellschaftlichen Veränderungen und Umwälzungen seit Beginn des 19. Jh. auf das Kommen Bahá'u'lláhs zurück. „Die Welt ist aus dem Gleichgewicht geraten durch die Schwungkraft dieser größten, dieser neuen Weltordnung. Das geregelte Leben ist aufgewühlt durch das Wirken dieses einzigartigen, dieses wundersamen Systems, desgleichen kein sterbliches Auge je gesehen hat."[3]

Während die alte Welt, und alles, was in ihr ist, im Sterben liegt, wird eine neue Ordnung an ihrer Statt die Weltgeschicke von morgen lenken.[4]

Bahá'u'lláh geht an zahlreichen Stellen Seiner Schriften auf den Prozeß kulturellen Verfalls ein — die Notwendigkeit einer Erneuerung und Wiederbelebung tritt hierbei besonders deutlich hervor: „Wie lange wird die Menschheit in ihrem Eigensinn verharren? Wie lange wird das Unrecht fortbestehen? Wie lange sollen Chaos und Verwirrung unter den Menschen herrschen? . . . Ach, die Winde der Verzweiflung wehen aus jeder Richtung, und der Hader, der das Menschengeschlecht spaltet und peinigt, nimmt täglich zu. Die Zeichen drohender Erschütterung und des Chaos sind jetzt deutlich zu sehen, zumal die bestehende Ordnung erbärmlich mangelhaft erscheint."[5]

1) Bahá'u'lláh, Ährenlese 96:2
2) Vgl. Ährenlese 74
3) a.a.O., 70:1
4) Vgl. Ährenlese 143:3
5) a.a.O., 110

An einer anderen Stelle sagt Er: ,,Seht den Aufruhr, der die Welt seit vielen langen Jahren heimsucht, und die Verwirrung, die ihre Völker ergriffen hat. Entweder ist sie durch Krieg verwüstet oder von unerwartetem Unheil gepeinigt worden. Obwohl Not und Elend die Welt umhüllen, hat doch kein Mensch innegehalten und darüber nachgedacht, was der Grund und Ursprung sei.''[1]

Ein anderes Mal vergleicht Bahá'u'lláh die Welt mit dem menschlichen Körper: ,,Obwohl er bei seiner Erschaffung gesund und vollkommen war, ist er aus verschiedenen Ursachen von schweren Störungen und Krankheiten befallen worden. Keinen einzigen Tag lang wurde ihm Linderung zuteil, nein, im Gegenteil, sein Übel verschlimmerte sich, weil er in die Behandlung unwissender Ärzte fiel, die ihren persönlichen Wünschen nachgaben und sich schmählich irrten. Wenn einmal durch die Sorgfalt eines fähigen Arztes ein Glied ihres Körpers geheilt wurde, so blieb dennoch der Rest so leidend wie zuvor.''[2]

Die Welt wird Seinen Worten nach täglich von einem neuen Unheil heimgesucht. ,,Ihre Trübsal wird immer tiefer . . . bis auf den heutigen Tag ist weder die Welt befriedet worden noch haben die Herzen ihrer Völker Ruhe gefunden. Einmal wurde sie durch Zank und Streit aufgerührt, ein andermal von Kriegen erschüttert; so ist sie hartnäckigen Krankheiten zum Opfer gefallen. Ihr Siechtum nähert sich einem Zustand voller Hoffnungslosigkeit, weil der wahre Arzt (die Manifestation Gottes) gehindert wird, das Heilmittel (die neue göttliche Offenbarung) zu reichen, während ungeschickte Quacksalber begünstigt werden und volle Handlungsfreiheit genießen . . . Der Staub des Aufruhrs hat die Herzen der Menschen umwölkt und ihre Augen mit Blindheit geschlagen.''[3]

Daß die Verirrung der Menschen zeitlich nicht unbefristet hingenommen wird, geht aus folgenden mahnenden Worten hervor. ,,Die Welt liegt in Wehen, und ihre Erregung wächst von Tag zu Tag. Ihr Antlitz ist auf Eigensinn und Unglauben gerichtet. Ihr Zustand wird so werden, daß es nicht angemessen und schicklich wäre, ihn jetzt zu enthüllen . . . wenn die festgesetzte Stunde kommt, wird plötzlich erscheinen, was der Menschheit Glieder zittern macht.''[4]

Diese Androhung wiederholt sich an anderer Stelle: ,,Wir haben euch eine Frist gegeben, o Völker! Wenn ihr versäumt, euch bis zur festgesetzten Stunde Gott zuzuwenden, wird Er wahrlich gewaltig Hand an euch legen und schwere Leiden von allen Seiten über euch kommen lassen. Wie streng ist

[1] Bahá'u'lláh, Ährenlese 112
[2] a.a.O., 120:1
[3] a.a.O., 16:3
[4] a.a.O., 61

fürwahr die Züchtigung, mit der euer Herr euch dann züchtigen wird!"[1]

Wieder anders heißt es: „O Völker der Welt! Wisset wahrlich, daß unerwartetes Unheil euch verfolgt und schmerzliche Vergeltung euer harrt."[2]

Nicht minder deutlich wird Bahá'u'lláh, wenn Er sagt: „Bald werden euch die Stürme Seiner Züchtigung schlagen und der Staub der Hölle wird euch einhüllen. Die Menschen, die der Erde Tand und Zierrat angehäuft und sich verächtlich von Gott abgewandt haben, sie haben beides verloren, diese Welt und die kommende. Bald wird Gott ihnen durch die Hand der Macht ihre Besitztümer nehmen und das Gewand Seiner Gaben entziehen. Dies werden sie bald selbst erleben."[3]

Bahá'u'lláh ruft immer wieder zur Umkehr auf: „O ihr Verständnislosen! Schwere Prüfung setzt euch nach und wird plötzlich über euch kommen. Rafft euch auf, damit sie vielleicht vorübergehe, ohne euch Schaden zuzufügen."[4]

Die Geisteshaltung wohl der meisten heutigen Menschen kommt zusammengefaßt in folgenden Worten zum Ausdruck: „Bei Tag streben sie mit ganzer Seele nach weltlichem Gewinn, und bei Nacht ist ihre einzige Beschäftigung der Genuß ihrer Fleischeslust."[5]

„Der Rost der Gottlosigkeit frißt sich," wie Bahá'u'lláh sagt, „in das Triebwerk der menschlichen Gesellschaft."[6] „Die Lebenskraft des Glaubens der Menschen an Gott stirbt aus in allen Landen. Nur Seine heilende Arznei kann sie jemals wiederherstellen."[7]

Bevor im weiteren diese „heilende Arznei", die Offenbarung Bahá'u'lláhs in ihren Grundzügen ausgerollt wird, soll der Leser einen kurzen Einblick in die Geschichte der Bahá'í-Religion gewinnen.

1) Bahá'u'lláh, Ährenlese 108
2) a.a.O., 104
3) a.a.O., 103:5
4) a.a.O., 85:5
5) a.a.O., 91:4
6) a.a.O., 99
7) a.a.O., 99

Kapitel 3:
Geschichte der Bahá'í-Religion — ein kurzer Abriß

Der Báb (1819—1850)

Das Geburtsland der Bahá'í-Religion ist Persien, ein Land, dessen Kultur im 18. und 19. Jahrhundert auf eine recht niedere Ebene herabsank. Sozial wie religiös zeichneten sich deutliche Zerfallserscheinungen ab. Plünderungen und Raub gehörten zum alltäglichen Leben.

Um das Jahr 1844 erwachte in den Anhängern verschiedener Religionen und Sekten der Glaube, daß das Kommen des in ihren Heiligen Schriften verheißenen Gottgesandten unmittelbar bevorstehe. Sie erwarteten „die Zeit des Endes", das „Jüngste Gericht", das „Reich Gottes auf Erden", doch als sich die prophezeiten Begleitumstände ihrer wörtlichen Auslegung nach nirgendwo einstellten, gaben viele ihr Suchen auf oder kleideten die Situation in eine neue Theorie.

Anders erging es einem Wanderer, der an einem Abend im Mai 1844 müde und staubbedeckt das Stadttor von S̱chiras erreichte. Jahrelang hatte er die Heiligen Schriften durchforscht und deren Prophezeiungen studiert. Er wußte, daß die Zeichen symbolisch zu verstehen waren. Über einen Monat lang hatte sich dieser Mann an einen einsamen Ort zurückgezogen, gebetet und meditiert, damit Gott ihn bei seinem Suchen führe. Danach war er aufgebrochen, das Ziel seines Sehnens zu finden.

In Schiras angekommen, wußte er zunächst nicht, wo er sich hinwenden sollte, als sich ihm ein junger Mann näherte und ihn mit einem Lächeln freundlich begrüßte. Alles deutete darauf hin, daß dieser ihn bereits erwartet hatte. Verwirrt und dennoch zutiefst beeindruckt von seiner Würde und Anmut folgte der Wanderer der Einladung jener wunderbaren Gestalt.

An diesem denkwürdigen Abend enthüllte sich ihm das Ziel seines Suchens. Der Wanderer, sein Name war Mullá Ḥusayn, wurde zum ersten Jünger des Báb. In der Folgezeit fanden weitere 17 Jünger den Ort ihres Suchens. Während der Báb Seine Jünger in die verschiedenen Regionen Persiens und Turkestans aussandte, um die Nachricht Seines Kommens zu verbreiten, pilgerte Er selbst nach Mekka, wo Er — damals fünfundzwanzigjährig — im Dezember 1844 Seine Sendung erklärte.

Der Báb — sein eigentlicher Name ist Mírzá 'Alí Muḥammad, erhob, unter Berufung auf die Heiligen Schriften früherer Offenbarungen, den Anspruch, Offenbarer einer neuen göttlichen Sendung und gleichzeitig der Vorbote und Wegbereiter für das Kommen eines Größeren zu sein. Dies erklärte auch den Sinn des Namens ,,Báb'', der ,,das Tor'' bedeutet. Er gilt als Herold des von dem Propheten Muḥammad verheißenen endzeitlichen Gottesboten.

In der Folgezeit verfaßte der Báb umfangreiche Schriften und gewann rasch so viele Anhänger, daß die um ihre Macht und ihren Einfluß fürchtenden islamischen Geistlichen begannen, die persische Regierung aufzuwiegeln. Die shí'itischen Gelehrten klagten Ihn heftig an. Rasch setzte die Verfolgung ein. Am 9. Juli 1850 wurde der Báb in Tabríz hingerichtet. Mehr als 20.000 Seiner Anhänger — genannt ,,Bábí'' — mußten auf grausame, barbarische Art ihr Leben lassen.

Bahá'u'lláh (1817—1892)

Mírzá Husayn 'Alí, genannt Bahá'u'lláh (arabisch, ,,Die Herrlichkeit Gottes'') ist die eigentliche Zentralgestalt der Weltreligion für dieses neu beginnende Zeitalter — Sein Kommen hatte der Báb gekündet. In Ihm sehen die Bahá'í die Wiederkunft aller Gottesoffenbarer der Vergangenheit — die Wiederkehr Christi, die Wiederkehr des Imán Ḥusayn, die Wiederkunft des Sháh Bahrám der Zoroaster, den ,,Herrn der Heerscharen'' der Juden, die ,,Reinkarnation Krishnas'' und den Buddha Maitreya.

Bahá'u'lláh entstammte einer adligen Familie des Iran. Sein Vater war Minister. Bereits als Kind zeichnete sich Seine erhabene Größe ab: Er war bekannt wegen Seines angeborenen Wissens, Seiner außergewöhnlichen Erkenntnisfähigkeit und Weisheit. Bahá'u'lláh hatte nie eine Schule besucht. Gelehrte Religionsführer lauschten Seinen Worten und staunten über Seine Einsicht in schwierige Stellen der Heiligen Schriften.

Doch nicht allein Seine Intelligenz zog die verschiedenartigsten Menschen an. ,,Von Kind an war Er außerordentlich gütig und edel. Er zeigte große Vorliebe für das Leben im Freien und brachte Seine meiste Zeit im Garten oder auf den Feldern zu. Er besaß eine außergewöhnliche Anziehungskraft, die jedermann fühlte. Es scharten sich die Menschen immer um Ihn. Minister und Hofleute suchten Seine Nähe und auch die Kinder waren Ihm ergeben.''[1)]

[1)] 'Abdu'l-Bahá, zitiert nach J. E. Esslemont, Bahá'u'lláh und das neue Zeitalter, S. 39 f.

Als Sein Vater starb — Bahá'u'lláh war 22 Jahre alt —, wünschte die Regierung, daß Er die Stellung Seines Vaters im Ministerium einnehmen sollte, Bahá'u'lláh nahm das Angebot jedoch nicht an. Der erste Minister sagte: ,,Überlaßt Ihn sich selbst. Eine solche Stellung ist Seiner unwürdig. Er hat höhere Ziele vor Sich. Ich kann Ihn nicht verstehen, aber ich bin überzeugt, daß Er für eine erhabene Laufbahn bestimmt ist.''[1]

Als der Báb im Jahr 1844 Seinen Auftrag erklärte, nahm sich Bahá'u'lláh, siebenundzwanzigjährig, mutig des neuen Glaubens an. Zweimal war Er bereits deswegen eingekerkert worden, als im August 1852 einer der Anhänger des Báb einen Schuß auf den Sháh abfeuerte. Zu diesem folgenschweren Ereignis war es gekommen, weil dieser Bábí Augenzeuge der Hinrichtung seines Meisters war und den Schmerz nicht überwinden konnte. Obwohl der Sháh nur leicht verletzt wurde, kam es danach zu schrecklichen Metzeleien, da die Gesamtheit der Bábí für diese Tat verantwortlich gemacht wurde. Viele wurden in die Gefängnisse geworfen, unter ihnen auch Bahá'u'lláh.

Mit 150 Mördern und Straßenräubern zusammen verbrachte Er mit anderen Bábí vier Monate an einem widerlich stinkenden Ort ohne Fenster. Die Spuren, welche die schweren Ketten an Seinem Hals hinterließen, blieben bis an Sein Lebensende. Doch gerade in diesem finsteren Loch empfing Bahá'u'lláh die Offenbarung, die Er der Menschheit übermitteln sollte.

Der Báb wurde hingerichtet. Bahá'u'lláh's gesundheitlicher Zustand verschlechterte sich, so daß man mit Seinem Ableben rechnete. Fast jeden Tag wurden einer oder mehrere gefoltert oder hingerichtet. ,,Wenn die Henkersknechte kamen, um einen der Freunde zu holen, sprang der, dessen Name aufgerufen wurde, buchstäblich vor Freude auf, küßte die Hände von Bahá'u'lláh, umarmte die übrigen seiner Mitgläubigen und eilte dann in froher Erwartung zum Orte des Märtyrertums.''[2]

Mittlerweile wurde nachgewiesen, daß Bahá'u'lláh nichts mit dem Anschlag auf den Sháh zu tun gehabt hatte. Der Sháh verbannte Ihn dennoch aufgrund Seines Glaubens nach dem 'Iráq-i-'Arab in Mesopotamien. Begleitet von Seiner Familie und einigen Gläubigen reiste Bahá'u'lláh in eisiger Kälte ab. Nach vielen Strapazen des Weges kamen sie in einem Zustand äußerster Erschöpfung in Baghdád an.

Sobald Bahá'u'lláh genesen war, beantwortete Er Fragen und ermunterte die Gläubigen. Als schließlich auch der Halbbruder von Bahá'u'lláh, Mírzá Yaḥyá, nach Baghdád kam, begannen erneute Schwierigkeiten. Mirzá Yaḥyá entfachte Streit — aus Eifersucht gegenüber dem hohen Ansehen seines Bruders.

Etwa ein Jahr nach dem Eintreffen in Baghdád suchte Bahá'u'lláh die

[1] Esslemont, Bahá'u'lláh und das neue Zeitalter,, S. 40
[2] a.a.O., S. 42

Wildnis auf, um zu beten und zu meditieren. Nach Seiner Rückkehr wurde Sein Ansehen größer denn je. Immer mehr Menschen, Anhänger aller Religionen, kamen von nah und fern herbei. Die Mullás schmiedeten neue Pläne der Vernichtung. Als einer ihrer Abgesandten mit Bahá'u'lláh ins Gespräch kam, mußte er Dessen unerreichbare Stufe anerkennen, doch die Mullás sinnten auch weiterhin nach neuen Angriffen. Schließlich wurde Bahá'u'lláh auf Verlangen der persischen Regierung von der türkischen Regierung nach Konstantinopel vorgeladen.

Bevor Bahá'u'lláh nach dorthin aufbrach, erklärte Er Seinen Anhängern im „Garten Ridván", daß Er der Eine sei, dessen Kommen der Báb vorausgesagt habe, der Erwählte Gottes, der Verheißene aller Propheten. Dieses Ereignis wurde seitens Seiner Gefährten mit großer Freude und Begeisterung aufgenommen. Viele Menschen strömten herbei und erwiesen Ihm Ehrerbietung. Sogar der Gouverneur von Baghdád und alle hohen Beamten der Stadt kamen, um dem abreisenden Gefangenen ihre Hochachtung auszudrücken.

Bahá'u'lláh, Seine Frau und 26 Jünger wurden nach viermonatigem Aufenthalt in Konstantinopel nach Adrianopel weiterbefördert, wo sie sich etwa 4 1/2 Jahre aufhielten. Mírzá Yaḥyá, der Halbbruder Bahá'u'lláhs, verband sich mit den Feinden des Glaubens, um seinem Bruder zu schaden. Aufgrund großer Unruhen verbannte die türkische Regierung Bahá'u'lláh und Seine Gefährten nach 'Akká in Palästina. In der Gefängnisstadt, in der die schwersten Verbrecher der Türkei gefangengehalten waren, wurde Bahá'u'lláh mit Seinen Begleitern eingekerkert. Während dieser Zeit wies man alle Besucher streng zurück.

Aus Adrianopel und 'Akka schrieb Bahá'u'lláh Seine Sendschreiben an Napoleon III., an Zar Alexander II., an Kaiser Franz Joseph, an Königin Viktoria, an Kaiser Wilhelm I., an Sulṭán 'Abdu'l-'Azíz, an Náṣiri'd-Dín Sháh, an die Führer Amerikas und an Papst Pius IX., an die Könige und Herrscher der Welt in ihrer Gesamtheit, um sie auf Seine Offenbarung aufmerksam zu machen.[1)]

Nach neunjähriger Kerkerhaft milderten sich die Haftbedingungen. Die Gefangenen durften sich nun innerhalb und sogar außerhalb der Stadtmauern bewegen. Bahá'u'lláh empfing viele Besucher. Gelegentlich ging Er auch über Land, besuchte Haifa und schlug Sein Zelt mehrmals auf dem Berge Karmel auf.

Den Rest Seines irdischen Lebens brachte Bahá'u'lláh in Bahjí zu. Auch hier widmete Er sich in Seinen Schriften und Briefen der geistigen Erziehung der Menschheit und der Unterweisung Seiner Anhänger, die Seine Gegenwart suchten. Im Alter von 75 Jahren verschied Er am 29. März 1892.

1) Dazu siehe: Die Verkündigung Bahá'u'lláhs, An die Könige und Herrscher der Welt, Hofheim-Langenhain 1977

‘Abdu’l-Bahá (1844—1921)

Bevor Bahá’u’lláh verstarb, sicherte Er Seinen Glauben vor Sektenbildung, indem Er Seinen ältesten Sohn ‘Abbás Effendi zum „Mittelpunkt des Bündnisses“ und zum alleinigen Ausleger der heiligen Schriften ernannte. Bei Ihm sollten alle Bahá’í Schutz und Führung suchen; Er sollte ein Vorbild Seiner Sache sein.

‘Abbás Effendi, der später den Titel ‘Abdu’l-Bahá (d.h. Diener Bahá’u’lláhs) annahm, war 9 Jahre alt, als Sein Vater in Teheran eingekerkert wurde. Wenn Er auf die Straße ging, warfen andere, Ihn als Ketzerkind schimpfend, Steine nach Ihm. Seit Seiner frühesten Kindheit war ‘Adu’l-Bahá Seinem Vater eng verbunden. Je mehr Er heranwuchs, desto klarer sah man in Ihm die Verkörperung all der Tugenden, nach denen sich jeder Bahá’í sehnt.

Zu Lebzeiten Bahá’u’lláhs war ‘Abdu’l-Bahá engster Gefährte Seines Vaters. Er teilte dessen Verbannung und Leiden. Seine Freunde liebten Ihn und Selbst Seine Feinde konnten in Seinem vortrefflichen Charakter keinen Makel finden. Man nannte Ihn auch „das Geheimnis Gottes“.

‘Abdu’l-Bahá war überaus aktiv. Er half Seinem Vater beim Beantworten von Fragen und unterstützte Ihn bei der Behebung von Schwierigkeiten der Besucher sowie bei den vielen Alltagspflichten. Schon als Jüngling schrieb Er bedeutende Abhandlungen und erstaunte Seine Zuhörer mit Seiner Weisheit und Verstandesklarheit. ‘Abdu’l-Bahás Lehrtätigkeit machte Ihn schließlich auch als „den Meister“ bekannt.

Nach Bahá’u’lláhs Hinscheiden trat Er in die Stellung ein, welche Sein Vater für Ihn bestimmt hatte — Er wurde zum Mittelpunkt des Glaubens und zum einzigen authorisierten Ausleger Seiner Schriften. Dies rief den Groll anderer hervor, die in bitterer Feindschaft zu ‘Abdu’l-Bahá standen. Infolge unbegründeter Anschuldigungen wurde ‘Abdu’l-Bahá und Seine Familie sieben Jahre erneut streng überwacht und ihre Beweglichkeit wurde auf die Gefängnisstadt ‘Akká beschränkt.

Dies jedoch verhinderte die Ausbreitung des Glaubens nicht — nach wie vor wurde Er von zahlreichen Menschen aufgesucht. Auch hatte Er einen umfangreichen Briefwechsel mit Gläubigen und Fragestellern aus allen Teilen der Welt. Einen großen Teil Seiner Zeit widmete Er den Kranken und Armen in den Elendsvierteln von ‘Akká.

Zwischen 1904 und 1907 setzte die türkische Regierung Kommissionen ein, um die gegen ‘Abdu’l-Bahá erhobenen Anklagen zu untersuchen. Vier bestochene Beamte der letzten „Untersuchungskommission“, deren „Arbeit“ einen Monat dauerte, reisten nach Abschluß ihrer „Tätigkeit“ ab, um ihrer Regierung die Verbannung oder Hinrichtung ‘Abdu’l-Bahás zu empfehlen.

Doch während ihrer Heimreise wurde das alte türkische Remie abgelöst, so daß die Kommissionsmitglieder nun selbst fliehen mußten. Im September 1907 wurde 'Abdu'l-Bahá endgültig in Freiheit gesetzt.

Nach Seiner Freilassung setzte Er Seine Lehrtätigkeit fort, wohnte zuerst in Haifa, später in Alexandria. In den Jahren 1911 bis 1913 unternahm Er trotz schlechter Gesundheit ausgedehnte Reisen nach Ägypten, Europa und Nordamerika. Er sprach zu den verschiedenartigsten Menschen an vielerlei Brennpunkten der Kultur. Vor den zahlreichen Zuhörern legte Er die Lehren Seines Vaters aus und sagte das Nahen der Katastrophe voraus, welche über die Menschheit hereinbrechen sollte.

Während des Ersten Weltkrieges, hatte 'Abdu'l-Bahá nochmals eine arbeitsreiche Zeit. Unzählige Menschen suchten Seinen Rat und das Gespräch mit Ihm. Am 27. April 1920 wurde Er für Seine Verdienste in den Ritterstand des Britischen Reiches aufgenommen.

Nachdem Er alle Seine Kräfte für die Sache Seines Vaters eingesetzt und Ihm bis zum äußersten gedient hatte, verschied 'Abdu'l-Bahá am 28. November 1921. Seine Lehren sind vollständig erhalten. Seine Schriften sind sehr umfangreich.

Shoghi Effendi (1896—1957)

Mit dem Hinscheiden 'Abdu'l-Bahás ging das ,,Heroische Zeitalter'' des Bahá'í-Glaubens in das ,,Gestaltende Zeitalter'' über. In Seinem ,,Willen und Testament'' hatte 'Abdu'l-Bahá Seinen Enkel Shoghi Effendi zum ,,Hüter des Glaubens'' ernannt.

Unter seiner Leitung begannen die Bahá'í in aller Welt die administrative Ordnung, die Bahá'í-Verwaltung, praktisch aufzubauen. Shoghi Effendi kannte keine Schonung sich selbst gegenüber, arbeitet von früh am Morgen bis spät in die Nacht; oft schlief er wenig und aß kaum.

Durch sein Schaffen entstanden globale Pläne für den Ausbau des Glaubens. Er schrieb mehr als 15.000 Briefe, in denen er Fragen beantwortete, übersetzte zahlreiche Texte des Báb, Bahá'u'lláhs und 'Abdu'l-Bahás und verfaßte selbst bemerkenswerte Werke. In mühevoller Arbeit trug er die Bahá'í-Schriften zusammen und errichtete das Bahá'í-Archiv. Auch die architektonische, künstlerische und gärtnerische Gestaltung der Heiligen Stätten auf dem Berge Karmel gehen auf sein Wirken zurück.

Nach 36 Jahren schwerer Arbeit verstarb Shoghi Effendi in London. In Seinem Testament hatte 'Abdu'l-Bahá Vorkehrungen getroffen, daß Shoghi Effendi sogenannte ,,Hände der Sache Gottes'' ernennen konnte, die ihm die Arbeit erleichterten. Der Hüter wählte eine Anzahl Männer und Frauen aus den Reihen der Bahá'í, die nach seinem Tod treuhänderisch die Verwaltung und Führung des Glaubens übernahmen.

Im Jahre 1963 wurde schließlich das erste *Universale Haus der Gerechtigkeit* gewählt, das Bahá'u'lláh als spätere internationale Körperschaft vorgesehen hatte. Seitdem lenkt es den Fortschritt des Glaubens und erläßt Gesetze, die zur Umsetzung der Lehren Bahá'u'lláhs in einer sich entwickelnden Weltgemeinde notwendig werden.[1)]

Während Seines Aufenthaltes in Paris im Jahre 1911, faßte 'Abdu'l-Bahá in kurzen Ansprachen die Grundsätze der Bahá'í-Religion zusammen. Diese knappen Darstellungen eignen sich besonders gut als Einführung in die Grundgedanken der Offenbarung Bahá'u'lláhs.

1) Weiterführende Literatur über die Geschichte der Bahá'í-Religion:
— Shoghi Effendi, Gott geht vorüber, Hofheim-Langenhain 1974
— Nabíls Bericht, Aus den frühen Tagen der Bahá'í-Offenbarung, Bahá'í-Verlag 1975

Kapitel 4:

Das Bahá'í-Prinzip „Suchen nach Wahrheit"

„Wenn jemand auf der Suche nach Wahrheit Erfolg haben möchte, muß er als erstes sein Auge gegenüber allem überkommenem Aberglauben der Vergangenheit schließen.

Die Juden haben überkommenen Aberglauben, die Buddhisten und Zoroastrier sind nicht frei davon so wenig wie die Christen. Alle Religionen wurden nach und nach durch Überlieferung und Dogmen eingeengt.

Alle halten sich jeweils für die einzigen Hüter der Wahrheit und meinen, daß jede andere Religion aus Irrtümern bestehe. Sie selbst hätten recht und alle übrigen unrecht. Die Juden glauben, allein die Wahrheit zu besitzen und verdammen alle anderen Religionen. Die Christen behaupten, ihre Religion sei die einzig wahre und alle übrigen falsch. Genauso die Mohammedaner: alle umgeben sich mit Grenzen. Wenn sie alle einander verdammen, wo sollen wir dann die Wahrheit suchen? Da alle einander widersprechen, können sie nicht alle wahr sein. Wenn alle vermeinen, daß ihre Religion alleinig wahr sei, so machen sie sich selber blind für die Wahrheit, die in den anderen ist.

Ein Jude beispielsweise, der an die äußeren Bräuche der Religion Israels gebunden ist, gestattet sich nicht, zu erkennen, daß die Wahrheit auch in jeder anderen Religion sein kann; alles muß in seiner eigenen enthalten sein!

Wir sollten uns daher von den äußeren religiösen Formen und Bräuchen lösen. Wir müssen uns vergegenwärtigen, daß diese Formen und Bräuche, wie schön sie auch immer seien, nur Gewändern gleichen, in die das warme Herz und die lebendigen Glieder der göttlichen Wahrheit eingehüllt sind. Wir müssen die Vorurteile der Überlieferung fallen lassen, wenn wir die Wahrheit mit Erfolg im Kern von allen Religionen finden wollen. Wenn ein Zoroastrier glaubt, daß die Sonne Gott sei, wie vermag er sich dann mit anderen Religionen zu verbinden? Wie können die Götzendiener die Einheit Gottes fassen, wenn sie an ihre verschiedenen Götzen glauben?

Es ist daher klar, daß wir, um irgend welche Fortschritte in der Suche nach Wahrheit zu erzielen, dem Aberglauben entsagen müssen. Würden alle Suchenden diesem Grundsatz folgen, so würden sie die Wahrheit klar zu schauen vermögen.

Wenn sich fünf Menschen zusammentun, um die Wahrheit zu erforschen, so müssen sie damit beginnen, daß sich jeder über seine einzelne besondere Lage hinwegsetzt und alle vorgefaßten Meinungen fallen läßt. Um die Wahrheit zu finden, müssen wir von unseren Vorurteilen, unseren eigenen kleinlichen, alltäglichen Vorstellungen lassen; ein offener, empfänglicher Sinn ist nötig. Wenn unser Kelch vom Ich erfüllt ist, so ist in ihm kein Raum mehr für das Wasser des Lebens. Die Tatsache, daß wir meinen, selber im Recht zu sein und jeden anderen für im Unrecht halten, ist das größte aller Hindernisse auf dem Weg zur Einheit, und Einheit ist nötig, wenn wir zur Wahrheit kommen wollen, denn die Wahrheit ist nur e i n e.

Daher sollten wir gebieterisch den eigenen persönlichen Vorurteilen und dem Aberglauben entsagen, wenn wir ernstlich die Wahrheit zu erforschen wünschen. Wenn unser Verstand nicht zwischen Dogmen, Aberglauben und Vorurteilen auf der einen und der Wahrheit auf der anderen Seite unterscheidet, so können wir nicht zum Ziel gelangen. Suchen wir irgend etwas ernstlich, so werden wir uns allenthalben danach umtun. An diesen Grundsatz müssen wir uns in unserer Wahrheitssuche halten.

Die Wissenschaft muß angenommen werden. Keine Wahrheit kann einer anderen Wahrheit widersprechen. Das Licht ist gut, in welcher Lampe es auch brennen mag, eine Rose schön, in welchem Garten sie auch blühen mag. Ein Stern hat den gleichen Glanz, ob er aus dem Osten oder aus dem Westen scheint. Seid vorurteilsfrei, so werdet ihr die Sonne der Wahrheit lieben, an welchem Punkte des Horizontes sie auch aufgeht! Ihr werdet erkennen, daß das göttliche Licht der Wahrheit, wenn es in Jesus Christus schien, dann auch in Moses und in Buddha leuchtete. Der ernsthaft Suchende wird zu dieser Wahrheit finden. Das ist die Bedeutung der ‚Suche nach Wahrheit'. Sie bedeutet auch, daß wir gewillt sein müssen, alles beiseite zu legen, was wir früher gelernt haben und was unsere Schritte auf dem Weg zur Wahrheit hindern könnte. Wir dürfen nicht davor zurückschrecken, nötigenfalls unsere Erziehung von vorne zu beginnen. Wir dürfen unser Auge nicht durch die Liebe zu irgend einer Religion oder Person derartig blenden, daß uns der Aberglaube in Fesseln schlägt. Wenn wir uns von allen diesen Banden lösen und mit ungebundenen Sinnen suchen, so werden wir auch fähig sein, ans Ziel zu gelangen.

‚Suche die Wahrheit, und die Wahrheit wird dir Freiheit bringen.' So werden wir die Wahrheit in allen Religionen erblicken, denn die Wahrheit ist in allen, und alle Wahrheit ist nur eine!''[1)]

[1)] 'Abdu'l-Bahá, Ansprachen in Paris, Kap. 41, S. 106 ff.

Gedanken zu dem Bahá'í-Prinzip „Suchen nach Wahrheit"

Die Bahá'í-Religion ermutigt ihre Gläubigen zur selbständigen und unabhängigen Suche nach Wahrheit. Ohne sich von der Ansicht eines anderen beeinflussen zu lassen und ohne religiösen Traditionen und Dogmen blindlings zu folgen, ist jeder einzelne aufgerufen, die Wahrheit mit offenem Herzen und klarem Verstand eigenständig zu erforschen.[1] Gedankenloses Nachahmen überlieferter Bräuche und unreflektiertes Hinnehmen institutioneller Auslegungen der Heiligen Schriften sind mit dem Appell zur Bewußtwerdung unhaltbar geworden.

Die fortschreitende Gottesoffenbarung

Bahá'u'lláh verlangt von niemandem, daß er Seine Botschaft annimmt, ohne sie ernsthaft geprüft zu haben. Eine der größten Hürden bei der Auseinandersetzung mit Seiner Lehre ist die Schwierigkeit, das Prinzip der fortschreitenden Gottesoffenbarung zu akzeptieren.

Für Menschen, die sich als Christen, Buddhisten oder Zugehörige irgendeiner anderen Religion verstehen, entstehen gewöhnlich Konflikte, wenn sie vernehmen, daß in der Gestalt Bahá'u'lláhs Gottes Führung für dieses begonnene neue Zeitalter Wirklichkeit geworden ist. Wohl in den meisten Fällen sehen sie sich in einen unüberbrückbaren Dualismus gestellt: Entweder Christus oder Bahá'u'lláh, „entweder" . . . „oder". Um diesem Konflikt zu entgehen, flüchten sich viele in die Schutzreaktion: „Ich kann Christus doch nicht den Rücken zukehren!" Andere werden entgegnen: „Ist die christliche Offenbarung etwa nicht mehr gut genug?"

Der Dualismus „Christus : Bahá'u'lláh" verrät, und dies ist zunächst nicht gleich zu erkennen, die eigene Religionsferne, denn wer wirklich im lebendigen Glauben steht, weiß, daß sich die Boten Gottes niemals als Rivalen gegenüberstehen können. Noch niemals in der Geschichte haben die Offenbarer Gottes um die Gläubigen gekämpft, wie Politiker um die Gunst ihrer Wähler ringen.

[1] Bewußt leben heißt u.a. auch, „sich auf niemanden ungeprüft zu verlassen, drängende Fragen und Probleme nicht anderen zu überlassen, sie nicht an die Wissenschaftler oder Politiker zu delegieren, die ‚es schon machen werden'; sondern es heißt, sich mitverantwortlich zu fühlen für alles Geschehen auf der Welt, soweit es von uns selbst abhängt, und in dem uns erreichbaren Wirkungskreis danach handeln." (Fritz Riemann, Die schizoide Gesellschaft, S. 21)

Bahá'u'lláh lehrte, daß es nur *einen* Gott gibt, der Seinen Willen bisher durch eine Reihe Seiner Boten manifestiert hat und auch in Zukunft manifestieren wird. Krishna, Zarathustra, Buddha, Moses, Christus und Muḥammad sind nur einige Seiner Offenbarer, die in verschiedenen Zeiten erschienen, um das Bewußtsein der Menschen zu erneuern und zu wandeln.

„Wenn Gott Seine Propheten zu den Menschen sendet, ist Seine Absicht eine zweifache. Die erste ist, die Menschenkinder aus dem Dunkel der Unwissenheit zu befreien und sie zum Lichte wahren Verstehens zu führen, die zweite, den Frieden und die Ruhe der Menschheit zu sichern und alle Mittel bereitstellen, durch die beides erreicht werden kann."[1]

Die göttlichen Offenbarungen dienen der geistigen Erziehung der Menschheit. „Der Mensch ist der höchste Talisman. Der Mangel an geeigneter Erziehung hat ihn jedoch dessen beraubt, was er seinem Wesen nach besitzt. Durch ein Wort, das aus dem Munde Gottes hervorging, wurde er ins Dasein gerufen. Durch ein weiteres Wort wurde er dazu geführt, den Quell seiner Erziehung zu erkennen. Durch wieder ein anderes Wort wurden seine Stufe und seine Bestimmung sichergestellt. Das Höchste Wesen spricht: Betrachte den Menschen als ein Bergwerk, reich an Edelsteinen von unschätzbarem Wert. Nur die Erziehung kann bewirken, daß es seine Schätze enthüllt und die Menschheit daraus Nutzen zu ziehen vermag."[2]

An anderer Stelle formuliert Bahá'u'lláh: „Wenn der eine, wahre Gott . . . sich den Menschen offenbart, verfolgt Er das Ziel, die Edelsteine ans Licht zu bringen, die in den Gesteinsadern ihres wahren inneren Selbstes verborgen liegen."[3]

Des Menschen Bestimmung ist es, in einem fortschreitenden Entwicklungs- und Bewußtwerdungsprozeß fähig zu werden, Gott zu erkennen und in Seine Gegenwart zu gelangen. Durch die Lehren der Offenbarer wird sich jeder Mensch entwickeln, „bis er die Stufe erreicht, auf der er alle in ihm verborgenen Kräfte offenbaren kann, mit denen sein innerstes, wahres Selbst begabt worden ist."[4]

Fortschreitende Gottesoffenbarung hat somit den Sinn fortschreitender Führung und Erziehung der Menschheit. Um dieser Aufgabe gerecht werden zu können, mußten sich alle Gesandten Gottes in Ihrer Sprache und in dem Maß Ihrer Offenbarung auf die Zeitumstände einstellen. Eine Sprache hat bekanntlich nur dann einen Wert, wenn sie vom anderen auch wirklich verstanden wird.

Denken wir an das Lehrer-Schüler-Verhältnis: Der Lehrer muß sich in

[1] Bahá'u'lláh, Ährenlese 34:5
[2] a.a.O., 122
[3] a.a.O., 132:1
[4] a.a.O., 27:5

Sprache und Lehrstoff der Entwicklungsstufe der Schüler anpassen. Beachten wir ferner die Eltern-Kind-Beziehung: Die Eltern müssen sich, wenn sie phasenspezifisch erziehen wollen, auf die besonderen Erfordernisse der jeweiligen Entwicklungsstufe ihres Kindes einstellen. Wie Lehrer ihre Schüler und Eltern ihre Kinder überfordern können, könnte auch die Menschheit durch Gott überfordert werden, wenn der Inhalt Seiner Botschaft der momentanen Bewußtseinsstruktur der Menschen nicht entspräche.

Ähnliches zeigt sich im Verhältnis von Sonne und Erde: Die Sphären der Erde filtern ganz bestimmte Strahlen der Sonne heraus, lassen also nicht das gesamte Licht hindurch. Das Leben der Erde würde die Totalität des Sonnenlichts ebenso wenig vertragen wie der Mensch die ,,Schwingungsfrequenz'' eines intensiveren Bewußtseins, das er noch nicht zu integrieren vermag. Würde Gott das volle Maß Seiner Kräfte offenbaren, ,,würde die Erde menschlichen Begreifens verdorren und vergehen''.[1)]

Bahá'u'lláh sagte, daß jedes Zeitalter ein neues Maß an Gottes Licht fordert und jede göttliche Offenbarung so herabgesandt wurde, wie sie den Verhältnissen des Zeitalters und der geistigen Fassungskraft der jeweiligen Menschen entsprach.[2)]

,,Diese Grundsätze und Gesetze (der Offenbarungen), diese fest begründeten, machtvollen Systeme, entspringen einer einzigen Quelle und sind Strahlen desselben Lichtes. Daß sie voneinander abweichen, ist den unterschiedlichen Erfordernissen der Zeitalter zuzuschreiben, in denen sie verkündet wurden.''[3)]

Auch Christus verwies auf die Notwendigkeit ,,dosierter'' Offenbarung: ,,Noch vieles habe Ich euch zu sagen, doch ihr könnt es jetzt nicht tragen; wenn aber jener kommt, der Geist der Wahrheit, wird Er euch hinführen zur vollen Wahrheit; denn nicht von sich aus wird Er reden, sondern was Er hört, wird Er reden, und das Kommende wird Er euch künden. Er wird Mich verherrlichen; denn von dem Meinen wird Er nehmen und euch künden.''[4)]

1) Bahá'u'lláh, Ährenlese 38

2) Vgl. a.a.O., 34:7
,,Würde dem Wort erlaubt, plötzlich alle in ihm verborgenen Kräfte freizugeben, würde kein Mensch die Schwere einer so mächtigen Offenbarung ertragen können.'' (Ährenlese 33:1)

3) a.a.O., 132:1

4) Joh. 16: 12—14
Vgl. ,,Wollten wir die verborgenen Geheimnisse dieses Tages enthüllen, so würden alle, die auf Erden und im Himmel wohnen, bewußtlos werden und sterben . . . So stark ist die berauschende Wirkung des Wortes Gottes . . .'' (Ährenlese 14:19,20)

Die beiden Teile einer Offenbarung

Nach der Bahá'í-Lehre gibt es im Grunde nur *eine* Religion: *die Religion Gottes.* Den wechselnden Zeiterfordernissen und der sich ändernden Aufnahmefähigkeit der Menschen entsprechend wird Religion in einem fortschreitenden Prozeß offenbart und erscheint nach außen hin zunächst als Vielzahl einzelner Religionen. Da die Menschheit, insbesondere deren Bewußtsein, in ständiger Wandlung und Entwicklung begriffen ist, müssen sich unter den einzelnen Offenbarungen zwangsläufig Unterschiede ergeben.

Doch die Notwendigkeit dieser wachstumsbedingten Veränderungen ist bis auf den heutigen Tag von den Anhängern der Religionen nicht klar erkannt worden. Entsprechend weiß auch die Geschichte unzählige Religionsstreitigkeiten aufzuzählen, die dem Geiste der Religionen stets zuwider waren. Bahá'u'lláh erklärte, daß sich die aufgespürten Unterschiede zwischen den Offenbarungen wie finstere Wolken zwischen das Auge menschlichen Begreifens und die göttliche Leuchte schoben.[1)]

Bei der Lektüre der Schriften Bahá'u'lláhs lösen sich diese Mißverständnisse und Anlässe von Zwistigkeiten auf: Er verkündet, daß jede Religion *zwei Hauptteile* umfaßt, den *geistigen* und den *sozial-praktischen Teil.*

Der geistige Teil bleibt in jeder Offenbarung unverändert. Alle Boten Gottes lehren die gleichen geistigen Gesetze und dieselben Wahrheiten. Sie finden sich in allen Heiligen Büchern, entsprechend dem fortschreitenden Verständnis der Menschen, die für feinere und tiefere Aspekte dieser Gesetze aufnahmefähiger wurden.

Während das geistige Gesetz dasselbe bleibt, ändern sich die das soziale Leben regelnden Richtlinien. Der praktische Teil befaßt sich mit äußeren Formen und Gebräuchen und auch mit der Art, Vergehen zu bestrafen. Er betrifft die materielle Seite des Gesetzes und leitet die Sitten und Gewohnheiten der jeweiligen Menschen. Es geht dabei um Fragen der Ehe, der Familie, der Erziehung und der Arbeit (des Berufes), wie auch um die Angelegenheiten der Erbschaft, des Besitztums, der Gesundheit und des Kalenders. Auch über die Kleidung und Ernährung finden sich zeitgemäße Anmerkungen. Kurz: Es geht um die Strukturierung des gesellschaftlich-sozialen Miteinanders im praktischen Alltag.

Die sozialen Gesetze einer Offenbarung sind also auf die besonderen Umstände einer bestimmten Zeitepoche abgestimmt. Sie unterliegen der Aufhebung oder der Änderung durch die nachfolgenden Gottesboten. „Weil Wechsel und Änderung der Umstände zu den Notwendigkeiten dieser Welt gehören, werden auch die Gesetze dem Wandel und Umbruch der Zeit entsprechend abgeändert und umgeformt. Zum Beispiel wurde zur Zeit Mose

1) Vgl. Bahá'u'lláh, Ährenlese, 13:10

Sein Gesetz nach den damaligen Lebensbedingungen ausgerichtet und diesen angepaßt; zur Zeit Christi aber hatten sich jene Umstände so weit geändert und entwickelt, daß das mosaische Gesetz den menschlichen Bedürfnissen nicht mehr entsprach und angemessen war; darum wurde es aufgehoben. So brach Christus den Sabbat und verbot die Scheidung.[1]

An anderen Stellen erläutert 'Abdu'l-Bahá: „Zu Zeiten Mose wurden zehn Verbrechen mit dem Tode bestraft. Dies änderte sich, als Christus kam. Der alte Grundsatz ‚Auge um Auge, Zahn um Zahn' wurde zu ‚Liebet eure Feinde, tut Gutes denen, die euch hassen', und so wurde das starre, alte Gesetz zu einem solchen der Liebe, des Erbarmens und der Duldsamkeit.

In früheren Zeiten wurde Diebstahl mit dem Verlust der rechten Hand bestraft. In unserer Zeit wäre dieses Gesetz nicht mehr anwendbar. In diesem Zeitalter darf ein Mensch, der seinen Vater verflucht, noch weiterleben, während man ihn früher zum Tod verurteilt hätte.[2]

Zusammenfassend sei mit 'Abdu'l-Bahá noch einmal gesagt, „daß Wandel und Wechsel der Lebensbedingungen und die Veränderungen der Lebensnotwendigkeiten der verschiedenen Zeiten und Jahrhunderte zur Aufhebung von Gesetzen führen.[3] Die geistige Seite der Religion ändert sich nicht; sie ist zugleich die größere und bedeutsamere von beiden. „Sie bleibt die gleiche gestern, heute und immer! ‚Wie im Anfang, so auch heute und immerdar'."[4]

Mit diesen Ausführungen über die fortschreitende Gottesoffenbarung und die beiden Teile einer Offenbarung ist deutlich geworden, welche lebensnotwendige Bedeutung einer tiefgreifenden religiösen Erneuerung zukommt. Wiederbelebungsversuche der alten Religionen sind von vornherein zum Scheitern verurteilt, da allein eine eigens für dieses Zeitalter geoffenbarte Religion die sozialen und praktischen Richtlinien und Gesetze enthalten kann, die den Erfordernissen *dieser Zeit* auch tatsächlich gerecht werden, wie beispielsweise *die Gleichberechtigung von Mann und Frau, die Einheit von Religion und Wissenschaft, die Weltverwaltungsordnung* und vieles mehr.

Werden wir uns dessen noch einmal bewußt: Kein Mensch, sei seine Intelligenz auch noch so groß, könnte jemals die Höhen der Weisheit und des Verständnisses erreichen, um der kranken Menschheit die „rettende Arznei" zu reichen — dies liegt allein in Gottes Händen: „Der allwissende Arzt legt Seine Finger an den Puls der Menschheit. Er erkennt die Krankheit und verschreibt in Seiner unfehlbaren Weisheit das Heilmittel. Jede Zeit hat ihr eigenes Problem . . . Das Heilmittel, dessen die Welt in ihren gegenwärtigen Nöten bedarf, kann nicht das gleiche sein, das ein späteres Zeitalter erfordern

[1] 'Abdu'l-Bahá, Beantwortete Fragen, Kap. 20, S. 98
[2] Ansprachen in Paris, Kap. 44, S. 113
[3] Beantwortete Fragen, Kap. 20, S. 100
[4] Ansprachen in Paris, Kap. 44, S. 113

mag. Befaßt euch gründlich mit den Nöten der Zeit, in der ihr lebt, und legt den Schwerpunkt eurer Überlegungen auf ihre Bedürfnisse und Forderungen."[1)]

[1)] Bahá'u'lláh, Ährenlese 106:1

Kapitel 5:
Das Bahá'í-Prinzip „Die Einheit der Menschheit"

„Die erste Endeckung, die wir in unserer ‚Suche nach Wahrheit' machen, führt uns zum zweiten Prinzip, welches die ‚Einheit der Menschheit' ist. Alle Menschen sind Diener des einen Gottes. E i n Gott herrscht über alle Nationen der Welt und hat an Seinen Kindern Freude. Alle Menschen gehören zu e i n e r Familie. Die Krone der Menschheit ruht auf dem Haupte eines jeden Menschen.

In den Augen des Schöpfers sind alle Seine Kinder gleich. Seine Güte ergießt sich über alle. Er begünstigt weder das eine noch das andere Land. Sie alle sind in gleicher Weise Seine Geschöpfe. Da dies so ist, warum sollten wir Trennungslinien ziehen, die eine Rasse von der anderen scheiden? Warum dann sollten wir Schranken des Aberglaubens und der Überlieferung errichten, die Uneinigkeit und Haß unter die Menschen bringen?

Der einzige Unterschied zwischen den Gliedern der menschlichen Familie liegt in ihrer Stufe. Einige sind wie unwissende Kinder, die erzogen werden müssen, bis sie die Reife erlangen. Andere sind wie Kranke und müssen zart und sorgfältig behandelt werden. Keines von ihnen ist schlecht oder böse. Wir dürfen uns nicht von diesen armen Kindern abgestoßen fühlen. Wir müssen sie mit großer Güte behandeln, die Unwissenden belehren und die Kranken zärtlich hegen.

Bedenkt: Die Einheit ist nötig für das Dasein. Liebe ist die wahre Ursache des Lebens, während Trennung Tod bringt. In der Welt der materiellen Schöpfung z.B. verdanken alle Dinge ihr gegenwärtiges Leben der Einheit. Die Urstoffe, aus denen das Holz, das Mineral oder der Stein bestehen, werden durch das Gesetz der Anziehung zusammengehalten. Hörte dieses Gesetz nur einen Augenblick lang auf zu wirken, so würden diese Elemente ihren Zusammenhalt verlieren, sie würden auseinanderfallen, und der Gegenstand in dieser besonderen Form würde nicht mehr bestehen. Das Gesetz der Anziehung hat gewisse Urstoffe in der Form dieser schönen Blume zusammengebracht; wird aber jene Anziehung aus diesem Mittelpunkt zurückgezogen, so wird die Blume zerfallen und ihr Bestand als Blume enden.

So ist es auch mit dem großen Körper der Menschheit. Das wunderbare

Gesetz der Anziehung, des Einklangs und der Einheit hält diese wunderbare Schöpfung zusammen.

Wie es mit dem Ganzen ist, so ist es auch mit den Teilen: Gleichviel ob Blume oder menschlicher Körper, wenn das Prinzip der Anziehung daraus zurückgezogen wird, so stirbt die Blume wie der Mensch. Es ist darum klar, daß Anziehung, Einklang und Liebe Ursache des Lebens sind, wogegen Abstoßung, Mißhelligkeiten, Haß und Trennung Tod bewirken.

Wir haben gesehen, daß alles, was Spaltung in die Welt des Daseins bringt, den Tod verursacht. In gleicher Weise wirkt das nämliche Gesetz in der Welt des Geistes.

Darum sollte jeder Diener des einen Gottes dem Gesetz der Liebe folgen und jederlei Haß, Uneinigkeit und Streit vermeiden. Wenn wir die Natur betrachten, so finden wir, daß sich die sanftmütigeren Tiere zu Rudeln und Herden zusammenschließen, während die wilden, reißenden Geschöpfe, wie der Löwe, der Tiger und der Wolf, ihr Leben im Dickicht der Wälder fern der Zivilisation verbringen. Zwei Wölfe oder zwei Löwen vermögen in Freundschaft miteinander zu leben, tausend Lämmer jedoch vermögen den gleichen Pferch zu teilen und Scharen von Rotwild eine Herde zu bilden. Zwei Adler können am gleichen Platze horsten, doch tausend Rehe sich in einem Raume sammeln.

Der Mensch sollte zumindest zu den sanftmütigen Tieren zählen; doch wenn er ergrimmt, wird er noch grausamer und heimtückischer als die wildesten Geschöpfe der Tierwelt!

Heute hat Bahá'u'lláh die ‚Einheit der Menschenwelt' verkündet. Alle Völker und Nationen gehören einer Familie an, sind Kinder eines Vaters und sollten zueinander wie Brüder und Schwestern sein. Ich hoffe, daß ihr euch bemühen werdet, diese Lehren zu leben und zu verbreiten.

Bahá'u'lláh hat uns gelehrt, auch unsere Feinde zu lieben und zu ihnen wie Freunde zu sein. Wenn alle Menschen diesem Prinzip gehorchten, so würde dadurch die größte Einigkeit und Einsicht in den Menschenherzen begründet werden."[1)]

Gedanken zu dem Bahá'í-Prinzip „Die Einheit der Menschheit"

Die Welt ist klein geworden. Entwicklungsfortschritte in der Verkehrs-und Nachrichtentechnik haben die geographischen Entfernungen „schrumpfen" und die Völker der Erde zu Nachbarn werden lassen. Auch die weltweite

1) 'Abdu'l-Bahá, Ansprachen in Paris, Kap. 42, S. 109 ff.

wirtschaftliche Verflechtung und wechselseitige Abhängigkeit gestattet es keinem Land mehr, ein Leben in der Isolation zu führen. Jede einzelne Nation beeinflußt auf ihre Weise das gesamte Weltgeschehen, während die Welt ihrerseits wiederum auf jedes einzelne Land zurückwirkt.

Bereits im vorigen Jahrhundert hob Bahá'u'lláh den Menschen ins Bewußtsein, daß die verwickelten Probleme der heutigen Welt nur dann gelöst werden können, wenn die Einheit aller Nationen, Völker, Rassen und Religionen fest begründet ist.[1] Diese Einheit der Menschheit politisch, vor allem aber geistig und religiös zu verwirklichen, ist die übergeordnete Menschheitsaufgabe für dieses Zeitalter.

Das ichbezogene, nationalstaatliche Eigennutz- und Zweckdenken muß in ein internationales, weltweites Wahrnehmen des Prinzips *Einheit der Menschheit* überschritten werden. Mit dem Beginn des neuen Zeitalters gilt entsprechend derjenige als zeitgemäßer Mensch, der sich „im Dienst am Menschengeschlecht hingibt . . . Es rühmt sich nicht, wer sein Vaterland liebt, sondern wer die ganze Welt liebt. Die Erde ist nur ein Land, und alle Menschen sind ihre Bürger."[2]

Die Menschheit hat sich stufenweise zu immer größeren gesellschaftlichen Organisationsformen hinentwickelt. Von der Sippe führte der Weg über den Stamm, das Volk, über die Stadtstaaten zu Nationen. Heute stellt sich die Aufgabe, einen Weltbundesstaat, bzw. Weltstaatenbund zu errichten, in dem die Vaterlandsliebe zugunsten der Menschheitsliebe aufgegeben wird, denn wo der Nationalismus dominiert, ist der Weg zur Einheit der Nationen versperrt.

Grundzüge der Weltordnung Bahá'u'lláhs

In der Weltordnung, wie sie Bahá'u'lláh vorausschaute, darf es keine „starken" und keine „schwachen" Nationen geben. Alle Völker der Erde werden gleichberechtigt sein. Ihre Angelegenheiten werden durch ein Weltparlament geregelt, das dem Wohle aller Staaten dient. Ein Weltschiedsgerichtshof wird eingerichtet werden, um alle aufkommenden Streitigkeiten zu schlichten.

Das zukünftige Weltgemeinwesen sichert jeder Nation das Selbstbestimmungsrecht und jedem einzelnen Bürger die persönliche Freiheit zu. Um ein weltweites, übernationales Regieren zu ermöglichen, muß jedoch jede Nation auf ihre Wehrhoheit verzichten, insoweit die Bewaffnung über die Sicherstellung der inneren Ordnung hinausgeht. Eine internationale Polizei-

[1] Vgl. Bahá'u'lláh, Ährenlese 131:2
[2] a.a.O., 117

truppe wird darüber wachen, daß die Gesetze auch wirklich ausgeführt werden.

,,Wenn die Gebote des Heiligen Buches in Kraft getreten sind, werden Interessenkämpfe und Streitigkeiten durch einen allgemeinen Gerichtshof aller Staaten und Nationen in größter Gerechtigkeit geschlichtet und entschieden und alle auftretenden Schwierigkeiten gelöst werden. Die fünf Erdteile der Welt werden wie *ein* Land sein, die vielen Völker werden wie *ein* Volk, die Erdoberfläche wird wie *ein* Vaterland und das Menschengeschlecht wie *eine* Gemeinde sein. Die Verbindung der Länder untereinander, der Verkehr, die Eintracht und Freundschaft unter den Völkern und Gemeinden werden so groß sein, daß die ganze Menschheit wie *eine* Familie und *ein* Geschlecht wird.''[1)]

Bahá'u'lláh ruft die Völker der Welt auf, ihre Gegensätze auszugleichen[2)], den Geist der Einheit zu fördern[3)] und der Erziehung der Menschen große Aufmerksamkeit zu schenken.[4)]

,,Die Zeit muß kommen, da die gebieterische Notwendigkeit für die Abhaltung einer ausgedehnten, allumfassenden Versammlung der Menschen weltweit erkannt wird. Die Herrscher und Könige der Erde müssen ihr unbedingt beiwohnen, an ihren Beratungen teilnehmen und solche Mittel und Wege erörtern, die den Grund zum Größten Weltfrieden unter den Menschen legen. Ein solcher Friede erfordert es, daß die Großmächte sich um der Ruhe der Völker der Erde willen zu völliger Aussöhnung untereinander entschließen. Sollte ein König (oder ein Staat) die Waffe gegen einen anderen ergreifen, so müssen sich alle vereint erheben und ihn daran hindern. Wenn dies geschieht, werden die Nationen außer für ihre Wahrung der Sicherheit ihrer Reiche und die Aufrechterhaltung der inneren Ordnung in ihrem Staatsgebiet keine Waffen mehr brauchen.''[5)]

Auf dem Wege zur Einheit ist weltweite Abrüstung ein unvermeidbarer Schritt. ,,Legt euere Streitigkeiten bei und setzt eurere Rüstungen herab, damit die Last euerer Ausgaben leichter werde, euere Gemüter und Herzen zur Ruhe kommen. Heilt die Zwietracht, die euch spaltet, dann werdet ihr kein Kriegsgerät mehr brauchen außer dem, was der Schutz euerer Städte und Gebiete erfordert . . . Wir haben erfahren, daß ihr euere Ausgaben jedes Jahr vermehrt und die Lasten dafür eueren Untertanen aufbürdet. Dies ist wahrlich mehr, als sie tragen können, und ein bitteres Unrecht.''[6)]

Bahá'u'lláh ist jedoch nicht nur gekommen, um einen Weltstaatenbund ins Leben zu rufen — Sein Ziel ist ein weit größeres: Er will das geistige und göttliche Königreich auf Erden errichten. ,,Ein neuer Geist wird allem Er-

[1)] 'Abdu'l-Bahá, Beantwortete Fragen, Kap. 12, S. 71 f.
[2)] Vgl. Bahá'u'lláh, Ährenlese 4:1
[3)] Vgl. a.a.O., 110
[4)] Vgl. a.a.O., 156

schaffenen eingehaucht, die Zeit des göttlichen Frühlings bricht an, die Wolken der Gnade regnen, die Sonne der Wahrheit scheint, der lebenspendende Windhauch weht, die Menschenwelt legt ein neues Gewand an, die Erde wird zu einem erhabenen Paradies; die Menschheit wird erzogen, Krieg, Streit, Zank und Bosheit verschwinden, Wahrhaftigkeit, Rechtschaffenheit, Ehrlichkeit und Gottesverehrung erscheinen; Einigkeit, Liebe und Brüderlichkeit werden die Welt erfüllen, und Gott wird herrschen von Ewigkeit zu Ewigkeit, das heißt, daß das geistige und ewige Königreich aufgerichtet wird.''[7)]

Die Weltordnung der Zukunft wurde von Bahá'u'lláh geoffenbart und von Shoghi Effendi in ihren Grundzügen in die Realität umgesetzt. Die gesamte Bahá'í-Welt ist global in gleicher Weise organisiert: lokal durch die *Örtlichen Geistigen Räte*, innerstaatlich durch die *Nationalen Geistigen Räte* — international zentriert sich das weltumspannende Netz der Bahá'í-Verwaltungsordnung im *Universalen Haus der Gerechtigkeit* in Haifa.[8)]

Die beste aller Ordnungen nützt wenig, solange der einzelne Mensch nicht das entsprechende Bewußtsein mitbringt, um diese Ordnung beleben zu können. ,,Die Menschheit besteht aus individuellen Persönlichkeiten, und wenn irgendwelche Veränderungen in der Gesellschaft zuwege gebracht werden sollen, müssen wir bei ihren einzelnen Gliedern beginnen. Sofern nicht eine Änderung im Leben des einzelnen eintritt, kann die Verbrüderung der Menschheit niemals Wirklichkeit werden.''[9)]

Von der heutigen Welt, ihrer Situation und ihren Menschen ausgehend, erscheint vielen das Anliegen Bahá'u'lláhs geradezu utopisch.[10)] Hat Bahá'u'lláh etwas Unerreichbares geoffenbart? Wie können Menschen jemals dieses hohe Ziel erreichen?

Jeder neu geoffenbarten Religion wohnt eine starke schöpferische Kraft inne, die all jene umwandelt, die sich mit Entschlossenheit und echter Hinga-

5) Bahá'u'lláh, Ährenlese 117
6) a.a.O., 118:2,3
7) 'Abdu'l-Bahá, Beantwortete Fragen, Kap. 11, S. 66
8) Detaillierte Informationen über den Aufbau und den Geist der Bahá'í-Verwaltungsordnung findet der Leser in: Geistige Räte — Häuser der Gerechtigkeit, Bahá'í-Verlag
9) Gloria Faizi, Die Bahá'í-Religion — Eine Einführung, S. 50
10) Ein Text von Anne Steinwart läßt den Kontrast zwischen dem Ist- und dem Sollzustand deutlich werden: ,,Wir haben Angst voreinander, verstecken uns hinter schönen Worten und Halbwahrheiten. Wir sagen, daß es uns gut geht, wenn jemand fragt, im Höchstfall ‚Es geht so'. Wir haben Angst, eine Schwäche einzugestehen, einen Fehler zuzugeben und über unsere Schwierigkeiten zu sprechen. Wir haben Angst, eine Bitte auszusprechen, Hilfe anzubieten und den ersten Schritt zu tun. Wir haben Angst, nicht akzeptiert zu werden, an Ansehen zu verlieren und abgewiesen zu werden. Wir haben Angst vor der Angst. Sie macht uns unfrei, verkrampft, zwingt uns zum Lügen, zu Verstellungen und Beschönigungen. Könnten wir doch die Angst überwinden, eingestehen, vertrauen statt imponieren, einander begegnen statt ausweichen, Gemeinsamkeit versuchen.'' (Die genaue Textquelle ist unbekannt.)

be für die Verwirklichung der manifestierten Gesetze und Prinzipien einsetzen.

Dieser Verwandlungs- und Reifeprozeß der eigenen Persönlichkeit kann aufgrund tiefenpsychologischer Erkenntnisse und Erfahrungen von jedem einzelnen Menschen im Zuge fortschreitender Selbsterkenntnis gefördert und beschleunigt werden. Im weiteren werden daher einige psychologische Grundgedanken vermittelt, die dem Leser zeigen sollen, wie viel jeder einzelne zur neuen Weltkultur beitragen kann, wenn er den Mut hat, die *Arbeit an sich selbst* aufzunehmen.

Die psychische Projektion

Bis heute prägen Haß, Neid und Feindschaft das Leben vieler Menschen. Fast jeder hat irgendeinen Sündenbock, auf den er alles Negative abwälzen kann. Für die Kommunisten sind es die Kapitalisten und umgekehrt. Unzählige verurteilen die Menschen anderer Sprache, Hautfarbe, Nationalität oder Religionszugehörigkeit. Alles, was vom eigenen Lebensstil abweicht und nicht zur gewohnten Alltagswelt paßt, wird leicht abgewertet und verworfen.

Mit Hilfe der Tiefenpsychologie läßt sich an Hand der *psychischen Projektion* der Sinn und die Funktionsweise jener *Sündenbockethik*[1] verstehen: Projektion ist ein Vorgang der Entäußerung, eine Übertragung von Gegebenheiten, die in uns sind, ins Außen. Der Mensch neigt stets dazu, ja er ist zunächst dazu gezwungen, gewisse latente, also schlummernde Energien oder Anlagen, deren Vorhandensein ihm nicht bewußt ist, auf die Welt oder die Menschen zu übertragen, zu projizieren. Wer beispielsweise mißtrauisch ist, denkt, er dürfe der Welt nicht trauen, dürfe ihr nicht sicher sein. Dieses Mißtrauen jedoch ist nur die psychische Projektion seines eigenen Mißtrauens, das er unbewußt gegen sich selber hegt, weil er seiner selbst nicht sicher ist.

Vergleichen wir diesen psychischen Vorgang mit einem Dia-Projektor. Jeder Mensch trägt in sich eine bestimmte ,,private'' Wertskala, an der er sich und andere mißt. Vorstellungen, Einstellungen und Verhalten sind auf dieser Skala abgestimmt. Stellen wir uns bildlich vor, diese Wertskala sei ein Dia-Positiv, das wir hinter unsere Augen stecken. Unbewußt projizieren wir das Dia-Bild auf unsere Umgebung. Ist das Dia bunt, erscheint uns auch die Welt in Farben. Je nachdem, welche Inhalte sich auf dem Bild befinden, erleben

[1] Siehe dazu:
— Erich Neumann, Tiefenpsychologie und neue Ethik, München 1973
— Erich Neumann, Ursprungsgeschichte des Bewußtseins, München 1974
— Erich Neumann, Krise und Erneuerung, Zürich 1961
— Erich Neumann, Kulturentwicklung und Religion, Frankfurt 1978

wir die uns umgebende Welt. Alles, was uns im Außen begegnet, wird mit dem inneren Projektor bestrahlt und damit bewertet.

Solange der Mensch nicht merkt, daß er die anderen gleichsam durch eine „Brille" sieht, wird er fest der Überzeugung sein, der andere sei genau so, wie er ihn sieht. Wir können fragen, warum man diesen Vorgang im Alltag nicht registriert? Die Projektion geschieht! Sie geschieht ohne unseren Willen und ohne unseren Verstand. Projektion wird nicht bewußt-willentlich gemacht, sondern ist ein dem Ich-Bewußtsein unbewußter Vorgang, auf den es direkt zunächst nur wenig Einfluß hat.

In dieser Tatsache liegt ein Aspekt menschlicher Tragik verborgen. Alles, was wir aus dem unbewußten Bereich unserer Psyche nach außen projizieren, ist zunächst von uns unbemerkt. Deshalb leben auch die meisten Menschen, die um diesen Vorgang nichts wissen, in dem Glauben, sie selbst hätten kein Unbewußtes und die Wirklichkeit sei genau so, wie sie ihnen erscheint.

Auf dem Dia-Positiv des alten Bewußtseins gibt es — vereinfacht gesagt — zwei getrennte Bereiche: Der eine ist hell, der andere dunkel. Während man dazu neigt, das Helle als eigenes zu betrachten, wird das Dunkle nach außen verlegt und an geeigneten Objekten gespiegelt. Die Objekte, denen wir das Dunkle anhaften, nennt man *Sündenbock*.

Die oberen, die hellen Bereiche der inneren Wertskala werden von uns als gegeben anerkannt, die unteren als inexistent abgelehnt. Für letztere findet sich im Außen ein „Schwarzer Peter", dem das Negative besser zu stehen scheint, als sich selbst. Christus spricht vom „Balken im eigenen Auge", den es zu erkennen gilt, bevor man sich dem Splitter im Auge des anderen zuwendet.

Was aber sind diese oberen und unteren Bereiche der Wertskala, die hellen und dunklen Stellen des Dia-Positivs? Im oberen Teil der Skala ist, was wir ganz persönlich als „gut" bewerten und als „positiv" ansehen. Unten dagegen ist alles, was nicht sein darf. Alles, was dem inneren *Wunsch-* und *Leitbild* widerstrebt, wird — wie es die Psychologie sagt — ins Unbewußte *verdrängt*. Die eigene Welt scheint dann wieder in Ordnung zu sein. In seinem bewußten Ich meint der Mensch, er habe sich des Unangenehmen für immer entledigt. Zunächst kann dieser Glaube auch aufrecht erhalten werden, denn über die Projektion gelangen die verbannten Inhalte der Psyche in die Außenwelt, wo sie den Eindruck erwecken, als haben sie nichts mit einem zu tun. Dort findet sich bald jemand, der einen nervös macht, der einen ärgert oder dem man am liebsten eine Ohrfeige geben möchte.

Stets sind die am anderen kritisierten Merkmale jene Eigenschaften des eigenen Innen, die vom Ich nicht erkannt werden. C. G. Jung bezeichnet diese nicht angenommenen Inhalte mit dem Begriff des *Schatten*. In diesen Bereich hinein entledigt sich der Mensch des Unangenehmen, der ihn bedrängenden Gefühle, die Schuld, Scham oder Unzulänglichkeit verursachen würden. Auf diese Weise entsteht ein Riß in der Persönlichkeit. Wer dem „dunklen Bruder" — oder bei Frauen: der „dunklen Schwester" — in sich selbst auszuweichen versucht, kommt im Außen mit ihm in Berührung: Die Außenwelt wird gleichsam bevölkert mit Personifizierungen eigener Haßgefühle, geheimer uneingestandener Ängste und Wünsche. Es erfolgt eine Aufladung der Dinge, Ereignisse und Handlungen des Außen durch die dem Menschen innewohnende psychische Energetik. Das projizierte Bild findet mit einer geradezu unheimlichen Sicherheit den verwundbaren Punkt, die unverschlossene Tür in der Seele seines Opfers, durch die es eindringen kann.

Solange diese verdrängten, unterdrückten und abgelehnten Inhalte der eigenen Innenwelt nicht dem Bewußtsein eingegliedert, nicht von ihm *assimiliert* sind, wirken sie sich im Leben des Menschen störend aus. Unbewußtes arbeitet — bzw. wirkt — autonom und automatisch. Der sich seiner nicht akzeptierten Seelenanteile unbewußte Mensch schlittert automatisch immer wieder in ähnliche Situationen, in denen er mit anderen in Konflikt gerät. Wie durch einen Magnet angezogen passieren ihm stets ähnliche „Pannen", begegnen ihm (auf magische Weise) immer wieder ganz bestimmte äußere Schwierigkeiten.

Menschen, in denen das sich heute entfaltende Bewußtsein noch nicht erwacht ist, leben weitgehend in einer Scheinordnung, denn ihre Welt ist nur dann heil, solange sie irgendwo einen Sündenbock wissen, sei es „die Gesellschaft", „die schlechten Umweltbedingungen", „der böse Nachbar", usw. Diese Menschen leben nur eine Seite der Wirklichkeit und haben es im wahrsten Sinne des Wortes dem „Teufel" zu verdanken, daß er sich für die andere, die ungelebte „schwarze" Seite der inneren Realität als Bild zur Verfügung stellt.

In der Geschichte finden sich genügend Beispiele für die Wirksamkeit der Sündenbock-Projektion. Hexenverbrennungen im Mittelalter unterscheiden sich in der Motivation kaum von den Judenverbrennungen der Neuzeit. In beiden Fällen war es Ziel, sich selbst nur halb zu sehen, während die dunkle Seite im anderen ihr Opfer fand. Doch der Feind, den sie töteten, war in Wirklichkeit ein Teil ihrer selbst; er wohnte, wie Bahá'u'lláh lehrte, im eigenen Herzen. Jedoch sie merkten es nicht.

Selektive Wahrnehmung

Betrachten wir nun im folgenden die Sündenbockthematik unter Zuhilfenahme anderer Aspekte. Es ist kein Wunder, daß heute eine Überbewertung der äußeren Umstände zur Mode geworden ist. Eine Vielzahl von Sündenböcken „stehen Schlange" und warten nur auf den geeigneten Moment, an dem sie aufgerufen werden. Im Zeitalter der Soziologenschwemme ist ein modernes Märchen entstanden, dem zufolge nur dann eine bessere Welt entstehen kann, wenn man vor allem die Umstände ändert. Und so ist die Umwelt zum sanktionierten Projektionsträger Nr. 1 geworden. Jede Theorie, welche Schuldprojektion gestattet und gar züchtet, findet heute mit großer Sicherheit die stärkste Unterstützung.

Die Skala der Schuldigen ist unerschöpflich; sie reicht von den Familienumständen bis zu den politischen Umständen, von den gesellschaftlichen Umständen bis zu den Zeitumständen. Gegen wen auch immer gewettert wird, eins ist allen Sündenbockprojektionen gemeinsam: der unausgesprochene Wunsch, für sich selbst zumeist nicht verantwortlich zu sein. Um nun zu wiederlegen, daß dem Außen eine solch übergroße Bedeutung zukommt, wie man heute landläufig meint, soll auf einen physikalischen Begriff zurückgegriffen werden: die Resonanz.

„Eine Stimmgabel schwingt bei einem Ton nur dann mit, wenn der Ton ihrer Eigenfrequenz entspricht. Ist dies nicht der Fall, dann ist der Ton für die Stimmgabel gar nicht vorhanden, denn sie kann ihn nicht wahrnehmen. Ein Radioempfänger, der auf Mittelwelle abgestimmt ist, wird auf Grund seiner Resonanz nur Mittelwelle empfangen. UKW und Langewelle kann er nicht kennenlernen, sie gehören deshalb auch nicht zu seinem ‚Weltbild'. Ebenso braucht der Mensch für jede Wahrnehmung in sich selbst eine Entsprechung, die in der Lage ist, ‚mitzuschwingen' und ihm durch diese Resonanz erst die Wahrnehmung ermöglicht . . . Jeder Mensch kann immer nur jene Bereiche der Wirklichkeit wahrnehmen, für die er eine Resonanzfähigkeit besitzt. Dies gilt nicht nur für den Bereich der sinnlichen Wahrnehmung, sondern für die gesamte Erfassung der Wirklichkeit."[1]

Alles, was nicht der eigenen Resonanzfähigkeit entspricht, existiert auch für den Betreffenden nicht; es liegt außerhalb seiner Wahrnehmungsfähigkeit. Deshalb lebt auch jeder, der um diese Gesetzmäßigkeit nicht weiß, in der Überzeugung, daß er die Gesamtwirklichkeit kennt und es außerhalb dessen nichts mehr gibt.

Kommen wir zu einer entscheidenden Folgerung: Wir können nur mit solchen Situationen, Ideen und Menschen innerlich in Berührung kommen, zu denen wir eine innere Affinität, eine innere Entsprechung haben. Oder anders: Wir schneiden uns unbewußt aus der Gesamtwirklichkeit den uns entsprechenden Teil heraus, nehmen die Wirklichkeit nur selektiv[2] wahr.

1) Thorwald Dethlefsen, Schicksal als Chance, S. 79 f.

2) Jeder Mensch lebt daher im Grunde in „seiner Welt". Von diesen „Welten" gibt es genauso viele, wie es Menschen gibt. Wir alle erfassen nur Aspekte, nur Ausschnitte der Gesamtwelt.

Unsere Einstellung zu den Umständen

Wer den täglichen Selbstbetrug entlarven will, muß damit beginnen, zu durchschauen versuchen, wann er selbst damit beschäftigt ist, für alles, was der eigenen Ansicht nach nicht sein darf, Entschuldigungen in der Außenwelt zu finden.

Denn unsere Umwelt ist in Wirklichkeit wie ein Spiegel, in dem jeder im Grunde nur sich selbst erleben kann, solange er nicht über einen gewissen Bewußtseinsstand verfügt. Gemäß dem Gesetz der Entsprechung kann der Mensch das Außen nicht anders wahrnehmen, als es seiner inneren Konstellation entspricht.

Viele Dinge, die uns umgeben, sind an sich wertfrei und neutral. Erst durch unsere Einstellung erhalten sie einen bestimmten Wert — nämlich den, den wir ihnen zuschreiben. „So ist Einsamkeit weder gut noch schlecht, weder angenehm noch unangenehm. Der eine erlebt die Einsamkeit als Qual, der andere als willkommene Voraussetzung der Selbstbesinnung und der Meditation. Für den einen ist Besitz das höchste Ziel seiner Bestrebungen, für den anderen störender Ballast. Es sind niemals die Umstände selbst, die unser Gemüt tangieren, sondern lediglich unsere Einstellungen zu den Umständen."[1)]

Eine ungeahnte Informationsquelle zur Selbsterkenntnis

Wer diese Gegebenheit durchschaut und akzeptiert, wird immer weniger dazu neigen, *bloß die Welt verändern* zu wollen. Er wird statt dessen diese Welt als Informationsquelle zwecks *eigener Veränderung* zu betrachten beginnen. Über den Spiegel der Außenwelt erfahren wir auf recht zuverlässige Weise, in welcher inneren Situation wir uns gerade befinden. Wir müssen den Mut aufbringen, nach der Sinnhaftigkeit dessen zu fragen, was uns im Moment passiert.

„All die bösen Menschen und die unliebsamen Ereignisse sind in Wirklichkeit (auch) Boten, sind Medien, das (in uns) Unsichtbare sichtbar zu machen."[2)] All jene Dinge, die auf uns zukommen, haben auch irgend etwas mit uns zu tun, weil wir zu ihnen in Entsprechung stehen. Aus diesem Grund hat es auch wenig Sinn, wenn wir gegen alle diese Geschehnisse kämpfen — dies wäre zumeist lediglich ein Kampf gegen uns selbst.

1) Thorwald Dethlefsen, Schicksal als Chance, S. 74
2) a.a.O., S. 85

„So ist die Beobachtung der eigenen Umwelt und der Ereignisse, mit denen man konfrontiert wird, eine der besten Methoden der Selbsterkenntnis, denn alles, was in der Außenwelt stört, zeigt lediglich an, daß man sich selbst mit dem analogen Prinzip in sich selbst noch nicht ausgesöhnt hat . . . Jeder Mensch ist in der Lage die gesamte Welt nach seiner Vorstellung zu verändern und zu gestalten, ganz ohne Kampf und äußere Macht. Der Mensch braucht nur sich selbst zu ändern, und siehe, die ganze Welt verändert sich mit ihm."[1)]

Alte und neue Ethik

Der von der alten Ethik geprägte Mensch versucht stets die ihm unangenehmen Inhalte seines Innen auf den anderen abzuschieben: „Der, die, das andere ist schuld!"[2)] Wird es brenzlig und unangenehm, beginnt die eifrige Suche nach einer Ausrede, Beschönigung, nach einem Alibi, das alles Gewesene verdecken und rechtfertigen soll. Gefühle, Ärger, Aggressionen und Verstimmungen sind für den Menschen der alten Ethik von außen verursacht: „Der andere nervt, reizt, beleidigt mich!" Ein typischer Ausspruch ist: „Du machst mich nervös!" oder „Du machst mich verrückt!"

Erik Blumenthal sieht dies anders; er interpretiert den Adlerschen Gedanken, daß der Mensch ein Entscheidungen treffendes Wesen ist wie folgt: „Jeder, der sich ärgert, der unzufrieden oder gar unglücklich ist, weiß i.a. genau, wer daran schuld ist. Wir sind daran gewohnt, für unsere negativen Gefühle, unsere Emotionen und Affekte anderen die Schuld zu geben. Das, was helfen könnte, ist den meisten Menschen nicht bekannt, nämlich die Erkenntnis, daß kein Mensch der Welt mich ärgern kann, weil dies mein Ärger ist und nicht der des anderen. Meinen Ärger kann nur ich erzeugen. Wenn sich einer ärgert, hat er sich dafür entschieden, allerdings nicht bewußt. *Der Mensch ist ein Entscheidungen treffendes Wesen,* das jeden Schritt, den es tut, (meist unbewußt) entscheidet. Jeder Gedanke, jedes Gefühl, jeder Wunsch und jede Erwartung wie auch jede Äußerung sind Folge einer Ent-

1) Thorwald Dethlefsen, Schicksal als Chance, S. 83

2) Nach Fritz Riemann vermag die *Tiefenpsychologie* zur *neuen Ethik* u.a. beitragen: „Zunächst kann sie uns zu einem neuen Aspekt der Ethik verhelfen. Die alte Moral trägt nicht mehr; ihre simplifizierende Schwarzweiß-Malerei ist . . . unglaubwürdig geworden. Sie war zu oft eine Zweckmoral, die als gut oder böse jeweils das bezeichnete, was in den Interessen bestimmter Gruppen und Institutionen lag . . . Durch die Erfahrungen der Tiefenpsychologie können wir es uns mit gut und böse nicht mehr so leicht machen; sie hat uns gezeigt, daß wir dazu neigen, unser eigenes Böses, unseren Schatten, wie C. G. Jung die uns unannehmbar erscheinenden Wesensanteile genannt hat, nach außen, auf andere, auf den Teufel oder auf ein Feindbild zu projizieren — dann können wir sie draußen verfolgen als ein nicht zu uns selbst gehörendes Böses." (Die schizoide Gesellschaft, S. 45)

scheidung, die sich meist nicht zur bewußten Ebene erhebt. Von dieser Erkenntnis wollen die meisten nichts wissen, weil sie z.B. für ihre schlechten Stimmungen nicht selbst verantwortlich sein wollen. Es scheint lohnender, anderen die Schuld zu geben. Wir haben dann für unseren Mißmut, für unsere schlechten Launen und Stimmungen immer eine wunderbare Entschuldigung (Alibi): ,Die anderen sind schuld.' ''[1]

Niemand schreit, ohne es innerlich zu wollen. Niemand kann nervös gemacht werden, wenn er innerlich(-unbewußt) nicht ,,ja'' dazu sagt. Stellen wir zwei zentrale Sätze der alten und neuen Ethik einander gegenüber, wird deutlich, wieviel ungeahnte Möglichkeiten der menschlichen Entwicklung und Wandlung ungenutzt sind:

alte Ethik	neue Ethik
Der andere ist schuld!	Was habe ich zu der Situation beigetragen?
Der andere muß sich ändern!	Wie kann ich mich selbst wandeln?

Wer sich zum ,,Opfer'' macht, benutzt einen psychologischen Trick: Er will sein Subjekt-Sein nicht anerkennen, um die Verantwortung für Verhalten, Handeln und Taten nicht auf sich nehmen zu müssen. Wer dagegen zum neuen Bewußtsein ,,ja'' sagt, hinterfragt sich selbst, bevor er anderen einen Vorwurf macht. Er ist ehrlich zu sich selbst, aber auch geduldig mit sich; er kann Fehlern ins Gesicht schauen ohne sich dabei zu verachten. Menschen, in denen die integrale Bewußtseinsstruktur zu erwachen beginnt, leben nach dem Satz Christi: ,,Liebe deinen Nächsten wie dich selbst!'' Während die alte Ethik nur die erste Hälfte des Ausspruchs sieht, erkennt die neue Ethik, daß die zweite Hälfte nicht weniger wichtig ist. Jene Menschen wissen, wie eng beide Teile des Satzes zusammengehören, denn wer sich selbst nicht liebt, nicht akzeptiert, wird diese negative Einstellung nach außen projizieren und damit auch anderen feindlich gegenüberstehen.

[1] Erik Blumenthal, Verstehen und verstanden werden, S. 16

Kapitel 6:

Das Bahá'í-Prinzip „Religion sollte Liebe und Zuneigung hervorrufen"

„Die Religion sollte alle Herzen vereinen und Krieg und Streitigkeiten auf der Erde vergehen lassen, Geistigkeit hervorrufen und jedem Herzen Licht und Leben bringen. Wenn die Religion zur Ursache von Abneigung, Haß und Spaltung wird, so wäre es besser, ohne sie zu sein, und sich von einer solchen Religion zurückzuziehen, wäre ein wahrhaft religiöser Schritt. Denn es ist klar, daß der Zweck des Heilmittels die Heilung ist, wenn aber das Heilmittel die Beschwerden nur verschlimmert, so sollte man es lieber lassen. Jede Religion, die nicht zu Liebe und Einigkeit führt, ist keine Religion. Die heiligen Propheten waren alle gleichsam Seelenärzte, sie gaben Rezepte, um die Menschheit zu heilen. Darum stammen alle Mittel, die zu Erkrankungen führen, nicht vom großen und höchsten Arzte."[1]

Gedanken zu dem Bahá'í-Prinzip „Religion sollte Liebe und Zuneigung hervorrufen"

Hauptzweck der Religion ist nach Bahá'u'lláh „das Wohl des Menschengeschlechts zu sichern, seine Einheit zu fördern und den Geist der Liebe und Vollkommenheit unter den Menschen zu pflegen."[2]

Die Vergangenheit zeigt uns jedoch, wie wenige dieses Ziel der Religionen wirklich erkannt, beherzigt und ernstgenommen haben. Persönliche Zwistigkeiten, institutionelle Feindseligkeiten und sogar kriegrische Auseinandersetzungen füllen die Annalen der Geschichte.

Es gibt sicherlich zahlreiche Gründe dafür, warum Menschen immer wieder die Religionen zum Ausgangspunkt ihrer Streitigkeiten gewählt haben. Über einen dieser Anlässe etwas tiefer nachzudenken, soll Aufgabe der folgenden Ausführungen sein.

1) 'Abdu'l-Bahá, Ansprachen in Paris, Kap. 40, S. 102

2) Bahá'u'lláh, Ährenlese 110

Seit jeher waren die Offenbarungen zu einem großen Teil in symbolische Sprache gekleidet. Die Vorzüge symbolischer Ausdrucksweise werfen ihre Schatten jedoch dort, wo Menschen die Vielschichtigkeit der Bedeutungen zum Anlaß für Streitigkeiten nehmen und *ihre* Version der Auslegung dogmatisieren.

Da verschiedene Interpretationen einer religiösen Aussage bei verschiedenen Menschen, Kirchen, Sekten und sonstigen Gruppen recht unterschiedlichen, mitunter stark kontrastierenden Charakter annehmen, soll im weiteren dieser Ursache von Streitigkeiten entgegengewirkt werden, indem einige Symbolentschlüsselungen zur Darstellung kommen. Mit der Bahá'í-Religion ist erstmals in der uns bekannten Religionsgeschichte eine Vielzahl religiöser Symbole in ihrer wahren Bedeutung ausgelegt worden.

Über den symbolischen Ausdruck

Fragen wir uns zunächst, warum eigentlich der symbolische Ausdruck Verwendung fand. Einerseits standen die Menschen früherer Epochen dem mythischen Bilderdenken näher als etwa dem begrifflichen Verstandesdenken, andererseits verfügt das Symbol über Aussagemöglichkeiten, die dem Begriff als solchem nicht zueigen sind. Bachofen formuliert: „Das Symbol erweckt eine Ahnung, die Sprache kann nur erklären. Das Symbol schlägt alle Saiten des menschlichen Geistes zugleich an, die Sprache ist genötigt, sich immer wieder einem Gedanken zuzuwenden. Nur dem Symbol gelingt es, die Vielfältigkeit des Lebens in einem einheitlichen Gesamteindruck zu verbinden. Unsere Worte dagegen zerstückeln die Ganzheit und machen das Unendliche endlich."[1)]

'Abdu'l-Bahá stellt es noch klarer heraus, warum das Symbol ein bevorzugtes religiöses Ausdrucksmittel ist.[2)] Er unterscheidet zunächst zwischen *sinnlicher* und *intelligibler* Wahrnehmung. Erstere sei gegenständlich und konkret, während letztere des Raumes und der Form entbehre. Im Gegensatz zur Erkenntnis über die Wahrnehmung der Sinne sei die Erkenntnis über den Verstand nicht an körperliche Gegenstände gebunden. Alle inneren Fähigkeiten zählten zur intelligiblen Wirklichkeit. Liebe beispielsweise sei ebensowenig durch die Sinne wahrnehmbar wie darüber hinaus auch all die *Äthersubstanzen,* deren Kräfte *Wärme, Licht, Elektrizität* und *Magnetismus* genannt würden. Die Natur in ihrem innersten Wesen gehöre zur sinnlich nicht erfaßbaren „intelligiblen" Wirklichkeit.

Wolle man nun diese nicht konkret wahrnehmbare, im Grunde geistige

1) J. J. Bachofen, Mutterrecht und Urreligion, S. 60 f. (Leipzig 1927)
2) Vgl. 'Abdu'l-Bahá, Beantwortete Fragen, Kap. 16, S. 89 ff.

Wirklichkeit anschaulich machen, müsse man sie durch Sinnbilder ausdrücken, die sich an die stoffliche Welt anlehnten. ,,Wenn man diese unkörperlichen Zustände (wie beispielsweise Traurigkeit und Freude) beschreiben will, sagt man: ‚Mein Herz ist schwer' oder ‚Mein Herz ist leicht', obwohl sich das Gewicht des menschlichen Herzens dabei nicht ändert. Es ist ein seelischer oder geistiger Zustand, den zu veranschaulichen man zu sinnlich wahrnehmbaren Bildern greifen muß.''[1]

Entsprechend verhalte es sich, wenn man Wissen durch *Licht* und Unwissenheit durch *Dunkelheit* symbolisiere. Desgleichen habe ein *fortgeschrittener Mensch* weder Ort noch Stelle gewechselt oder gehe ein *Mensch in hoher Stellung* ebenso auf ebener Erde einher wie alle anderen auch.[2]

Deutung einiger christlicher Symbole

Es ist also offensichtlich, daß religiöse Symbole geistige Zustände ausdrücken und sich der Anschaulichkeit wegen lediglich an die gegenständliche Wirklichkeit anlehnen, nicht aber mit der stofflichen Erscheinungswelt identisch sind.

a) Die Taufe Christi[3]

Es wäre verfehlt, zu glauben, daß sich die Taufe auf die materielle Ebene beziehe. Lediglich den Körper unterzutauchen, ihn zu waschen oder zu benetzen, kann keinerlei geistigen Nutzen haben. Die Heiligen Schriften sprechen vielmehr von der Taufe mit *Wasser* und *Feuer,* wobei wiederum *Wasser* und *Feuer* nicht materiell verstanden werden dürfen. Taufe, richtig verstanden, meint Reinigung der Seele von niederen Eigenschaften, damit der Mensch fähig werde, die ewige Gnade zu empfangen. Da sich jedoch der Mensch aus eigenem Vermögen nicht aus den Fesseln sinnlicher Begierden befreien kann, bedarf es der Hilfe des Heiligen Geistes. Durch Ihn vollzieht sich die Taufe mit dem *Wasser* der Erkenntnis und des Lebens und dem *Feuer* der Liebe Gottes. Selbstverständlich darf auch die *Taube,* die im Moment der Taufe Christi vom Himmel herabkam, nicht körperlich gesehen werden — sie ist Sinnbild des Heiligen Geistes.

b) Das Abendmahl[4]

Wenn Christus von *Brot* und *Wein,* von *Leib* und *Blut* spricht, kann natürlich nicht die wörtliche Bedeutung gemeint sein. 'Abdu'l-Bahá deutet das

[1] 'Abdu'l-Bahá, Beantwortete Fragen, Kap. 16, S. 90
[2] Siehe a.a.O., S. 90
[3] Vgl. a.a.O., Kap. 19, 20, S. 96 ff.
[4] Vgl. a.a.O., Kap. 21, S. 102 ff.

Brot als *himmlisches Licht,* als *göttliche Gnade* und *Christi Vollkommenheit.* Wer sich dem erschließe, erlange das ewige Leben. Entsprechend bedeuten auch *Wein* und *Blut* etwas anderes: Immerwährende Gnade erfährt, wer dem *Geist des Lebens* teilhaftig wird. Wie der menschliche Körper über den Kreislauf des Blutes Lebenskraft erhält, wird die menschliche Seele durch die *himmlischen Gnadengaben,* also mit *himmlischer Nahrung* versorgt.

c) Wunderheilungen[1)]

Obgleich jeder Offenbarer zu Wunderheilungen imstande war, enthüllt sich der wahre Sinn vollbrachter Heilungen nicht auf körperlicher Basis. Einen Blinden sehend, einen Tauben hörend und einen Lahmen gehend zu machen, hat geistig kaum Vorteile, da der betreffende Mensch diese neu erworbenen äußeren Fähigkeiten bei seinem leiblichen Tode ohnehin wieder verlieren würde. Christus unterscheidet sehr klar zwischen dem *Fleisch* und dem *Geist* — Er sagt sogar, daß das Fleisch zu nichts nütze ist und der Geist allein lebendig macht. Damit ist es einleuchtend, daß Er mit *sehen* inneres Sehen und mit *hören* inneres Hören meinte. Christus bezeichnet selbst Lebende als *Tode,* solange diese nicht begriffen haben, daß wahres Leben, geistiges, ja ewiges Leben bedeutet.

d) Christi Auferstehung[2)]

Es ist ein Irrtum, anzunehmen, Christus wäre nach drei Tagen körperlich auferstanden. Die Auferstehung des *Leibes Christi* bezieht sich einzig auf Seinen *geistigen Leib.*

Nach der Kreuzigung gerieten die Jünger Jesu in Aufregung und Verwirrung. Sie wußten nicht recht, was sie nun ohne ihren Meister tun sollten. Doch nachdem ihnen die geistige Wirklichkeit Christi einige Tage verschleiert war, begriffen sie plötzlich, daß es nun darauf ankomme, die göttlichen Lehren zu verbreiten. *Der Körper Christi,* d.h. Seine geistige Botschaft *stand auf,* wurde vom Tod zum Leben erweckt.

In den Bahá'í-Schriften sind zahlreich Symbole erstmals kar und unmißverständlich ausgelegt, so daß mancher Streit um die Interpretation verschiedener Textstellen aus den Heiligen Büchern beigelegt werden kann.[3)]

1) Siehe 'Abdu'l-Bahá, Beantwortete Fragen, Kap. 22, S. 105 ff.

2) Siehe a.a.O., Kap. 23, S. 108 f.

3) Empfohlene Literatur:
— 'Abdu'l-Bahá, Ansprachen in Paris, Oberkalbach 1973
— 'Abdu'l-Bahá, Beantwortete Fragen, Hofheim-Langenhain 1977
— Bahá'u'lláh, Das Buch der Gewißheit, Hofheim-Langenhain 1978

Kapitel 7:
Das Bahá'í-Prinzip „Die Anerkennung der Beziehung zwischen Religion und Wissenschaft"

„Es gibt keinen Widerspruch zwischen wahrer Religion und Wissenschaft. Wenn eine Religion im Gegensatz zur Wissenschaft steht, wird sie zu reinem Aberglauben; das Gegenteil vom Wissen ist die Unwissenheit.

Wie kann ein Mensch etwas für eine Tatsache halten, das die Wissenschaft als unmöglich erwiesen hat? Glaubt er entgegen Seiner Vernunft, so ist dies eher unwissender Aberglaube als Glaube. Die wahren Prinzipien aller Religionen stimmen mit den Lehren der Wissenschaft überein.

Die Einheit Gottes ist logisch, und dieser Gedanke steht nicht im Widerspruch zu den Forschungsergebnissen der Wissenschaft.

Alle Religionen lehren uns, das Gute zu tun, großmütig, aufrichtig, wahrhaftig, gesetzestreu und ehrlich zu sein. Dies alles ist vernünftig und logischerweise der einziger Weg, auf dem die Menschheit vorwärts kommen kann.

Alle Religionsgesetze entsprechen der Vernunft und sind den Menschen angemessen, für welche sie geschaffen wurden, sowie dem Zeitalter, in dem ihnen gehorcht werden muß . . .

Nun sind alle im geistigen, unveränderlichen Gesetz jeder Religion enthaltenen sittlichen Fragen logisch richtig. Stünde die Religion im Gegensatz zur logischen Vernunft, so würde sie aufhören, Religion zu sein und wäre lediglich Überlieferung. Religion und Wissenschaft sind die beiden Flügel, auf denen sich die menschliche Geisteskraft zur Höhe erheben und mit denen die menschliche Seele Fortschritte machen kann. Mit einem Flügel allein kann man unmöglich fliegen: Wenn jemand versuchen wollte, nur mit dem Flügel der Religion zu fliegen, so würde er rasch in den Sumpf des Aberglaubens stürzen, während er andererseits nur mit dem Flügel der Wissenschaft auch keinen Fortschritt machen, sondern in den hoffnungslosen Morast des Materialismus fallen würde. Alle gegenwärtigen Religionen sind zu abergläubischen Bräuchen herabgesunken und stimmen nicht mehr mit den wahren Grundsätzen der von ihnen vertretenen Lehre und auch nicht mit den wissenschaftlichen Entdeckungen unserer Zeit überein. Viele religiöse Führer sind zu der Auffassung gekommen, daß die Bedeutung der Religion hauptsächlich darin besteht, an einer Sammlung von bestimmten Dogmen und an der Ausübung von Riten und Zeremonien festzuhalten. Sie lehren diejenigen, deren Seelenheil sie betreuen, genau wie sie zu glauben, und diese halten sich zäh an die äußeren Formen und verwechseln sie mit der inneren Wahrheit.

Diese Formen und Riten weichen nun in den verschiedenen Kirchen und bei den verschiedenen Sekten voneinander ab und widersprechen sogar einander, wodurch sie Anlaß zu Uneinigkeit, Haß und Spaltung geben. Die Folge aller dieser Zwietracht ist die Meinung vieler gebildeter Menschen, daß Religion und Wissenschaft einander widersprechende Begriffe seien, daß die Religion keiner Überlegungskraft bedürfe und in keiner Weise durch die Wissenschaft gelenkt werden sollte, sondern daß beide notwendigerweise im Gegensatz zueinander stehen müßten. Die unglückliche Folge davon ist, daß die Wissenschaft abseits von der Religion dahintreibt und die Religion nichts als ein blindes und mehr oder minder gleichgültiges Befolgen der Vorschriften gewisser Religionslehrer ist, die auf Annahme ihrer eigenen Lieblingsdogmen dringen, selbst wenn sie der Wissenschaft widersprechen. Das ist eine Torheit, denn es ist völlig klar, daß Wissenschaft Licht ist, und weil es so ist, ist Religion, die wir mit Recht so nennen, nicht in Widerspruch zum Wissen.

Wir sind vertraut mit den Ausdrücken ‚Licht und Finsternis', ‚Religion und Wissenschaft'. Religion jedoch, die nicht mit der Wissenschaft Hand in Hand geht, befindet sich selbst in der Dunkelheit des Aberglaubens und der Unwissenheit.

Viel von den Mißhelligkeiten und der Uneinigkeit in der Welt wird durch diese menschengemachten Gegensätzlichkeiten und Widersprüche hervorgerufen. Stünde die Religion im Einkang mit der Wissenschaft und würden sie miteinander gehen, so würde viel von dem Haß und der Bitternis vergehen, die die menschliche Rasse jetzt ins Elend bringen.

Bedenket, was den Menschen von den übrigen erschaffenen Wesen unterscheidet und ihn zu einem besonderen Geschöpf macht. Ist es nicht seine Urteilsfähigkeit, seine Intelligenz, und sollte er sich nicht in seinem religiösen Forschen ihrer bedienen? Ich sage euch: wäget alles, was euch als Religion geboten wird, sorgfältig auf der Waage der Vernunft und Wissenschaft. Wenn es die Probe besteht, so nehmt es an, denn es ist die Wahrheit. Stimmt es hingegen nicht damit überein, so weist es zurück, denn es ist dann Unwissenheit.

Blickt um euch und erkennet, wie die heutige Welt in Aberglauben und äußeren Formen untergeht!

Manche beten das Werk ihrer eigenen Einbildung an; sie machen sich einen selbsterdichteten Gott und verehren ihn, wenn das Erzeugnis ihres endlichen Verstandes nicht der unendliche, mächtige Schöpfer alles Sichtbaren und Unsichtbaren sein kann. Andere beten die Sonne oder Bäume und Steine an. In früherer Zeiten gab es Menschen, die das Meer, die Wolken und selbst den Staub verehrten.

Heute sind die Menschen in ihrer Verehrung derartig von äußeren Formen und Zeremonien abhängig geworden, daß sie so lange über einzelne kirchliche Bräuche oder besondere Übungen streiten, bis man allerseits über ermüdende Erörterungen und Unruhe klagen hört. Es gibt Menschen, die einen schwachen Intellekt besitzen, und ihre Verstandeskräfte sind nicht entwickelt; aber man darf nicht etwa die Kraft und Macht der Religion wegen der Begriffsunfähigkeit dieser Menschen in Zweifel ziehen.

Ein kleines Kind kann die Gesetze, die die Natur beherrschen, nicht verstehen, das rührt jedoch vom unreifen Verstand dieses Kindes her. Wenn es älter geworden und erzogen ist, so wird es auch die ewigen Wahrheiten verstehen. Ein Kind begreift nicht, daß sich die Erde um die Sonne dreht; wenn aber seine Intelligenz erwacht, so ist ihm diese Tatsache ganz klar und einfach.

Die Religion kann unmöglich im Gegensatz zur Wissenschaft stehen, wenn auch mancher Verstand zu schwach oder nicht reif genug ist, um die Wahrheit zu begreifen.

Gott hat Religion und Wissenschaft gewissermaßen zum Maßstab unseres Verstehens gemacht. Seid achtsam, eine so wunderbare Kraft nicht zu vernachlässigen. Wägt alles auf dieser Waage.

Für den, der Fassungskraft besitzt, ist die Religion wie ein offenes Buch. Wie aber könnte ein Mensch ohne Vernunft und Verstandeskraft die göttlichen Wirklichkeiten verstehen?

Bringt euren ganzen Glauben in Übereinstimmung mit der Wissenschaft. Es kann keinen Gegensatz geben, weil es nur e i n e Wahrheit gibt. Wenn die Religion, befreit von Aberglauben, Überlieferungen und unverständigen Dogmen, ihre Übereinstimmung mit der Wissenschaft dartut, so wird eine große einigende, reinigende Kraft in der Welt sein, die alle Kriege, Uneinigkeiten, Mißklänge und Streitigkeiten vor sich herkehrt, und dann wird die Menschheit in der Macht der Gottesliebe vereinigt werden.[1]

Gedanken zu dem Bahá'í-Prinzip „Die Anerkennung der Beziehung zwischen Religion und Wissenschaft"

Es mag manch einen Leser verwundern, gerade von religiöser Seite dieses Prinzip zu vernehmen, gibt doch die Geschichte vielfache Anlässe, das Gegenteil anzunehmen. Über Jahrhunderte hinweg standen sich Kirche und

[1] 'Abdu'l-Bahá, Ansprachen in Paris, Kap. 44, S. 112 ff. Der Text des Kapitels 44 ist nur teilweise wiedergegeben.

Wissenschaft mißtrauisch bis ablehnend, ja sogar feindlich gegenüber. Die Kirchen widersetzen sich der Wissenschaft und behaupteten, daß Wissenschaft die Grundlagen der Religion zerstöre.

„In Wirklichkeit aber ist die Religion Gottes Verbreitung der Wahrheit, Begründung von Wissen und Erkenntnis, und voller Aufgeschlossenheit für Gelehrte; sie kultiviert die Menschheit, entdeckt die Geheimnisse der Natur und erleuchtet die Horizonte der Welt."[1)]

'Abdu'l-Bahá läßt keinen Zweifel daran, daß sich die Kirche vom Christentum entfremdet hat und somit nicht die *christliche Religion* widerspiegelt.[2)] Entsprechend ist sie in ihrer Einstellung zur Wissenschaft zumeist den Weg des Irrtums gegangen.

Umso erfreulicher ist die Wandlung, welche in der jüngeren Kirchengeschichte spürbar wird. Mit Papst Johannes Paul II. sind Gedanken zum Durchbruch gekommen, die denen der Bahá'í sehr nahe kommen und oftmals sogar dieselben sind. Auch die Kirche wird von den erneuernden Wirkungen des Heiligen Geistes umgestaltet, ohne daß sie sich der Ursache dieses Vorganges bewußt ist.

Obwohl Bahá'u'lláh den Vatikan über Seinen Anspruch, Seine Botschaft und Seine Person unterrichtete, hat die katholische Kirche seit Papst Pius IX. die Bahá'í-Religion nicht in ihrer wahren Bedeutung erkannt und anerkannt. Dies gilt für alle Kirchen gleichermaßen.

Über die Orientierungskrise in Wissenschaft und Kirche

In seiner Rede vom 15. November 1980 im Kölner Dom, sprach Papst Johannes Paul II. über das Thema „Religion und Wissenschaft"[3)]. Sehr treffend führte er darin aus, daß sich Wissenschaft und Religion nicht widersprechen müssen und bedauerte zugleich die vergangenen Eingriffe kirchlicher Instanzen in den Prozeß wissenschaftlichen Erkenntnisfortschritts. Diese überaus bemerkenswerte Rede beinhaltet viele wesentliche Gedanken, wie sie bereits im vorigen Jahrhundert in den Bahá'í-Schriften aufgezeichnet wurden. Einige dieser Übereinstimmungen sollen nun zur Sprache kommen.

Wissenschaft und Religion gehören zwei verschiedenen Erkenntnisordnungen an, haben jedoch beide dasselbe letzte Ziel: die Erkenntnis der Wahrheit. Es kann keinen grundsätzlichen Konflikt zwischen beiden Wegen ge-

1) 'Abdu'l-Bahá, Beantwortete Fragen, Kap. 34, S. 138

2) Vgl. a.a.O., S. 136 ff.

3) Der genaue Wortlaut seiner Rede ist nachlesbar in: Rainer A. Krewerth, Papst Johannes Paul II. — Seine Reden in Deutschland, Goldmann-Sachbuch Nr. 11309, S. 27 ff.

ben, da die menschliche Vernunft auf Wahrheit angelegt ist und auf jedem dieser Wege zu denselben Einsichten fundamentaler Art gelangen muß.

Der Mensch benötigt Wissenschaft und Religion. Entledigt er sich der religiösen Grundlage, so gerät die Wissenschaft in eine Legitimationskrise, da allein die Religion verbindliche Werte und Normen zu setzen vermag. Die Wissenschaft kann aus sich selbst heraus keine umfassende Antwort auf die Frage nach dem Sinn geben, da sich wissenschaftliche Aussagen stets nur in Hinblick auf einen bestimmten Ansatz hin rechtfertigen. Da sie zudem einem fortschreitenden Forschungsprozeß unterliegen, müssen sie zwangsläufig korrigiert werden. Wollte man nun aus der sich ständig wandelnden Erkenntnisstufe der Wissenschaft eine verbindliche Antwort auf die Sinnfrage ableiten, so müßte man diese Antwort unbegrenzt vor sich hinschieben.

Dies liegt in den beiden unterschiedlichen Erkenntnisquellen begründet. Während Religion in ihrem Ursprung göttlich und vollkommen ist, sind dem menschlichen Verstand, und damit auch der Wissenschaft, Grenzen gesetzt. Der Mensch ist fehlbar und kann sich irren, ganz im Gegenteil zu den Offenbarern Gottes.

Johannes Paul II. spricht von einer *Legitimations- und Orientierungskrise* der heutigen Wissenschaft und verweist auf die Notwendigkeit, die Wissenschaft als ein *vernünftiges Streben nach Wahrheit* zu begreifen und sie den Werten *Freiheit* und *Würde* des Menschen unterzuordnen.

Die Krise der Wissenschaft ist wohl auf die mangelnde Verankerung im Religiösen zurückführbar — der Papst verschweigt jedoch die Orientierungskrise der Kirche selbst. Eine der Ursachen für die Krise der Wissenschaft ist die Krise der Kirche. Da die Kirche ihre Legitimation aus der christlichen Lehre ableitet, in der christlichen Lehre aber kein sozial-praktischer Offenbarungsteil für das neue Zeitalter gegeben ist, muß die Kirche zwangsläufig scheitern, wenn sie die heute notwendigen gesellschaftspolitischen Maßnahmen eindeutig auf die Offenbarung Christi zurückführen will. So gesehen bedingen sich die Krisen von Wissenschaft und Kirche wechselseitig. Der einzige Ausweg aus diesem Dilemma besteht in der Anerkennung einer *neuen* Offenbarung Gottes, die den *neuen* Zeiterfordernissen gerecht zu werden vermag.

Obgleich auch in vielen Menschen unserer Zeit ein neues religiöses Bewußtsein erwacht, ist für die meisten die Kluft zwischen Religion und Wissenschaft, zwischen Wissen und Glauben, bestehen geblieben. Das durch religiöse Entfremdung entstandene Vakuum wurde stellvertretend für die göttliche Offenbarung durch Ideologien, sektiererische Ansichten und Aberglaube ausgefüllt.

In dieser kulturellen Orientierungskrise, welche die Wissenschaft und Kirche in gleichem Maße umfaßt, suchen Wissenschaftler neuen religiösen Halt, tritt die Kirche für die Freiheit der Wissenschaft ein. Durch äußere Notwendigkeiten werden beide, Wissenschaft und Kirche, zu einer Änderung ihrer Haltung zueinander gezwungen.[1] Und so wird schrittweise Wirklichkeit, was Bahá'u'lláh in Seiner Offenbarung ankündigte.

Nach 'Abdu'l-Bahá ,,werden sich Wissenschaft und Kenntnisse, ebenso wie die Erkenntnis Gottes, so entwickeln und solche Wunder aufzeigen, daß alle, die es erleben, darüber staunen werden.''[2]

Über den rationalen Dualismus ,,Wissenschaft : Religion''

Der Gegensatz *Wissen : Glauben,* bzw. *Wissenschaft : Religion* hat seine Wurzeln auch in der mental-rationalen Bewußtseinsstruktur. Es sei nur noch einmal daran erinnert, daß es in der mythischen Struktur keine sich ausschließenden Gegensätze gibt, sondern sich alles polar ergänzt.

Fritz Riemann schreibt über die heutige Beziehung von Wissenschaft und Religion, bzw. Weisheit: ,,Unserer heutigen kausal-mechanistischen Wissenschaft ist es zum Verhängnis geworden, daß sie vorwiegend nach Macht über die Natur strebt und daß sie weitgehend zweck- und nutzbestimmend ist. Das hat einerseits zu den großen Fortschritten der Technik geführt, andererseits viel zu der Trostlosigkeit beigetragen, die auf vielen Wissenschaftsgebieten herrscht. Fragen nach dem Sinn oder nach metaphysischen Zusammenhängen gelten als unwissenschaftlich — Wissenschaft und Weisheit haben sich getrennt und scheinen sich heute auszuschließen; das hat zur Verarmung der Wissenschaft und zur Verdächtigung der Weisheit geführt.''[3]

Der Mensch hat von Mutation zu Mutation jeweils eine neue Bewußtseinsdimension zu den bereits vorhandenen hinzugewonnen; dank der sich heute vollziehenden wird es gelingen, die rational gedachten Gegensätze zu erblicken. ,,So wie die Meridiane an den Polen zusammenlaufen'', sagte Teilhard de Chardin, ,,so müssen einmal Wissenschaft, Philosophie und Religion konvergieren, wenn sie sich auf das Ganze zubewegen.''

[1] ,,Es gibt gerade unter den Naturwissenschaften gewichtige Stimmen, die klar aussprechen, daß wir durch einseitig kausal-mechanistisches Denken nur einen Teilaspekt des Lebens erfassen können; halten wir diesen Teilaspekt für das Leben selbst, wird der Mensch zur berechenbaren und beliebig manipulierbaren Marionette. Solche Wissenschaft will nur immer mehr Macht über die Menschen und über die Natur bekommen, ohne nach dem Sinn zu fragen, und sie wird dadurch unmoralisch und verantwortungslos.'' (Fritz Riemann, Die schizoide Gesellschaft, S. 44)

[2] Beantwortete Fragen, Kap. 12, S. 72

[3] Lebenshilfe Astrologie, S. 20

Beispiele des überwundenen Dualismus

Es gibt in der Literatur zahlreiche Beispiele dafür, daß mehr und mehr Wissenschaftler darum bemüht sind, den Dualismus von Religion und Wissenschaft zu überwinden.[1]

Der Physiker Fritjof Capra hat die moderne Physik mit mystisch-religiösen Lehren fernöstlicher Länder in Beziehung gesetzt: „Durch die ganze Geschichte hindurch hatte man erkannt, daß der menschliche Geist auf zwei Arten denken oder empfinden kann, die oft die rationale und intuitive genannt und jeweils mit der Wissenschaft oder mit der Religion in Verbindung gebracht werden. Im Westen wird die intuitive, religiöse Denkweise oft zugunsten der wissenschaftlichen, rationalen Denkweise abgewertet, während die traditionelle östliche Einstellung gewöhnlich umgekehrt liegt . . .[2] ‚Um zur Lehre der Atomenergie eine Parallele zu finden, müssen wir uns den Problemen der schriftlichen Überlieferungen zuwenden, mit denen sich bereits Denker wir Buddha und Lao-Tse auseinandersetzten'[3] . . . Wir werden sehen, wie die beiden Fundamente der Physik des 20. Jahrhunderts — Quantentheorie und Relativitätstheorie — uns zwingen, die Welt auf sehr ähnliche Weise zu sehen, wie ein Hindu, Buddhist oder Taoist sie sieht . . . Die moderne Physik führt uns zu einer Anschauung der Welt, die den Ansichten der Mystiker aller Zeiten und Traditionen sehr ähnlich ist . . .[4] Die östlichen Mystiker beschäftigen sich mit einer Erfahrung der Wirklichkeit, die nicht nur das intellektuelle Denken, sondern auch die Sinneswahrnehmungen durchdringt . . . Aus solch einer Erfahrung stammendes Wissen nennen die Buddhisten ‚absolutes Wissen', weil es sich nicht auf die Unterscheidungen, Abstraktionen und Klassifizierung des Intellekts verläßt . . . Es ist die direkte Erfahrung des undifferenzierten, ungeteilten, unbestimm-

[1] Siehe dazu:
— Fritjof Capra, Der kosmische Reigen, München 1978
— Raymond Ruyer, Jenseits der Erkenntnis, Hamburg 1877
— Dieter Duhm, Synthese der Wissenschaft, Heidelberg 1979
— J. E. Charon, Der Geist der Materie, Hamburg 1979
— C. F. von Weizsäcker, Der Garten des Menschlichen, München 1978
— C. F. von Weizsäcker, Die Einheit der Natur, München 1979
— Joachim Illies, Das Geheimnis des Lebendigen, München 1976
— H. Pietschmann, Das Ende des naturwissenschaftlichen Zeitalters, Wien 1980
— Garry Zukav, Die tanzenden WuLi Meister, Der östliche Pfad zum Verständnis der modernen Physik, Reinbek 1981
— Pascual Jordan, Der Naturwissenschaftler vor der religiösen Frage, Abbruch einer Mauer, Oldenburg 1972

[2] Der kosmische Reigen, S. 23

[3] Niels Bohr, zitiert nach Capra, a.a.O., S. 14

[4] Capra, a.a.O., S. 15

ten ‚So-Seins'. Das vollständige Begreifen dieses So-Seins ist das zentrale Merkmal aller mystischen Erfahrungen . . .[1] Ich sehe Wissenschaft und Mystik (Religion) als zwei sich ergänzende Manifestationen des menschlichen Geistes, seiner rationalen und intuitiven Fähigkeiten. Die moderne Physik erfährt die Welt durch extreme Spezialisierung des rationalen Verstandes, die Mystik durch extreme Schärfung des intuitiven Sinnes. Diese beiden Ansätze sind komplementär . . . Beide sind notwendig und ergänzen sich für ein vollständiges Begreifen der Welt . . . Mystiker verstehen die Wurzeln des Tao, aber nicht seine Zweige; Wissenschaftler verstehen die Zweige, aber nicht seine Wurzeln. Die Wissenschaft braucht die Mystik nicht und die Mystik nicht die Wissenschaft, aber der Mensch braucht beides."[2]

Der große deutsche Physiker Max Planck sagte zu diesem Thema: „Es gibt keine Materie an sich! Alle Materie entsteht und besteht nur durch eine Kraft, welche die Atomteilchen in Schwingung bringt und sie zum winzigen Sonnensystem des Atoms zusammenhält. Da es im ganzen Weltall aber weder eine intelligente noch eine ewige Kraft gibt — es ist der Menschheit nie gelungen, das heiß ersehnte Perpetuum mobile zu erfinden — so müssen wir hinter dieser Kraft einen bewußten intelligenten Geist annehmen . . . Nicht die sichtbare, aber vergängliche Materie ist das Reale, Wahre, Wirkliche (denn die Materie bestünde, wie wir gesehen haben, ohne diesen Geist überhaupt nicht!), sondern der unsichtbare unsterbliche Geist ist das Wahre! Da es aber Geist an sich allein ebenfalls nicht geben kann, sondern jeder Geist einem Wesen gehört, so müssen wir zwingend Geistwesen annehmen. Da aber auch Geistwesen nicht aus sich selber sein können, sondern geschaffen worden sein müssen, so scheue ich mich nicht, diesen geheimnisvollen Schöpfer ebenso zu benennen, wie ihn alle alten Kulturvölker der Erde früherer Jahrtausende genannt haben: — Gott! So sehen Sie . . . wie in unseren Tagen, die nicht mehr an den Geist als den Urgrund der Schöpfung zu glauben vermögen und darum in bitterer Gottesferne stehen, gerade das Winzigste und Unsichtbare es ist, das die Wahrheit wieder aus dem Grab materialistischen Stoffwahns heraufführt und die Welt verwandelt. Und wie das Atom der Menschheit die Tür öffnet in die verlorene Welt des Geistes".[3]

Die I Ging[4]-Interpretin Leonore Stapenhorst verweist in „auto didacta"[5] auf eine Reihe von Wissenschaftlern, die „Gott in der Materie gefunden haben". Sie sieht darin ein Zeichen, daß schon in kurzer Zeit das nackte, intellektuell-wissenschaftliche Denken an unseren Universitäten durch das echte geistige Denken ersetzt werden wird.

1) Fritjof Capra, Der kosmische Reigen, S. 26
2) a.a.O., S. 306 f.
3) Max Planck, zitiert nach Hans Sterneder, Das Kosmische Weltbild, S. 56
4) Das I Ging ist ein sehr altes chinesisches Weisheitsbuch.
5) Leonore Stapenhorst, Die Weltordnung des I Ging, Adliswil 1977

Zwischen I Ging und Biologie scheint ebenfalls eine Brücke zu existieren: ,,Dr. Schönberger fielen verblüffende Ähnlichkeiten zwischen dem I Ging mit seinen 64 Zeichen und dem ‚Buch des Lebens', dem Genetischen Code, auf. Er gibt seiner Vermutung Ausdruck, daß das I Ging mit seinem System den Genetischen Code vorwegnimmt; mehr noch, er zeigt, daß beide Systeme sich in einer gegenseitigen Umschreibung decken, ja, daß es sich tatsächlich um einen einzigen Code des Lebens handelt, der jetzt als ‚Welt-Formel' sichtbar wird. Und so entdeckt die westliche Wissenschaft, was chinesische Naturerkenntnis vor 5000 Jahren im I Ging niedergelegt hat!''[1)]

Unfähig zum Staunen

Wenngleich auch zahlreiche Naturwissenschaftler den Dualismus ,,Wissenschaft : Religion'' überwunden haben, für den größten Teil der naturwissenschaftlich Tätigen ist er bis heute bestehen geblieben. Es sind Menschen, die ihre Umwelt ausschließlich durch die ,,Brille'' rational-naturwissenschaftlicher Erklärungsschemata wahrnehmen. Ein Baum beispielsweise ist für sie eine Fülle von Zellen, in denen die vielfältigsten biochemischen Prozesse ablaufen.

Sicherlich ist diese Betrachtungsweise richtig, jedoch nicht die einzige! Läßt sich das Wesen eines Baumes etwa mit den Methoden der Physik, Biologie oder der Chemie erklären? Diese Frage erinnert an den Ausspruch von Virchow, der sagte, er habe schon jahrzehntelang operiert, dabei aber noch nie eine Seele gesehen, folglich sei sie inexistent.

Mit großer Selbstverständlichkeit reden heute bereits Schüler über die Kräfte der Natur; sie wissen um die Wirkgesetze der Elektrizität, des Magnetismus und vieles andere mehr. Wir haben uns daran gewöhnt, mit Naturkräften umzugehen und sie im Alltag einzusetzen. Die meisten Menschen nehmen sie als gegeben hin, ohne sich einmal in aller Stille die Frage zu stellen, woher diese Kräfte eigentlich kommen.

Ohne der naturwissenschaftlichen Denkweise untreu zu werden, sollten wir uns jedoch bewußt werden: Naturwissenschaften können zwar Gegebenes in seiner Funktionsweise erklären, sind aber nicht imstande, die Naturerscheinungen in ihrem Wesen klärend zu durchleuchten, denn lebendiges Leben läßt sich nicht mit einem wesenlosen Instrumentarium erfassen — es kann nur durch ein anderes Lebewesen *von Wesen zu Wesen* wahrgenommen werden.

Viele Menschen unserer Zeit können nicht mehr staunen. Sie erkären, was sie umgibt, und wähnen, mit diesen Erklärungsschablonen die ganze Wirk-

1) Martin Schönberger, Verborgener Schlüssel zum Leben, Klappentext

lichkeit und den letzten Sinn der Lebensphänomene erkannt zu haben. Bei genauer Betrachtung ist dies aber gar nicht durch die Naturwissenschaften selbst bedingt, sondern durch den Menschen, der die Wirklichkeit nur noch mit intellektuellen „Scheuklappen" sieht.

Wer tief und mit weit geöffnetem Bewußtsein in jene Gebiete eindringt, in denen naturwissenschaftliche Forschung stattfindet, kann gerade dort in vielfacher Weise zum Staunen angeregt werden. Doch die unerläßliche Voraussetzung für bewußtes Staunen ist die geistige Haltung der Ehrfurcht und Demut. Der Intellekt muß weit hinabsteigen und seinen selbsterrichteten Thron[1)] verlassen, um den wahren Reichtum der Naturwissenschaften entdecken zu können.

Von Wundern umgeben

Wir wissen dank der naturwissenschaftlichen Forschungen von unzähligen Gesetzen und Details der natürlichen Welt. Wir vergessen jedoch nur allzu leicht, daß alles Ent-deckte im Grunde — wenn auch für unser Bewußtsein verdeckt — schon immer da war. Was wir herausfinden, ist keinesfalls neu — neu ist es ausschließlich für unser Bewußtsein! So gesehen haben wir keinerlei Anlaß, uns als „Meister" zu gebärden. Wir sind „Zauberlehrlinge", die sich neugierig in ihrer Umwelt herumtasten und mit jeder kleinen Entdeckung meinen, „die Welt" entdeckt zu haben.

Je mehr wir entdecken, desto größer wird die Gefahr, uns über das eigene Maß zu erheben und uns in eitle Selbsttäuschung zu versteigen. Wer hingegen bei allen Entdeckungen das Ganze nicht aus den Augen verliert, wird immer demütiger. Er erfährt die lebendige Wahrheit des heute oft zitierten Satzes „Man muß viel wissen, um zu wissen, daß man nichts weiß."

Wir haben uns an uns und unsere Umwelt so sehr gewöhnt, daß unter dieser Gewöhnung die meisten schöpferischen Denkimpulse ersticken. Erst wenn wir diesen Staub der Gewohnheit von uns abschütteln, lernen wir wahrhaft „sehen", mit unseren Sinnen umzugehen.

Was können wir eigentlich wirklich, die wir uns so gerne als „Macher" gebärden? Unsere Herrschaftsträume über die Natur verflüchtigen sich angesichts der Naturgewalten, wenn sie über uns hereinbrechen. Was können wir

1) „Wir sind in weitaus höherem Ausmaß als je zuvor Herren über Tod und Leben geworden; wir können Schwangerschaften zuverlässig vermeiden und demnächst vielleicht sogar das Geschlecht unserer Kinder wunschgemäß vorausbestimmen; wir können Herzen verpflanzen . . . Wir haben die Grenzen unseres Planeten überschritten und sind in den Weltraum vorgestoßen . . . wir scheinen uns einer gottähnlichen Allmacht und Allgegenwart zu nähern, die nicht selten bereits in Hybris und Größenwahn auszuarten beginnt." (Fritz Riemann, Die schizoide Gesellschaft, S. 42)

schon bewirken, wenn im Gebirge Lawinen zu Tale tosen, wenn Stürme das Meer aufwühlen und Winde die Erde peitschen? Was können wir wirksam tun, wenn Hochwasser Dörfer und Städte überfluten und Erdbeben ganze Landstriche erzittern lassen?

Unserer Grenzen klar bewußt, können wir beginnen, als Menschen zu leben. Was können wir wirklich? Wir haben weder uns geschaffen noch haben wir irgendeiner anderen Kreatur das Leben geschenkt. Wir zerstören die Natur, entnehmen der Erde Rohstoffe, ohne ernsthaft darüber nachzudenken, wer uns die natürliche Umwelt gegeben hat. Wir sind blind! Wieviele Wunder umgeben uns, wo immer wir auch sind! Doch wir sehen sie nicht. Wir leben in einem Körper, der so großartig und genial angelegt ist, auf das feinste durchdacht; wir können es nicht schätzen. Wir lassen nicht unser Herz schlagen, pumpen nicht unser Blut, noch sorgen wir für die Verdauung unserer Nahrung.

Wer sich der natürlichen Welt und ihre unzähligen Wunder wirklich bewußt wird, hat den Dualismus *Wissenschaft : Religion* überwunden. Doch wieviele Naturwissenschaftler sind sich bei ihrer Tätigkeit im klaren, daß sie von Wundern umgeben sind?

Ein Bollwerk gegen den technologischen Mißbrauch

Religion und Wissenschaft sind zwei Grundbausteine zum Aufbau einer neuen Weltkultur. Wissenschaft jedoch sollte sich zur Religion verhalten, wie Yin zu Yang: *dienend*. Wissenschaft, das Produkt der Menschenwelt (der Yin-Welt), sollte sich stets auf die übergeordnete Ganzheit, die göttliche Welt (die Yang-Welt), ausrichten. Nur solange die Wissenschaft auf dieses ihr *übergeordnete Ganze* ausgerichtet ist, kann sie zum Wohle der Menschheit beitragen. Setzt sie sich hingegen absolut, wird sie negativ und zerstört. Wenn sich Yin anmaßt, Yang zu sein, ist dem Übel Tür und Tor geöffnet.

Gerade die unbeschreiblich schnelle Ausbreitung neuer Technologien macht es dringend erforderlich, das Verhältnis von Religion und Wissenschaft zu überdenken. In den Bereichen der Elektronik, Atom- und Zellforschung beispielsweise tun sich so große Dimensionen auf, daß wir gar nicht umhinkönnen, uns ernsthaft zu besinnen, wollen wir uns nicht selbst zugrunderichten.

Solange es Werkzeuge und Techniken gibt, hat sie der Mensch *für* wie auch *gegen* den Menschen verwendet und es gab nichts, was nicht mißbraucht wurde. Alles vom Menschen Geschaffene trägt eine große Spannweite der Einsatzmöglichkeiten in sich. Je größer das Feld des Möglichen ist, desto mehr muß auch der Mensch in der Lage sein, das eigene Tun zu verantworten.

Die Bahá'í-Religion spricht von der Einheit von Religion und Wissenschaft. Sie stellt nicht nur die praktischen Richtlinien für das neue Zeitalter auf, sondern errichtet zudem mit dem umfassenden geistigen Teil ein Bollwerk gegen den technologischen Mißbrauch. Mit dem integralen Bewußtsein, das auf der Grundlage der Bahá'í-Offenbarung zur Entfaltung gelangt, kann die Spannweite zwischen Gebrauch und Mißbrauch überwunden werden.

Zur Verwirklichung der Weltordnung Bahá'u'lláhs kann auf Technologie nicht verzichtet werden. Denken wir nur an die Bedeutung des internationalen Verkehrs- und Kommunikationswesens! Die Gaben der Wissenschaft werden uns ungeahnte praktische Wege zeigen, die jedoch nur dann zum Wohle der Menschen sind, wenn sie im Dienst an der Sache Gottes eingesetzt werden: der Einheit der Menscheit.

Kapitel 8:

Das Bahá'í-Prinzip „Die Aufhebung der Vorurteile"

„Alle Vorurteile, mögen sie solche der Religion, der Rasse, der Politik oder der Nation sein, müssen fallen, denn diese Vorurteile haben die Krankheit der Welt verursacht. Es ist eine schwere Krankheit, die, wenn ihr nicht Einhalt geboten wird, die ganze menschliche Rasse vernichten kann. Alle verderblichen Kriege mit ihrem furchtbaren Blutvergießen und Elend, wurden durch eines oder andere dieser Vorurteile hervorgerufen.

Die traurigen Kriege, die sich in diesen Tagen ereignen, werden durch den fanatischen religiösen Haß der Menschen untereinander oder durch die Vorurteile der Rasse oder Farbe hervorgerufen.

Ehe nicht alle diese durch Vorurteile errichteten Schranken hinweggefegt sind, ist die Menschheit nicht in der Lage, Frieden zu halten. Darum sagt Bahá'u'lláh: ‚Diese Vorurteile wirken zerstörend auf die Menscheit.'

Denkt einmal über das Vorurteil der Religionen nach: Schauet euch die Nationen der sogenannten frommen Völker an. Würden sie wirklich Gott verehren, so würden sie Seinem Gesetz gehorchen, das ihnen untersagt, einander zu töten.

Würden die Priester der Religionen wirklich den Gott der Liebe verehren und dem göttlichen Lichte dienen, so würden sie ihre Anhänger lehren, das Hauptgebot zu befolgen, das heißt, ‚mit allen Menschen in Liebe und Barmherzigkeit zu verkehren'. Doch wir begegnen dem Gegenteil, denn oft sind es die Priester, die die Nationen zum Kampf ermuntern. Der religiöse Haß ist immer der grausamste.

Alle Religionen lehren, daß wir einander lieben und unsere eigenen Fehler herausfinden sollten, bevor wir uns erkühnen, die Fehler anderer zu verdammen, und daß wir uns nicht über unseren Nächsten erheben dürfen. Wir müssen auf der Hut sein, uns nicht zu erhöhen, um nicht erniedrigt zu werden.

Wer sind wir, daß wir richten sollten? Wie können w i r wissen, welcher Mensch vor Gott der rechtschaffenste ist? Gottes Gedanken gleichen nicht unseren Gedanken. Wie viele Menschen, die den Freunden wie Heilige schienen, sind in die tiefste Erniedrigung gefallen. Denket an Judas Ischariot. Er fing gut an, doch erinnert euch seines Endes. Paulus, der Apostel, hingegen, war in seinem früheren Leben ein Gegner Christi und wurde später Sein getreuester Diener. Wie können wir uns dann wohl selber schmeicheln und andere niedrig schätzen?

Lasset uns darum demütig und ohne Vorurteile sein und die Wohlfahrt des anderen vor unsere eigene stellen. Lasset uns niemals sagen: ‚Ich bin ein Gläubiger, der aber ist ein Ungläubiger.' ‚Ich bin Gott nahe, der aber ist ausgestoßen.' Wir können niemals wissen, welches endgültige Urteil sein wird. Darum lasset uns allen helfen, die irgendwie Beistand brauchen.

Lasset uns die Unwissenden lehren und uns dem kleinen Kinde widmen, bis es reif ist. Finden wir einen Menschen, der in den Tiefen des Elends und der Sünde versunken ist, so müssen wir gut zu ihm sein, ihn bei der Hand nehmen und ihm helfen, daß er wieder Boden unter den Füßen findet und seine Kräfte zurückgewinnt. Wir müssen ihn mit Liebe und Zartheit leiten und ihn als Freund und nicht als Feind behandeln.

Wir haben kein Recht, auf irgendeinen unserer Mitvergänglichen als böse herabzuschauen.

Was das Rassenvorurteil anbetrifft, so ist es eine Täuschung, reiner, bloßer Aberglaube, hat Gott doch uns alle aus e i n e r Rasse erschaffen. Im Anfang gab es keine Unterschiede, denn wir stammen alle von Adam ab. Es gab also im Anfang keine Schranken und Grenzen zwischen den verschiedenen Ländern. Kein Teil der Erde gehörte dem einen Volke mehr als dem anderen. Im Angesicht Gottes ist kein Unterschied zwischen den verschiedenen Rassen. Warum sollte der Mensch ein solches Vorurteil erfinden? Wie können wir einen Krieg unterstützen, dessen Ursache eine Einbildung war?

Gott hat die Menschen nicht erschaffen, damit sie einander vernichten. Alle Rassen, Stämme und Klassen haben gleichen Anteil an der Güte ihres himmlischen Vaters.

Der einzige Unterschied liegt im Ausmaß ihrer Treue, ihres Gehorsams gegenüber den Gesetzen Gottes. Einige sind wie brennende Fackeln, andere wie Sterne, die am Himmel der Menschheit leuchten. Die Freunde der Menschheit sind die hochstehenden Menschen, gleich welcher Nation, welchem Bekenntnis und welcher Farbe sie angehören mögen, denn sie sind es, zu denen Gott die gesegneten Worte sprechen wird: ‚Wohlgetan, meine guten und getreuen Knechte!' An jenem Tage wird er nicht fragen: ‚Bist du Engländer, Franzose oder vielleicht Perser? Kommst du vom Osten oder vom Westen?

Die einzige wirkliche Unterscheidung ist diese: Es gibt himmlische und irdische Menschen, aufopferungsvolle Diener der Menschheit in der Liebe des Höchsten, die Harmonie und Einigkeit bringen, indem sie die Menschen Frieden und guten Willen lehren. Auf der anderen Seite stehen jene selbstischen Menschen, Bruderhasser, in deren Herzen Vorurteil statt liebender Güte ist und deren Einfluß Uneinigkeit und Streit hervorruft.

Welcher Rasse oder Farbe gehören diese beiden Teile der Menschheit an, der weißen, gelben, schwarzen, dem Osten oder dem Westen, dem Norden oder dem Süden? Wenn das die Unterscheidungen Gottes sind, warum dann sollten wir andere erfinden? Das politische Vorurteil ist ebenso verderblich. Es ist eine der größten Ursachen bitteren Streites unter den Menschenkindern. Es gibt Menschen, die sich freuen, wenn sie Zwietracht stiften, die sich dauernd bemühen, ihr Land in den Krieg mit anderen Nationen zu hetzen. Und warum? Sie vermeinen, ihrem eigenen Land zum Nachteil aller übrigen einen Vorteil zu verschaffen. Sie entsenden Heere, um das Land zu erschöpfen und zu zerstören, um in der Welt berühmt zu werden, und aus Freude am Erobern, damit gesagt werden kann: ‚Solch ein Land hat ein anderes vernichtet und es seiner stärkeren, überlegeneren Herrschaft unterworfen.' Dieser Sieg, der um den Preis von vielem Blutvergießen errungen wurde, hat keine Dauer. Eines Tages wird der Sieger besiegt sein, und der Besiegte siegen. Erinnert euch der verflossenen Geschichte: War Frankreich nicht mehr als einmal über Deutschland siegreich, und hat die deutsche Nation nicht später Frankreich überwunden?

Wir hören auch, daß Frankreich über England siegte, und die englische Nation dann siegreich über Frankreich war.

Derartige glänzende Eroberungen sind so vergänglich. Warum mißt man ihnen und ihrem Ruhm eine solche Bedeutung bei, daß man bereit ist, das Blut des Volkes für ihre Erreichung zu vergießen? Ist irgendein Sieg die unvermeidliche Kette von Trübsalen wert, die auf den Menschenmord folgt, den Kummer, die Sorge und den Zusammenbruch, die über so viele Heime der beiden Nationen kommen müssen? Denn es ist möglich, daß nur e i n Land leide.

Ach, warum will der Mensch, das ungehorsame Kind Gottes, das ein Beispiel für die Macht des geistigen Gesetzes sein soll, sein Angesicht hinwegwenden von der göttlichen Lehre und seine ganze Anstrengung und dem Kriege widmen?

Meine Hoffnung ist, daß das göttliche Licht der Liebe seinen Glanz in diesem erleuchteten Jahrhundert über die ganze Welt verbreiten und bei jedem Menschen die Einsicht seines empfänglichen Herzens ansprechen möge, daß das Licht der Sonne der Wahrheit die Politiker dahin leite, alles Verlangen nach Vorurteilen und Aberglauben hinwegzutun und mit befreiten Sinnen Gottes Politik zu befolgen: denn göttliche Politik ist mächtig, die Politik der Menschen hingegen schwächlich. Gott hat die ganze Welt erschaffen und verleiht einem jeden Geschöpf Seine göttliche Güte.

Sind wir nicht Gottes Diener? Sollen wir versäumen, dem Beispiel unserer Meister nachzufolgen, und Seine Gebote unbeachtet lassen? —

Ich bete darum, daß das Reich auf die Erde komme und der Glanz der himmlischen Sonne alles Dunkel zerteile.''[1]

[1] 'Abdu'l-Bahá, Ansprachen in Paris, Kap. 45, S. 116 ff.

Gedanken zu dem Bahá'í-Prinzip „Die Aufhebung der Vorurteile"

Solange ein Mensch Vorurteile gegenüber anderen hat, gibt er zu verstehen, daß er leichtfertig über jemanden urteilt, den er im Grunde gar nicht kennt. Vorurteile sind Urteile, die gefällt werden, *bevor* man sich intensiv mit einer Person oder Sache auseinandergesetzt hat — daher *Vor*-urteile.

Nun hat aber jeder Mensch auf seine Weise Vorurteile, nämlich je nach seiner inneren Konstellation. Er wird eine ihm unbekannte Situation, Person oder Sache auf seine Weise als Projektionsträger, d.h. als Zielscheibe seiner Projektionen verwenden und all das in sie hineinlegen, was an unbewußten Inhalten für das Äußere geeignet erscheint, zum Äußeren in scheinbarer Entsprechung steht.

Ein tägliches Bühnenstück

Vorurteile basieren auf Projektionen[1]. Deshalb ist es auch möglich, von der Art der Vorurteile direkt auf den Betreffenden zurückzuschließen, der sie hat. Die Art der Vorurteile sagt etwas darüber aus, wie wir im Inneren sind; sie zeigen an, was wir an uns selbst nicht wahrhaben und daher viel lieber am anderen sehen wollen.

Überall wird Tag für Tag dieses Bühnenstück aufgeführt, in dem die vermeintlichen Fehler und Schwächen am anderen mit größter Neugier und Genugtuung wahrgenommen und heraufgespielt, eigene Mängel und Mißgriffe hingegen vertuscht und legitimiert werden. Denken wir nur daran, wie schnell wir selbst den inneren Wunsch verspüren, über andere klatschhaft herzuziehen und wie schnell wir selbst meisterhaft versuchen, eigene Dunkelseiten zu überspielen, zu beschönigen und mit geschickt herbeigezogenen Ausreden und Alibis zu verdecken.

Wir brauchen, um dies festzustellen, gar nicht in die „Große Politik" zu schauen, sondern finden die gleichen Abläufe täglich in uns selbst. Alle Menschen der alten Ethik, der Sündenbockethik, gehen mehr oder weniger felsenfest davon aus, daß sie selbst keine Vorurteile haben, daß ihre Urteile richtig sind, ihre Welt in Ordnung und die der anderen reparaturbedürftig ist. Hierin liegt tatsächlich das größte Übel verborgen, die größte Krankheit, wie 'Abdu'l-Bahá es nennt.

[1] Vgl. Kap. 5, III. Teil, S. 204 ff.

Friedensforschung

Hier muß wahre Friedensforschung ansetzen. Wer wirklich nach den Gründen der Kriege und Feindschaften suchen will, darf nicht in der Betrachtung einzelner Außenerscheinungen steckenbleiben. Wirksame Friedensforschung kann nur zu einem Ergebnis kommen, daß um den Frieden herzustellen, jeder einzelne die harte Arbeit der *Selbsterkenntnis* auf sich nehmen muß. Alle äußeren Maßnahmen, seien es Gesetze, Verträge, Verhandlungen, Abrüstung oder gar Aufrüstung, bleiben allein nicht effizient genug, solange nicht der einzelne damit beginnt, *in sich selbst* aufzuräumen und dort für Frieden zu sorgen.

Es ist zu erkennen, wie überaus vorsichtig und zurückhaltend wir mit unserer Wahrnehmung, unserem Objektivitätsempfinden und unserer Wirklichkeitsvorstellung umgehen müssen. Selbst die Meinung der Mehrheit sagt noch nichts über den Wahrheitsgehalt aus! Erst durch die Erkenntnis, daß all unsere Meinungen, Anschauungen und Wahrnehmungen, Programmen ähnlich, austauschbar sind, durchschauen wir uns in unserer Relativität.

Um zu dem wahren Frieden zu finden, den Bahá'u'lláh vorausgesagt hat, müssen wir aus dem kollektiven Dämmerschlaf auftauchen und zum durchscheinenden Bewußtsein des wahren Menschentums gelangen. Friedensforschung ist nur dann sinnvoll, wenn sie die Bestimmung des Menschen im Auge behält und herauszukristallisieren vermag, was der Entwicklung des Menschen im Wege steht.

Wer die Mühe nicht scheut, die Offenbarung Bahá'u'lláhs zu studieren, wird allein hier schon alles nötige geistige Rüstzeug finden. Auch die Tiefenpsychologie bietet unzählige Erfahrungen an, die den heutigen Menschen darin belehren können, daß es bei der Friedensthematik primär um die eigene Friedensfähigkeit geht. Den Friedens*wunsch* haben viele, friedens*fähig* sind nur wenige! Echte Friedensfähigkeit, die tiefe Wurzeln hat, gewinnt ihren Halt in einem religiösen Bewußtsein — dies sollte von allen bedacht werden, die die gegenwärtige Friedensbewegung nicht als Modeerscheinung schon bald wieder abebben lassen wollen.

Umdenken

Wenn wir eine neue Ethik realisieren und nicht aus Angst oder Trägheit in der alten haften bleiben wollen, müssen wir gründlich umdenken. Greifen wir zu diesem Zweck zunächst auf die Bewußtseinsstrukturen nach Jean Gebser zurück und überlegen, wie die Thematik *Gut und Böse* vor dem Wandel der Bewußtseinsstrukturen gesehen werden kann.[1]

[1] Diese Kategorisierung stammt *nicht* aus den Bahá'í-Schriften! Es sind eigene Gedanken des Autors, deren Grundlage die Bewußtseinsstrukturen nach Gebser sind.

magisch: Der magische Mensch lebte in dem Zustand der Einheit (Unität), ja des „pars pro toto", in dem alles austauschbar war. Das Ich-Bewußtsein war noch ganz keimhaft von der Dunkelheit des nächtlichen Unbewußten umgeben. Es gab daher auch keine begriffliche Unterscheidung zwischen *gut* und *böse.* Wohl aber wirkte im magischen Bewußtsein der biologisch verankerte Reaktionsmechanismus *Flucht* und *Verteidigung.* Sicherlich spürte der magische Mensch Bedrohungen durch äußere Tiere und Naturmächte, doch gab es keine klare Trennung in gut und böse. Alles war mit allem eng verwoben. Erst in den späteren Phasen kristallisierte sich eine frühe Form späteren Unterscheidens heraus: das Bannen.

mythisch: Der mythische Mensch trat aus der engen Naturverwobenheit heraus und kam zu einer polaren Auffassung der Welt. Gut und böse zeigten sich als zwei zusammengehörige Pole ein und derselben Wirklichkeit. Sie waren in einer lebendigen Austauschbeziehung stets eng aufeinander bezogen. So gab es eine ständige Korrespondenz zwischen den lichten Göttern der Ober- und den dunklen Göttern der Unterwelt. Gut und böse bedingten einander; eins wirkte aufs andere.

mental: Erst mit dem Sprung ins Mentale zerrissen die Polaritäten in unversöhnliche Gegensätze. Gut und böse hatten nun nichts mehr miteinander zu tun; sie schlossen sich aus. *Entweder* war man gut *oder* böse. Erst die mentale Bewußtseinsstruktur betont den Widersacher, wie er auch heute noch vorgestellt wird. Mit der mentalen Struktur setzte auch der Verdrängungsprozeß ein, der alles, was nicht sein durfte, ins Unbewußte abschob. Heute stellt sich dem Menschen die Aufgabe, diesen eigenen inneren *Schatten* kennenzulernen.

integral: Jetzt, im Übergang zu einer neuen Bewußtseinsstruktur, tauchen plötzlich wieder andere Sichtweisen auf. Waren *gut* und *böse* im Magischen noch eine *Einheit,* im Mythischen eine *Polarität* und im Mental-Rationalen ein unversöhnlicher *Gegensatz,* so erweist sich diese Thematik integral gesehen erneut anders. 'Abdu'l-Bahá sagt, daß das Übel, das Böse, eigentlich gar nicht existiert. Wir müssen, so schwer es uns nun einmal fällt, umdenken.[1)]

Ein Mangel an
Irrtum ist Mangel an Führung,
Dunkelheit ist Mangel an Licht,
Unwissenheit ist Mangel an Erkenntnis,
Falschheit ist Mangel an Wahrhaftigkeit
Blindheit ist Mangel an Gesicht und

1) „Wir müssen uns überhaupt freimachen von den Vorstellungen der alten Moral, daß es immer nur eine Entweder-Oder-Lösung für Probleme gebe, eine Auffassung, die Gut und Böse zu verabsolutieren versucht." (Fritz Riemann, Die schizoide Gesellschaft, S. 34)

Taubheit ist Mangel an Gehör.
Daher sind Irrtum, Blindheit, Taubheit und Unwissenheit nichtbestehende Dinge.[1)]

In dieser Sichtweise des neuen Bewußtseins haben sich die mental-rationalen Gegensätze aufgelöst. Menschen, die so denken, kämpfen nicht länger — wie Don Quichote gegen die Windmühlen — gegen unwirkliche Dinge, sondern versuchen zu mehren, wo etwas mangelt.[2)] Unwissenheit beispielsweise läßt sich nicht aus der Welt schaffen, indem man sich darüber aufregt, sie beschimpft, andere dafür tadelt, verurteilt und abwertet. Sie ist nur durch Mehrung der Erkenntnis zu beheben.

Wenn man sich jedoch heute umschaut, ist bei weitem der größte Teil der Menschheit damit beschäftigt, *gegen* etwas zu kämpfen. Die Sinnlosigkeit des Kämpfens gegen unwirkliche Dinge soll an Hand einiger Beispiele erläutert werden:

Vorurteile sind Mangel an Urteilen

Vorurteile sind wie Nägel: Je mehr man auf sie einschlägt, desto tiefer sitzen sie. Mit anderen Worten, gegen sie zu kämpfen ist nicht die beste Methode, sie zu überwinden. Vielmehr geht es darum, den vorurteilenden Menschen so zu fördern, daß er seine Urteils- und Kritikfähigkeit sachlich schult, zur Selbstreflexion in die Lage versetzt wird und er sich zum Prinzip setzt, zuerst intensiv zu prüfen, über was er sonst leichtfertig *ge-vor-urteilt* hätte.

Krieg ist Mangel an Frieden

Wenn man Kriege vermeiden will, kann man nicht gleichzeitig aufrüsten. Druck erzeugt automatisch Gegendruck und Aufrüstung führt unweigerlich zu Aufrüstung.[3)] Die Friedens*fähigkeit* muß erlangt werden, sollen Abrü-

1) 'Abdu'l-Bahá, zitiert nach J. E. Esslemont, Bahá'u'lláh und das neue Zeitalter, S. 223
Vgl. ,,Das Böse ist einfach ihr (der Vollkommenheiten, des Guten) Nichtvorhandensein. So ist Unwissenheit das Fehlen von Wissen, Irrtum ist das Fehlen der Rechtleitung, Vergeßlichkeit das Fehlen des Gedächtnisses und Dummheit das Fehlen von Vernunft. Dies alles hat keine wirkliche Existenz.'' ('Abdu'l-Bahá, Beantwortete Fragen, Kap. 74, S. 255)

2) ,,So sollten wir, wenn wir unseren Blick auf andere Menschen richten, das sehen, worin sie sich auszeichnen, und nicht das, worin sie versagen.'' ('Abdu'l-Bahá, zitiert in: Writings of 'Abdu'l-Bahá, Nr. 144, S. 169)

3) 'Abdu'l-Bahá betont die Notwendigkeit internationaler Vereinbarungen auf diesem Gebiet: ,,Sie müssen die Friedensfrage zum Gegenstand allgemeiner Beratung machen und mit allen ihnen zu Gebote stehenden Mitteln versuchen, einen Weltvölkerbund zu schaffen . . . Nur unbezähmbare Entschlußkraft kann das Werk vollbringen.'' (Das Geheimnis göttlicher Kultur, S. 63 f.)

stungsbemühungen sich nicht als Schall und Rauch erweisen. Der Mangel an Friedfertigkeit muß im Zuge eines Reifungsprozesses schrittweise ausgeglichen werden. 'Abdu'l-Bahá sagte hierzu: ,,Wenn ein Kriegsgedanke kommt, so widersteht ihm mit einem stärkeren Gedanken des Friedens. Ein Haßgedanke muß durch einen mächtigeren Gedanken der Liebe vernichtet werden. Kriegsgedanken zerstören alle Eintracht, Wohlfahrt, Ruhe und Frieden, Gedanken der Liebe schaffen Brüderlichkeit, Frieden, Freundschaft und Glück.[1]

Angst ist Mangel an Selbstvertrauen

Angst läßt sich nicht fassen, nicht greifen und nicht bekämpfen! Kampf gegen Angst ist Schattenboxen. Im gleichen Maße, in dem ein Mensch sein Selbstvertrauen stärkt, läßt sich ,,an Stelle der Angst'' etwas Wirkliches nieder. Angst ist nur ein Symptom für einen Mangel, nie die wahre Ursache. In der Psychosomatik ist längst bekannt, daß Symptome nicht bekämpfbar sind. Sie schwinden in dem Moment ganz von selbst, wenn ein Mangel behoben ist, der durch sie signalisiert wurde.

Dunkelheit ist Mangel an Licht

Es gibt im Grunde keine Dunkelheit an sich, sondern nur den Mangel an Licht. Wenn es auf Erden eine Tages- und eine Nachtseite gibt, so entsteht nur deshalb Nacht, weil das Sonnenlicht fehlt. Wie sollte man Dunkelheit bekämpfen können? Sie verschwindet in dem Moment, wenn es licht wird. Man beachte, wie es einem kleinen Kerzenschein möglich ist, ,,über die größte Dunkelheit zu siegen''. Was uns jedoch mental-rational als ,,Kampf'' und ,,Sieg'' erscheint, ist lediglich eine Folge unseres dualen Denkens. Wenn Licht erscheint, so kämpft es nicht gegen das Dunkle, sondern nimmt den Platz ein, der zuvor ohne Licht war. Licht und Dunkelheit sind keine rationalen Gegensätze!

Wir müssen umdenken! Während die Menschen der alten Ethik gegen die Mißstände in der Welt kämpfen und stets *einseitig das Außen* ändern wollen, wenden sich jene der neuen Ethik *auch sich selbst* zu. Nur so läßt sich die größte Krankheit des Menschheit aus der Welt schaffen: die Vor-urteile.

[1] Ansprachen in Paris, Kap. 6, S. 18

Kapitel 9:

Das Bahá'í-Prinzip „Die Mittel für den Lebensunterhalt"

„Einer der wichtigsten Grundsätze der Lehre Bahá'u'lláhs ist das Anrecht eines jeden menschlichen Wesens auf das nötige tägliche Brot oder die Angleichung der Mittel, die es zum Leben braucht.

Die Ordnung der menschlichen Verhältnisse muß so sein, daß die Armut verschwindet, daß jeder weitestmöglich seinem Rang und seiner Stellung entsprechend an Behaglichkeit und Wohlergehen beteiligt ist.

Wir sehen unter uns einerseits Menschen, die mit Reichtümern überhäuft sind, und andererseits jene Unglücklichen, die mittellos verhungern, jene, die eine Anzahl stattlicher Schlösser besitzen, und jene anderen, die nicht wissen, wo sie ihr Haupt hinlegen sollen. Wir finden manche, die sich zahlreiche Gänge kostspieliger und leckerer Speisen leisten, während andere kaum genügend Brosamen finden, um sich am Leben zu erhalten. Während sich einige in Sammet, Pelze und feines Leinen kleiden, haben andere nur unzureichende, ärmliche und dünne Kleidung gegen die Kälte.

Die Sachlage ist verkehrt und muß geändert werden, doch muß die Heilung sorgfältig erfolgen. Sie ist nicht dadurch zu erreichen, daß man völlige Gleichheit unter den Menschen herstellt.

Gleichheit ist ein Hirngespinst. Sie ist völlig undurchführbar. Selbst wenn sich Gleichheit schaffen ließe, vermöchte sie nicht zu bestehen, und wenn ihr Fortbestand möglich wäre, so würde dadurch die ganze Ordnung der Welt vernichtet werden. Das Gesetz der Ordnung muß immer in der Menschenwelt walten. So hat es der Himmel, als er den Menschen erschuf, verordnet.

Manche Menschen sind hochbegabt, die anderen mittelmäßig und wieder andere unbegabt. In diesen drei Menschenklassen ist Ordnung, aber keine Gleichheit. Wie könnten wohl Weisheit und Dummheit gleich sein? Die Menschheit braucht, wie in einem großen Heer, einen General, Hauptleute, Unteroffiziere in verschiedenen Rängen und Soldaten, jeden mit seinem eigenen Pflichtenkreis. Ränge sind zur Sicherung einer geregelten Ordnung durchaus nötig. Ein Heer vermag nicht nur aus Generälen oder Hauptleuten, oder nur aus Soldaten ohne Vorgesetzte zu bestehen. Sicher würde ein derartiger Plan dazu führen, daß das ganze Heer der Unordnung und der Zersetzung anheimfällt.

König Lykurg, der Philosoph, entwarf einen großen Plan, um die Untertanen von Sparta einander gleich zu machen. Mit Selbstaufopferung und Weisheit wurde der Versuch begonnen. Dann rief der König das Volk seines Reiches zusammen und ließ es einen großen Schwur tun, wonach es die Ordnung der Regierung unveränderlich wahren würde, falls er das Land verließe, und es sich bis zu seiner Rückkehr durch nichts zu Änderungen bestimmen ließe. Nachdem er sich dieses Schwurs versichert hatte, verließ er sein Königreich Sparta und kam nicht wieder. Lykurg gab seine Stellung preis, indem er seinem hohen Amt entsagte, weil er glaubte, durch die Gleichmachung des Besitzes und der Lebensbedingungen in seinem Reich das dauernde Wohlergehen des Landes zu erreichen. Alle Selbstaufopferung des Königs war jedoch vergebens. Der große Versuch mißlang: nach einiger Zeit war alles vernichtet. Seine sorgsam erdachte Verfassung fand ein Ende.

Die Zwecklosigkeit eines solchen Systemversuches und die Unmöglichkeit, gleiche Daseinsbedingungen zu erreichen, zeigten sich im alten Königreich Sparta. In unseren Tagen wären alle derartigen Versuche gleichfalls zum Versagen verurteilt.

Da nun aber manche Menschen außerordentlich reich und andere beklagenswert arm sind, so bedarf es einer Ordnung, die diesen Stand der Dinge überprüft und bessert. Es ist ebenso wichtig, den Reichtum zu beschränken, wie auch die Armut zu begrenzen. Keines der beiden Extreme ist gut, höchstens wünschenswert ist der Mittelweg. Wenn es recht ist, daß ein Kapitalinhaber großes Vermögen besitzt, so ist es auch gerecht, daß seine Arbeiter genügend Mittel zum Dasein haben.

Es sollte keinen Geldmann mit gewaltigem Reichtum geben, solange in seiner Nähe ein Armer in entsetzlicher Not ist. Wenn wir sehen, daß Armut einen Zustand des Hungerleidens erreicht, so ist dies ein sicheres Zeichen, daß irgendwo Unterdrückung ist. Die Menschen müssen sich in dieser Frage rühren und nicht länger versäumen, Zustände zu ändern, die einen sehr großen Teil des Volkes ins Elend drückender Armut bringen. Die Reichen müssen von ihrem Überfluß abgeben, ihre Herzen erweichen und mitleidvolles Verständnis pflegen, indem sie sich um jene Beklagenswerten kümmern, denen es am Nötigsten mangelt.

Besondere Gesetze müssen erlassen werden, die sich mit diesen Gegensätzen des Reichtums und des Mangels befassen, wenn sie Pläne für die Lenkung des Volkes machen. Die allgemeinen Menschenrechte müssen behütet und erhalten bleiben.

Die Länderregierungen sollten dem göttlichen Gesetz entsprechen, das allen gleiches Recht gibt. Das ist der einzige Weg, auf dem der beklagenswerte Überfluß großen Reichtums und die elende, zersetzende und entwürdigende Armut zu beseitigen sind. Nicht eher, als bis dies geschehen ist, wird Gottes Gebot befolgt sein.''[1)]

1) 'Abdu'l-Bahá, Ansprachen in Paris, Kap. 46, S. 120 ff.

Gedanken zu dem Bahá'í-Prinzip „Die Mittel für den Lebensunterhalt"

Der Vollzug einer gerechten Verteilung der Güter für den Lebensunterhalt setzt ein umfassendes Verständnis, ein ganzheitsbezogenes Bewußtsein voraus.

Die Menschheit als Organismus

Zum erstenmal in der uns bekannten Weltgeschichte sind alle Kulturkreise der Erde miteinander verbunden. Kein Land, kein Staat, kein Volk lebt heute ein isoliertes Dasein ohne Berührung mit einem anderen. War es früher noch möglich, daß sich Geschehnisse nur sehr lokal begrenzt auswirkten, so betrifft heute jede punktuelle Veränderung in ihren Auswirkungen die ganze Menschheit.

Jeder einzelne Mensch gleicht einer Zelle, eingebunden in den großen „Organismus Menschheit". Alle darin eingewobenen Teile stehen untereinander in wechselseitiger Abhängigkeit.[1] Wird ein Glied des „Körpers Menschheit" von einer Krankheit befallen, leiden zwangsläufig auch die anderen darunter. Je enger die Völker zusammenwachsen, desto weitreichender sind die Folgen irgendeiner öffentlichen Aktion, eines gesellschaftlichen Impulses oder Ereignisses. Soziale Strömungen und Bewegungen breiten sich wellenförmig nach allen Seiten aus und beeinflussen die Gesamtstruktur der Weltgemeinschaft.

Auch die Entwicklung der wirtschaftlichen und kulturellen Beziehungen machen deutlich, daß die Menschheit nur durch gegenseitige Hilfe und Zusammenarbeit fortbestehen kann. *Der Mensch ist ein soziales Lebewesen.* Allein, auf sich gestellt, kann er sich nicht mit allen lebensnotwendigen Gütern versorgen.

Soll nun jedes Mitglied des gesellschaftlichen Organismus in ausreichendem Maße an den Gütern für den Lebensunterhalt teilhaben, muß sich zuvor jeder einzelne als Teil des größeren Ganzen begreifen. Solange dieses umfassende Bewußtsein nicht entwickelt ist, fehlt auch weiterhin die soziale Symmetrie[2]: Manche Mitglieder leben im Wohlstand, manche in krassem

[1] Wir müssen „wieder lernen, gleichsam organisch-ganzheitlich zu denken. Wir müssen die Welt und die Menschheit als einen Organismus begreifen, in welchem alle Teile und Funktionen auf einander angewiesen und von einander abhängig sind, so daß Schädigung eines Teiles immer auch das Ganze betrifft und schädigt, zumindest auf lange Sicht." (Fritz Riemann, Die schizoide Gesellschaft, S. 22)

[1] Vgl. 'Abdu'l-Bahá, Das Gesellschaftsmodell von Bahá'u'lláh, Bahá'í-Briefe, Heft 39, S. 1046 ff.

Elend; einige sind satt, andere sind hungrig; manche sind in kostbare Gewänder gekleidet, andere haben weder Nahrung noch Obdach.

Wir stehen heute menschheitsgeschichtlich an einem bedeutenden Wendepunkt. Der bisherige Trend zur sich ausschließenden Verschiedenheit der Sprachen, Sitten und Gebräuche wird durch die Bewegung zur Einheit abgelöst[1]. Entsprechend muß sich auch die Haltung der Menschen zueinander ändern. War die Motivation des Menschen in den vergangenen Zeitaltern *kämpferisch,* so muß sie heute notwendigerweise *kooperativ* sein. Doch noch immer setzen die meisten Menschen ihre alte, wettkampforientierte Lebensweise fort, obwohl längst Verhältnisse entstanden sind, die die Einheit und Zusammenarbeit existenznotwendig machen.

Wohl die Mehrzahl der verantwortlichen Wirtschaftler und Politiker sieht in der gegenwärtigen Krise eine vorübergehende Gleichgewichtsstörung der Industrieproduktion und des Welthandels. Es ist daher höchste Zeit, davon Kenntnis zu nehmen, daß die gesamte Menschheit auf allen Ebenen ihres gesellschaftlichen Lebens einem Umwandlungsprozeß unterworfen ist, dessen Ziel eine völlig neue Weltzivilisation ist.

Aspekte der Bahá'í-Wirtschaftsordnung

Der Vollzug einer gerechten Verteilung der Güter für den Lebensunterhalt darf nicht in der Weise mißverstanden werden, daß jeder dasselbe Einkommen hat und über gleich viel Geld und Besitz verfügt. Jegliches Streben nach *Gleichmacherei* muß scheitern, da eine Gesellschaft nur auf der Grundlage der *Verschiedenartigkeit ihrer Teile* funktionieren kann. Das Prinzip von Leistung und entsprechender Belohnung bleibt auch weiterhin bestehen, wenn auch die Motivation zur Leistung nicht mehr durch menschenfeindlichen Konkurrenzkampf und eigensüchtiges Gewinnstreben bestimmt sein wird.[2]

„Das Gewinnstreben allein kann keine gleichgewichtige, dauerhafte Kultur sichern. Weit stärker, weit ‚wahrer' und in der Tat weit menschlich natürlicher ist das Streben nach Selbstverwirklichung und Erfüllung, wie es bei Kindern zu finden ist und wie es bei den wenigen Künstlern, Kunsthandwer-

1) *Einheit* darf nicht als *Gleichmacherei* oder *Nivellierungsstreben* mißverstanden werden. Einheit ist das integrierende Prinzip, das die verschiedenen, die mannigfaltigen Teile des Ganzen zusammenhält. (Vgl. Shoghi Effendi, Die Weltordnung Bahá'u'lláhs, S. 67 ff. und Rudolph Pophal, Eidetische Graphologie, S. 186 f und S. 185 ff.)

2) „In früheren Zeiten entwickelte sich ein Aggressionstrieb im Kampf mit den wilden Tieren. Er ist nicht länger nötig; vielmehr besteht die Einsicht, daß Zusammenarbeit und gegenseitiges Verständnis die größte Wohlfahrt der Menschen herbeiführen. Heute ist Feindseligkeit nur noch die Folge von Vorurteil." ('Abdu'l-Bahá, zitiert in: Bahá'í-Briefe, Heft 39, S. 1057)

kern und geistbewußten Männern und Frauen fortlebt, die es nicht zulassen, daß sie von den äußerlichen Einflüssen ihrer Umgebung verformt werden."[1]

Die Bahá'í-Offenbarung sieht vor, das Einkommen nach oben und nach unten hin zu begrenzen, so daß Überfluß und Armut vermieden werden. Jedes Dorf, jede Stadt und jeder Bezirk soll selbst mit der Verwaltung finanzieller Angelegenheiten betraut werden. Entsprechend sind Einkommensteuern nicht an den Nationalstaat, sondern an die jeweilige Ortsgemeinde abzuführen, in der man wohnt. Das nationale Schatzamt bezieht seine Einkünfte daher nicht von den einzelnen Bürgern — es erhält seinen gebührenden Teil von den Ortsgemeinden. Die Betonung der einzelnen Gemeinden erfolgt, weil dort die Lebensfragen zuerst auftreten und auch zuerst gelöst werden müssen.

Eine gestaffelte (progressive) Einkommensteuer zählt zu den wichtigsten Einnahmequellen. Die Steuer erhöht sich prozentual in dem Verhältnis, wie das Einkommen die notwendigen Existenzmittel übersteigt. Einkommen, die die notwendigsten Ausgaben eines Menschen nicht übersteigen, werden nicht besteuert.

Sollte jemand durch Krankheit, Mißernte oder aus anderen Gründen, für die er nicht verantwortlich ist, kein existenzsicherndes Einkommen verdienen, werden die Mittel zur Deckung des notwendigen Lebensbedarfs aus öffentlichen Mitteln gewährt.[2] Auch die Schwachen, die Waisen, die Tauben und Blinden werden durch öffentliche Zuwendungen unterstützt.

Eine große Rolle nimmt das freiwillige Spenden ein. Während „äußere" Gesetze für gerechte Verteilung der Güter sorgen, ist hier das „innere" Gesetz angesprochen, die geistige und sittliche Haltung eines einzelnen Menschen. Wer diese Bemerkungen zu den wirtschaftlichen Richtlinien der Bahá'í-Offenbarung liest, darf nicht vergessen, daß die gesamte gesellschaftliche Ordnung von einem neuen Bewußtsein getragen sein wird. Es geht nicht um ein fertig formuliertes Wirtschaftskonzept, sondern um eine neue Wirtschafts- und Arbeitsethik. Aus freiem Antrieb und nach eigener Wahl wird jeder einzelne einen Teil seines Besitzes für andere opfern, wenn er dies nach eigenem Ermessen für erforderlich hält.

In bezug auf das Wirtschaftsleben hat Bahá'u'lláh fernerhin Faulenzen, Betteln und Schmarotzen verboten. Jeder einzelne soll seinen Fähigkeiten und den gesellschaftlichen Notwendigkeiten entsprechend einer beruflichen Tätigkeit nachgehen, die der Menschheit nützt. Die Gemeinschaft muß ihrerseits für Vollbeschäftigung sorgen.

In den Bahá'í-Schriften ist die Sklaverei verboten; dies erstreckt sich auch

[1] Horace Holley, Die Weltwirtschaft Bahá'u'lláhs, Bahá'í-Briefe, Heft 39, S. 1060

[2] Vgl. 'Abdu'l-Bahá, Das Gesellschaftsmodell von Bahá'u'lláh, Bahá'í-Briefe, Heft 39, S. 1047 ff.

auf ihre moderne Form der industriellen Sklaverei.[1] Zur Lösung wirtschaftlicher Fragen sollen sich Arbeitgeber und Arbeitnehmer nicht feindlich gegenüber stehen. Jegliche erpresserische, käufliche und ungerechte Handlungsweise ist verwerflich, rebellische Forderungen oder revolutionäre Aufstände sind untersagt. Die Bahá'í-Ethik sieht auch hier eine gemeinschaftliche Lösung der Probleme vor. Nach 'Abdu'l-Bahá wird auf dem Wege über freundschaftliche Beratung und Zusammenarbeit, durch gerechte Teilhaberschaft und Gewinnbeteiligung sowohl den Interessen der Arbeitgeber als auch denen der Arbeiter am besten gedient. Streik und Aussperrung sollen aufgegeben werden.

'Abdu'l-Bahá schlägt vor: ,,Alle Regierungen der Welt müssen sich vereinigen und einen Rat bilden, dessen Mitglieder aus den Volksvertretungen und den edelsten Menschen der Nationen zu wählen sind. Diese müssen mit Weisheit und Kraft einen wirkungsvollen Plan ausarbeiten, nach dem weder die Kapitalisten sehr große Verluste erleiden noch die Arbeiter in Not geraten. Mit größter Mäßigung sollen sie das Gesetz entwerfen und dann öffentlich bekannt machen, daß die Rechte des arbeitenden Volkes wirkungsvoll gewahrt werden müssen. Auch die Rechte der Arbeitgeber sind zu schützen.

Wenn ein solches allgemeines Gesetz durch beidseitigen Willen angenommen ist und dennoch Streik ausbricht, so müssen einem solchen alle Regierungen der Welt gemeinsam entgegentreten . . . Die Guts-, Bergwerk- und Fabrikbesitzer sollten ihr Einkommen mit ihren Arbeitern teilen und ihnen einen angemessenen Prozentsatz zukommen lassen, damit dem Arbeiter neben seinem Lohn auch ein Anteil an dem allgemeinen Gewinn des Unternehmens zufällt, wodurch er sich auch mit seiner Seele für die Arbeit einsetzt.''[2]

[1] In einer Ansprache in San Francisco sagte 'Abdu'l-Bahá: ,,Zwischen 1860 und 1865 habt ihr ein wunderbares Werk vollbracht: Ihr habt die Fesseln der Sklaverei abgestreift. Heute aber müßt ihr noch etwas weit Bedeutsameres tun! Ihr müßt der industriellen Sklaverei ein Ende bereiten.'' (Star of the West, Vol. VII, Nr. 15, S. 147)

[2] Zitiert nach J. E. Esslemont, Bahá'u'lláh und das neue Zeitalter, S. 169

Kapitel 10:

Das Bahá'í-Prinzip „Die Gleichstellung der Menschen"

„,Die Gesetze Gottes sind keine Auflagen des Willens noch der Macht oder des Beliebens, sondern Ergebnisse der Wahrheit, der Vernunft und der Gerechtigkeit!'

Alle Menschen sind gleich vor dem Gesetz, das ohne Einschränkungen gelten muß.

Das Ziel der Strafe ist nicht Rache, sondern die Verhütung des Verbrechens.

Die Könige müssen mit Weisheit und Gerechtigkeit herrschen. Der Fürst, der Edelmann und der Bauer haben gleichermaßen Anspruch auf gerechte Behandlung. Der einzelne darf keine Begünstigung erfahren. Richter dürfen nicht die ,Person ansehen', sondern müssen in jedem vorgebrachten Fall mit strenger Unparteilichkeit nach dem Gesetz verfahren.

Wenn jemand ein Verbrechen an dir begeht, so hast du nicht das Recht, ihm zu vergeben, sondern das Gesetz muß ihn bestrafen, um eine Wiederholung des gleichen Verbrechens durch andere zu verhüten; denn das Leiden des einzelnen ist unwesentlich gegenüber dem allgemeinen Wohlergehen des Volkes.

Wenn in jedem Land der östlichen und der westlichen Welt vollkommene Gerechtigkeit herrscht, dann wird die Erde zu einer Stätte der Schönheit werden. Die Würde und Gleichheit eines jeden Dieners Gottes wird anerkannt werden. Das hohe Ziel der Zusammengehörigkeit der menschlichen Rasse, der wahren menschlichen Bruderschaft, wird verwirklicht werden und das herrliche Licht der Sonne der Wahrheit die Seelen aller Menschen erleuchten."[1)]

1) 'Abdu'l-Bahá, Ansprachen in Paris, Kap. 47, S. 123

Gedanken zu dem Bahá'í-Prinzip „Die Gleichstellung der Menschen"

Das Bahá'í-Prinzip *Die Gleichstellung der Menschen* läßt im Grunde zwei Hauptaspekte anklingen: erstens eine neu überdachte Einstellung zum Thema *Gerechtigkeit* und zweitens eine *neue Gesellschaftsordnung*.

Wenden wir uns hier dem ersten Aspekt zu, während letzterer in den Gedanken zu dem Bahá'í-Prinzip *Die Religion soll sich nicht mit der Politik befassen* näher ausgeführt wird. Wenn wir das Thema *Gerechtigkeit* behandeln wollen, begegnen wir u.a. der Frage, wie zukünftig Verbrecher vor dem Hintergrund einer neuen Bewußtseinsstruktur, einer neuen Ethik und Weltordnung richtig zu behandeln sind.

Die richtige Art, Verbrecher zu behandeln

Erinnern wir uns zunächst daran, was im Kapitel 5 über die psychische Projektion und die Sündenbockethik gesagt wurde. Der Mensch des neuen Zeitalters wird es lernen, seine eigenen Sündenbockprojektionen so weit zurückzunehmen und bei fortschreitender Selbsterziehung und -erkenntnis schließlich eine so hohe Stufe erreichen, „daß er sich lieber die Kehle durchschneiden ließe als eine Lüge auszusprechen, daß es ihm leichter erschiene, mit einem Schwert geschlagen oder einem Speer durchbohrt zu werden als Verleumdung zu äußern oder sich im Zorn zu vergessen."[1)]

Bei realistischer Betrachtung kann auch künftig nicht davon ausgegangen werden, daß ausnahmslos alle Menschen in gleicher Ernsthaftigkeit am Aufbau der neuen Weltkultur beteiligt sind und die Gesetze Bahá'u'lláhs achten. Nach wie vor wird es Menschen geben, die sich dem Reifungsauftrag widersetzen, sich selbst dem anderen vorziehen und eigensüchtigen Zielen nachjagen. Die Gesellschaft kann auch künftig nicht darauf verzichten, Vergehen gegen das Gesetz zu bestrafen.

'Abdu'l-Bahá unterscheidet zwei Arten der Vergeltung: Rache und Züchtigung. Der einzelne hat — wie auch Christus betonte — nicht das Recht, Rache zu nehmen, während die Gesellschaft sogar verpflichtet ist, den Verbrecher zu bestrafen.

Die Bahá'í-Schriften sehen auf der einen Seite den einzelnen, der dem Übeltäter verzeihen, ja sogar helfen soll, und auf der anderen Seite die Gemeinschaft, die den Rechtsbrecher zum Schutz der Menschenrechte bestrafen muß. Strafe dient hier allein dem Schutz der Gemeinschaft, nicht etwa der Rache aus persönlichen Motiven.

1) 'Abdu'l-Bahá, zitiert in: Ziele der Kindererziehung, S. 37

Diese klare Trennung von Individual- und Kollektivverhalten verhindert zum einen die Spirale der Gewalt durch persönliche Rachenahme und gewährleistet zum anderen die öffentliche Sicherheit und Ordnung. Das Fortbestehen der Menschheit hängt nicht vom *Verzeihen,* sondern von der *Gerechtigkeit* ab, deren Säulen *Lohn und Strafe* heißen.[1] Aus diesem Grund ist es auch legitim, wenn sich eine Gemeinschaft gegen innere und äußere Angriffe zur Wehr setzt, Grausamkeiten, Ungerechtigkeit und Unterdrückung entschieden zurückweist und die freiheitliche Grundordnung verteidigt. Die Gemeinschaft hat die Pflicht, die Rechte ihrer Mitglieder zu wahren.

Was für die Gemeinschaft im Kleinen gilt, hat ebenfalls Gültigkeit für die Gemeinschaft der Völker. Sollte sich eine Nation gegen eine andere erheben und mit Krieg drohen, so sind alle übrigen Nationen der Erde aufgefordert, gemeinsam gegen den Angreifer vorzugehen. Insofern ist der Gebrauch von Waffen nur zu Verteidigungszwecken zulässig. Da in einem Weltstaatenbund alle Völker zu einem Volk zusammengewachsen sind, ist die Chance, daß ein Land durch Angriffskrieg an Einfluß gewinnt sehr gering. Die Rüstung kann daher weltweit auf sehr niedriger Ebene gehalten werden.

Die Offenbarung Bahá'u'lláhs legt uns dar, daß der *Kampf um das Dasein* im Grunde der Stufe des Pflanzlichen und Tierischen angemessen ist. Für den Menschen gilt es, sich seiner höheren Bestimmung bewußt zu werden und aus der niederen Welt des Triebhaften herauszuwachsen. Das Gesetz des Überlebens des Gewandteren und Stärkeren ist auf menschliche Verhältnisse angewendet, die Ursache von Schwierigkeiten, von Krieg, Streit, Haß und Feindseligkeit. Im Reich der Natur sind Angriffslust, Übergriffe und Selbstsucht „normale" Erscheinungsformen; für die Menschenwelt sind sie verderblich.

Obwohl der Mensch alle niederen Stufen in sich trägt und in seiner Grausamkeit weit unter das Tier hinabsinken kann, ist es seine Aufgabe, den in ihm angelegten *Höheren Menschen* zu entwickeln. Dies kann er jedoch nicht allein aus eigener Kraft — er bedarf der Führung und Erziehung, wie sie ihm durch die Offenbarer Gottes zuteil wird.

So nimmt auch in der Bahá'í-Offenbarung die Erziehung der Völker einen hohen Stellenwert ein, höher, als die Bestrafung der Übeltäter. Es genügt nicht, Strafgesetze auszuarbeiten und Gefängnisse zu bauen. Nach 'Abdu'l-Bahá sind alle Mittel strafrechtlicher Verfolgung und Bestrafung die Ursache weiterer moralischer Zerrüttung und charakterlicher Fehlentwicklung, obwohl auf diese Maßnahmen zum Schutze der Gemeinschaft nicht gänzlich verzichtet werden kann.

„Die Gemeinschaft sollte sich vielmehr Tag und Nacht bemühen und mit äußerster Anstrengung und Begeisterung danach streben, die Erziehung der

[1] Vgl. Bahá'u'lláh, Ährenlese 112

Menschen durchzuführen und sie zu veranlassen, Tag für Tag Fortschritte zu machen, Erkenntnis und Wissenschaft zu mehren, Tugenden zu erlangen, sich gute Sitten anzueignen und Laster zu meiden, damit keine Verbrechen mehr geschehen."[1)]

Manche Leser werden sich fragen, was an diesen Bahá'í-Ideen eigentlich neu ist. Die wesentliche Neuerung besteht in der Unterscheidung zwischen der heute vorherrschenden *materialistischen* und der *göttlichen Kultur*, wie sie auf der Grundlage der Bahá'í-Offenbarung entstehen wird.

„Die materialistische Kultur schreckt das Volk durch den Zwang vergeltender Strafgesetze von Verbrechen ab, und trotz der ständigen Vermehrung dieser Gesetze gibt es . . . keine Gesetze, die den Menschen belohnen. In allen Städten Europas und Amerikas wurden riesige Gebäude errichtet, die als Gefängnisse für Straffällige dienen. Die göttliche Kultur indessen erzieht jedes Glied der Gesellschaft so, daß außer ganz wenigen niemand ein Verbrechen begeht. Es besteht daher ein großer Unterschied zwischen der Verbrechensverhütung durch gewalttätige und vergeltende Gesetze und einer solchen Erziehung, Aufklärung und Vergeistigung, die bewirken, daß die Menschen ohne Angst vor Strafe oder Rache Verbrechen unterlassen."[2)]

Es besteht eine direkte Beziehung zwischen der Verbrechenshäufigkeit und dem Grad, in dem das Volk die Gesetze Gottes tatsächlich achtet. Je mehr sich die seelisch-geistigen und körperlichen Vollkommenheiten ausbilden, desto mehr schwindet die Kriminalität. Ab einer bestimmten Entwicklungsstufe empfindet der Mensch das Verbrechen selbst als höchste Strafe, die schlimmste Verurteilung und die größte Qual, so daß er es meidet und davor zurückschreckt, in irgendeiner Weise strafbar zu werden.

1) 'Abdu'l-Bahá, Beantwortete Fragen, Kap. 77, S. 263

2) 'Abdu'l-Bahá, zitiert in: Writings of 'Abdu'l-Bahá, Nr. 105, S. 132 f.

Kapitel 11:

Das Bahá'í-Prinzip „Welthilfssprache — ein Instrument für Verständigung und Frieden"

„Einer der großen Schritte zum Universalen Frieden wäre auch die Einführung einer universalen Sprache. Bahá'u'lláh gebietet, daß die Diener der Menschheit zusammenkommen, um entweder eine bereits bestehende Sprache auszuwählen, oder eine neue zu bilden. Dies wurde im Kitáb-i-Aqdas (dem ‚Buch der Gesetze') vor vierzig Jahren geoffenbart. Es wird darin dargetan, daß die Frage der mannigfachen Sprachen eine sehr schwierige ist. Es gibt mehr als achthundert Sprachen in der Welt, und niemand könnte sie alle erlernen.

Die Menschenrassen sind nicht mehr wie früher voneinander abgesondert. Heute muß man, um mit allen Ländern enge Verbindung zu halten, ihre Sprachen sprechen können.

Eine universale Sprache würde den Verkehr mit allen Nationen möglich machen. Man müßte dann lediglich zwei Sprachen kennen, die Muttersprache und die universelle Sprache. Die letzte würde dem Menschen die Verbindung mit jedem und allen Menschen in der Welt gestatten.

Eine dritte Sprache wäre dann nicht mehr nötig. Wie nützlich und beruhigend wäre es doch für alle, wenn man sich mit einem Angehörigen irgendeiner Rasse oder irgendeines Landes unterhalten könnte, ohne einen Dolmetscher zu brauchen!

Esperanto wurde im Hinblick auf dieses Ziel geschaffen. Es ist eine feine Erfindung und ein ausgezeichnetes Stück Arbeit, aber es muß vervollkommnet werden. Esperanto ist so, wie es ist, für manche Menschen sehr schwierig.

Man sollte einen internationalen Kongreß berufen, der aus Abgeordneten aller Länder der Welt, des Ostens wie des Westens, besteht. Dieser Kongreß müßte eine Sprache schaffen, die alle erlernen könnten, und alle Länder würden daraus großen Nutzen ziehen.

Bis eine solche Sprache im Gebrauch ist, wird die Welt noch weiter die gewaltige Notwendigkeit eines solchen Verbindungsmittels spüren. Die Ver-

schiedenheit der Sprache ist eine der stärksten Ursachen der Abneigung und des Mißtrauens unter den Völkern, die weit mehr als durch alle anderen Gründe durch die Unfähigkeit zur sprachlichen Verständigung getrennt sind.

Wenn alle eine Sprache sprächen, wieviel leichter ließe sich dann der Menschheit dienen!

Darum schätzet ,Esperanto', denn es ist die beginnende Durchführung eines der wichtigsten Gebote Bahá'u'lláhs, und es muß verbessert und vervollkommnet werden.''[1]

Gedanken zu dem Bahá'í-Prinzip ,,Welthilfssprache — ein Instrument für Verständigung und Frieden''

Im alten Testament wird von dem *Turmbau zu Babel* berichtet.[2] Gott wirkte der Selbsterhöhung der Menschen in der Weise entgegen, daß Er ihre Sprache verwirrte und das Volk über alle Länder zerstreute. Heute steht die Menschheit am Ende dieser Verwirrtheit, denn nun lautet der Wille Gottes, neben der Vielfalt der Muttersprachen entweder eine Verkehrssprache neu zu schaffen oder eine unter den bestehenden Sprachen auszuwählen.

Interessant ist der gemeinsame Hintergrund beider Ereignisse. Einst, wie in unserer Zeit, machten sich die Menschen anheischig, Gott zu entthronen und dabei etwas zu begehren, was der Stufe des Menschen nicht entspricht. Heute verleiten den Menschen vor allem die technischen und naturwissenschaftlichen Erfolge dazu, sich in Allmachtsvorstellungen zu versteigen und in gefährlicher Selbsttäuschung zu meinen, auf Gottes Hilfe verzichten zu können.

War es damals nötig, das Volk zu zerstreuen und seine Sprache zu verwirren, so sichert heute der entgegengesetzte Impuls das Fortbestehen der Menschheit: Die Völker sollen vereint und u.a. auch über eine gemeinsame Verkehrssprache miteinander verbunden werden.

Die Sprache gleicht einer Brücke, über die sich Menschen begegnen können. Sie verbindet und führt oftmals sogar über Abgründe hinweg. Solange keine gemeinsame Weltsprache besteht, verlaufen Gräben zwischen den Völ-

[1] 'Abdu'l-Bahá, Ansprachen in Paris, Kap. 48, S. 124
Der Text des Kapitels 48 ist hier nur teilweise wiedergegeben. Dadurch wurde eine neue Überschrift erforderlich. Der vollständige Text ist mit ,,Universaler Friede — Esperanto'' überschrieben.

[2] 1. Mose 17

kern, gibt es Barrieren, hinter denen Unbekannte ein unbekanntes Leben führen und unbekannte Gedanken bewegen.

Wo aber etwas unbekannt ist, gedeihen Vermutungen, breiten sich nur allzu leicht auch Vorurteile aus. Ohne die Möglichkeit der Verständigung weiß keiner genau, woran er mit dem anderen ist — und Unbekanntes begünstigt Angst.

Eine gemeinsame Weltverkehrssprache würde einen Teil dieser Angst vor dem Unbekannten und Ungewissen nehmen. Menschen aller Länder könnten miteinander in Kontakt treten, ihre Lebenserfahrungen und Gedanken austauschen und vieles über die Kulturen anderer Völker kennenlernen. Welch große Bereicherung wäre dies für jeden!

Viele haben es sicherlich erlebt, wie angenehm und verbindend es ist, wenn man zum Beispiel im Ausland mit Einheimischen sprechen kann. Wer seinen Urlaub auf Campingplätzen verbringt, wird dies besonders gut nachspüren können. Wie schnell ist die Verbindung hergestellt, wenn der Zelt- oder Wohnwagennachbar bemerkt, daß es eine gemeinsame Sprache gibt! Im Nu findet ein Gedankenaustausch statt, bei dem jeder den anderen kennen und verstehen lernt.

Wir dürfen uns jedoch keinen falschen Hoffnungen hingeben und glauben, daß bereits die bloße Existenz einer Weltsprache alle Vorurteile zwischen den Menschen hinwegfegt. Die Sprache bietet nur Möglichkeiten; die Bereitschaft, den anderen auch wirklich näher kennenzulernen, liegt nach wie vor am einzelnen Menschen selbst.

Sich verstehen zu lernen, setzt mehr als eine gemeinsame Sprache voraus. Es gibt viele Menschen, die die gleiche Sprache sprechen und sich trotzdem nicht erreichen, weil sie aneinander vorbeireden oder sich innerlich ablehnen. Eine Weltverkehrssprache allein kann also die Verständigungsschwierigkeiten nicht auslöschen — dies ist eine Frage des Bewußtseins und des guten Willens des einzelnen.

Wohl aber bietet eine Weltverkehrssprache zahlreiche andere Möglichkeiten, die dem kulturellen Fortschritt in vielfacher Weise dienen können: Wissenschaftler aller Länder könnten effizienter zusammenarbeiten, Lernwillige könnten von einer einsprachigen Weltliteratur profitieren und wirtschaftliche Angelegenheiten ließen sich leichter abwickeln. Auf allen Gebieten kulturellen, insbesondere auch des künstlerischen Lebens, würden sich viele neue Wege eröffnen. Ein ungeahnter kultureller Aufschwung wäre die Folge.

Kapitel 12:

Das Bahá'í-Prinzip „Die Religion soll sich nicht mit Politik befassen"

„Der Mensch wird in seiner Lebensführung durch zwei Hauptbeweggründe geleitet: die ‚Hoffnung auf Belohnung' und die ‚Furcht vor Strafe'.

Diese Hoffnung und Furcht muß darum durch alle Hoheitsträger beachtet werden, die wichtige Regierungsstellen bekleiden. Ihre Aufgabe ist es, miteinander über die Schaffung von Gesetzen zu beraten und für ihre gerechte Anwendung zu sorgen.

Das Zelt der Ordnung der Welt ist auf den beiden Pfeilern der ‚Belohnung und Vergeltung' aufgerichtet und begründet.

In Gewaltstaaten, die unter der Führung von Menschen ohne göttlichen Glauben stehen, in denen es keine Furcht vor geistiger Vergeltung gibt, ist die Durchführung der Gesetze willkürlich und ungerecht.

Nichts kann die Unterdrückung besser verhüten als diese beiden Empfindungen: Hoffnung und Furcht. Sie haben sowohl politische als auch geistige Folgen.

Würden die Handhaber des Gesetzes die geistigen Folgen ihrer Entscheidungen erwägen und der Führung durch den Glauben gehorchen, so würden sie göttliche Mittler in der Welt des Handelns sein, ‚die Stellvertreter Gottes für jene, die auf Erden sind, und um der Liebe Gottes willen die Belange Seiner Diener wie ihre eigenen verfechten'. Wenn sich ein Herrscher seiner Verantwortung bewußt ist und sich fürchtet, dem göttlichen Gesetz zuwider zu handeln, werden seine Urteile gerecht sein. Vor allem, wenn er glaubt, daß ihn die Folgen seines Handelns über sein Erdenleben hinaus begleiten und ‚daß er ernten muß, was er gesät hat', wird solch ein Mann ganz sicher Ungerechtigkeit und Unterdrückung meiden.

Wenn umgekehrt ein Beamter denkt, daß alle Verantwortung für sein Handeln mit seinem Erdenleben zu Ende geht, und er nichts von göttlicher Gunst und einem geistigen Reich der Freude weiß, noch daran glaubt, so wird ihm der Antrieb zu gerechtem Handeln und die Eingebung, Unterdrückung und Ungerechtigkeit auszumerzen, fehlen.

Wenn ein Herrscher weiß, daß der göttliche Richter seine Urteile auf die

Waage legt und daß er, wenn er ohne Mangel erfunden wurde, in das himmlische Reich tritt, und daß dann das Licht der himmlischen Güte über ihm scheinen wird, so wird er sicher gerecht und unparteiisch handeln. Sieh, wie wichtig es ist, daß die Minister durch die Religion erleuchtet werden!

Die Geistlichkeit indessen befasse sich nicht mit politischen Fragen! Religiöse Angelegenheiten sollten im gegenwärtigen Zustand der Welt keine Vermengung mit Politik erfahren (denn ihre Belange sind nicht die gleichen).

Die Religion ist eine Sache des Herzens, des Geistes und der Gesittung.

Die Politik befaßt sich mit den materiellen Dingen des Lebens. Religiöse Lehrer sollten sich nicht in den Bereich der Politik begeben. Sie sollten sich mit der geistigen Erziehung des Volkes befassen. Sie sollten den Menschen stets guten Rat erteilen und versuchen, Gott und der Menschheit zu dienen. Sie sollten sich bemühen, geistiges Streben zu wecken und danach trachten, das Verständnis und die Erkenntnis der Menschheit zu erweitern, die Sitten zu verbessern und die Liebe zur Gerechtigkeit zu verstärken.

Dies entspricht der Lehre Bahá'u'lláhs. Auch im Evangelium heißt es: ‚Gib dem Kaiser, was des Kaisers, und Gott, was Gottes ist.'

In Persien finden wir unter den bedeutenden Staatsministern einige, die Religion besitzen, die vorbildlich sind und Gott verehren, die sich fürchten, Seine Gesetze zu verletzen, gerecht im Urteil sind und unparteiisch regieren. Doch gibt es in dem Land auch Statthalter, die keine Gottesfurcht haben, nicht an die Folgen ihrer Handlungen denken und nach eigenem Begehren handeln, und sie haben Persien große Sorgen und Schwierigkeiten bereitet.

O Freunde Gottes, seid lebende Beispiele der Gerechtigkeit, damit die Welt durch Gottes Barmherzigkeit an euren Handlungen sehen möge, wie ihr die Eigenschaften der Gerechtigkeit und der Barmherzigkeit enthüllt!

Die Gerechtigkeit ist nicht begrenzt, sie ist eine universale Tugend. Alle Klassen, von der höchsten bis zu den niedersten müssen sie üben. Die Gerechtigkeit muß heilig sein, und die Rechte aller Menschen müssen berücksichtigt werden. Wünscht für andere nur, was ihr euch selbst wünscht. Dann werden wir uns der Sonne der Gerechtigkeit freuen, die von Gottes Horizont scheint.

Jeder Mensch wurde auf einen Ehrenposten gestellt, den er nicht aufgeben darf. Ein bescheidener Arbeiter, der eine Ungerechtigkeit begeht, ist genau so tadelnswert, wie ein berühmter Gewaltherr. So können wir alle zwischen Gerechtigkeit und Ungerechtigkeit wählen.

Ich hoffe, daß jeder von euch gerecht werden wird und seine Gedanken auf die Einheit der Menschheit richtet, daß ihr eurem Nächsten nie schadet, noch von irgend jemandem schlecht sprecht, daß ihr die Rechte aller Menschen achtet und euch mehr den Belangen anderer als eurer eigenen widmet. So werdet ihr zu Fackeln der göttlichen Gerechtigkeit werden und gemäß der Lehre Bahá'u'lláhs handeln, der in Seinem Leben zahllose Heimsuchungen und Verfolgungen ertrug, um der Menschenwelt die Tugenden der göttlichen Welt zu zeigen und euch die Möglichkeit zu geben, die höchste Herrschaft des Geistes zu erkennen und euch der Gerechtigkeit Gottes zu erfreuen."[1]

Gedanken zu dem Bahá'í-Prinzip „Die Religion soll sich nicht mit Politik befassen"

Bahá'í sollten sich zur gegenwärtigen Zeit nicht mit Politik befassen, da keines der bestehenden politischen Systeme mit der Weltordnung Bahá'u'lláhs vereinbar ist. Shoghi Effendi sagt: „Das Bahá'í-Gemeinwesen der Zukunft, für das diese umfassende administrative Ordnung das alleinige Rahmenwerk bildet, steht sowohl der Theorie als auch der Praxis nach nicht nur einzig in der gesamten Geschichte der politischen Institutionen, sondern auch ohne Gegenstück in den Annalen aller anerkannten Religionssysteme der Welt da. Keine Form demokratischer Regierung, kein System autokratischer oder diktatorischer Art, sei es monarchisch oder republikanisch, kein Mischkonzept einer rein aristokratischen Ordnung und selbst keine der anerkannten Formen der Theokratie, sei es nun das hebräische Gemeinwesen, seien es die verschiedenen christlichen Kirchenorganisationen, das Imamat oder Kalifat im Islám — keines von ihnen kann mit der von der Meisterhand ihres vollendeten Architekten gebildeten administrativen Ordnung gleichgesetzt oder als mit ihr übereinstimmend bezeichnet werden."[2]

Kein politisches System der Welt ist darauf angelegt, die Nationen der Erde zu einem *Weltstaatenbund* zu vereinen. Doch nur ein solcher könnte Abrüstung durchsetzen, eine stabile Währung schaffen, Konflikte zwischen Völkern und Gesellschaftsklassen schlichten und ein Bildungswesen aufbauen, das Unwissenheit und Analphabetentum beseitigen und überwinden hilft.

Die Vereinigung der Nationen darf jedoch nicht als bloße *politische*, nach Zweck- und Nützlichkeitserwägungen getroffene Maßnahme mißverstanden werden. Das Wesentliche ist die *geistige* Einheit der Menschen, die sich im Zuge fortschreitender Bewußtseinsentwicklung stufenweise herausbilden wird. Der springende Punkt ist das *neue* Bewußtsein, der Geist der Zusammenarbeit und gegenseitigen Hilfe, nicht etwa die Hörigkeit gegenüber einem wie auch immer ausgeklügelten sozialreformerischen System, das die sittliche Verantwortung des einzelnen unangesprochen läßt.

Viele Sozialwissenschaftler sehen in unserem bundesdeutschen Demokratiemodell eine hohe Form gesellschaftlichen Systems. Die Bahá'í-Offenba-

[1] 'Abdu'l-Bahá, Ansprachen in Paris, Kap. 49, S. 125 ff.
[2] Die Weltordnung Bahá'u'lláhs, S. 219

rung jedoch stellt eine Weltordnung vor, die um ein Vielfaches über unsere parlamentarische Demokratie hinausreicht, sowohl in der *Zielsetzung* als auch in den *Anforderungen* an den einzelnen.[1] Die ganze Menschheit wird als organische Einheit verstanden, das Ziel aller gesellschaftlichen Entscheidungen ist das Gemeinwohl dieses Menschheitskörpers, zu dem jeder einzelne gemäß seinen Fähigkeiten beiträgt.

Man geht daher fehl in der Annahme, die Bahá'í-Verwaltungsordnung könne rein *verwaltungstechnisch* verstanden werden. Ihre Bedeutung erschließt sich erst dem, der sie als *Werkzeug des Geistes* versteht, der sich ihrer bedient, um eine neue Weltkultur entstehen zu lassen. Die Weltordnung Bahá'u'lláhs kann mit Sicherheit als Ausdruck *vollendeter Staatskunst* bezeichnet werden; sie geht in ihrer Zielsetzung weit über das Nur-Politische hinaus, reicht von der untersten pragmatischen Stufe bis tief in die geheimsten geistigen Zusammenhänge hinein — sie ist einzigartig und unvergleichbar.[2]

Bahá'í-Wahlen

Die Bahá'í-Verwaltungsordnung ist in ihren Grundzügen dreistufig angelegt: örtlich, national und international. Die wahlberechtigten Bahá'í einer örtlichen Gemeinde wählen jährlich in freier und geheimer Wahl aus ihren Reihen den sogenannten *Örtlichen Geistigen Rat*[3], der aus 9 Mitgliedern besteht. Dieser wählt dann seinerseits den Vorstand. Ebenfalls jedes Jahr wählen die Bahá'í einer Nation den *Nationalen Geistigen Rat*, indem sie bezirksweise Abgeordnete wählen, die während der *Nationaltagung* in freier und geheimer Wahl die 9 Mitglieder des Nationalen Geistigen Rates wählen. Auch er wählt anschließend den Vorstand. Alle fünf Jahre findet die Wahl der 9

1) „Wir werden in der Zukunft höhere Anforderungen an die Autoritäten stellen müssen, die uns durch die Integrität ihrer Persönlichkeit, durch Leistung, Können und Wissen sowie durch humane Eigenschaften überzeugen müssen. Zugleich müssen wir . . . aus den kindlich-vertrauenden Haltungen herausfinden, die in den jeweilig Regierenden Vaterfiguren sehen wollen, die für uns entscheiden sollen ohne eigene Mitverantwortung, ebenso aber unsere Neigung bekämpfen, sie für alles verantwortlich zu machen . . . Wir sollten klarer erkennen, daß Führer und Geführte immer in einem wechselseitigen Abhängigkeitsverhältnis stehen." (Fritz Riemann, Die schizoide Gesellschaft, S. 34 f.)

2) Weiterführende Literatur:
— Shoghi Effendi, Die Weltordnung Bahá'u'lláhs, Hofheim-Langenhain 1977
— 'Abdu'l-Bahá, Das Geheimnis göttlicher Kultur, Oberkalbach 1973
— Universales Haus der Gerechtigkeit, Geistige Räte — Häuser der Gerechtigkeit, Langenhain 1975

3) Diese Bezeichnung ist vorläufig. Später sollen die Geistigen Räte *Häuser der Gerechtigkeit* genannt werden.

Mitglieder des *Universalen Hauses der Gerechtigkeit* statt, das seinen Sitz in Haifa, Israel, hat.

Bahá'í-Wahlen beginnen mit meditativer Stille und einer Gebetsandacht. Wahlpropaganda, Wahlabsprache und Kandidaturen gibt es nicht. Das Ziel ist nicht Interessenvertretung, sondern diejenigen Menschen zu finden, die durch ihre geistige Grundhaltung und ihre Fähigkeiten dem Gemeinwohl am besten *dienen* können. Dies ist den politischen Gebräuchen unserer Zeit völlig entgegengesetzt!

Im Unterschied zu dem Parteiwesen hat in der Bahá'í-Gesellschaftsordnung das Kapital keinen Einfluß. Es ist allgemein bekannt, daß sich politische Parteien nicht allein aus Mitgliedsbeiträgen finanzieren können und auf Zuwendungen von sympathisierenden Einzelpersonen, Firmen und Interessenverbänden angewiesen sind. Politische Einflußmöglichkeiten, die aus solcher Finanzabhänigigkeit resultieren, finden sich in der Bahá'í-Welt nicht. Die gesamte Bahá'í-Gemeinde trägt sich ausschließlich — solange sie noch nicht weltweit etabliert und anerkannt ist — aus Spenden von Bahá'í, wobei keine Namensnennung erfolgt. Niemand kann etwa durch großzügige Spenden einen günstigen Eindruck bei den Wählern hinterlassen.

Das lokale Bahá'í-Leben

Sind die Geistigen Räte gewählt, genießen sie Unabhängigkeit gegenüber den Wählern. Auch damit ist allen zwingenden Einflußnahmen seitens einzelner oder Gruppen vorgebeugt. Kein Gläubiger kann sich in gesellschaftlichen Angelegenheiten eigenmächtig über die Geistigen Räte hinwegsetzen. Dies bedeutet nicht, daß die Geistigen Räte ein Machtmonopol innehaben, ein Leben in der Abgeschiedenheit führen und den Geruch der Geheimniskrämerei verbreiten. Alle 19 Tage findet lokal, aber weltweit, das sogenannte *Neunzehntagefest* statt, das der Gemeinde die Beratung und Aussprache mit dem Geistigen Rat ermöglicht. Während dieser Zusammenkunft hat jeder einzelne das Recht, frei und offen seine Meinung zu sagen, Fragen zu stellen, Themen anzuregen, Informationen zu liefern und Vorschläge zu äußern. Jede einzelne Wortmeldung wird ernstgenommen, zusammen beraten und bei Stimmenmehrheit zwecks ausführlicher Beratung und Entscheidung an den Geistigen Rat weitergeleitet.

Außer dieser für das Gesellschaftsleben äußerst bedeutungsvollen Beratungsfunktion hat das Neunzehntagefest noch zwei weitere Aspekte. Es beginnt mit einem Meditations- und Andachtsteil und endet mit dem geselligen Teil, der es ermöglichen soll, sich privat näher kennenzulernen. Durch die Einrichtung des Neunzehntagefestes ist jeder Bahá'í aktiv in das Gesellschaftsleben einbezogen, lassen sich Isolation, Einsamkeit und Entfremdung vermeiden. Niemand hat zudem das Gefühl, Spielball von Bürokratie, Parteipolitik und Wirtschaft zu sein. Von der untersten Stufe der administrativen Ordnung aus, die das Neunzehntagefest darstellt, hat jeder einzelne Bahá'í die Möglichkeit, durch seinen schöpferischen Beitrag und konstruktive Vorschläge die gesamte Bahá'í-Welt zu beeinflussen.

Der einzige rechtmäßige Unterschied zwischen der Gemeinde und dem Geistigen Rat besteht in der Entscheidungsbefugnis des Rates als Institution. Da die Mitglieder des Geistigen Rates ansonst keinerlei Vorrechte genießen, kann kein „Establishment" entstehen; einer Absonderung sozialer Schichten ist damit wirksam vorgebeugt.

Die Aufgabe des Örtlichen Geistigen Rates ist es, zu helfen, zu beraten, zu schützen und zu führen. Er kümmert sich um die gesellschaftlichen, bildungspolitischen und geistigen Interessen der Gemeinde. „Die Mitglieder dieser Geistigen Räte müssen . . . eigene Neigungen und Abneigungen, persönliche Lust und Liebe völlig außer Acht lassen und ihre Aufmerksamkeit auf solche Maßnahmen richten, die dem Wohlergehen und Glück der Bahá'í-Gemeinde förderlich sind und dem Gemeinwohl dienen."[1)]

Entschlüsse, die der Geistige Rat nach gründlicher und ausführlicher Beratung faßt, sind für die gesamte Gemeinde bindend. Wenn ein Beschluß nicht einstimmig zustandekommt, entscheidet die Stimmenmehrheit. Der einmal gefaßte Beschluß wird von der Gesamtheit der Gemeinde mitgetragen. Es steht aber jedem frei, sich mit der Bitte um Überprüfung eines Beschlusses an seinen Rat oder die übergeordneten Instanzen zu wenden. Aufgabe des Geistigen Rates ist es nicht, zu *diktieren*, sondern zu *beraten* und zu *führen*.

Geist und Form

In den Bahá'í-Körperschaften[2)] findet die Bahá'í-Ordnung ihren sichtbaren Ausdruck. Form und Geist, Verwaltungsordnung und schöpferisches Tun des einzelnen, bilden keinen störenden Gegensatz, sondern sind ausgewogen aufeinander abgestimmt. Der Neigung zum Individualismus, zur Ungebundenheit und Eigenbrödelei wird auf diesem Wege ebenso begegnet wie der Gefahr institutioneller Schwerfälligkeit und administrativer Starre. Innerhalb der flexiblen, elastischen und auf Entwicklung eingestellten Bahá'í-Verwaltungsordnung werden schöpferische Impulse nicht blockiert, sondern kanalisiert.

1) Geistige Räte — Häuser der Gerechtigkeit, S. 20

2) Die Bahá'í-Körperschaften sind keine kirchenähnlichen Einrichtungen, die Geistigen Räte haben mit dem Priestertum nichts zu tun. Es gibt in der Bahá'í-Welt kein berufsmäßiges Priestertum. Jeder ist gehalten, seinen Teil zur Verbreitung der Lehre und zur Verwaltung der Gemeindeangelegenheiten beizutragen. Dies befreit den einzelnen von Passivität und erzieht ihn zur Mündigkeit.

Da zumal jedes Jahr Neuwahlen stattfinden und grundsätzlich jeder Bahá'í ab dem 21. Lebensjahr wählbar ist, können Dogmatismus, Personenkult, Cliquenbildung und Amtsträgheit als Hindernisse auf dem Weg zu einer umfassenden Weltkultur vermieden werden. Jeder Gemeinde ist damit die Gelegenheit gegeben, Mängeln und Unvollkommenheiten in der Ratsführung abzuhelfen.

Vom Geist der Bahá'í-Beratung

In der Bahá'í-Welt sind Parlamentsdebatten im Sinne verbaler Gladiatorenkämpfe undenkbar. Während die politische Kommunikation unserer Tage an die Atmosphäre der Stierkampfarenen erinnert, zeichnen sich die Bahá'í-Beratungen durch einen Geist aus, der in den gegenwärtigen politischen Landschaften unauffindbar ist: den Geist der Beratung.

Beratung wird in der Bahá'í-Welt als *Kunst* und *Tugend* angesehen. Die Fähigkeit zur Beratung ist ein Ergebnis der Bahá'í-Erziehung, die schon früh damit beginnt, innerfamiliär Beratungen einzuüben. Wo auch immer sich Bahá'í zur Beratung einfinden, streben sie danach, in eine Haltung hineinzuwachsen, die andeutungsweise mit folgenden Eigenschaften umschrieben werden kann: demütig, bescheiden, selbstlos, redlich, aufrichtig, auf die Interessen des Allgemeinwohls bedacht, geduldig, gemäßigt in den Äußerungen, aufmerksam, wachsam, sachlich, vorsichtig, in persönlichen Wünschen zurückhaltend, initiativ, mutig, unternehmerisch-wagnisbereit, . . . Bahá'í-Beratungen sind frei von Parteilichkeit, Selbstbezogenheit, Ichhaftigkeit, Leidenschaftlichkeit, Vorurteilsfixiertheit, wie auch frei von diktatorischer Stickluft.

Trotzdem darf diese Atmosphäre nicht als „Friedhofsstille" mißverstanden werden. Verschiedene Ansichten wird und muß es auch in Zukunft geben. 'Abdu'l-Bahá sagt sogar, daß der strahlende Funke der Wahrheit erst beim Zusammenprall verschiedener Meinungen zustandekommt.[1] Die geistige Haltung jedoch, das Orientiertsein an der Sache, vermeidet Gefühle des Gekränkt- und Verletztseins, da jeder weiß, daß es nicht um persönliche Vorrangkämpfe geht. Das Ziel der Beratung ist es, den besten Weg, die beste Lösung eines Problems, einer Aufgabenstellung zu finden. Sollte doch einmal Zwist und Unruhe entstehen, so ist es vielerorts üblich, die Gespräche zu unterbrechen, meditative Stille einkehren zu lassen, sich des eigentlichen Sinnes der Zusammenarbeit bewußt zu werden und ggf. ein Gebet zu sprechen.

1) 'Abdu'l-Bahá, zitiert in: Bahá'í Administration, S. 22

Nationales und internationales Bahá'í-Leben

Diese beiden Ebenen sollen hier nur andeutungsweise behandelt werden.[1] Das lokale Leben wurde deshalb ausführlicher dargestellt, weil hier die Wurzeln der Bahá'í-Welt sichtbar sind. Derselbe Geist, dieselbe geistige Haltung, welche sich auf lokaler Ebene findet, bestimmt auch das nationale und internationale Bahá'í-Leben.

Die Aufgabe des Nationalen Geistigen Rates ist, „durch häufige persönliche Beratungen die vielfältigen Tätigkeiten der Freunde und der örtlichen Räte anzuregen, zu vereinigen, zu koordinieren; durch enge und ständige Verbindung mit dem Heiligen Land muß der Rat neue Maßnahmen einleiten."[2]

Die Örtlichen Geistigen Räte stehen unter der verwaltungsrechtlichen Zuständigkeit des jeweiligen Nationalen Geistigen Rates, der die Tätigkeiten aller Bahá'í des betreffenden Landes leitet, anregt, aufeinander abstimmt und eint. Während sich die örtlichen Räte mit Bahá'í-Angelegenheiten einer Stadt oder eines Dorfes befassen, geht die Entscheidungsbefugnis des Nationalen Geistigen Rates über diejenige der örtlichen Räte hinaus — sie bezieht sich auf die Probleme von nationaler Bedeutung.

„Alle Nationalen Geistigen Räte der Welt unterliegen der Gerichtsbarkeit einer internationalen Körperschaft, des Universalen Hauses der Gerechtigkeit. Wie ein Nationaler Geistiger Rat die örtlichen Räte seines Rechtsbereiches lenkt und eint, so führt und koordiniert das Universale Haus der Gerechtigkeit die Tätigkeiten der verschiedenen Nationalen Geistigen Räte in der Welt. Das Haus der Gerechtigkeit stellt Pläne auf und setzt Ziele für die ganze Bahá'í-Welt, und die Nationalen Räte setzen diese Pläne vereint in die Tat um."[3]

Die Weltordnung Bahá'u'lláhs ist vom Geist der Einheit geprägt. Sie ist nicht in „politische Lager" gespalten und nicht in eine Fülle von „Parteilandschaften" zersplittert. Gewinnt man heute vielerorts den Eindruck, als säßen führende Männer der Parteien und Nationen in einem Sandkasten, wo einer die Burgen des anderen zerstört, so werden sich künftig die führenden Männer und Frauen der Regierungen nicht länger pubertär, sondern wahrhaft erwachsen verhalten.

Eine alte Weltordnung wird auf- und eine neue gleichzeitig ausgerollt.[4]

[1] Weiterführende Literatur:
— Shoghi Effendi, Bahá'í Administration
— Geistige Räte, Häuser der Gerechtigkeit

[2] Geistige Räte — Häuser der Gerechtigkeit, S. 33

[3] Gloria Faizi, Die Bahá'í Religion, Eine Einführung, S. 110 f.

[4] Vgl. Bahá'u'lláh, Ährenlese 143:3

Bahá'í sollten sich daher nicht mit Politik befassen, da schon in absehbarer Zeit die alten politischen Systeme der Welt für ungeeignet befunden werden, die Krise der Menschheit zu überwinden. Bildlich gesehen ist die heutige Welt einem alten Haus vergleichbar, welches zunehmend Risse bekommt und baufällig wird. Auftrag der Bahá'í ist es nicht, Reparaturarbeiten auszuführen, sondern ein gänzlich neues Haus zu bauen.

Kapitel 13:

Das Bahá'í-Prinzip „Die Gleichstellung der Geschlechter"

„Gott hat alle Geschöpfe in Paaren erschaffen. Der Mensch, das Tier, die Pflanze, alles in diesen drei Reichen ist zweierlei Geschlechtes, und unter ihnen herrscht völlige Gleichheit.

In der Pflanzenwelt gibt es männliche und weibliche Pflanzen. Sie haben gleiche Rechte und besitzen einen gleichen Anteil an der Schöpfung ihrer Gattung, wenn man auch in der Tat sagen könnte, daß der Baum, der Früchte trägt, demjenigen der keine trägt, überlegen ist.

Im Tierreich sehen wir, daß Männchen und Weibchen gleiche Rechte besitzen und daß jedes von ihnen an den Vorzügen seiner Gattung teilhat.

So sehen wir, daß in keinem der beiden niederen Reiche der Natur die Frage einer Überlegenheit des einen Geschlechtes über das andere besteht. In der Menschheit ist es wesentlich anders. Das weibliche Geschlecht wird als niedriger stehend betrachtet, und es werden ihm keine gleichen Rechte und Vorrechte gestattet. Dieser Zustand ist keine Folge der Natur, sondern der Erziehung. In der göttlichen Schöpfung gibt es keine derartige Unterscheidung. Vor dem Angesicht Gottes ist kein Geschlecht dem anderen überlegen. Warum sollte dann ein Geschlecht das andere als untergeordnet erklären und ihm wohlbegründete Rechte und Vorrechte vorenthalten, als hätte Gott seine Ermächtigung zu einem solchen Verhalten gegeben? Wenn die Frauen die gleichen Vorzüge der Erziehung genießen wie die Männer, so wird das Ergebnis zeigen, daß sich beide gleicherweise zur Bildung eignen.

In mancher Beziehung ist die Frau dem Manne überlegen. Sie ist weichherziger, empfänglicher und mit stärkerer Intuition begabt.

Es läßt sich nicht leugnen, daß die Frau zur Zeit in vielen Hinsichten hinter dem Mann zurückbleibt, daß aber diese vorübergehende Unterlegenheit auf den Mangel an Erziehungsmöglichkeiten zurückgeht. Im Lebenskampf ist die Frau instinktbegabter als der Mann, dankt er ihr doch bereits sein bloßes Dasein.

Ist die Mutter gebildet, so werden auch ihre Kinder gut unterrichtet werden. Ist die Mutter weise, so wird sie auch die Kinder auf den Weg der Weisheit leiten. Ist die Mutter religiös, so wird sie auch ihren Kindern zeigen, wie sie Gott lieben müssen. Ist die Mutter sittenrein, so wird sie auch ihre Kleinen auf den Pfad der Rechtlichkeit führen.

Es ist daher klar, daß die zukünftige Generation von den Müttern von heute abhängt. Ist das nicht eine wesentliche Verantwortung für die Frau? Bedarf sie da nicht jeder nur möglichen Förderung, um für eine solche Aufgabe gerüstet zu sein?

Darum gefällt es Gott sicher nicht, wenn ein so wichtiges Glied der Schöpfung wie die Frau nicht die entsprechende Erziehung erhält, um die gewünschten und nötigen Vollkommenheiten für ihre große Lebensaufgabe zu erlangen. Die göttliche Gerechtigkeit verlangt, daß die Rechte beider Geschlechter gleicherweise geachtet werden, da in den Augen des Himmels keines dem anderen überlegen ist. Die Würde vor Gott hängt nicht vom Geschlecht, sondern von der Reinheit und Leuchtkraft des Herzens ab. Menschliche Tugenden sind im gleichen Maße Eigentum aller.

Die Frau muß sich daher um größere Vervollkommnung bemühen, um dem Mann in jeder Beziehung gleich zu werden und in allem, worin sie zurückgeblieben war, fortzuschreiten, so daß der Mann gezwungen wird, ihre gleichen Möglichkeiten und Leistungen anzuerkennen.

In Europa haben die Frauen größere Fortschritte gemacht, als im Osten, aber es bleibt noch viel zu tun. Wenn Schüler am Ende ihrer Schulzeit stehen, werden sie geprüft, und das Ergebnis der Prüfung entscheidet über das Wissen und die Fähigkeit jedes Schülers. So wird es auch mit der Frau sein. Ihre Taten werden ihre Stärke beweisen. Es wird nicht mehr nötig sein, sie durch Worte zu verkünden.

Ich hoffe, daß sowohl die Frauen des Ostens, als auch ihre westlichen Schwestern rasche Fortschritte machen, bis die Menschheit vervollkommnet ist.

Gottes Güte ist für alle da und gibt die Kraft zu jedem Fortschritt. Besitzen die Menschen erst einmal die Gleichstellung der Frau, so werden die Frauen nicht mehr für ihre Rechte zu kämpfen brauchen. Daher ist einer der Grundsätze Bahá'u'lláhs die Gleichstellung der Geschlechter.

Die Frauen müssen größte Anstrengungen machen, um geistige Kraft zu erwerben und die Tugenden der Weisheit und Heiligkeit zu vermehren, bis es ihrer Erleuchtung und ihrem Streben gelingt, die Einheit der Menschheit zu verwirklichen. Sie müssen mit glühender Begeisterung arbeiten, um die Lehre Bahá'u'lláhs unter die Völker zu tragen, damit das strahlende Licht göttlicher Güte die Seelen aller Nationen der Erde umgebe.''[1)]

1) 'Abdu'l-Bahá, Ansprachen in Paris, Kap. 50, S. 128 ff.

Gedanken zu dem Bahá'í-Prinzip „Die Gleichstellung der Geschlechter"

Die Emanzipation der Frau

Mit der mentalen Bewußtseinsstruktur erwachte auch das Patriarchat. Tiefenpsychologisch gesehen sind die Entwicklung des gerichteten mentalen Denkens, die Herausbildung des Ich und die Entstehung einer patriarchalen Gesellschaftsordnung in einem gemeinsamen Sinnzusammenhang verwoben.

Für die menschliche Bewußtseinsentwicklung war das vorübergehende Verdrängen und Abwerten des mütterlich-weiblichen Prinzips ein notwendiger Zwischenschritt, denn nur durch die Distanzierung vom Mutterschoß der magisch-mythischen Strukturen konnte sich das mentale Ich kräftigen. Die Abwertung des Weiblichen war unumgehbar wie die Trotzphase des Kleinkindes, das der Mutter ein entschiedenes „Nein!" und „Ich will nicht!" entgegensetzt, um einen eigenen Willen und Standpunkt aufzubauen.

Solange das mentale Bewußtsein noch effizient-aufbauend wirksam war, hatte die Rolle der Frau ihre tiefe Berechtigung. Seit den ersten Regungen des integralen Zeitalters jedoch rebellierte die Frau — und dies zurecht! Im gleichen Jahr, als der Báb Seine Sendung verkündete, fand der erste Kongreß über Frauenrechte statt. Das Patriarchat hatte den Höhepunkt seiner Entwicklung überschritten; das Integrat kündigte sich an: die Gleichstellung der Geschlechter.

Aus den ersten Anfängen der Frauenbewegung entwickelte sich eine weltweite Befreiung aus der männlichen Vorherrschaft. Das Wort *Emanzipation* ist heute fast in aller Munde. Die Frau gewinnt zunehmend an Selbstvertrauen und möchte dem Manne gleichrangig und gleichwertig sein. Leider mißverstehen sehr viele Frauen den Aufruf zur Emanzipation, denn sie wollen werden *wie* der Mann.[1)] Das Pendel schlägt von einem Extrem zum anderen, von der Unterdrückung und Unterordnung zum Streben nach Überlegenheit männlicher Art und Weise. Vermutlich gehört die heutige Fehlhaltung zur Gesamtentwicklung dazu, um an den einseitigen Erfahrungen bewußt zu werden und zur Mitte zu finden.

1) „Freilich, auch diese neuen Freiheiten — vor allem für die Frau — müssen erst erprobt, es muß mit ihnen umzugehen gelernt werden, und es werden neue Probleme entstehen. Aber vermutlich werden die Geschlechter mehr als früher mit einander im Gespräch bleiben, mehr Bereitschaft haben, zu verstehen, was Mann- und Frau-Sein eigentlich bedeutet, und hoffentlich in den neuen Konzepten nicht so weit gehen, wie es hier und da der Fall ist, daß sie über den abzulegenden gesellschaftlichen auch biologische Unterschiede glauben übersehen zu können. Und vielleicht wird es dazu kommen, daß Liebe und Treue wieder als Werte erlebt werden, weil und wenn wir uns freiwillig zu ihnen bekennen." (Fritz Riemann, Die schizoide Gesellschaft, S. 38)

Emanzipation kann niemals bedeuten, daß die Frau den Mann imitiert, sondern ihre eigenen männlichen Wesensseiten entdeckt, entwickelt und in der Vereinigung von männlichen und weiblichen Seelenkräften zum *Menschen* wird.[1] Es könnte nicht im Sinne des integralen Bewußtseins sein, die biologische Rolle zu leugnen und zu vernachlässigen. Statt dessen gilt es, *in neuer Weise Frau zu sein:* mündig und selbstbewußt!

'Abdu'l-Bahá sagt: „In der Vergangenheit wurde die Welt durch Gewalt regiert, und der Mann herrschte aufgrund seiner stärkeren und mehr zum Angriff neigenden körperlichen und verstandesmäßigen Eigenschaften über die Frau. Aber schon neigt sich die Waage, Gewalt verliert ihr Gewicht, und geistige Regsamkeit, Intuition und die geistigen Eigenschaften der Liebe und des Dienens, in welchen die Frau stark ist, gewinnen an Einfluß. Folglich wird das neue Zeitalter weniger männlich und mehr von den weiblichen Leitbildern durchdrungen sein, oder genauer gesagt, es wird ein Zeitalter sein, in dem die männlichen und weiblichen Elemente der Kultur besser ausgeglichen sein werden."[2]

Frauenrolle und Bedeutung der Erziehung in der Bahá'í-Welt

In der Bahá'í-Offenbarung gewinnt die Erziehung und Bildung der Frau eine große Bedeutung. Der Schule für Mädchen soll besondere Aufmerksamkeit geschenkt werden, da sich die Größe der zukünftigen Weltkultur auch daran zeigen wird, welcher Fortschritt in der Welt der Frauen erzielt wird.[3]

'Abdu'l-Bahá sagt: „Die Schule für Mädchen hat Vorrang vor der Schule für Jungen, denn es ist Pflicht für die Mädchen dieses herrlichen Zeitalters, gründlich in verschiedenen Wissensgebieten, in Wissenschaften und Künsten und all den Wundern dieser hervorragenden Zeit gebildet zu sein, damit sie dann ihre Kinder erziehen können und sie von frühesten Tagen an auf dem Wege der Vollkommenheit leiten."[4]

1) Weiterführende Literatur:
— Emma Jung, Anima und Animus, Zürich-Stuttgart 1967
— Ester Harding, Der Weg der Frau, Zürich 1962
— Jolande Jacobi, Frauenprobleme — Eheprobleme, Zürich, 1968
— Erich Neumann, Ursprungsgeschichte des Bewußtseins, München 1974
— Alfons Rosenberg, Durchbruch zur Zukunft, S. 137 ff., Turm Verlag
— Christa Meves, Ehe-Alphabet, Freiburg 1975
— Christa Meves, Freiheit will gelernt sein, Freiburg 1975

2) 'Abdu'l-Bahá, zitiert nach J. E. Esslemont, Bahá'u'lláh und das neue Zeitalter, S. 173

3) Vgl. 'Abdu'l-Bahá, zitiert in: Ziele der Kindererziehung , S. 54

4) 'Abdu'l-Bahá, zitiert in: Ziele der Kindererziehung, S. 68

‘Abdu’l-Bahá setzt ferner gewisse Erziehungsprioritäten, wenn Er hervorhebt, daß der Charakterbildung mehr Mühe als dem Unterricht gewidmet werden muß. Mädchen sollen bescheiden sein, von gutem Charakter und Betragen. Darüber hinaus ist es Ziel, sie in den verschiedenen Wissensgebieten zu unterrichten.[1)]

An eine Bahá’í-Gemeinde in Persien schrieb Er: „. . . Väter und Mütter . . . müssen . . . über ihre kleinen Töchter wachen und sie in der Schule durch hochqualifizierte Lehrerinnen sorgsam ausbilden lassen, damit sie mit den Wissenschaften und Künsten vertraut werden, unterrichtet und ausgebildet in allem, was für das menschliche Leben nötig ist und was einer Familie Trost und Freude bringen wird.“[2)]

Die Bahá’í-Auffassung geht dahin, daß wahres demokratisches Leben nur dann möglich sein kann, wenn bereits die kleinen Kinder entsprechende Erziehung erfahren. Seit Anfang unserer Kultur hat die Menschheit das Ideal der Demokratie als Grundlage für ein harmonisches Zusammenleben gesucht. Dieser Traum hat sich aber nie erfüllt. Die grundlegende Idee der Demokratie ist die Anerkennung einer umfassenden sozialen Gleichwertigkeit aller menschlichen Wesen. Ist diese Stufe erreicht, wird eine neue Gesellschaft geboren.

Die richtige Erziehung der Kinder ist von lebenswichtiger Bedeutung für den Fortschritt der Menschheit; Kernstück und wichtigste Grundlage aller Erziehung ist die *geistige und moralische Ausbildung.*[3)] Wenn unsere Kinder heranwachsen, werden sie unzähligen Prüfungen und Schwierigkeiten ausgesetzt sein. Wir haben daher die Pflicht, sie vom ersten Augenblick zu erziehen, wie Gott es aufgezeigt hat.[4)]

Welche Bedeutung ‘Abdu’l-Bahá der Kindererziehung beimißt, kann an Hand folgender Worte erkannt werden: „Die Erziehung und Ausbildung der Kinder gehört zu den verdienstvollsten Taten der Menschheit und bringt die Gnade und Gunst des Allbarmherzigen mit sich, denn Erziehung ist die unverzichtbare Grundlage aller menschlichen Tugenden, die dem Menschen den Weg zu den Höhen ewigen Ruhmes ebnet. Ein von frühester Kindheit an erzogenes Kind wird durch die liebende Fürsorge des heiligen Gärtners von den kristallklaren Wassern des Geistes und des Wissens trinken wie ein junger Baum am rieselnden Bächlein. Und sicherlich wird es die hellen Strahlen

1) Vgl. ‘Abdu’l-Bahá, in: Ziele der Kindererziehung, S. 70

2) a.a.O., S. 73

3) Gerade dies wird heute so sehr vernachlässigt!

4) Literaturempfehlung:
— Christa Meves, Kinderschicksal in unserer Hand, Freiburg 1975
— Christa Meves, Erziehen lernen, München 1975
— Christa Meves, Mut zum Erziehen, Gütersloh 1976
— Christa Meves, Wer wirft den ersten Stein?, Kassel 1977

der Sonne der Wahrheit auf sich ziehen und durch ihr Licht und ihre Wärme gesund und frisch im Garten des Lebens wachsen.''[1]

'Abdu'l-Bahá ermutigt zu großen Anstrengungen, damit die Menschheit in anderem Schmuck erscheine und das lieblichste Licht ausstrahlen möge. ,,Die bösen Geister werden dann zu Engeln, die Wölfe zu Hirten über die Schafe und die wilde Hundemeute zu Gazellen, die auf den Ebenen der Einheit weiden, Raubtiere zu friedvollen Herden und Raubvögel mit messerscharfen Krallen zu lieblich zwitschernden Singvögeln.''[2]

Erziehung hat auf die Charakterbildung einen sehr großen Einfluß: ,,Durch sie wird der Unwissende gelehrt, der Feige mutig; durch Zucht wird der verwachsene Zweig gerade, die sauren, bitteren Früchte der Berge und Wälder werden süß und köstlich, und die fünfblättrige Blume wird hundertblättrig. Durch Erziehung werden wilde Völker kultiviert, und sogar die Tiere werden ans häusliche Leben gewöhnt. Erziehung muß als außerordentlich wichtig angesehen werden; denn wie Krankheiten in der körperlichen Welt sehr ansteckend sind, genauso sind Eigenschaften des Geistes und der Seele äußerst ansteckend. Erziehung hat einen allumfassenden Einfluß, und die durch sie verursachten Unterschiede sind sehr groß.''[3]

Die Rolle der Mutter

Was durch Psychologie und Pädagogik seit langer Zeit unermüdlich betont wird, entfaltet seine tiefere Bedeutung vor dem Hintergrund der Weltordnung Bahá'u'lláhs: die Mutterrolle.

,,Die Mutter ist der erste Lehrer des Kindes . . . sie ist es, die den Charakter und das Verhalten des Kindes festlegt. Darum wißt, o ihr liebenden Mütter, daß in den Augen Gottes die beste Art, Ihn zu verherrlichen, die Erziehung der Kinder und ihre Ausbildung in allen Vollkommenheiten der Menschheit ist. Es ist keine edlere Tat vorstellbar als diese . . .''[4]

In den Bahá'í-Schriften ist es Vorrecht und Pflicht der Mutter, in ihrem Heim Bedingungen zu schaffen, die sowohl der körperlichen wie geistigen Wohlfahrt und Förderung des Kindes am besten dienen. Die Erziehung, die einem Kind durch seine Mutter zuteil wird, legt die stärkste Grundlage für seine weitere Entwicklung. Daher sollte es ein hohes Anliegen der Frau sein; sich zu bemühen, dem neugeborenen Kind eine geistige Erziehung zu gewähren, die es befähigt, später alle Verantwortung übernehmen zu können.[5]

1) 'Abdu'l-Bahá, zitiert in: Ziele der Kindererziehung, S. 46 f.
2) a.a.O., S. 47
3) a.a.O., S. 31 f.
4) a.a.O., S. 75
5) Vgl. Zitat in: a.a.O., S. 99 f.

Wenngleich auch der Frau diese Rolle zugeteilt wird, so darf dies nicht in der Weise mißverstanden werden, daß die Frau in die Rolle des ,,Heimchens am Herd" zurückgleiten muß; neue Aufgaben erwarten sie! *Frau sein* heißt heute *bewußt Frau sein,* nicht, wie es früher die Regel war, unbewußt im Schatten des Ehegatten dahinzuleben.

Leonore Stapenhorst faßt die Situation der Frau sehr treffend zusammen, wenn sie sagt: ,,Wenn unsere heute seelisch schon halb zerstörte Menschheit in den kommenden Jahrhunderten des neuen Zeitalters zu einem Gesamtorganismus zusammenwachsen soll mit dem Ziel des Friedens und der Eintracht der Völker, — wie ja im Unbewußten jedes Menschen und im Mythos die Erinnerung an das ,Goldene Zeitalter' noch lebendig ist — dann muß die weibliche Kraft im Menschen und damit vordringlich die Frau durch Selbstbesinnung auf die ihr vom Schöpfer übertragenen Aufgaben die Wandlung im Denken in Bewegung bringen. Weibliches Denken darf nicht weiterhin geistentleertes, intellektuelles Training sein, sondern muß sinnvoll, ganzheitlich, auf das Höchste bezogen die Intuition fördern und walten lassen. Da der Frau vorwiegend die Erziehung und Formung des jungen Lebens anvertraut ist, trägt auch sie vor allem die Verantwortung für die Zukunft. Da ist es eben nicht mit lautem Geschrei der Emanzippen oder mit dem Kampf um Gleichberechtigung beim Konkurrenz- und Leistungswettkampf mit dem Manne getan."[1)]

Die Ehe als Aufgabe

Die mentale Welt war in Ordnung, solange Mann und Frau ihre fest umrissenen Rollen akzeptierten. Der Mann verstand sich als Träger der Kultur, kümmerte sich um Wissenschaft, Wirtschaft und Politik. Während er gewissermaßen die Welt des Nur-Männlichen repräsentierte, stand die Frau einzig in Rollen, welche das Nur-Weibliche ausdrückten: Sie sorgte für die Kinder, erzog sie im Sinne der Kirche und arbeitete in der Küche und ggf. auf dem Felde.

Im Moment jedoch, als mit dem Beginn des neuen Zeitalters diese kollektive Ordnung der klar abgegrenzten Rollen ins Wanken kam, indem die Forderung nach Gleichstellung zunehmend ins Bewußtsein trat, wurden sowohl der Mann als auch die Frau verunsichert. Keiner wußte recht, wie die neue Ordnung aussehen sollte. Das Patriarchat war in seinen Grundlagen erschüttert; die Frauen begehrten auf, bekundeten ihre Unzufriedenheit mit ihren Rollen und forderten die gleichen Bildungschancen und Rechte wie die Män-

1) Auszug aus dem Weihnachtsrundbrief 1979, den L. Stapenhorst an ihre Kursteilnehmer verschickte.

ner. Noch heute fürchten sich viele Männer vor einem Rückfall ins Matriarchat; der Verlust des einen Extrems aktiviert die Angst vor dem anderen.

Übergangszeiten sind Krisenzeiten. Daß auch in den Beziehungen zwischen Mann und Frau chaotische Zustände auszubrechen drohen, zeigen die erschreckend hohen Scheidungsquoten. Weder dem Mann noch der Frau ist es bis heute gelungen, ein ausgewogenes Verhältnis zu sich und zum Partner zu finden.

Man ist ohne sichere Orientierung, kennt nicht das Ziel und hat keine klaren Konzepte, nach denen eine neue Beziehung zu sich und zum anderen hergestellt werden kann. Früher gab das Kollektiv genau vor, was *man* tun mußte und was untersagt war. Eine eindeutige *Gut-Böse-Moral* diente als Maßstab für das eigene Verhalten. Heute ist dieses *Schwarz-Weiß-Denken* zutiefst in Frage gestellt; doch was tritt an dessen Stelle?

Gab es damals Ehekonflikte, so wirkte der kollektive Druck stets wieder stabilisierend auf beginnende Zerrüttungen ein. Scheidung galt als Schande und Skandal; man war entehrt und verachtet. Das gleiche galt für ledige Mütter mit (unehelichen) Kindern.

Was geschieht heute, wenn Ehepartner in Streit geraten oder sich nach Jahren nichts mehr zu sagen haben? Die kirchliche und gesellschaftliche Kontrolle fällt weitgehend weg; man bricht aus der Situation aus und geht auseinander.[1)] Doch sowohl der ehemalige Kollektivzwang als auch der heutige Scheidungstrend sind Extrem- und daher Fehlformen. In beiden Fällen bleibt man sich seiner selbst unbewußt, nimmt man es nicht in Angriff, sich mit den Problemen bewußtseinsfördernd auseinanderzusetzen. Früher geschah das Ausweichen durch Verdrängen, heute hingegen ist es das „einfache" Auseinandergehen.

Was weitgehend noch nicht in vollem Umfang erkannt wird, ist die Tatsache, daß Ehe nicht mehr statisch gesehen werden kann. Die Vorstellung, mit der Hochzeit bereits den sicheren Ehehafen angelaufen zu haben, entpuppt sich als folgenschwerer Irrtum, denn im Vergleich mit den Ehen der Vergangenheit tritt heute ein völlig neuer Faktor an die Partner heran: die Bewußtwerdung. Ehe erweist sich zunehmend als *Aufgabe,* als *Feld der Auseinandersetzung*[2)] und des *Reifens.* Nicht allein Pflicht- sondern Verant-

1) „Wohin wir auch blicken, die ‚Stützen der Gesellschaft': Familie, Staat und Kirche beginnen zu wanken, und damit hat uns eine Skepsis gegenüber allem erfaßt, was wir bisher als Wert angesehen hatten: Ehe, Liebe und Treue; Glaube und Ethik; Autorität und Gesetz; scheinbar gesichertes Wissen und angenommene Grenzen unserer Möglichkeiten — . . . nichts scheint mehr bindend zu sein, nichts mehr verbindlich . . . Jede Lockerung von Bindungen bedeutet größere Freiheit; Freiheit bedeutet aber zugleich größere Verantwortung, will sie nicht in Willkür ausarten." (Fritz Riemann, Die schizoide Gesellschaft, S. 30 f.)

2) Genau genommen ist eine *Auseinandersetzung* im Sinne des Differenzierens und eine *Zusammensetzung* des Erkannten nötig, um durch den Konflikt bewußter zu werden.

wortungsbewußtsein ist jetzt gefragt. Hochzeit ist lediglich ein Akt, in dem gewissermaßen das Rohmaterial zusammengetragen wird, welches in dem sich hieran anschließenden dynamischen Prozeß der Ehe bearbeitet werden muß.

Es geht nicht mehr darum, einem Kollektivideal zu entsprechen, das nach außen hin die „harmonische", aber unechte Ehe fordert, in der nur scheinbar „alles in Ordnung" ist. Anstatt so zu tun als ob Konflikte nicht sein dürften, sollten die Ehepartner lernen, ehrlich und offen miteinander über ihre Probleme zu sprechen und dies als Chance zum Reifen wahrzunehmen.

Die Psychologie hat eine Vielzahl wertvoller Trainingsprogramme entwickelt, nach denen Ehepartner es lernen können, sich bewußt mit ihren Streitfragen auseinanderzusetzen. Die Zeiten, in denen vorübergehend zuerst die Frauen (Matriarchat) und dann die Männer (Patriarchat) dominierten, sind nun endgültig vorbei. Es gilt jetzt, das Integrat zu verwirklichen, in dem Mann und Frau sozial gleichwertig und gleichberechtigt sind. Dazu bedarf es der Bereitschaft, viel Neues zu lernen, neue Fähigkeiten zu entwickeln, Zeit, Mühe und Arbeit zu investieren. Viele Ehen scheitern heute deshalb, weil man es nicht versteht, aus dem Rohmaterial etwas Konstruktives zu machen.

Die Ehe ist nie *fertig*! Dies scheinen zahlreiche Partner zu übersehen, wenn sie vor dem Fernseher einschlafen und sich nichts mehr zu sagen haben. Sie sind über die äußerliche Betrachtung der Ehe nicht weit hinweggekommen.

Die Bahá'í-Ehe

In der Bahá'í-Welt ist die Familie Keimzelle der menschlichen Gesellschaft. Die Einehe wird durch Bahá'u'lláh bestätigt und als fester Bestandteil in die zukünftige Weltordnung eingefügt. Aus Bahá'í-Sicht bietet die Einehe die besten Voraussetzungen, um Kindern ein gesundes Wachstum zu ermöglichen und um selbst an sich und den Kindern zu reifen.[1)]

Die Bahá'í-Religion wirkt der heutigen Dekadenz durch klare und wohlbegründete Verhaltensrichtlinien entgegen — sie fordert Keuschheit vor der Ehe und Treue in der Ehe; sie sieht in der Scheidung eine seltene Ausnahme, der — wenn sie unvermeidlich vollzogen werden soll — ein volles Jahr der Trennung vorausgegangen sein muß.

1) „Partnerschaftliche Beziehungen werden immer schwierig und leicht störbar sein — das liegt in der menschlichen Natur. Trotzdem scheint eine feste Bindung letztlich doch die berstmögliche Lösung zu sein; einmal, weil sie beiden Partnern Entwicklungs- und Reifungsmöglichkeiten bietet, gerade wenn sie sie ernst nehmen; und dann auch, weil eine gesunde Familie noch immer die wichtigste Keimzelle für die gesunde Entwicklung der Kinder ist." (Fritz Riemann, Die schizoide Gesellschaft, S. 41)

Wohl manch ein an sexueller Freizügigkeit erfreuter Leser wird die Bahá'í-Einstellung zur Ehe als ,,überholt'' und ,,veraltet'' ablehnen. In der Tat, die Bahá'í-Religion läßt sich mit der heutigen ,,Philosophie der Nacktkultur'' und dem Aufruf zu sexuellen Seitensprüngen nicht in Einklang bringen.[1)]

Die Bahá'í sind nicht für sexuelle Enthaltsamkeit — Bahá'u'lláh hob das Zölibat auf und verbot strenge Askese. Der Verdacht der Prüderie löst sich auf, wenn man die Ehegemeinschaft nicht allein auf die körperliche Beziehung beschränkt sieht, sondern die geistig-seelische Komponente mitbedenkt.

,,Für die meisten Menschen ist die Ehe eine körperliche Beziehung, und diese Verbindung kann nur vorübergehend sein, weil sie von vornherein dazu verurteilt ist, in einer körperlichen Trennung zu enden.''[2)]

Die geistige Verbindung wird nach 'Abdu'l-Bahá ewig bestehen. Wer die Ehe auf Geist *und* Körper gründet, verleiht ihr große Dauer.

,,Bahá'í-Ehe bedeutet die Bindung zweier Partner aneinander und ihre gegenseitige Zuneigung im Denken und Fühlen. Sie müssen sich jedoch mit größter Sorgfalt bemühen, mit der Wesensart des anderen gründlich vertraut zu werden, so daß der feste Bund zwischen ihnen eine ewige Bindung werde. Ihr Bestreben muß sein, liebevolle Gefährten und für immer und ewig in Einklang miteinander zu sein . . .

Die echte Bahá'í-Ehe bedeutet, daß Mann und Frau körperlich und geistig eins sein sollten und daß sie einander ständig in ihrem geistigen Leben vervollkommnen und sich in allen Welten Gottes ewiger Vereinigung erfreuen. Dies ist die Bahá'í-Ehe.''[3)]

Für Bahá'í ist die Ehe eine göttliche Einrichtung, nicht etwa eine zufällig, von Menschen eingeführte Paargemeinschaft. Sie ist nicht auf dieses irdische Leben beschränkt, sondern ihr geistiges Wachsen setzt sich auch in den — für unser Verständnis — ,,jenseitigen'' Welten fort.[4)]

1) Eindrucksvolle Studien über das sexuelle Verhalten der heutigen Menschen findet der Leser im Kinsey-Report, Das sexuelle Verhalten der Frau (Fischer Nr. 6002) und: Das sexuelle Verhalten des Mannes (Fischer Nr. 6003).

2) 'Abdu'l-Bahá, Writings of 'Abdu'l-Bahá, Nr. 84, S. 117

3) Writings of 'Abdu'l-Bahá, Nr. 86, S. 118

4) Vgl. 'Abdu'l-Bahá, in Tablets of 'Abdu'l-Bahá, II, S. 326

Kapitel 14:
Das Bahá'í-Prinzip „Die Kraft des Heiligen Geistes"

„In den Lehren Bahá'u'lláhs heißt es: ‚Nur durch die Kraft des Heiligen Geistes vermag der Mensch Fortschritte zu machen, denn die Kraft des Menschen ist begrenzt und die göttliche Kraft ist unbegrenzt.' Wenn wir die Geschichte verfolgen, so kommen wir zu dem Schluß, daß alle wirklich großen Menschen, die Wohltäter der menschlichen Rasse, jene, die die Menschen getrieben haben, das Rechte zu lieben und das Schlechte zu hassen, und die wirklichen Fortschritt brachten, durch die Kraft des Heiligen Geistes erleuchtet waren.

Die Propheten Gottes legten nicht alle eine Abschlußprüfung auf gelehrten philosophischen Schulen ab. Sie waren in der Tat oft Menschen niederer Herkunft, allem Anschein nach in den Augen der Welt unwissende, unbekannte Menschen ohne Bedeutung, die oft nicht einmal lesen und schreiben konnten.

Das, was diese Großen über die Menschen erhob und wodurch sie zu Lehrern der Wahrheit befähigt wurden, war die Kraft des Heiligen Geistes. Ihr Einfluß auf die Menschheit war vermöge dieser gewaltigen Eingebung groß und durchdringend.

Der Einfluß weisester Philosophen, die diesen göttlichen Geist nicht besaßen, war verhältnismäßig gering, wie umfassend ihr Wissen und wie tief ihre Gelehrsamkeit auch gewesen sein mögen.

Der ungewöhnliche Verstand eines Plato z.B., eines Aristoteles, Plinius und Sokrates, hat die Menschen nicht so stark beeinflußt, daß sie sich danach gesehnt hätten, ihr Leben für deren Lehren zu opfern, während einige jener schlichten Menschen die Menschheit derartig mit sich rissen, daß Tausende willig zu Märtyrern wurden, um ihre Worte zu erhärten, denn diese Worte waren durch den göttlichen Geist erleuchtet! Die Propheten Judas und Israels, Elias, Jeremias, Jesaja und Hesekiel waren einfache Menschen, wie es auch die Apostel Jesu Christi waren.

Petrus, das Haupt der Apostel, pflegte den Ertrag seines Fischfangs in sieben Teile zu teilen, und wenn er davon für jeden Tagesablauf seinen Teil genommen hatte und beim siebenten Teil angelangt war, wußte er, daß es Sab-

bat war. Bedenke dies und gedenke danach seiner späteren Stellung und der Ehre, die ihm zuteil ward, weil der Heilige Geist große Werke durch ihn vollbrachte.

Wir begreifen, daß der Heilige Geist die treibende Kraft im Leben des Menschen ist. Wer immer diese Kraft empfängt, vermag alle zu beeinflussen, mit denen er in Berührung kommt.

Die größten Philosophen, die diesen Geist nicht haben, sind machtlos, ihre Seelen haben kein Leben, und ihre Herzen sind tot. Bevor nicht der Heilige Geist ihre Seele durchweht, vermögen sie kein gutes Werk zu vollbringen. Kein philosophisches System ist je fähig gewesen, die Sitten und Gebräuche eines Volkes zum Bessern zu wandeln. Gelehrte, Philosophen, die nicht vom Göttlichen Geiste erleuchtet waren, sind oft sittlich niedrig stehende Menschen gewesen. Sie haben in ihren Taten nicht die Wirklichkeit ihrer schönen Reden bekundet.

Der Unterschied zwischen geistigen und anderen Philosophen zeigt sich in ihrem Leben. Der geistige Lehrer bekundet seinen Glauben an die eigene Lehre dadurch, daß er selber i s t, was er anderen anrät.

Ein schlichter, ungelernter, aber vom Heiligen Geist erfüllter Mensch ist mächtiger, als ein noch so edelgeborener, hoher Gelehrter, der diese Eingebung nicht hat. Wen der göttliche Geist erzogen hat, der kann zu seiner Zeit noch andere dazu führen, daß sie den gleichen Geist empfangen.

Ich bete für euch, daß ihr durch das Leben des göttlichen Geistes belehrt werden möget, damit ihr zur Ursache für die Erziehung anderer werdet. Das Leben und die Gesittung eines geistigen Menschen bedeuten an sich schon eine Erziehung für die, die ihn kennen.

Denket nicht an eure eigene Begrenztheit, sondern bauet allein auf die Wohlfahrt des Reiches der Ehre. Betrachtet den Einfluß Jesu Christi auf Seine Apostel und denket dann über deren Wirkung auf die Welt nach. Diese einfachen Menschen wurden durch die Macht des Heiligen Geistes befähigt, die frohen Botschaften zu verbreiten.

So möget ihr alle göttlichen Beistand empfangen! Keine Fähigkeit ist so begrenzt, wenn sie vom Geiste Gottes gelenkt wird.

Die Erde an sich besitzt nicht die Eigenschaft des Lebens. Sie ist dürftig und trocken, bis Sonne und Regen sie furchtbar machen. Dennoch braucht sich die Erde nicht über ihre eigene Begrenztheit zu beklagen.

Möget ihr Leben empfangen! Möge der Regen der göttlichen Barmherzigkeit und die Wärme der Sonne der Wahrheit euren Gärten Fruchtbarkeit schenken, auf daß darin viele schöne Blumen voll köstlichen Wohlgeruches und Liebe in Fülle erblühen. Wendet euer Angesicht von der Betrachtung eures vergänglichen Ichs ab und heftet den Blick auf das ewige Leuchten. Dann werden eure Seelen in vollem Maße die göttliche Kraft des Geistes und die Segnungen der unendlichen Güte empfangen.

Haltet ihr euch solchermaßen bereit, so werdet ihr der Menschenwelt zu einer lodernden Flamme, zu einem Leitstern und zu einem fruchtbehangenen Baume werden und durch den Glanz der Sonne des Erbarmens und durch die unendlichen Segnungen der Frohen Botschaften alle ihre Dunkelheit und Pein in Licht und Freude verwandeln.

Dies ist die Bedeutung der Kraft des Heiligen Geistes, um die ich für euch bete, daß sie freigebig auf euch herabkommen möge."[1]

Gedanken zu dem Bahá'í-Prinzip „Die Kraft des Heiligen Geistes"

Die Bahá'í-Schriften ermöglichen es, die Bedeutung des Heiligen Geistes auch in größerem Zusammenhang zu verstehen.

Die fünf Stufen der Schöpfung

In der Schöpfung lassen sich fünf Stufen unterscheiden: die Stufe der Minerale, Pflanzen, Tiere, Menschen und Offenbarer. „Das Mineralreich hat die Kraft des Bestandes. Die Pflanze hat die Kraft des Bestandes und des Wachstums. Das Tier hat außer Bestand und Wachstum die Möglichkeit der freien Bewegung und die Wahrnehmung der Sinne. Im Menschenreich finden wir alle Eigenschaften der niederen Welten . . ."[2] und gleichzeitig Fähigkeiten, in die höheren Welten des Geistes hineinzuwachsen.

Der Mensch verfügt über die Möglichkeit der Erkenntnis, dank der er in die Lage versetzt ist, die verschiedenen Schöpfungsbereiche zu erforschen. Aus der sichtbaren Erscheinungswelt, wie auch aus dem Bereiche des Unsichtbaren vermag er Kenntnisse zu erwerben. Mit Hilfe des Verstandes kann der Mensch bis zu einem gewissen Grade die Fesseln der feinstofflichen Welt zerreißen, sich von den Begrenzungen der Natur lösen und viele ihrer Geheimnisse enträtseln. Nur der Mensch ist imstande, die Kontrolle über die Naturgesetze zu erlangen und sie seinen Bedürfnissen anzupassen — Minerale, Pflanzen und Tiere hingegen können den Naturgesetzen nicht entrinnen.

Alle höheren Reiche sind für die niederen unfaßbar. „Das Fassungsvermögen ist in den verschiedenen Reichen der Schöpfung gradweise verschieden. Die Reiche des Minerals, der Pflanze und des Tieres sind unfähig, irgendeine Schöpfung, die die eigene übersteigt, zu fassen. Das Mineral kann

[1] 'Abdu'l-Bahá, Ansprachen in Paris, Kap. 51, S. 131 ff.

[2] a.a.O., Kap. 5, S. 15

sich nicht in die Wachstumskräfte der Pflanze hineindenken, der Baum weder die Bewegungskraft im Tier verstehen, noch begreifen, was es bedeutet, sehen, hören oder riechen zu können. Das alles gehört der physischen Schöpfung an."[1]

Auch der Mensch hat Teil an den niederen Reichen, doch weder das Mineral, die Pflanze oder das Tier vermag zu fassen, was verstandesmäßiges Denken ist. Einem Tier wird das Begriffsvermögen eines menschlichen Wesens immer fremd bleiben; es kann sich nichts Abstraktes vorstellen. „Ein Tier könnte nicht lernen, daß die Erde rund ist, daß sie sich um die Sonne bewegt, oder wie der elektrische Telegraph gebaut ist. Derartiges ist nur dem Menschen möglich. Der Mensch ist das höchste Werk der Schöpfung, dasjenige Geschöpf, das Gott am nächsten kommt."[2]

Die Überlegenheit des Menschen über die übrige erschaffene Welt ist offenkundig, doch sind ihm nach oben hin Grenzen gesetzt. Das Wesen Gottes ist für seinen Geist unfaßbar. „Gott begreift alles in Sich, Er Selbst kann nicht begriffen werden. Das Umfassende ist größer als das Umfaßte. Das Ganze ist größer als seine Teile."[3]

Gott läßt sich mit der Sonne und die Menschheit mit der Erde vergleichen. „Es bedarf eines Mittlers zwischen der Sonne und der Erde. Die Sonne steigt weder zur Erde hernieder, noch steigt die Erde zur Sonne empor. Diese Verbindung wird durch die Sonnenstrahlen geschaffen . . . Der Heilige Geist ist das Licht der Sonne der Wahrheit, das durch seine unendliche Kraft der gesamten Menschheit Leben und Erleuchtung bringt . . ."[4]

Der Mensch ist auf die vermittelnde Kraft des Heiligen Geistes angewiesen — ohne sie gibt es kein geistiges Wachstum, gibt es kein Leben. Nur mit Hilfe des Heiligen Geistes ist es uns möglich, unsere niedere Natur zu überwinden, Laster abzulegen und Tugenden zu erwerben. Er allein vermag uns zu der hohen Stufe zu führen, die Gott für den Menschen bestimmt hat.

Dies meint jedoch nicht, daß wir das Materielle vernachlässigen und uns ausschließlich mit Literatur und geistigen Gesprächen befassen sollen. „Nur dadurch, daß wir im Geistigen sowohl als im Materiellen wachsen, können wir wirklich vorwärts kommen und vollkommene Wesen werden."[5]

1) 'Abdu'l-Bahá, Ansprachen in Paris, Kap. 5, S. 14
2) a.a.O., S. 14 f.
3) a.a.O., S. 14
4) a.a.O., Kap. 17, S. 43
5) a.a.O., Kap. 19, S. 46

Die drei Seinsweisen der göttlichen Offenbarer

Zu Beginn eines neuen Zeitalters teilt sich Gott der Menschheit durch einen Offenbarer mit, dessen Wesen einem reinen, ungeschliffenen Spiegel gleicht, in dem sich das Licht des Heiligen Geistes ungetrübt wiederspiegelt. Kein Mensch kann jemals den Rang eines solchen Offenbarers erreichen.

'Abdu'l-Bahá spricht von drei Seinsweisen der göttlichen Offenbarer: ,,Die erste ist die körperliche, die zweite die menschliche, welche die der mit Vernunft begabten Seele ist, und die dritte die der göttlichen Eingebung und des himmlischen Glanzes.''[1)]

Auf der *körperlichen Stufe* ist ein Offenbarer allen Begrenzungen und Bedingungen der natürlichen Welt unterworfen. Das körperliche Leben beginnt mit der Geburt und endet mit dem Tode.

Auf der *seelisch-menschlichen Stufe* sind die Gottgesandten ausgeprägte Individualitäten mit einer genau vorgezeichneten Sendung, einer vorherbestimmten Offenbarung. Ein jeder von Ihnen ,,ist unter einem anderen Namen bekannt, ist durch eine andere Eigenschaft gekennzeichnet, erfüllt eine bestimmte Sendung und ist mit einer besonderen Offenbarung betraut.''[2)] Die Offenbarungen der Boten Gottes mußten sich in ihrem Ausmaße unterscheiden, denn jeder war mit einer Sendung betraut ,,und in der Weise zu handeln beauftragt, wie sie den Erfordernissen des Zeitalters, in dem Er erschien, am besten entsprach.''[3)]

Auf der *Stufe des göttlichen Geistes* sind alle Manifestationen eins. ,,Wisse und sei darin sicher, daß das Wesen aller Propheten Gottes eines und dasselbe ist. Ihre Einheit ist absolut. Gott, der Schöpfer, spricht: Es gibt keinerlei Unterschied zwischen den Trägern Meiner Botschaft. Sie alle haben nur ein Ziel, ihr Geheimnis ist das gleiche. Einem von ihnen größere Ehre zu erweisen als anderen, einige von ihnen über die übrigen zu erhöhen, ist keineswegs zulässig. Jeder wahre Prophet hat Seine Botschaft als wesensgleich mit der Offenbarung jedes anderen Ihm vorangegangenen Propheten angesehen.''[4)]

Auf dieser Stufe der göttlichen Erscheinung gibt es weder Anfang noch Ende. Für Gott ist Anfang und Ende dasselbe.[5)]

1) 'Abdu'l-Bahá, Beantwortete Fragen, Kap. 38, S. 151
2) Bahá'u'lláh, Ährenlese 22:4
3) a.a.O., 34:5
4) Bahá'u'lláh, Ährenlese 34:3
5) Vgl. 'Abdu'l-Bahá, Beantwortete Fragen, Kap. 38, S. 152

IV. Teil:
Im Vorhof des neuen Zeitalters

Vorbetrachtung

Im ersten Teil dieses Buches wurden die Bewußtseinsstrukturen nach Jean Gebser vorgestellt. Anschließend war es Aufgabe des zweiten Teiles herauszuschälen, wie es um die defizient-rationale Kultursituation wirklich steht. Der dritte Teil schließlich befaßte sich mit dem Werden einer neuen Kultur auf der Grundlage der Offenbarung Bahá'u'lláhs.

In dem nun folgenden vierten Teil dieses Buches sollen zunächst einige grundlegende Lebensfragen in einem neuen Licht erscheinen, denn alles, was uns bisher als normal, gewohnt und allgemein üblich anmutete, verliert jetzt seine ausschließliche Gültigkeit. Mit der Verwirklichung eines neuen Bewußtseins stellt sich dem einzelnen die Aufgabe, alle sogenannten Lebensbereiche neu zu durchdenken und neu zu strukturieren, um schließlich auch neu leben zu können. So geht es im weiteren um den Menschen als Mensch*werdenden,* um die Thematik *Schicksal und Zufall,* um die Grundfragen zu *Leben und Tod,* wie um die Aspekte *Krankheit und Heilung.* Auch die *Arbeit* muß neu verstanden werden.

Im weiteren bildet der Gedanke *Im Vorhof eines neuen Zeitalters* den roten Faden. Er soll zeigen, in welchem Stadium der Bewußtseinsentfaltung wir uns gegenwärtig befinden. Das Zeitgeschehen selbst hilft uns hierbei, eine Antwort zu finden. Mit Hilfe des I Ging schließlich soll der Blick auf hintergründige Gesetzmäßigkeiten gelenkt werden. Ein Gedankenspiel bildet den Abschluß dieses vorletzten Buchteiles.

Kapitel 1:
Ein Mensch-Werdender zu sein

Auf die Frage „Bist Du ein Mensch?" würde spontan zunächst fast jeder sagen: „Natürlich bin ich ein Mensch! Was sollte ich denn sonst sein?" Geht man einen Schritt weiter und fragt „Was ist ein Mensch?", so gerieten nicht wenige in Verlegenheit und könnten vielleicht gar nicht so schnell antworten.

In diesen wenigen Zeilen wird bereits deutlich, wie selbstverständlich sich die meisten Menschen als *Menschen* bezeichnen, ohne jemals tiefer darüber nachgedacht zu haben, was der *Mensch* eigentlich ist. Einige wenige würden möglicherweise sagen: „Ich bin ein Mensch-Werdender, bin auf dem Wege, den in mir angelegten ‚Höheren Menschen' zu entwickeln."

Worin liegt der Erlebnisunterschied, wenn man sich als *Mensch* oder als *Mensch-Werdender* begreift? Sich bewußt als einen Werdenden zu verstehen, schließt den Aspekt des Wachsens ein und deutet auf Wandlung und Weiterschreiten.[1] Demgegenüber beinhaltet die Antwort „Ich bin ein Mensch" einen eher statischen Aspekt, eine gewisse Endgültigkeit, einen Abschluß der Entwicklung.

Noch vor wenigen Jahrzehnten war es dem Menschen möglich, gemäß seiner statischen Grundauffassung zeitlebens so zu leben, wie er sich einmal eingerichtet hatte. Man ging selbstverständlich davon aus, nach Abschluß der Lehre *ausgelernt* und nach der Hochzeit *ausgesorgt* zu haben. Danach schien alles nur noch eine Frage der Gewohnheit zu sein.

Dieses feste Gefüge von inneren Auffassungen und äußeren Konventionen ist in den letzten Jahrzehnten zutiefst erschüttert worden. Niemand kann es sich heute noch erlauben, auf fortschreitendes Lernen zu verzichten. Die Vorstellung vom *Fertigsein* gilt in beruflicher Hinsicht schon längst nicht mehr.

Wenngleich sich auch die Einsicht in lebenslängliche Lernbereitschaft allgemein verbreitet hat, bleibt diese zumeist auf den Bereich der schulischen und beruflichen, sprich intellektuellen und praktisch-manuellen Flexibilität

[1] „... der Mensch ist kein fixes, sondern ein werdendes Wesen. Er ist von Anfang an auf Vollendung angelegt, aber er ist nicht vollendet. Er ist, im Gegensatz zu seinen Mitgeschöpfen, ein Lebewesen mit Zukunft, weil er es vermag, sich selber zu übersteigen, nur durch solches Sich-selbst-Übersteigen gewinnt er Gegenwart." (Alfons Rosenberg, Durchbruch zur Zukunft, Vorwort)

beschränkt. Noch liegt der Hauptakzent auf dem Wissen, noch gehen die meisten davon aus, den künftigen Anforderungen dadurch genügen zu können, daß sie sich wissens- und kenntnismäßig auf dem neuesten Stand zu halten suchen.

Nahezu gänzlich übersehen wird die Notwendigkeit, das Bewußtsein zu wandeln und sich charakterlich weiterzuentwickeln. Entsprechend findet in Schule und Universität auch hauptsächlich Wissensvermittlung statt, ohne die Charakter- und Bewußtseinsbildung miteinzubeziehen.

Der rationale Mensch sieht sein Werden nur auf Teilbereiche seiner Persönlichkeit beschränkt. Während er lediglich vorgegebenes Wissen aufnimmt, um in einer veräußerlichten Welt funktionieren zu können, hat dies nur selten tiefergreifenden Einfluß auf seinen Charakter. Ein solcher Mensch kann in höchstem Maße intellektuell und intelligent und doch zugleich seiner selbst in höchstem Maße unbewußt sein.

In der Weltordnung Bahá'u'lláhs ist dieses Verständnis von ausschließlich intellektueller Flexibilität ungenügend. Der *ganze Mensch* ist zur ständigen Wandlungsbereitschaft aufgerufen. Was nützt das beste Wissen, wenn der Mensch charakterlich auf unteren Stufen verharrt? Die Aufgabe, sich zu einer großen Weltgemeinschaft zu vereinen, kann auf rationalem, wissenschaftlichem und technischem Wege *allein* niemals erfüllt werden! Intellektuelle Fähigkeiten sind ohne Zweifel nötig, doch müssen sie ins Geistige überhöht werden. Dies wiederum kann nur dann gelingen, wenn der Mensch seine Herzensqualitäten mitentwickelt.

Nach der Bahá'í-Lehre ist die Offenbarung Bahá'u'lláhs die geistige wie praktisch-soziale Grundlage für die Kulturentfaltung der kommenden tausend Jahre. Um dem göttlichen Willen für das neue Zeitalter entsprechen zu können, muß der Mensch das Beste geben, das Äußerst-Mögliche versuchen; er darf niemals den geistigen Fortschritt enden lassen.

Der zukünftige Mensch ist einem Wanderer zwischen Welten gleich, stets bereit, eine Stufe zu verlassen, um sich in eine neue begeben zu können. Er ist nie „fertig"; er kommt auf seinem Wege niemals an — der Weg selbst wird zum Ziel. Bahá'u'lláh bezieht sich jedoch nicht nur auf diese sichtbare irdische Welt. Entwicklung kennt kein Ende; sie setzt sich nach dem Tode in jenseitigen Welten fort.

Kann der Mensch auf seinem Reifungswege von ganz allein weiterkommen? Nach Ansicht der Bahá'í ist dies nur sehr bedingt möglich. Wie das Kind die liebevolle geduldige Zuwendung seiner Eltern braucht, um sich seinen Anlagen gemäß entfalten zu können, ist die Menschheit auf die Führung Gottes angewiesen. Ohne Gottes Hilfe würde niemand wirkliche Fortschritte machen.

Das Land bedarf des Bauern, der es bestellt. Kulturpflanzen brauchen einen Gärtner, der ihre Lebensbedingungen verbessert. Alles Lebende sehnt sich nach der Sonne, durch die es erhalten und erneuert wird. Kinder gedeihen nur unter der Obhut eines verständnisvollen und liebesfähigen Erziehers. Wie steht es mit der Menschheit? Brauchen Erwachsene keine Führung mehr? Ist ihre Entwicklung abgeschlossen?

Bahá'u'lláh macht deutlich, daß die gesamte Menschheit die Führung Gottes braucht, damit sie die von Ihm vorgezeichneten Entwicklungsstufen auch tatsächlich erreicht. Entsprechend bedarf es zweierlei: Der Führung Gottes und der eigenen Bereitschaft zur immerwährenden Wandlung der eigenen Persönlichkeit. Zum einen liegt es in unserer Entscheidung, ob wir das jeweils Alte lassen und uns dem Neuen zuwenden wollen, zum anderen können wir nicht umhin, uns an dem zu orientieren, was Gott über Seine Offenbarer der Menschheit von Zeitalter zu Zeitalter vermittel.[1] Erst in der Kombination beider Aspekte ist der Mensch imstande, wahrhaft *Mensch zu werden.*

[1] „Die Propheten und Boten Gottes wurden zu dem einzigen Zweck herabgesandt, die Menschheit auf den geraden Pfad der Wahrheit zu führen. Ihre Offenbarung hat den Zweck, alle Menschen zu erziehen . . .“ (Bahá'u'lláh, Ährenlese 81)

Kapitel 2:
Schicksal und Zufall

Menschen, die sich aus Einsicht in die Notwendigkeit einer Bewußtseinswandlung anschicken, das Neue zu erforschen, kommen nicht an der Aufgabe vorbei, sich die Lebensaspekte Schicksal, Zufall und Charakter in neuer Weise zu erarbeiten. Es wird ein beachtlicher Unterschied deutlich, wenn man diese Aspekte mit dem Bewußtsein der alten oder der neuen Ethik betrachtet.

'Abdu'l-Bahá erklärte, daß es zwei Arten des Schicksals gibt: „Das eine ist bestimmt, und das andere ist bedingt oder in der Schwebe. Das bestimmte Schicksal kann nicht geändert oder abgewandelt werden, und das bedingte Schicksal ereignet sich nur möglicherweise."[1)]

Das bestimmte Schicksal

Was kann 'Abdu'l-Bahá damit gemeint haben? Was kann der Mensch aus eigener Entscheidung ändern und was nicht? Nicht zu verändern sind beispielsweise die Schicksalsfaktoren des Geschlechts, der Geschwisterkonstellation in der Familie und der angeborenen Begabungen und Talente. Nicht austauschbar sind die Anlagen des Menschen, die Grundlagen der individuellen Charakterstruktur. Auch den spezifischen Zeitverhältnissen und -einflüssen kann sich kaum ein Mensch entziehen. Zum bestimmten Schicksal mögen ferner auch Prüfungen zählen, die Gott dem Menschen auferlegt, damit er daran reifen soll.

Zu dieser Art des bestimmten Schicksals sagt Ernst Aeppli: „Das Schicksal ist an sich unabhängig von unserem Willen und erscheint deshalb oft als Feind unserer Freiheit der eigenen Entscheidung. Dennoch hat der Gereifte erfahren, daß ihm eine gewisse Wahlfreiheit bleibt, daß er, der scheinbar ganz Ausgelieferte, sich zum Schicksal so oder so zu verhalten vermag."[2)]

1) Beantwortete Fragen, Kap. 68, S. 237
Vgl. 'Abdu'l-Bahá, Ansprachen in Paris, Kap. 14, S. 35 f.
Vgl. Bahá'u'lláh, Ährenlese 68:2—5

2) Entwicklung der Persönlichkeit, S. 74

Der Mensch kann sich zum bestimmten Schicksal ,,nur'' in zweifacher Weise einstellen: Entweder er lehnt es ab oder versucht es anzunehmen und daran zu reifen. Dieses ,,nur'', das im ersten Moment so unendlich klein und bedeutungslos aussieht, zeigt sich jedoch größer und bedeutungsvoller, wenn man sich bewußt macht: ,,Es gefährdet den Menschen, seine geistige Gesundheit, wenn er jahrelang sich als Ankläger gegen die Wand des Schicksals wirft. Wo Anklage und Zorn die Grundeinstellung des Lebens bleiben, da wird dem Menschen auch der mögliche Sinn dessen, was ihn traf, vorenthalten.''[1)]

Wer sich gegen das bestimmte Schicksal auflehnt, kann daran zugrundegehen. Wer sich beispielsweise als Frau oder Mann in seiner Geschlechtsrolle ablehnt oder entgegen seinen sonstigen Anlagen eine Tätigkeit ausübt, die dem Innenleben nicht gerecht wird, manövriert sich leicht in eine psychosomatische Krankheit. Ganz im Gegenteil dazu erfährt der Mensch eine tiefere Bereicherung seiner Persönlichkeit, wenn er die Not als eine sinnträchtige Prüfung des Lebens versteht, das Leid als Chance zur Verwandlung und Läuterung begreift und mit dieser Einstellung dann gewandelt und gereift aus der Feuerprobe der Not hervorgeht.

Wenn wir unsere Aufträge nicht erkennen oder nicht annehmen, geraten wir in eine Sackgasse und die Finsternis realer oder seelischer Nöte kommt über uns. Christa Meves schreibt, ,, . . . daß uns nach schweren Schicksalsschlägen allmählich neue Kräfte geschenkt, ja ohne unser Zutun uns zur Verfügung gestellt werden und daß es allein an uns liegt, ob wir diese Geschenke anerkennen oder verweigern.''[2)] An anderer Stelle sagt sie: ,,Durch Einsicht und Umkehr in der finsteren Nacht der Ausweglosigkeit schwindet mit einem Schlag die sogenannte ‚reaktive Depression' . . ., und es ist dem Menschen wieder möglich, sich zu orientieren.''[3)]

Die Gegebenheiten des bestimmten Schicksals müssen überdacht und verarbeitet werden, wenn die Not in einen echten persönlichen Fortschritt verwandelt werden soll. Die Notwendigkeit dieses Tuns wird auch durch Goethe ausgedrückt, wenn er sagt: ,,Nach dem Gesetz, wonach du angetreten, so mußt du sein, du kannst dir nicht entfliehen.''

In unserer Zeit entsteht leicht Fatalismus, eine in jeder Hinsicht unabwendbare, schicksalhafte Vorbestimmtheit. Hinter die Oberfläche dieser Einstellung geschaut, zeigt sich im Denken jener Menschen der uneingestandene Wunsch, nicht selbst das Ruder des Lebens ergreifen zu wollen. Wer sich als Nur-Objekt etikettiert, entledigt sich aller Mühen und Verantwortlichkeit, die das Subjekt-Sein mit sich bringt.

1) Ernst Aepplli, Entwicklung der Persönlichkeit, S. 76
2) Die Bibel antwortet uns in Bildern, S. 82
3) Durchbruch zur Selbstverwirklichung, S. 9 f.

Der Mensch ist weder völlig festgelegt noch gänzlich ungebunden — er ist innerhalb bestimmter Grenzen frei. Dies läßt sich leicht veranschaulichen, wenn man die eigenen Anlagemöglichkeiten mit einem Grundstück vergleicht: Der Mensch selbst kann sich entscheiden, was mit dem Land geschehen soll. Er kann es bebauen und kultivieren; er kann es aber auch brach liegen lassen, so daß Unkraut bald die ganze Fläche überwuchert. Er kann Christus folgen, der auf den Schatz im Acker verweist und dazu auffordert, den Acker umzugraben, das heißt, die angelegten Möglichkeiten zu entdecken und zu entwickeln.[1] Der Mensch ist zwar in seiner Grundstruktur festgelegt, nicht aber in seiner Stufe, das heißt dem Grade dessen, was er aus seinen Anlagen macht.[2] Die Freiheit des Menschen besteht in der Wahl seiner Entscheidung, was er mit seinen Möglichkeiten zu tun beabsichtigt. Freiheit ohne Grenzen jedoch kann es nicht geben, dies hat uns die antiautoritäre Erziehung nur allzu deutlich vor Augen geführt.

Die von Gott verliehene Freiheit ist die Freiheit zur Entscheidung zwischen dem Ja und dem Nein zur Selbstverwirklichung. Wie diese Freiheit zu positivem, fruchtbarem Erfolg führen kann, zeigt Daniel C. Jordan: ,,Wir müssen das Unbekannte in uns lieben — zu ihm hingezogen sein, eine besondere Haltung zu ihm einnehmen; nur so kann es sich erschließen. Wenn wir zu dem Unbekannten in uns selbst ausreichend in Beziehung treten, können wir auch zu dem Unbekannten in anderen Menschen Beziehung aufnehmen. Mit anderen Worten, wir müssen andere Menschen nicht nur in der Form annehmen, wie sie gegenwärtig sind; wir müssen in ihnen zugleich das sehen, was sie werden können, sonst behindern wir sie in ihrem Verwandlungprozeß und halten sie von ihrer Selbstverwirklichung ab . . . Wenn Sie die unbekannten Möglichkeiten in sich selbst nicht annehmen, werden Sie nie mehr als eine oberflächliche Beziehung zu anderen herstellen können; Sie werden weder anderen dabei helfen können, ihre Anlagen zu entwickeln, noch werden Sie dies bei sich selbst vermögen. Da die Anlagen eines Menschen ein überaus wichtiger Teil seiner Wirklichkeit sind — tatsächlich sind sie die Grundlagen seines künftigen Wachstums — müssen diese Anlagen von anderen angenommen werden und in den zwischenmenschlichen Beziehungen eine Rolle spielen . . . Durchbruch zur Selbstverwirklichung bedeutet, mit diesem Unbekannten derart in Beziehung zu treten, daß es immer mehr zum Ausdruck kommt.''[3]

1) Im gleichen Sinne spricht Bahá'u'lláh von einem Bergwerk und vergleicht die Anlagen des Menschen mit Edelsteinen. (Vgl. Ährenlese 122)

2) ,,Die Tiefenpsychologie und die Psychoanalyse haben . . . gezeigt, daß vieles von dem, was wir früher als Erbanlage, als Charakter, als Schicksal oder als unveränderlich hinzunehmende Gegebenheit unseres Wesens angesehen haben, Einwirkung und Folgen unserer frühen Umwelt und Erziehung sind. Damit sind die Grenzen zwischen dem, was wir als schicksalhaft gegeben glaubten hinnehmen zu müssen, und dem, was wir selbst beeinflussen und gestalten können, ein erhebliches Stück nach der Seite des Beeinflußbaren und Gestaltbaren verschoben worden.'' (Fritz Riemann, Die schizoide Gesellschaft, S. 42)

3) Durchbruch zur Selbstverwirklichung, S. 9 f.

Das unbestimmte Schicksal

Die zweite Art des Schicksals soll durch psychologische Betrachtungen über die Verflechtung von Schicksal, Zufall und Charakter erhellt werden. Für den rationalen Menschen ist Zufall etwas, das ohne Sinn von außen herantritt. Zufall und Schicksal werden als fremd erlebt, so als hätten sie mit dem Menschen selbst nichts zu tun. Der Mensch scheint ein Opfer zu sein. Die Psychologie vermag die Phänomene des Zufalls und des schwebenden Schicksals in einem tieferen Sinnzusammenhang zu verstehen.

Mit dem Wissen um den Vorgang der psychischen Projektion kann die Definition von Max Pulver verstanden werden, der das Schicksal als den Charakter unserer Person, hinausgeworfen in die Zeit als unseren Lebenslauf, unsere Biographie, begreift.[1)]

Das Schicksal ist nur scheinbar ausschließlich von außen bedingt; in Wirklichkeit ist es auch ein Abbild unserer innerseelischen Situation. Nicht die äußeren Umstände, sondern die eigenen inneren Motivationen, Impulse und Verhaltensbereitschaften führen es herbei. Schicksalsschläge werden heute noch immer von den meisten Menschen als ungerechte, von außen herantretende und auch als zufällig herankommende Ereignisse gewertet. Unbesehen bleibt die Tatsache, daß durch die unbewußt verlaufende Projektion eigene Inhalte nach außen verlegt werden.[2)] Daß diese dort fremd erscheinen, zeigt, wie fremd der Mensch sich selbst ist.

Wer jedoch auf dem Weg ist, die neue Ethik zu realisieren, weiß, daß das erlebte Schicksal nicht zufällig, sondern zumeist das Ergebnis eigenen Handelns ist. Es ist ein Zug der Sündenbock-Ethik, die Eigenverantwortlichkeit für das Schicksal abzulehnen und die Schuld für alle Ereignisse der Außenwelt zuzuschreiben. Damit befreit sich der Mensch von der Aufgabe der Selbsterkenntnis.

Thorwald Dethlefsen weist darauf hin, daß Ereignisse, die früher negativ empfunden wurden, eine ganz andere Färbung bekommen, wenn sie als Resultat des eigenen Verhaltens verstanden werden und man ihren Sinn erkennen lernt. „Jeder einzelne ist ganz allein Produzent seines Schicksals; er hat es in der Hand, es zu gestalten, indem er die Inhalte setzt, dessen Form er be-

1) Vgl. Person Charakter Schicksal, S. 25

2) Im Schicksalsbereich des Menschen können ihm nur „Dinge zustoßen, die er selbst gesät hat, wobei das, was ihm begegnet, in der Außenwelt oder Innenschau jeweils nur Vermittler ist, da man nur das erleben kann, wofür man bereit und reif ist." (Marie-Gabriele Wosien, Babadschi, S. 63)
„Der Satz, daß es so zurücktönt, wie man in den Wald ruft, ist ohne Zweifel richtig. Und der Wald ist die Welt. So ist alles, was uns geschieht, nur Antwort und Echo dessen, was wir selber sind." (Jean Gebser, Ursprung und Gegenwart, S. 211)

reit ist zu ernten . . . aber . . . es ist viel bequemer, anderen die Schuld zu geben und auf das böse Schicksal zu schimpfen.''[1)] An anderer Stelle sagt er, ,,daß der Mensch sich selbst durch unbewußte Ereigniswünsche in entsprechende Situationen begibt, die geeignet sind, die Schicksalstendenzen in Realität umzusetzen.''[2)]

Die Schaffung des Schicksals und somit auch der Zukunft, hängt nach der Lehre der Kahunas[3)] von den Wünschen und Plänen der beiden niederen Selbste ab. Sie sprechen von den Gedanken als Saatgut, aus dem die zukünftigen Ereignisse wachsen. Die Kahunas halten es für außerordentlich wichtig, ,,daß sich jeder Mensch so häufig wie möglich Zeit nimmt, über sein Leben nachzudenken und sich in ganz klaren Begriffen zu entscheiden, was er tun will und welche Art Entwicklung er zu verwirklichen wünscht. Der Durchschnittsmensch neigt allzusehr dazu, das Steuer seines Lebensschiffes dem niederen Selbst anzuvertrauen. Das ist aber sehr gefährlich, da das niedere Selbst unter der Herrschaft der animalischen Welt steht, wo die Dinge . . . gewissermaßen wie zufällig geschehen . . . Der Durchschnittsmensch ändert allzu oft seine Ziele und Wünsche. Dadurch aber wird ein Gemisch sich widersprechender Gedankenformen, Wünsche und Ziele, Strebungen und Befürchtungen erzeugt. Aus diesem Material (dem Samen) aber kann . . . nur ein wechselndes Kunterbunt von zukünftigen Ereignissen entstehen, das im ganzen . . . unbefriedigend und unklar ist.''[4)]

Christa Meves gibt klare und gezielte Hilfestellung: ,,Wenn wir in lebendiger Wandlungsfähigkeit immer neu unsere Bestimmung finden wollen, ist es nötig, den Zeichen, Ereignissen und Menschen auf unserem Lebensweg wach und nachdenkend zu begegnen . . . und uns zu bemühen, den Dingen, denen wir gegenüberstehen, fragend und entscheidungsbereit zu begegnen . . . Seelische Fülle und geistige Gaben werden denen verheißen, die sich darum bemühen, die ihnen verliehenen Gaben in diesem Leben einzusetzen, sich um ihre Verwirklichung bemühen.''[5)]

Der Weg zum Menschen des neuen Zeitalters führt über den Weg zu sich selbst mit dem Auftrag: ,,Werde, der du bist!''

,,Wer sich selbst nicht kennen will,
wer sich selber nicht zu erkennen wagt,

1) Thorwald Dethlefsen, Leben nach dem Leben, S. 141

2) a.a.O., S. 143

3) Kahunas sind eingeborene Magier Polynesiens. Sie unterscheiden drei Selbste, die zusammenwirkend die Ganzheit des Menschen ausmachen: das niedere, das mittlere und das höhere Selbst. Diese Aufteilung entspricht etwa der Jung'schen Vorstellung: dem Unbewußten (hier vor allem die Triebsphäre), dem Ich-Bewußtsein und dem Selbst.

4) Max Freedom Long, Geheimes Wissen hinter Wundern, S. 180

5) Die Bibel antwortet uns in Bildern, S. 90 und 84

wer stolz oder ängstlich auf das Bild hinabblickt,
das er von sich selbst zurechtgemacht hat,
wer also auf sein Selbstbild hinabblickt und glaubt,
er verstehe sich,
der entgeht seinem Schicksal nicht.
Es packt ihn von hinten, während er nach vorwärts flieht.
‚Du kannst dir nicht entfliehen!'" [1]

[1] Max Pulver, Person Charakter Schicksal, S. 11

Kapitel 3:
Leben und Tod

Kein Thema fordert den Menschen so stark heraus, über das Leben nachzudenken, wie das des Todes. Bis vor wenigen Jahren noch hat der rationale Mensch unserer Zeit den Tod aus seinem Leben ausgeklammert. Wenngleich auch heute viele neue Ansätze sichtbar sind, zum Tod in eine lebensgerechte Beziehung zu treten, hält der Trend an, ihn als Feind zu behandeln, seine Existenz entweder ganz zu verdrängen oder sich mit allen Kräften gegen ihn zu wehren.

Immer mehr Leichenhallen werden gebaut und immer mehr Menschen sterben in den kalten Räumen der Intensivstationen — verlassen und allein.[1] Vom Krankenhaus führt der Weg des Leichnams direkt zur Friedhofshalle und von dort aus wird er am Tage der Beerdigung so schnell wie möglich „verscharrt". Besinnung und Abschied sind auf die kürzest mögliche Zeit reduziert. Welch ein Armutszeugnis für unsere so moderne Welt!

Der rationale Mensch unserer Tage steht in seinem Verständnis dem Leben gegenüber ebenso ohnmächtig da wie den irdischen Grenzgeschehnissen Geburt und Tod. Alle drei Aspekte bilden eine untrennbare Einheit; versteht man das eine nicht, kann man auch das andere nicht begreifen.

Daß diese Hilflosigkeit nicht auf den sogenannten Durchschnittsmenschen beschränkt bleibt, sondern sich zudem auch in akademischen Kreisen wiederfindet, zeigte mir erst kürzlich ein Gespräch mit einem nahezu 70-jährigen Psychotherapeuten, der felsenfest die Auffassung vertrat, mit dem Tode sei alles aus. Wie grotesk ist diese Situation! Wenn selbst „Fachleute der Seele" diesem Trugbild verhaftet sein können, um wieviel mehr sind es dann die Menschen, welche ihren Alltag nahezu völlig unreflektiert verleben?

1) „Da werden, um die hohe ärztliche Kunst zu beweisen, Menschen am Leben erhalten — meist ohne daß sie darüber befragt werden — unter Bedingungen, die kein menschenwürdiges Leben mehr enthalten und oft nur die Qualen verlängern; dann stirbt der Mensch unter peinlich eingehaltener Abschirmung von der Außenwelt, von den ihm Nahestehenden, einen einsamen, technisch bis zur Perfektion gegen Infektionen abgesicherten Tod, als ob er keine Seele hätte." (Fritz Riemann, Die schizoide Gesellschaft, S. 23 f.)

Überwindung des Räumlich-Körperlichen

Lassen wir auch zu diesem Thema Jean Gebser zu Worte kommen: „Für den magischen Menschen waren Leben und Tod eine schlafdunkle Einheit; für den mythischen Menschen waren sie eine traumhafte, polmäßig ineinander übergehende Bewegung. Leben und Tod sind für uns mental denkende Europäer Gegensätze."[1]

Es ist vor allem auf die dreidimensional-mental-rationale Bewußtseinsstruktur zurückzuführen, daß die meisten Menschen unserer Epoche die Fragen über den Tod aus ihrem Alltag schieben. Sie scheitern stets daran, für diesen Vorgang eine räumliche Vorstellung zu finden, mit der ein systematisches Erfassen möglich wäre.

Vor einigen Jahren nun erwachte plötzlich das Bedürfnis, über das zuvor tabuisierte Thema Tod nachzudenken. Daß gleichzeitig beide Aspekte, Geburt und Tod ins Bewußtsein der Öffentlichkeit traten, zeigt an, wie sehr sie doch zusammengehören. Es ist sicherlich nicht als bloßer, das heißt sinnentleerter Zufall zu bewerten, wenn heutzutage Gespräche über Methoden sanfter Geburt[2] und menschengerechte Sterbeweisen[3] parallel verlaufen.

Die einseitig rationale Fixierung auf das Räumlich-Körperhafte des Menschen hat begonnen, sich aufzulösen. Bedingt durch die tiefe Unzufriedenheit vor dem Hintergrund eines sinnentleerten, mit den Äußerlichkeiten dieser Welt identifizierten Lebens, haben sich viele aufgemacht, nach den seelisch-geistigen Komponenten des Menschseins Umschau zu halten.

'Abdu'l-Bahá sagte zu dieser Gegebenheit: „Manche glauben, daß der Körper das Wesentliche sei und aus sich selbst bestehe und daß der Geist nebensächlich sei und von der Wesenheit des Körpers abhänge, obgleich im Gegenteil die vernünftige Seele das Wesentliche ist und der Körper von ihr abhängt. Wenn die Nebensache, das heißt der Körper, zugrunde geht, bleibt das Wesentliche, der Geist, bestehen."[4]

Erst seit die Öffentlichkeit für das Thema Sterben aufgeschlossen ist, strömen die bislang zurückgehaltenen Erfahrungsberichte der sogenannten „Fast-Gestorbenen" ins Freie. Vor dieser Zeit hatten es die betreffenden Personen nicht gewagt, über ihre Erlebnisse auch nur ein Wort zu verlieren, da sie von ihrer Umgebung für verrückt erklärt worden wären.

Im Zusammenhang mit dem Tod taucht die Frage auf, was dieses *Jenseits* eigentlich ist. Für den mental-rationalen Menschen ist es — sofern er es überhaupt für existent hält — ein Ort. Diese räumliche Fixierung scheint jedoch

[1] Ursprung und Gegenwart, S. 284
[2] Vgl. Frederic Leboyer, Der sanfte Weg ins Leben, München 1974
[3] Vgl. J. Ch. Hampe, Sterben ist doch ganz anders, Stuttgart 1975
[4] Beantwortete Fragen, Kap. 66, S. 232

in den Sterbeberichten der vielen wiederbelebten ,,klinisch Toten''[1] eine Auflösung zu erfahren.

Hier sind einige Zeugnisse: ,,Das ganze (der Tod) war wie ein Transformator, ein Energieumwandler, der mich in eine Formlosigkeit jenseits von Raum und Zeit transformierte. Ich befand mich nicht an einem anderen Ort, denn die räumlichen Dimensionen waren aufgehoben, sondern in einem anderen Zustand.''[2]

Ein anderer versuchte seine Erlebnisse wie folgt zu umschreiben: ,,Eine der größten Erkenntnisse, die mir während des Todes und nach vielen Meditationsstunden zuteil wurde, ist das Schwingungsprinzip . . . Für mich stellt seit dieser Zeit ,Gott' eine Energiequelle dar, unerschöpflich und zeitlos; sie strahlt ständig Energie aus, absorbiert auch Energie, pulsiert ständig . . . Sie ist die vollendete Harmonie . . . Verschiedene Wellen werden aus verschiedenen Schwingungen gebildet, die Frequenzen bestimmen die Verschiedenheiten . . . Gleichzeitig können daher am gleichen Ort verschiedene Welten existieren, da sich die miteinander nicht korrespondierenden Schwingungen auch nicht beeinflussen. Sie sind da und doch nicht für uns da, so wie Radiowellen und elektromagnetische Energien unsere Körper, unsere Häuser, unsere Natur durchdringen. Es sind auch psychische und pneumatische (geistige) Energien als Schwingungen und eigene Welten denkbar, und so können Geburt und Tod als die Ereignisse verstanden werden, in denen wir von einer Schwingungsfrequenz und damit von einer Welt in die andere gelangen . . .''[3]

Es ist geradezu verblüffend, wie sehr sich diese Aussagen mit Gebsers Kriterien über das integrale Bewußtsein decken: Man spricht von *Raum-Zeit-Freiheit,* von *Schwingungen,* und sieht im Leben ein *energetisches Prinzip.* In vielen Fällen berichten Menschen von *Farben,* von *Klängen* und *sphärischem Erleben.* Mit den Aussagen der sogenannten ,,klinisch Toten'' ist ein weiterer kleiner Schritt zur Überwindung der dreidimensionalen Raumwelt getan. Es wird deutlich, daß Leben und Tod keine rationalen Gegensätze sind, sondern Ergänzungen. Sie sind kein perspektivisches Nacheinander, sondern ein polares Miteinander, an dem wir jederzeit teilhaben.

[1] In den letzten Jahren sind zahlreiche Bücher erschienen, in denen Interviews mit Menschen zusammengestellt sind, die für ,,klinisch tot'' erklärt wurden, jedoch schließlich ,,zurückgeholt'' werden konnten. Die Aussagen dieser Personen weisen untereinander — zumal sie sich nicht persönlich kannten — verblüffende Ähnlichkeiten auf und bestätigen wesentliche religiöse Überlieferungen.

[2] Johann Christoph Hampe, Sterben ist doch ganz anders, S. 82

[3] a.a.O., S. 126

Aussagen verschiedener Autoren über das Sterben

Im weiteren soll eine Reihe von Zitaten zusammengestellt werden, in denen die alte räumliche Sichtweise als überwunden zum Ausdruck kommt.

Viktor von Weizsäcker: „Der Tod ist nicht der Gegensatz zum Leben, sondern der Gegenspieler der Zeugung und Geburt; Geburt und Tod verhalten sich wie Rückseite und Vorderseite des Lebens, nicht wie logisch einander ausschließende Gegensätze. Leben ist: Geburt und Tod."[1)]

Elisabeth Haich: „. . . durch die Geburt als Mensch vermaterialisiert sich der Geist. Die Geburt in die Materie bedeutet für den Geist den Tod, das heißt den Scheintod. Der Geist wird wie Christus auferstehen, wenn er in der Materie selbstbewußt geworden ist.[2)] Oder anders ausgedrückt, wenn der Mensch im Geist selbstbewußt wird . . . Der Mensch wird also in seinem Bewußtsein auferstehen, wenn er sich nicht mehr mit dem sterblichen Körper identifiziert, sondern weiß, daß er den Körper nur als Offenbarungswerkzeug brauchte, aber nicht selbst der Körper ist und nie sein kann . . . Für den Geist, für das Selbst . . . gibt es keinen Tod, nur ewiges Leben."[3)]

Udo Schaefer: „. . . denn der Tod, der Schlußstrich dieses irdischen Lebens, ist zugleich das wahre Leben, in das wir hineingeboren werden. Im Tod wird die Ernte dieses vergänglichen Lebens eingebracht. Hier ist der Mensch auf das zurückgeworfen, was er auf Erden gewirkt und was er an göttlichen Vollkommenheiten erlangt hat, auf das, was er ist. Hier zeigt sich eine Verantwortlichkeit für sein irdisches Leben."[4)]

Paul Valéry: „Denn der Tod, im biologischen Sinne, nimmt untrennbar am Leben teil . . ."[5)] Hölderlin: „Leben ist Tod, und Tod ist auch Leben."[6)]

J. Anker-Larsen: „Das Leben und der Tod treten zusammen mit mir ins Dasein. Sie sind zwei beständig anwesende Seiten dieses meines Daseins in der Zeit. Bald hat das eine, bald das andere in mir das Übergewicht, beständig wirken sie beide — und mit diesem Dasein in der Zeit verschwinden beide zusammen mit mir. Wer das ewige Jetzt (die Gegenwart) erlebt hat, sieht keinen bodenlosen Abgrund zwischen ‚Leben' und ‚Tod'. Nun fehlen mir wieder die Worte. Ich sage versuchsweise: Das ewige Jetzt ist Sein, die Zeit ist Dasein. Wer das Dasein zum Sein macht, hat mit dem ‚Leben' und dem ‚Tode' nichts mehr zu schaffen."[7)]

1) Zitiert nach J. Gebser, Ursprung und Gegenwart, S. 177 (Kommentarband)
2) Vgl. den Weg des Leibbewußtseins (Eutonie, Atemarbeit, Meditation)
3) Tarot, S. 110 f.
4) Was es heißt Bahá'í zu sein, S. 28
5) Zitiert nach J. Gebser, Ursprung und Gegenwart, S. 665
6) Zitiert nach J. Gebser, a.a.O., S. 664
7) Zitiert nach J. Gebser, a.a.O., S. 665

Rainer Maria Rilke: „Der Tod ist die abgekehrte, von uns unbeschriebene Seite des Lebens: Wir müssen versuchen, das größte Bewußtsein unseres Daseins zu leisten, das in beiden abgegrenzten Bereichen zu Hause ist, aus beiden unerschöpflich genährt . . . Die wahre Lebensgestalt reicht durch beide Gebiete, das Blut des größten Kreislaufs treibt durch beide: Es gibt weder ein Diesseits noch ein Jenseits, sondern die große Einheit . . . Wie der Mond, so hat gewiß das Leben eine uns dauernd angewendete Seite, die nicht sein Gegenteil ist, sondern seine Ergänzung zur Vollkommenheit, zur Vollzähligkeit, zu der wirklichen, heilen und vollen Sphäre und Kugel des Seins."[1)]

Thorwald Dethlefsen weist darauf hin, daß das Thema Tod nur deshalb als Sensation erfahren wird, weil die Menschen bislang blind dafür waren. „Religionen, Eingeweihte und Okkultisten wußten seit allen Zeiten von der Seele und deren Überdauern des körperlichen Todes. Doch unsere Öffentlichkeit und unsere Wissenschaft empfinden es offensichtlich als eine sensationelle Überraschung, wenn heute Forscher wie der Amerikaner Dr. Moody und andere die Berichte von klinisch toten und wieder reanimierten Menschen veröffentlichen, in denen einstimmig erzählt wird, wie ‚sie selbst lediglich den Körper verlassen haben, weiterhin sich für die anderen unsichtbar im Raum aufhielten, alles sehen, hören und wahrnehmen konnten.'"[2)]

Leben und Tod aus Bahá'í-Sicht

Es ist erfreulich zu sehen, wie viele Menschen dem materialistischen Mit-dem-Tod-ist-alles-aus-Denken widerstanden haben. Und es ist noch bemerkenswerter, daß sich immer mehr junge Menschen auf die Suche nach neuen Antworten begeben, den Staub konventionellen und ideologischen Gedankenguts abschütteln und eigenständig nach Wahrheit forschen.

Mag auch die Fülle der Sterbeberichte manchem Suchenden eine gewisse Bestätigung geben, mag die Literatur auch manchen wertvollen Hinweis geben — alles von Menschen Erdachte und Geschriebene kann niemals so verbindlich sein wie eine göttliche Offenbarung. Denn wer außer Gott kann die Fragen nach Leben und Tod besser beantworten?

In der Bahá'í-Literatur findet der Suchende eine Vielzahl von aufklärenden Auskünften:

Nach der Bahá'í-Lehre steht der Mensch an höchster Stufe der materiellen und an unterster Stufe der geistigen Welt. Er hat eine tierische Seite wie auch eine engelgleiche. Das Ziel der Erziehung ist es, die menschlichen Seiten so zu bilden, daß ihre geistige Seite die tierische überwinden kann. Gelingt es,

1) Zitiert nach J. Gebser, Ursprung und Gegenwart, S. 665 f.
2) Schicksal als Chance, S. 36

die im Menschen angelegten göttlichen Kräfte zu fördern, dann entwickelt er sich zum edelsten aller Wesen; bleibt dies aus, oder versinkt er sogar in seiner materiellen und tierischen Seite, dann sinkt er auf die unterste Stufe der Geschöpfe zurück, weit unter die des Tieres selbst. Ziel des Menschengeistes ist es, sich stufenweise zu vervollkommnen. Der Leib ist dabei quasi als Werkzeug der Seele zu betrachten. Der Geist ist die Ursache der Körper; er bringt die körperliche Welt zum Leuchten.

Weiterhin wird gesagt, daß keine Daseinsform im Zustand der Ruhe verharrt; alles ist in Bewegung. Der Mensch ist zu Fortschritt wie zu Rückschritt fähig, sei es in dieser oder einer kommenden Welt. Nach der Bahá'í-Lehre besteht der Sinn dieses Daseins darin, geistige Erfahrungen zu sammeln, die uns in weiteren Welten hilfreich zur Verfügung stehen.

Es ist, als liefe nach dem Tode unser „Lebensschiff" auf das „Meer" hinaus. Alles, was wir für diesen Moment tun müssen, ist „seefähig" zu werden und mit allen nötigen „navigatorischen Instrumenten" ausgestattet sein.

Ein anderes Bild: Das Leben in dieser Welt gleicht dem Dasein des Kindes im Mutterleib. Dort entwickelt es den Körper mit all seinen Organen und Gliedmaßen, den es aber erst im kommenden Leben braucht. In gleicher Weise sollen wir in diesem Dasein die geistigen Organe und Fähigkeiten ausbilden, die uns dann in den jenseitigen Welten dienen werden.

Sind diese nicht genügend entwickelt, so erwartet uns Ähnliches, was hier einem körperlich behinderten Kinde bevorsteht: Handikaps vielfacher Art. Das ganze Leben ist auf den Punkt des Todes ausgerichtet, wo wir in eine neue Welt eingeschifft werden. Erst mit dem Wissen, besser dem Bewußtsein um die Erfordernisse der künftigen Welt kann man dieses Leben als eine sinnvolle Aufgabe begreifen.

Bahá'u'lláh weist an vielen Stellen Seiner Offenbarung eindringlich darauf hin, dieses Leben nicht zu vergeuden und sich nicht ausschließlich mit der materiellen Seite zu befassen. Obwohl Er Wohlstand nicht verurteilt, sondern sogar begrüßt, warnt Er jedoch vor Einseitigkeit, vor dem Festsetzen in materialistischem Denken: „Wißt, daß die Welt mit ihrem Tand und Gepränge vergehen wird. Nichts ist von Dauer außer dem Reich Gottes . . . Die Tage eures Lebens werden ablaufen, und alles, womit ihr euch befaßt und dessen ihr euch rühmt, wird vergehen . . ."[1] In ähnlicher Weise äußert Er sich an anderer Stelle: „Die Tage eueres Lebens sind fast dahin . . . und rasch naht euer Ende. Legt darum ab, was ihr ersonnen und woran ihr hängt, und haltet euch fest an die Gebote Gottes, damit ihr das erlangt, was Er euch bestimmt hat, und zu denen gehört, die den rechten Weg gehen. Ergötzt euch nicht an den Dingen der Welt . . . noch setzt darauf euere Hoffnungen . . . Bald wird Er (Gott) all eueren Besitz vergehen lassen."[2]

1) Ährenlese 65:8
2) a.a.O., 66:6

Bahá'u'lláh zählt jene Menschen zu den Toten, deren Interesse lediglich den irdischen Gütern gilt. „Was ihnen Gewinn bringen sollte, haben sie völlig vernachlässigt. Bald werden sie aus ihrem Schlaf erwachen und gewahr werden, daß sie nicht zurückholen können, was ihnen . . . entgangen ist."[1]

Die Tage eilen dahin; der Tod kommt meist unerwartet — wir müssen daher stets auf diesen Moment vorbereitet sein. Den Tod auf diese Weise bewußtseinsmäßig in das Leben einzubeziehen, heißt wirklich zu leben; ihn zu verdrängen, hieße im Leben ohne Ziel dahinzutreiben. Der Tod ist Sinn dieses Lebens.

Es kommt für jeden von uns der Tag, an dem wir alles zurücklassen müssen: Menschen und Dinge. Wir müssen von allem Abschied nehmen; nur uns selbst nehmen wir mit, uns selbst wie und wer wir sind. Im Tod erfolgt eine Bestandsaufnahme unseres Lebens. Haben wir wesentlich gegen die großen geistigen Gesetze verstoßen oder sie nicht beachtet, wird sich zeigen, daß uns etwas fehlt, daß wir geistige Mängel aufweisen.

Hier knüpft sich die Bedeutung von *Himmel* und *Hölle* an. Nach dem Verständnis der Bahá'í handelt es sich hierbei nicht etwa um Orte, sondern um Zustände unseres Geistes. Himmel und Hölle gibt es daher ebenso hier in dieser Welt wie in den kommenden. Himmel bedeutet Einklang mit Gottes Willen, Einklang mit den geistigen Gesetzen, bedeutet den Zustand der Vollkommenheit. Hölle hingegen heißt Verstoß gegen die geistigen Gesetze, heißt fehlenden Einklang mit dem, was Gott für den Menschen entwicklungsmäßig vorgesehen hat. Himmel heißt geistiges Leben, Hölle ist geistiger Tod.

Wie auf eine Leinwand projiziert rollt im Tode das Lebenspanorama vor unserem inneren Auge ab. Es ist, als habe zeitlebens eine unsichtbare Kamera unser Tun und Lassen aufgezeichnet, ohne daß wir es merkten. Dies alles wird uns im Sterben bewußt vorgeführt. Wir werden dadurch dessen gewahr, was wir erreicht haben, was wir verdrängten, wegschoben und nicht als unsere Realität akzeptieren wollten. Solange wir noch in diesem Dasein leben, haben wir Einfluß auf diesen unseren Lebensfilm — wir können ihn verbessern und verändern. Im Moment des Todes jedoch bleibt uns nichts mehr, als ihn so zu bejahen, wie er ist. Haben wir in diesem Leben nichts gesät, können wir im Tode auch keine Ernte erwarten.

Dennoch, nach Bahá'u'lláh ist es einem Menschen auch dann noch möglich, sein jenseitiges Schicksal zu ändern, wenn wir für ihn beten und wenn Gott Gnade gewährt. Sollte ein Mensch in diesem Leben in Sünde und Unglauben gelebt haben, kann ihn die *Gnade* Gottes aus seiner Situation befreien; nicht hingegen erfolgt dies durch Gottes *Gerechtigkeit,* denn sie stellt sich nur nach Verdienst ein. Gnade ist von Verdienst unabhängig.

Die Einheit der Menschheit meint nicht nur die Menschen, die in ihrem irdischen Körper wandeln, sondern alle menschlichen Wesen, ob körperlich oder körperlos. Diesseits und Jenseits sind zwei Teile ein und desselben Or-

[1] Bahá'u'lláh, Ährenlese 71:3

ganismus, so daß zwischen ,,Lebenden'' und ,,Verstorbenen'' eine innige Beziehung besteht.[1]

'Abdu'l-Bahá bestätigt, daß die Möglichkeit gegeben ist, mit Verstorbenen in Kontakt zu treten, warnt aber davor, dies vorzeitig herbeizwingen zu wollen, solange das menschliche Bewußtsein nicht auf reifendem Wege die ,,überseelischen'' Fähigkeiten erworben hat. Diese Fähigkeiten werden sich, Seinen Worten gemäß, zur rechten Zeit entfalten, wenn die Menschen auf dem Wege des geistigen Fortschritts die notwendige Stufe erreichen.[2]

1) Vgl. 'Abdu'l-Bahá, Beantwortete Fragen, Kap. 71, S. 244 f.

2) Vgl. 'Abdu'l-Bahá, zitiert nach J. E. Esslemont, Bahá'u'lláh und das neue Zeitalter, S. 220 Vgl. ,,Das Wesen der Seele nach dem Tode läßt sich niemals beschreiben, noch ist es angemessen und erlaubt, ihre ganze Beschaffenheit den Augen zu enthüllen.'' (Bahá'u'lláh, Ährenlese 81)

Kapitel 4:
Krankheit und Heilung

Das Außen, die vom Menschen ins Leben gerufene Welt und Kultur, ist stets nur ein Abbild seines Bewußtseins. Es ist daher kein Wunder, daß in allen sogenannten Lebensbereichen die gleichen Grundstrukturen des heute defizient gewordenen mentalen Bewußtseins auffindbar sind. Überall zerlegt der Mensch das Leben in *Bereiche* und *Sektoren.* Fern ab von einer ganzheitlichen Erlebnis-, Betrachtungs- und Denkweise zerstückelt er die Wirklichkeit in eine unüberschaubare Fülle von Einzelaspekten, die weitestgehend unzusammenhängend oder nur locker nebeneinandergedacht existieren.

Zwei dieser aus dem Lebensganzen herausseziërten Aspekte heißen *Krankheit* und *Heilung.* Es ist geradezu erschreckend, welche Haltung der rationale Mensch unserer Tage ihnen gegenüber einnimmt. Daß ein Umdenken, ja mehr noch, ein Sprung in ein völlig neues Bewußtsein bitter nötig ist, wird vor allem im medizinischen *Sektor* deutlich.

Die heutige Medizin

Ohne Zweifel hat die moderne Medizin große Fortschritte gemacht; ihre Erfolge sind unbestreitbar. Pocken und Kinderlähmung sind so gut wie ausgerottet, Herzfehler können operativ behoben werden, parasitäre Erkrankungen sind weitgehend ausgeschaltet und bakterielle Infektionskrankheiten spielen keine gewichtige Rolle mehr. Die Liste ließe sich beliebig verlängern.

Doch parallel zu den ständig zunehmenden Möglichkeiten, Krankheiten zu behandeln, haben die Krankheiten nicht nachgelassen, noch hat sich der angewachsene Unmut gegenüber der Medizin abgeschwächt. Wie kommt das? Die Schulmedizin sieht nicht den ganzen Menschen, sondern den *lebendigen Leichnam,* wie Graf Dürckheim es einmal formulierte.[1)]

Im Zuge fortschreitender Rationalisierung ist die moderne Medizin übers Ziel hinausgeschossen, denn je stärker die rationale Bewußtseinsstruktur

1) ,,Unsere Naturwissenschaft, wenigstens unsere Biologie und Medizin, steht heute methodisch streng auf dem Standpunkt der cartesischen Trennung von Materie und Bewußtsein.'' (C. F. v. Weizsäcker/Gopi Krishna, Biologische Basis der Glaubenserfahrung, S. 25)

verabsolutiert wurde, desto mehr wurde die Seele des Menschen aus der bewußten Wirklichkeit verdrängt, ja abgespalten. Psychologie wird daher in den Ausbildungsplänen für Medizinstudenten nur am Rande berücksichtigt und ragt über die Wissensvermittlung von Reiz-Reaktionsschemata und diversen Lerntheorien nur sehr selten hinaus.

Die Seele ist dem naturwissenschaftlichen Intellekt ein Ärgernis[1]; sie läßt sich nicht ganz leugnen, noch läßt sie sich erfassen und beweisen. Die Seele läßt sich weder messen, wägen, mikroskopieren noch sezieren. So kam es, daß man sich zunehmend einseitig auf die Erforschung der Körpervorgänge konzentrierte. Mit der allgemeinen Verdrängung der anderen Bewußtseinsstrukturen wurde die Seele tabuisiert, und wenn nicht, dann doch nur zweitrangig angesehen.

Der Kampf mit Symptomen

Im Schatten der großartigen medizinisch-technischen Erfolge steht beinahe ungesehen die Tatsache, daß für eine Vielzahl von Krankheiten die Ursachen unbekannt sind. Die Psychosomatik jedoch hat den Weg gewiesen, auf dem sich eine neue Einstellung herauskristallisieren konnte.

In vielen Fällen liegt der Krankheit eine innerseelische Konfliktsituation zugrunde, welche sich über ein Körperorgan auszudrücken sucht, um eine Lösung der Spannung herbeizuzwingen. Der Patient selbst will nahezu in allen Krankheitsfällen die Verantwortung für sein Gebrechen nicht übernehmen. Es ist viel bequemer, die Krankheit dem Arzt zu überlassen und dabei zu denken: „Ach, der wird es schon machen, denn schließlich ist er ja deshalb Arzt geworden."

Arzt und Patient wenden sich etwas Drittem zu, das anscheinend mit keinem der beiden etwas zu tun hat. Beide konzentrieren sich auf die Symptome, bestenfalls auf die vermeintlichen körperlichen Ursachen. Hinter dieser Haltung verbirgt sich die Unfähigkeit, die tieferen und wahren Beweggründe zu entdecken, welche unsichtbar hinter den körperlichen Symptomen verborgen sind.

Unsere westliche Welt ist primär darauf eingestellt, Symptome möglichst

[1] Nicht nur unsere ratiobetonten Mediziner stehen der Seele fern, sondern im Grunde die ganze westliche Welt. Typisch hierfür ist der allerorts verwendete Ausspruch: „Er (oder sie) hat es ‚an den Nerven'". Dieses „An-den-Nerven-haben" ist der Sammelbegriff für die vielfältigen seelischen Krankheiten, denen man sich ohnmächtig gegenübergestellt sieht. Ein jeder, der diese Pauschalbezeichnung verwendet, gibt damit zu verstehen, daß er von seiner Psyche nichts weiß. Im übrigen ist das „An-den-Nerven-haben" der Versuch, Seelisches auf den Körper abzuwälzen, für den der rationale Mensch — seinem Denken nach — nicht die Verantwortung zu übernehmen braucht — dafür sind bekanntlich die Ärzte da.

rasch zum Verschwinden zu bringen. Obgleich dies in vielen Fällen nötig ist, kann es jedoch niemals genügen, bei den Symptombehandlungen stehen zu bleiben. Wie sinnlos dies wäre, zeigt ein Vergleich: „In der Technik gibt es viele Warnsysteme, wie beispielsweise eine rote Lampe an einer Gefriertruhe, die dann aufleuchtet, wenn die Temperatur in der Gefriertruhe ungewöhnlich ansteigt. Kein vernünftiger Mensch würde beim Aufleuchten dieser Lampe hingehen, die Birne locker schrauben und beim Verlöschen des Lichtes stolz verkünden, er habe die Gefriertruhe repariert. Bei der ‚Reparatur' des Menschen wiederholt sich dieser groteske Vorgang jedoch ständig. Kaum leuchtet ein Symptom auf, schon bringt der Arzt es zum Verschwinden und verbucht diesen Trick als Therapieerfolg . . . Jedes unterdrückte Symptom zwingt den Menschen, sein nichtbehandeltes Kranksein auf einer anderen Ebene zu signalisieren. Die Unterdrückung dieses neuen Symptoms ergibt bereits den Therapie-Erfolg Nr. 2 und so weiter. Für diesen Effekt kennt man zwar den Begriff Symptomverschiebung, aber durch die starke Spezialisierung — der Patient wandert mit der nächsten Krankheit zum nächsten Facharzt — fällt dieser Vorgang immer weniger auf."[1)]

Da fast die ganze Gesellschaft diese Einstellung auf breiter Basis wiederspiegelt, wird alles geheiligt, was dazu führt, Organkrankheiten zu beseitigen. Auf diese Weise schossen Herz- und Kreislaufzentren aus dem Boden und vieles andere mehr, was wirtschaftlich gesehen zu einer bedrohlichen Kostenexplosion führte.

Während die Medizin zunehmend vertechnisiert wird, rutschen die den Krankheiten zugrundeliegenden (nicht meßbaren) Ursachen immer tiefer ins Unbewußte hinab und werden weder vom Arzt noch vom Patient wahrgenommen. Wer käme wohl heute auf die Idee, im Krankheitsfalle zu fragen, was der Patient durch seine Krankheit lernen soll? Nur in Ausnahmefällen stellt man sich die Frage: „Was will mir die Krankheit sagen?" Anstatt die verdeckten Konflikte und Fehlhaltungen ins Bewußtsein zu heben, wird die Lösung der inneren Problematik den Organen, dem Körper überlassen.

Der überaus großen Zahl von Kranken, deren Störungen in ihrer Psyche wurzeln, kann mit all den teueren technischen Geräten und Apparaten nicht geholfen werden.[2)] Arzt und Patient müssen gleichermaßen ein neues Verhältnis zur Krankheit wie zur Heilung gewinnen. Sie müssen begreifen, daß Krankheit vielfach vor allem final zu verstehen ist und gewissermaßen auf ein Lernziel hinweist.

1) Thorwald Dethlefsen, Schicksal als Chance, S. 150

2) „Wenn ein Land wie die Bundesrepublik mit 22 Millionen Erwerbstätigen allein an die 450 Betriebskrankentage pro Jahr aufzuweisen hat und wenn daran selbst die modernste medizinische Versorgung nichts ändern kann, so sollte das zu denken geben." (Frederic Vester, Phänomen Streß, S. 19)

Solange jedoch die einseitig rationale Grundeinstellung beibehalten bleibt, werden die Krankenhäuser immer perfekter und gleichzeitig immer unmenschlicher. Ärzte werden zu Symptom-Technikern und die Patienten zu entscheidungsunfähigen, unmündigen Objekten. Ärzte und Schwestern betreiben, wie P. Lüth gesagt hat, ,,eine stumme Medizin, in der nicht mehr gesprochen wird, außer bei der rein sachlichen Erhebung der Vorgeschichte und das gleicht oft mehr einem Verhör wie im Polizeirevier . . . Doch eine stumme Medizin ist keine Medizin. Die naturwissenschaftliche Medizin ist stumm, weil es bei ihr um die Objektivität geht und weil die Medizin so kompliziert geworden ist, daß man das einem Laien überhaupt nicht erklären kann.''[1)]

Jenseits des bewußten Zugriffs

Was sich im Krankheitsfalle im Menschen vollzieht, wird nur den wenigsten bewußt. Das meiste, was in uns abläuft, entzieht sich unserem Willen. Fast alle inneren Abläufe und Steuersysteme liegen jenseits unserer bewußten Kontrolle, und dennoch leben die meisten Menschen mit der festen Überzeugung, der Herr im eigenen Hause zu sein. Wie aber kann man über etwas herrschen, wenn es unbekannt ist, wenn man gar nicht weiß, wer außer dem Ich noch mit im eigenen Hause wohnt?

Krankheiten kommen weder (sinnlos) zufällig noch stürmen sie ausschließlich von außen auf uns ein. Es ist ein bequemer Weg, alle Verantwortung für sich und für alles, was unbewußt verläuft, auf den Zufall, das Schicksal und die Außenwelt abzuwälzen. Viel unbequemer hingegen ist die Erkenntnis, daß dem Menschen von außen her vor allem dann etwas geschehen kann, wenn dazu eine innere (meist unbewußte) Bereitschaft (Disposition) gegeben ist.

Krankheit ist häufig keine äußere Schädigung, sondern Ausdruck einer inneren Notwendigkeit. Sie ist ein Ausdruck des inneren Mißklangs, der inneren Disharmonie und des Abweichens vom inneren Gesetz. Überwiegend liegt ihr eine einseitige Lebenseinstellung zugrunde und nicht weniger oft mangelt es dem Menschen an einem echten, tragenden Lebenssinn.

Wenn wir eine Krankheit verstehen wollen, genügt es nicht, rückblickend nach dem ,,Warum?'', dem äußeren Auslöser zu fragen; vielmehr sollten wir nach dem ,,Wozu?'' forschen, denn nur in dieser Fragestellung entschlüsselt sich der in vielen Krankheiten verborgene Sinn: ,,Wozu bin ich krank? Was ist der Sinn meines Krankseins? Was soll ich lernen? Was habe ich zu korri-

[1)] Herbert Kessler, Detlef-I. Lauf und Walter Thoms, Ursprung und Gegenwart des integralen Bewußtseins, S. 170

gieren? Wie kann ich das in der Krankheit eingeschlossene ‚geheime' Wissen bewußt werden lassen?"

Diese Fragen werden von der extravertierten modernen Medizin weder gestellt noch beantwortet. Antworten über den Sinn und das Lernziel einer Krankheit findet man nicht, indem man an der Oberfläche der Erscheinungsformen haftet, sondern nur in der Hinwendung zum eigenen Innen, dem eigenen Hintergrund, der eigenen (unbewußten) Tiefe.

Die Arbeits- und Fragemethoden der heutigen Tiefenpsychologie können hier wesentlich zur Erhellung der unbewußten Situation beitragen. Es sei hier nur an die Traumdeutung erinnert. Zur Erkundigung der inneren Geschehnisse dienen ferner zahlreiche esoterische Praktiken, von denen ich nur das I Ging und Tarot nennen möchte. An Mitteln und Wegen mangelt es nicht, wohl aber an dem Verständnis für diese!

Belächelt oder tabuisiert

Man kann sich wenden und drehen wie man will, stets stößt man an die Schranken des defizient-rationalen Bewußtseins. Solange dies nicht überwunden ist, wird alles belächelt oder tabuisiert, was jenseits des nur-rationalen Begreifens liegt. Es gibt eine ganze Reihe von Arbeitsweisen, die dem naturwissenschaftlichen Mediziner ein großes Ärgernis sind. Hierzu zählen die Methoden der Atemtherapeuten, der Heilpraktiker, der Homöopathen und Akupunkteure. Ihnen gegenüber steht die Schulmedizin immer noch recht abweisend und mißtrauisch gegenüber. Erst recht verständnislos zeigt sich die Medizin, wenn es um Heilungen in Lourdes oder um die Heilkunst der philippinischen Geistheiler[1)] geht — daß es auch unter ihnen Scharlatane gibt, sei zugestanden. Alles, was nicht in das naturwissenschaftliche Denkgebäude und Schubkastensystem hineinpaßt, ist demnach einfach inexistent; zumeistens ist seine Existenzberechtigung arg in Frage gestellt. Nicht-Wissenschaftliches im Sinne der sogenannten objektiven Wissenschaften wird leichtfertig als unseriöser Unfug verworfen.

[1)] In den letzten Jahren haben sich einige Ärzte und Wissenschaftler aufgemacht, die Heilkunst der philippinischen Geistheiler zu studieren, zu ‚prüfen' und zu erforschen. Manch einer hat mit Ent-setzen einsehen müssen, daß es eben mehr gibt als die Naturwissenschaft zu bejahen vermag. Bei ihrer Rückkehr in den Westen jedoch erlebten sie das ‚typische Schicksal': Sie wurden ausgelacht! Wer nicht mit eigenen Augen gesehen hat, wie sich allein durch Berührung der Hände der menschliche Körper öffnet und sich die geöffnete Körperstelle wieder schließt, sobald der Heiler seine Hände zurückzieht, verwirft die Existenz dieses Phänomens, nur weil die Erklärung rational-wissenschaftlich allein nicht möglich ist. Daß zudem nicht einmal eine Narbe übrig bleibt, hat schon manchem die Sprache verschlagen. Eine völlige Neuorientierung steht uns bevor.

Es wird Zeit, daß die Hybris der Naturwissenschaftler überwunden wird, denn es muß an den nicht-naturwissenschaftlichen Methoden „etwas dran sein"; die Erfolge sind nicht zu bestreiten und außerdem — sollen wir nicht an den *Früchten* erkennen?

Eine Medizin, die nur einen kleinen, den rationalen Teil der Wirklichkeit anerkennt und alles andere verdrängt, ist einseitig und krank. „Sie kann nur geheilt werden, wenn Ärzte (ich füge hinzu: und die Patienten) begreifen, daß das Archaische, Magische[1] und Mythische[2] heute noch ebenso zum Menschen gehören und in ihm lebendig sind, wie vor Tausenden von Jahren. Die schwere Krise unserer Zeit und auch die Krise in der Medizin kann nur überwunden werden, wenn wir dem folgen, was Jean Gebser in prophetischer Sicht gesehen und so gut untermauert hat, wie derartige Betrachtungen überhaupt untermauert werden können und hineinwachsen in die Zeit der Integration. Der Arzt muß sehen, daß nur die Integration aller Stufen, durch die die Menschheit bis heute hindurch gegangen ist, ihn auch in seinem ärztlichen Handeln und in seiner Hilfe für den kranken Menschen weiterbringen kann."[3]

Vorbeugen

Nach der Lehre Bahá'u'lláhs ist der Leib Diener der Seele und nicht der Herr. Er dient der Entwicklung der Seele, dient ihr zeitbegrenzt als Wohnung, Erfahrungs- und Ausdrucksmedium wie als Werkzeug. Wir sollten ihn daher auch wie einen tüchtigen, willigen und gehorsamen Diener ansehen und behandeln.[4] Ferner weist Bahá'u'lláh darauf hin, daß alles Geschaffene, all die Myriaden von Formen und Abstufungen des Lebens eng zusammenhängen. Somit wirkt eins aufs andere, sind wir mit den Pflanzen, Tieren und Mitmenschen untrennbar verbunden und auch unsere physische Gesundheit ist von vielem abhängig, u.a. vor allem von unseren Gedanken und

[1] Man denke beispielsweise an die Wirksamkeit des Placeboeffektes, dessen Grundlage das magische Bewußtsein ist. Sehr aufschlußreich ist übrigens die Praxis und Denkweise der Kahuna-Magier, die davon ausgehen, daß im Menschen drei Selbste leben: ein niederes, ein mittleres und ein höheres. Von diesen Selbsten ist es das niedere, das der magischen Bewußtseinsstruktur entspricht. (Vgl. Max Freedom-Long, Geheimes Wissen hinter Wundern, Freiburg 1965 und Kahuna-Magie, Freiburg 1966)

[2] Die mythische Struktur spiegelt sich u.a. in der Organsprache wieder, die im Grunde eine Bild- und Symbolsprache ist. (Vgl. Hubert H. Scharl, Die Organsprache, München 1976)

[3] Herbert Kessler, Detlef-I. Lauf und Walter Thoms, Ursprung und Gegenwart des integralen Bewußtseins, S. 170

[4] Die weiteren Ausführungen über die Bahá'í-Lehre orientieren sich an J. E. Esslemont, Bahá'u'lláh und das neue Zeitalter, S. 121 ff.

unserer geistig-sittlichen Lebenshaltung. Vorbeugen umfaßt daher alles, was der Mensch tut und denkt; Prophylaxe beschränkt sich daher nicht nur auf den Körper und sein Wohl! In der Bahá'í-Religion wird der Heilungsvorgang vielschichtig und umfassend gesehen.

'Abdu'l-Bahá sagte, daß in Zukunft die Nahrung nicht mehr aus Fleisch bestehen wird, sondern aus Getreide und Früchten. Wenn man sich heute umschaut, kann man feststellen, daß schon manche Weiche in diese Entwicklungsrichtung gestellt ist: Zahlreiche Menschen sind auf vegetarische Ernährung umgestiegen. Die Literatur hierüber wächst sprungartig an. Auch Gaststätten haben sich bereits auf den neuen Trend eingestellt. Immer mehr Zentren entstehen, in denen man den heute üblichen landwirtschaftlichen Anbauweisen den Rücken kehrt, Spritzmittel und chemische Kunstdünger vermeidet und bewußt auf natürlich-biologische Weise die Gärten und Felder bestellt. Vegetarische Erholungszentren mehren sich merklich.

'Abdu'l-Bahá warnt davor, Rauschgifte, Alkohol und Narkotika zu konsumieren, ausgenommen zu medizinischen Zwecken. Auch spricht Er davon, Sparsamkeit als Grundlage menschlicher Wohlfahrt zu erkennen und Verschwendung zu meiden. Er macht deutlich, daß alles, was erschaffen wurde, für den Menschen, die Krone der Schöpfung, da ist — deshalb sollte er nie vergessen, Gott dankbar zu sein und den Tag in Lobpreis und Wertschätzung der Dinge zu verbringen. Bahá'u'lláh betont auch das Gebot der Reinlichkeit, bezogen sowohl auf Kleidung als auch auf die Körperhygiene. Äußere Reinlichkeit hat nach den Worten 'Abdu'l-Bahás, obwohl sie nur das Stoffliche betrifft, dennoch einen großen Einfluß auf das Geistige.

„Der einfache Gehorsam gegenüber den hygienischen und sittlichen Geboten von Moses, Buddha, Christus, Muḥammad oder Bahá'u'lláh würde auf dem Wege der Krankheitsverhütung mehr bewirken, als alle Ärzte und alle öffentlichen Gesundheitsvorschriften der Welt auszurichten vermocht haben . . . Anstatt daß das Leben durch Krankheit vernichtet oder in der Kindheit, Jugend oder Vollkraft abgeschnitten wird, wie es jetzt so häufig vorkommt, würden die Menschen zu einem hohen Alter heranreifen, wie gesunde Früchte, die reif und vollendet werden, bevor sie vom Zweige fallen."[1)]

Heilung

Bahá'u'lláh bestätigt sowohl den Wert der materiell-physischen als auch den der geistigen Hilfsmittel. So empfiehlt Er, sich von geschickten Ärzten beraten zu lassen und ermutigt die Menschheit, jede Wissenschaft und Kunst

1) J. E. Esslemont, Bahá'u'lláh und das neue Zeitalter, S. 125

zu vervollkommnen, die dem Wohle der Menschheit dient. Als materielle Heilmittel verweist Er auf Diät und pflanzliche Wirkstoffe, die — sofern möglich — zusammengesetzten Medikamenten vorzuziehen sind.

Als geistiges Heilmittel nennt Er das Gebet, die Hinwendung zu Gott, denn ,,alles ist von Gott abhängig. Die Medizin ist nur eine äußere Form oder das Mittel, durch das wir die himmlische Heilung erlangen.''[1] Es gibt nach 'Abdu'l-Bahá eine Vielzahl nicht-materieller Heilmittel. So erwähnt Er beispielsweise die *ansteckende Gesundheit*, die mächtigen Wirkungen, welche man auch unter dem Aspekt der *Suggestion* betrachten kann. Liebe, Freude und Hoffnung der anderen springen ebenso auf den Patienten über wie Zorn, Qual und Pessimismus.

Ein anderer Aspekt ist die Zufriedenheit. Bahá'u'lláh sagt: ,,Wahrlich, das Notwendigste ist Zufriedenheit in allen Lebenslagen; durch sie bewahrt sich der Mensch vor krankhaften Zuständen und vor Abspannung. Gib nicht dem Kummer und der Sorge Raum, denn sie verursachen das größte Elend, Eifersucht verzehrt den Körper und Zorn verbrennt die Leber. Meide diese beiden, wie du einen Löwen meidest.''[2]

Eine weitere Art der geistigen Heilung ist die völlige Konzentration eines starken Menschen auf einen Kranken. Über eine innige meditative Verbundenheit mit dem Patienten kann die Kraft des Gesunden eine Heilung bewirken. Auf diese Weise können wir einander beistehen und helfen.

Doch das wirksamste Heilmittel ist die Kraft des Heiligen Geistes. Sie hat keine besondere Konzentration oder Berührung nötig, sondern wird nach 'Abdu'l-Bahá durch den sehnlichen Wunsch und das Gebet eines heiligen Menschen bewirkt. Dabei ist es unwichtig, wie weit Heiler und Kranker geographisch voneinander entfernt sind. Unerläßliche Forderung an den Patienten ist jedoch die Zuwendung zu Gott und ein tiefes Vertrauen in Seine Macht, Seinen Willen und der Gedanke, daß Er tut, was das Beste ist.

Vom Krank-sein zur Krank-heit

Die Abspaltung und Loslösung der Krankheit vom Menschen hat eine längere Vorgeschichte. Sie ist im Grunde eine logische Folge der erwachenden mentalen Bewußtseinsstruktur. Mit dem erstarkenden Ich-Bewußtsein unterschied sich der Mensch von seinen nicht-rationalen Strukturen, so auch von Seele und Leiblichkeit. Alles, was nicht zum Ich gehörte, wurde als Nicht-Ich abgesondert. So entstand Distanz.

Der entscheidende Schritt der Lösung des Krankseins vom erwachenden

[1] J. E. Esslemont, Bahá'u'lláh und das neue Zeitalter, S. 128
[2] Bahá'u'lláh, zitiert in J. E. Esslemont, a.a.O., S. 128

Ich-Menschen erfolgte etwa 400 v. Chr., als Hippokrates die Krankheit von der Religion absprengte. Bis zu diesem Moment war Heilen eine Sache der Priesterschaft gewesen.

,,Die Abweichung des Hippokrates von dieser Tradition ist gleichzeitig eine Abwendung vom ‚Kranksein' und die Hinwendung zu den ‚Krankheiten'. So beschäftigt sich die Medizin bis heute mit der Diagnose und Therapie von ‚Krankheiten' und übersieht damit das eigentliche Problem des ‚Krankseins'. Ein Mensch *hat* nicht eine Krankheit, sondern vielmehr *ist*[1] er krank. Doch gerade dieser kranke Mensch wird von der Medizin nicht behandelt, sondern lediglich seine Krankheiten, seine Symptome. So bleiben die Erfolge der Medizin auf diese Krankheiten beschränkt, berühren aber das Kranksein der Menschheit nicht . . . Denn Heilen ist immer Heiligen und berührt eine der wissenschaftlichen Medizin unbekannte Dimension.''[2]

Krank*sein* ist mehr als nur eine Fehlfunktion des Körpers; es ist ein meist passiver Lernschritt, der den Menschen nachdrücklich mit einer noch nicht akzeptierten inneren Wirklichkeit bekannt machen will. Krank*sein* ist daher zumeist sinnerfüllt. Es zeigt uns an, daß wir unsere individuelle Bahn verlassen und Irrwege eingeschlagen haben.

Krank*sein* zwingt uns zum Fragen und birgt bereits das Heilen in sich. Heilen heißt lediglich, die in dem Krank*sein* verschlüsselte Information herauszuholen und den Menschen erneut seinem inneren Gesetz anzupassen.

Heilen ist im Grunde nur sehr begrenzt erlernbar. Wirkliche Heiler, wie Paracelsus und Hahnemann, sind stets von der Natur Eingeweihte. Heilen meint, den Menschen heiler zu machen, ja es meint, ihn zu ,,heiligen''. Heilung ist an einen Bewußtseinsprozeß gebunden, der ihn mit dem Urprinzip (Gottheit), an dem er erkrankte, wieder versöhnt . . . Heilen ist immer ein priesterlicher Akt, der sich jenseits der Stofflichkeit vollzieht. Tatsächlich wird es kaum möglich sein, unsere medizinischen Großbetriebe mit wahren Heilern zu besetzen. Und auch eine normale Kassenpraxis unserer Tage ist oft nicht der rechte Ort, sich um das Seelenheil der Patienten zu kümmern.''[3]

1) Vgl. Erich Fromm, Haben oder Sein, Stuttgart 1977
2) Thorwald Dethlefsen, Schicksal als Chance, S. 144
3) a.a.O., S. 151

Kapitel 5:
Arbeit, heute und morgen

Gehen wir von der Erkenntnis aus, daß jede Kultur das Ergebnis eines sie gestaltenden Bewußtseins ist, so müssen demzufolge in allen Wirkungsbereichen des Menschen prinzipiell die gleichen Strukturmerkmale auffindbar sein. Dieses Kapitel will versuchen, Aufschluß darüber zu geben, in welcher Weise sich das heutige und künftige Bewußtsein in der Arbeitshaltung wiederspiegelt.

Arbeit als ein notwendiges Übel

Wer sich unter der arbeitenden Bevölkerung genauer umschaut, wird nur noch selten jemandem begegnen, der mit wirklicher Freude bei der Sache ist. Die Zeiten, in denen während der Arbeit leise vor sich hin gesungen und gepfiffen wurde, gehören längst der Vergangenheit an. Selbst die südländischen Gastarbeiter, denen das Lied noch leichter über die Lippen kommt, verstummen hier bereits nach Wochen.

In der Einstellung der zivilisierten Menschen in den Industrieländern ist Arbeit zu einem notwendigen Übel geworden. Die Frage, ob Arbeit außer der Funktion des Geldverdienens eventuell noch andere Aspekte habe, stellt sich hier und da mal ein Vereinzelter.[1)]

Das „Leben" hat sich weitestgehend auf das Wochenende verlegt, so daß die Gräben zwischen Beruf und Freizeit tiefer wurden. Man schleicht entsprechend mißmutig in die Woche hinein und springt mit Freudenschreien aus ihr heraus ins Wochenende. Fünf Tage lang, so scheint es, quält sich der moderne Mensch durch den Alltag hindurch, verspannt, mißgestimmt und verdrossen — dann kommt die Erlösung, die Qual hört auf und die Menschen flüchten aus ihren Betrieben.[2)] Was ist geschehen?

1) „Viele Berufe sind leider durch ihre Fachspezialisierung auf eine völlig künstliche Zusammenstellung von Anforderungen zurechtgeschnitten, wobei wesentliche Bereiche der Selbstverwirklichung einfach ausgelassen werden." (Frederic Vester, Phänomen Streß, S. 124)

2) Wohl nirgends kann die heutige Arbeitsmoral besser studiert werden, als in den zahllosen Witzen, Reimen und Sprüchen, die die Wände der Arbeitsplätze schmücken. Zudem sind bereits spezielle „Arbeitskalender" entworfen worden, die zur Dokumentation der Arbeitshaltung besonders aussagekräftig beitragen. Wie schlecht die Arbeitsmoral im Westen geworden ist, zeigt uns überdies momentan der Vergleich mit Japan. Dieses Land ist für den Westen in vielfacher Hinsicht eine Herausforderung geworden.

Die Todesspirale des alten Bewußtseins zieht sich immer enger. Aus mangelndem Gespür für die Qualität der Zeit gerät der heutige Mensch in Streß und Hektik. Trotz tausendfältiger Vorzüge unserer Wohlstandswelt zeigt sich Unzufriedenheit, wohin man blickt. Die Erfüllung des Lebens hat sich nur scheinbar eingestellt; in Wirklichkeit klaffen Abgründe innerer Leere.

Arbeit als Gottesdienst

Um die Arbeitsbedingungen verbessern zu können, dürfen nicht allein die äußeren Umstände geändert werden, sondern muß vor allem das *Bewußtsein der Menschen* eine Wandlung erfahren. In dem Maße, wie es gelingt, das rationale Bewußtsein in ein integrales hinein zu überwinden, kommt die Neuorientierung und Neuordnung der äußeren Arbeitsumstände fast von selbst.

Wie jedoch kann es aussehen, wenn das neue Bewußtsein verwirklicht ist? Die Bahá'í-Religion gibt uns hierauf eine Antwort: Arbeit wird nicht länger als ein notwendiges Übel verstanden, sondern sollte auf einer anderen Stufe begriffen werden. Denkt der defizient-rationale Ich-Mensch in erster Linie an sich selbst, so richtet sich der Mensch des neuen Zeitalters auf das Ganze aus. „Der ist wirklich ein Mensch, der sich heute dem Dienst am ganzen Menschengeschlecht hingibt,"[1] sagt Bahá'u'lláh.

Diese Auffassung widerspricht zutiefst den Gegebenheiten der heutigen Zeit. Dienen gilt als etwas Niedriges und Unwürdiges; zumindest ist es etwas, was den eigenen Interessen zuwiderläuft. Das Streben nach dem *eigenen Glück* steht weit mehr im Vordergrund als das *Wohl der Mitmenschen.*

Über den Wohlstand, in dem man heute das höchste Ziel menschlicher Beglückung sieht, sagt 'Abdu'l-Bahá: „Wohlstand ist allen Lobes wert, wenn er durch die eigenen Anstrengungen eines Menschen und durch die Gnade Gottes auf den Gebieten des Handels, der Landwirtschaft, der Kunst oder des Gewerbes erworben und für menschenfreundliche Zwecke ausgegeben wird."[2]

Er warnt jedoch davor, die Errungenschaften der Zivilisation überzubewerten: „Eine oberflächliche Zivilisation, die nicht von kultivierter Sittlichkeit getragen wird, ist ‚ein verworrener Mischmasch von Träumen' (Qur'án 12:44, 21:5), und äußerlicher Glanz ohne inwendige Vollkommenheit ist

[1] Ährenlese 117
[2] Das Geheimnis Göttlicher Kultur, S. 31

‚wie ein Dunst in der Wüste, den der Dürstende für Wasser hält' (Qur'án 24:39). Denn eine rein äußerliche Zivilisation kann niemals Ergebnisse zeitigen, die das Wohlgefallen Gottes finden und für Frieden und Wohlfahrt der Menschen Gewähr leisten."[1]

Diese beiden Gesichtspunkte, die Bejahung des Wohlstandes einerseits und die Warnung vor seiner Überbewertung andererseits, faßt 'Abdu'l-Bahá an anderer Stelle wie folgt zusammen:

„Wir sehen heute rings um uns, wie sich der Mensch mit aller neuzeitlichen Bequemlichkeit und Pracht umgibt und seiner physischen, materiellen Seite nichts versagt. Doch seid auf der Hut, daß ihr über der allzu starken Beachtung der körperlichen Angelegenheiten nicht die Bedürfnisse der Seele hintenan stellt, denn der materielle Gewinn vermag den Geist des Menschen nicht zu heben. Vervollkommnung in weltlichen Dingen bringt dem menschlichen Körper Freude, verherrlicht aber keinesfalls die Seele. Es mag geschehen, daß jemand, dem alle materiellen Vorteile zur Verfügung stehen und der in der größtmöglichen Behaglichkeit moderner Zivilisation steht, doch aller wichtigen Gaben des Heiligen Geistes bar ist. Gewiß ist materieller Fortschritt gut und lobenswert, doch sollten wir darüber nicht den wichtigeren geistigen Fortschritt außer Acht lassen und nicht die Augen für das göttliche Licht verschließen, das unter uns leuchtet. Nur dadurch, daß wir im Geistigen sowohl als auch im Materiellen wachsen, können wir wirklich vorwärts kommen und vollkommene Wesen werden."[2]

Welche Haltung sollen wir nun unserer Arbeit gegenüber einnehmen? Zunächst einmal ist sie eine Pflicht, eine Notwendigkeit für uns, die wir ein angenehmes, vor allem aber ein sinnvolles Leben führen wollen, eine Pflicht gegenüber der Gesellschaft, in der wir leben und eine Verantwortung vor Gott, unserem Schöpfer.

Diese drei Aspekte bringt Bahá'u'lláh zum Ausdruck: „Ihr seid die Bäume Meines Gartens. Ihr müßt gute und köstliche Früchte tragen, damit sie euch und anderen nützen. Darum ist es jedermanns Pflicht, sich einem Handwerk oder Beruf zu widmen, denn darin liegt das Geheimnis des Wohlstandes, o ihr Einsichtigen! Denn der Erfolg hängt von den Mitteln ab, und die Gnade Gottes sollte für euch allgenügend sein. Fruchtlose Bäume waren immer fürs Feuer bestimmt und werden es bleiben."[3]

Ähnlich heißt es: „Die besten unter den Menschen sind jene, die durch einen Beruf ihren Lebensunterhalt verdienen und für sich und ihre Angehörigen verwenden, in der Liebe zu Gott, dem Herrn aller Welten."[4]

[1] 'Abdu'l-Bahá, Das Geheimnis Göttlicher Kultur, S. 60
[2] Ansprachen in Paris, Kap. 19, S. 46
[3] Verborgene Worte, persisch 80
[4] a.a.O., persisch 82

An anderer Stelle sagt Er: „Jedem einzelnen von euch ist es zur Pflicht gemacht, sich in irgendeinem Beruf . . . zu betätigen. Wir veranlaßten, daß die gewissenhafte Erfüllung euerer Berufspflicht dem Dienste Gottes, des Wahrhaftigen, gleich geachtet wird . . . Vergeudet euere Zeit nicht mit Müßiggang und Trägheit, sondern beschäftigt euch mit dem, was euch und anderen Nutzen bringt."[1)]

Arbeit in den Rang des Gottesdienstes zu erheben, erscheint uns zunächst befremdlich. Gottesdienst bedeutet heute meist nur kultische Handlung, Liturgie, bestenfalls Andacht. Aber was ist Gottesdienst eigentlich? Ist es nicht der Dienst an den Geschöpfen Gottes?[2)] Vor allem aber ist es Dienst am Mitmenschen, an der Gesellschaft, an der Weltgemeinschaft. In diesem Sinne sagt 'Abdu'l-Bahá: „Dienen in der Liebe zur Menschheit ist Einklang mit Gott. Wer dient, hat schon das Königreich betreten und sitzt zur Rechten des Herrn."[3)]

Arbeit als Gottesdienst ist also eine Frage des Bewußtseins, in dem wir die Arbeit verrichten, und damit letztlich die Frage, wie wir sie tun.[4)] „Im Bahá'í-Glauben werden Künste, Wissenschaften und alle Arbeit als Gottesdienst erachtet. Ein Mensch, der etwas, sei es auch nur ein Stück Notizpapier, nach seinem besten Können herstellt und dabei alle seine Kräfte darauf richtet, es zu vervollkommnen, preist damit Gott. Kurz, alle Bemühungen, die der Mensch macht, sofern sie von ganzem Herzen kommen und er von den höchsten Beweggründen und dem Willen dazu getrieben wird, der Menschheit zu dienen, sind Gottesdienst. Gott dienen heißt der Menschheit dienen und den Nöten der Menschen abhelfen. Dienst ist Gebet. Ein Arzt, der dem Kranken frei von Vorurteilen, freundlich und sorgsam hilft und an die Zusammengehörigkeit der menschlichen Rasse glaubt, preist damit Gott."[5)]

Ein bemerkenswertes Erlebnis

All das Gesagte kann kaum mehr verdeutlicht werden, als es Rúhíyyih Khánum in ihrem Buch „Dein Leben — Deine Wahl" zum Ausdruck bringt:

„Eines Abends hatte ich in einer Straßenbahn in Brüssel eine bemerkenswerte und unvergeßliche Lektion über Arbeit. Als ich vom Geschäftsviertel an den Stadtrand zurückkehren wollte, nahm ich eine Straßenbahn. Ich fuhr

1) Frohe Botschaften, Bahá'í-Briefe, Heft 8, S. 181

2) Vgl. ein Wort, das Martin Buber zugeschrieben wird: „Gott spricht zu uns durch Menschen und Dinge, und wir antworten Ihm durch unsere Taten an den Menschen und den Dingen."

3) Zitiert in Leben als Bahá'í, S. 28

4) Vgl. Karlfried Graf Dürckheim, Der Alltag als Übung, Bern 1970

5) 'Abdu'l-Bahá, zitiert nach J. E. Esslemont, Bahá'u'lláh und das neue Zeitalter, S. 99

nur fünfzehn oder zwanzig Minuten mit ihr, und dies war vor vielen, vielen Jahren. Dennoch hat mich der Schaffner über die Art zu arbeiten mehr gelehrt, als es je ein anderes menschliches Wesen getan hat. Er schien das Gefühl zu haben, daß die Straßenbahn ihm gehöre, daß es geradeso sei, als ob jemand sein Heim betrete, wenn man einstieg, daß er für jedermann verantwortlich und der Gastgeber sei. Dies war ihm nicht bewußt. Irgendwie legte er sein Selbst in die Arbeit. Die Pflichten eines Straßenbahnschaffners sind festgelegt; er muß Fahrscheine verkaufen, Geld wechseln und sehen, daß die Gesellschaft nicht betrogen wird. In Brüssel macht er außerdem das Leben eines jeden Fahrgastes dadurch sauer, daß er als Fahrtsignal in ein schreckliches kleines Messinghorn stößt. Aber dieser Mann — der vielleicht niemals dessen gewahr war, daß alles, was man von ihm verlangte, war, daß er schmutziges Geld anfaßt und in sein Horn stößt — half alten Männern, Frauen und Kindern beim Aus- und Einsteigen. Er reichte ihnen ihr Gepäck, er hielt das Baby, bis die Mutter ausgestiegen war, er ging durch die Straßenbahn wie ein Mann in seinem Wohnzimmer, setzte einige ermüdete Personen bequem hin oder bat andere, für eine Frau ein wenig Platz zu machen. Er antwortete an ihn gerichtete Fragen eifrig und besonders höflich, sagte den Leuten, die ihn darum gebeten hatten, ihre Haltestelle; er lächelte, er schaute dich mit einem Ausdruck an, der so viel besagte wie: ‚So, Du bist hier, was kann ich wohl für Dich tun?' Es war wie ein Wunder. Ich konnte nicht umhin, darüber nachzudenken, wie diese Welt aussehen würde, wenn alle Menschen ihre Arbeit so verrichteten. Anstatt mürrisch, verdrießlich oder gleichgültig zu sein, anstatt die Haltung einzunehmen, ‚dies ist nur der Weg, auf dem ich mein Brot verdiene, es hat nichts mit mir zu tun.' Anstatt zu jedermann kalt und unpersönlich zu sein (wie fast alle von uns den ganzen Tag lang sind), war er aufmerksam, höflich und hilfsbereit. Und was wichtiger ist, ich bin mir sicher, er war glücklich. Dadurch, daß er sein Bestes in dieses wenig ansprechende Geschäft legte, erhielt er reiches Entgelt an Zufriedenheit. Es stand auf seinem Gesicht geschrieben, einem schlichten, müden, durchschnittlichen Gesicht, aber mit einem Ausdruck nahezu strahlenden Glücks. Er hatte das Geheimnis der Arbeit gefunden: Dienst — der goldene Talisman, der Plackerei in Vergnügen, Müdigkeit in Zufriedenheit und Langeweile in Interesse verwandelt. Kann jemand sagen, daß seine Mühe umsonst, und daß er töricht war? Ich war einer der Fahrgäste dieses Mannes, und ich werden ihn nie vergessen, solange ich lebe. Ein Mensch kann so vieles tun. Es ist wert, daß wir darüber nachdenken; wenn wir es ihm alle gleichtäten, wie würde die Welt aussehen! Geben heißt empfangen. Es ist ein geheimnisvoller Vorgang: Je mehr Du die feineren Eigenschaften Deines Charakters zu Worte kommen läßt, desto mehr scheinen sie Dir zu wachsen und sich zu vervielfachen."[1)]

[1)] Rúhíyyik Khánum, Dein Leben — Deine Wahl, S. 99 ff.

Kapitel 6:
Im Vorhof des neuen Zeitalters

Wenden wir uns nun der Frage zu, warum die Bahá'í-Religion weitgehend unbekannt geblieben ist, obwohl sie schon über hundert Jahre existiert. Eine der möglichen Antworten ist: Wir leben im *Vorhof* des neuen Zeitalters.

Auch ohne daß die Kirchen und Massenmedien über die erneuernde Botschäft Gottes berichteten, erfüllt sich der Plan Bahá'u'lláhs lautlos und den meisten Menschen völlig unbewußt. Wenngleich auch an vielen Orten der Erde gestritten und gekämpft wird, erfolgen bereits Vorbereitungen zum Zusammenschluß der Völker.

Die wirtschaftlichen Aktivitäten beispielsweise sind längst nicht mehr national begrenzt, sondern haben sich zu einem Weltmarkt ausgeweitet, wo internationale Kooperation unumgänglich ist. Nicht nur wirtschaftlich sind die Länder der Erde miteinander verflochten — sie befruchten einander vor allem auch kulturell.

In zunehmendem Maße durchdringen sich östliche und westliche Denkweise und regen einander zur Bewußtwerdung an. Wie nie zuvor treten Kulturen der Erde in nahen Kontakt. Funk, Fernsehen und Telephon lassen die großen Entfernungen schrumpfen. Die Kommunikationsmittel verbessern sich Tag für Tag — immer neue Möglichkeiten tun sich dem Menschen auf. Schritt für Schritt wird der Raum überwunden. Auch mittels moderner Verkehrstechnik sind Entfernungen keine Schwierigkeit mehr.[1)]

Menschen verschiedener Rassen und Hautfarbe kommen miteinander in direkte Berührung, und sei es mancherorts lediglich durch den Tourismus. In Europa sind es in erster Linie die Gastarbeiter, die durch ihr bloßes Hiersein zur Auseinandersetzung mit „Andersartigen" herausfordern. Nicht zu vergessen sind die zahlreichen Studenten aus anderen Kontinenten und die vielen Asylanten, die in Europa eine neue Heimat fanden. Wir leben in einer Zeit weltweiter „Völkerwanderung"!

Das Verkehrs- und Nachrichtenwesen entwickelt sich weiter — es wird nicht mehr lange dauern, bis alle Länder der Erde miteinander verbunden sind, so daß die Erde auch wirklich praktisch als *eine* Heimat erlebt werden

1) Vgl. 'Abdu'l-Bahá, zitiert nach Shoghi Effendi, Die Weltordnung Bahá'u'lláhs, S. 63 f.

kann. Überall wird der Horizont des alten, sich abgrenzenden Ich- und Nationalbewußtseins gesprengt. Einer der deutlichsten Beweise für die aufkeimende ganzheitliche Sichtweise ist die UNO, in der eine Vielzahl weltumspannender Aktivitäten eingeschlossen sind, wie beispielsweise UNICEF, UNESCO und UNCTAD. Fast alle Nationen sind — wenn auch noch recht ich- und nationalbezogen — ansatzweise in einem Ganzen vereint.

Ohne es bewußt wahrzunehmen, wirken die Kräfte des neuen Zeitgeistes, der in Bahá'u'lláh sichtbaren Ausdruck fand, in allen Teilen der Erde, doch nur sehr wenige wissen um den Hintergrund des heutigen Weltgeschehens. Obwohl schon vielerorts die Vorbereitungen zu der sich später vollziehenden Welteinheit getroffen werden, sind sich nur sehr wenige ihres Tuns vollends bewußt. Nur einige können sagen, wozu die weltweiten Umgestaltungen gut sein sollen, auf welches Ziel sie hinlaufen und was eigentlich der Anstoß zu dieser Entwicklung war — ein Zeichen dafür, daß wir erst im Vor-Frühling, im Vorhof des neuen Zeitalters leben.

Ein Blick in die Zukunft

Nur wenige ahnen, daß hinter allem heutigen Weltgeschen eine Kraft zugegen ist, die auf ein geheimnisvolles Ziel hinwirkt: die Kraft Gottes. Was beabsichtigt Gott, Der Sich in Bahá'u'lláh erneut der Menschheit offenbarte?

Shoghi Effendi sagt: „Die Einheit des Menschengeschlechts, wie sie Bahá'u'lláh vorausschaute, umschließt die Begründung eines Weltgemeinwesens, in welchem alle Nationen, Rassen, Glaubensbekenntnisse und Klassen eng und dauerhaft vereint, die Autonomie seiner nationalstaatlichen Glieder sowie die persönliche Freiheit und Selbständigkeit der einzelnen Menschen, aus denen es gebildet ist, ausdrücklich und völlig gesichert sind. Dieses Gemeinwesen muß, so weit wir es uns vorstellen können, aus einer Weltlegislative bestehen, deren Mitglieder der ganzen Menschheit die gesamten Hilfsquellen aller Mitgliedsnationen überwachen. Sie muß die erforderlichen Gesetze geben, um das Leben aller Rassen und Völker zu steuern, ihre Bedürfnisse zu befriedigen und ihre wechselseitigen Beziehungen zu ordnen. Eine Weltexekutive, gestützt auf eine internationale Streitmacht (vgl. die UN-Truppe), wird die Beschlüsse jener Weltlegislative ausführen, deren Gesetze anwenden und die organische Einheit des ganzen Gemeinwesens sichern. Ein Weltgerichtshof wird seine bindende, endgültige Entscheidung in sämtlichen Streitfragen, die zwischen den vielen Gliedern dieses umfassenden Systems auftreten können, fällen und zustellen. Ein Netzwerk weltweiter Kommunikation wird ersonnen werden; es wird den ganzen Erdball umspannen und, von allen nationalen Hindernissen und Beschränkungen frei, mit wunderbarer Schnelligkeit und vollkommener Pünktlichkeit ablaufen. Eine Welthauptstadt als das Nervenzentrum einer Weltzivilisation und als Brennpunkt wirken, in dem die einigenden Lebenskräfte zusammenlaufen. Eine Weltsprache wird entweder geschaffen oder unter den bestehenden Sprachen ausgewählt und in den Schulen aller verbündeten Nationen als ein Hilfsmittel neben der jeweiligen Muttersprache gelehrt werden. Eine Weltschrift, eine Weltliteratur, ein einheitliches, allumfassendes Währungs-, Gewichts- und Maßsystem werden den Verkehr und die Verständigung unter den Nationen und Rassen der Menschheit vereinfachen und erleichtern. In der Weltgesellschaft werden Wissenschaft und Religion, die beiden gewaltigsten Kräfte im menschlichen Leben, in Einklang gebracht sein; sie werden zusammenwirken. Die Presse wird in einem solchen System, in dem sie der Darlegung der verschiedenen Ansichten und Überzeugungen der Menschheit vollen Spielraum gewährt, nicht mehr durch althergebrachte Interessen, seien sie persönlicher oder allgemeiner Natur, unheilvoll gelenkt werden; vom Einfluß streitender Regierungen und Völker wird sie befreit sein.''[1)]

Die Offenbarung Bahá'u'lláhs ist eine ganzheitliche Manifestation Gottes, aus der kein Lebensaspekt herausfällt. Alle Bereiche menschlichen Lebens sind darin angesprochen und in größter Klarheit durchleuchtet. Seine Botschaft ist einzigartig in ihrer Differenziertheit, Verständlichkeit und Weite; sie ist in wundersamer Weise auf die Geschehnisse und Nöte der heutigen Zeit abgestimmt. Noch nie zuvor waren die Aufgaben und Probleme der Menschen so verwickelt und vielfältig wie heute und noch nie waren die von Gott angebotenen Lösungen so zahlreich und detailliert. Die Schriften Bahá'u'lláhs befassen sich mit jedem Aspekt des menschlichen Lebens und widmen sich den Fragen des einzelnen, wie denen der Gesellschaft. In Seinen Ausführungen äußert Er sich sowohl zu materiellen als zu geistigen Dingen, legt Er alte Schriften aus und schreibt in prophetischer Voraussicht von der nahen wie von der fernen Zukunft.

Dem einzelnen wird es angesichts der wachsenden Nöte auf die Dauer nicht erspart bleiben, sich intensiv mit dem erneuernden Plan Gottes auseinandersetzen, will er nicht zusammen mit den sich auflösenden alten Weltvorstellungen im Strudel des Untergangs versinken.

1) Die Weltordnung Bahá'u'lláhs, S. 296 ff.
'Abdu'l-Bahá spricht von ,,sieben Lichtstrahlen der Einheit'': dem Lichtstrahl der ,,Einheit im politischen Bereich'', dem Lichtstrahl der ,,Einheit des Denkens in weltweiten Unternehmungen'', dem Lichtstrahl der ,,Einheit in der Freiheit'', dem Lichtstrahl der ,,Einheit in der Religion'', dem Lichtstrahl der ,,Einheit der Nationen'', dem Lichtstrahl der ,,Einheit der Rassen'' und dem Lichtstrahl der ,,Einheit der Sprache''. (Vgl. Shoghi Effendi, Die Weltordnung Bahá'u'lláhs, S. 64)

Die Tiefenpsychologie als ein Werkzeug des Religiösen

Die Auseinandersetzung mit der Lehre Bahá'u'lláhs führt automatisch zu einer Auseinandersetzung mit den vorangegangenen Religionen. Und dabei zeigt es sich, daß die Tiefenpsychologie ein sehr geeignetes Werkzeug sein kann, die religiösen Wahrheiten bewußt erfahrbar werden zu lassen. Auch über die Erkenntnisse der Tiefenpsychologie ist der Weg für ein neues Verständnis des Religiösen geebnet; sie kann in wunderbarer Weise die Worte Bahá'u'lláhs bestätigen und durch vielerlei praktische Beispiele bereichern.

Es ist gewiß kein Zufall, daß mit dem Kommen Bahá'u'lláhs auch die Psychologie ins Leben gerufen wurde. Während sie sich in ihren Anfängen überwiegend auf den seelisch kranken Menschen ausrichtete, gewinnt sie seit längerem zunehmend allgemeinbezogene Bedeutung. Sie hält Einzug in alle Lebensbereiche und bietet dem heutigen Menschen die ,,Werkzeuge'', sprich Techniken und Methoden an, mit denen der einzelne sich öffnen, erkennen und wandeln kann, so daß letztlich der erneuernde Geist Gottes durch ihn hindurch und aus ihm hervorzudringen vermag.[1] Unter den vielen psychologischen Richtungen sind es u.a. vor allem die ,,Analytische Psychologie'' C. G. Jungs; die ,,Individualpsychologie'' Alfred Adlers und die ,,Initiatische Psychologie'' Graf Dürckheims, die den Menschen zur Verwirklichung seiner Ganzheit führen und ihn erneut an die Quellgründe seines Lebens anschließen können.[2]

Während sich die mental-rationalen Zweige der Psychologie in ihren Lehrmeinungen oftmals recht widersprüchlich und sogar ausschließend gegenüberstehen und sich darüber hinaus in eine Vielzahl unzusammenhängender Teilgebiete und Einzelaspekte zersplittern, zeigen die Tiefenpsychologie und die transpersonale Psychologie den Weg zum Wesentlichen, weg von der Peripherie zum Kern, den Weg zu dem, der jeder einzelne in seinem tiefsten Grunde ist. Sie überschreiten die Welt des Nur-Intellekts, der in den Bereichen der experimentellen Psychologie zunehmend in Zahlen, Meßdaten und Statistiken erstarrt.

1) Nur wenn der Mensch seine inneren Blockaden durchbricht, kann ihm Tieferes lebendig werden. Der Mensch nimmt in dem Maße die feineren Schwingungen des Göttlichen wahr, indem er selbst gleichsam zum Instrument wird. ,,Der Ton des Seins tönt immer; es kommt nur darauf an, daß ich als Instrument so gestimmt bin, daß er in mir widertönen kann.'' (Graf Dürckheim)

2) Die Tiefenpsychologie ist mittlerweile durch die humanistische, initiatische und transpersonale Psychologie weiterentwickelt worden. (siehe dazu u.a.: Roberto Assagioli, Handbuch der Psychosynthesis, Angewandte transpersonale Psychologie, Freiburg 1978)

Pioniere im Vorhof des neuen Zeitalters

Seit dem Kommen Bahá'u'lláhs haben zahlreiche Menschen — unbewußt von Seinem Geiste inspiriert — nach einem neuen Zeitalter Ausschau gehalten: ,,Lesssing und Fichte erwarteten ein ‚drittes Zeitalter des Geistes'. Schelling hat es als eine ‚neue Bewußtseinsstufe' umschrieben und Rudolf Steiner als ein ‚michaelisches Zeitalter' angekündigt. Durch den ‚Untergang des Abendlandes' sah Oswald Spengler es eingeleitet, während Pater Lombardi ein ‚Zeitalter Jesu' erwartet. Andere erhoffen oder befürchten ein ‚Zeitálter des Geistmenschen', ein neues Matriarchat oder den Ausbruch der Hölle. C. G. Jung nimmt den Anbruch des ‚Wassermannzeitalters' zum Ausgangspunkt seines Buches ‚Ein moderner Mythos'. Auch Dostojewskij hat die Heraufkunft eines neuen Aeon geahnt, als er in seinen Politischen Schriften ankündete: ‚Jetzt klopft jemand an die Tür . . . Wer aber ist er — das ist die Frage. Ist es ein neuer Mensch, oder einer, der wieder uns allen, uns alten Menschen gleicht?''' [1]

Seit Bahá'u'lláh wurden unzählige Menschen von den erneuernden Wirkungen des göttlichen Geistes auf verschiedene Weise unbewußt befruchtet. Doch im Verhältnis zur Masse gesehen waren es nur wenige Menschen, welche die Ausgießung des neuen Zeitgeistes in ihrer Seele spürten. Ohne es zu wissen, was geschehen war, machten sie sich auf die Suche, herauszufinden, was da eigentlich ,,in der Luft lag'', was es vom menschlichen Bewußtsein zu realisieren galt.

An vielen Orten schlossen sich Menschen zusammen, um zu forschen, was aus den Quellgründen des Lebens in die Erscheinungswelt trat. Geistige Zentren enstanden. Auf der Basis der Erkenntnisse Rudolf Steiners erwuchs die Anthroposophische Gesellschaft. Von Graf Dürckheim und Maria Hippius wurde die Existential-psychologische Bildungs- und Begegnungsstätte Todtmoos-Rütte ins Leben gerufen. Auch um Renate Gabler-Almoslechner scharen sich viele Suchende. Pater Lassalle, Pater Zapf und Graf Dürckheim wiederentdeckten die Bedeutung der Zen-Meditation für den Westen.[2] Ihnen hauptsächlich ist es zu verdanken, daß es heute in Europa eine Vielzahl von Meditationszentren gibt. Nicht nur im Westen, sondern auch im Osten mehrten sich die Stimmen, welche in Wort und Tat zum Ausdruck brachten, daß sie von den erneuernden Kräften Gottes erreicht wurden. Aus dem Gedankengut Sri Aurobindos entstand in Südindien die Stadt Auroville.

1) Alfons Rosenberg, Durchbruch zur Zukunft, S. 8

2) Siehe dazu:
— Karlfried Graf Dürckheim, meditieren — wozu und wie, Freiburg 1976
— Enomiya-Lasalle, Zen — Weg zur Erleuchtung, Hilfe zum Verständnis — Einführung in die Meditation, Wien 1976

Wer sich heute aufmerksam umsieht, bemerkt, daß das Neue beinahe vulkanartig aus den Tiefen des Unbewußten heraufgeschleudert wird und sich — Lava vergleichbar — in die Welt ergießt. Die Literatur wächst explosionsartig an. Mythologie, Tiefenpsychologie und auch die Parapsychologie rücken zunehmend ins Blickfeld. Auch die alten Weltreligionen werden verstärkt zum Mittelpunkt des Interesses. Wie ein Magnet wirken ferner die esoterischen Lehren, welche sich selbst über Jahrtausende geheimgehalten haben.

Doch die heutige Situation läßt noch nicht auf den geistigen Frühling schließen. Die Menschheit steht im Vorhof, im Vorfrühling des neuen Zeitalters.

Ein Inseldasein

Wenngleich heute auch immer mehr Menschen aus ihrem gewohnten Lebenstrott ausbrechen und nach Alternativen suchen, unterscheidet sich deren Situation noch nicht allzu sehr von denen, welche diesen Schritt nicht unternommen haben. Mit anderen Worten, es gibt auch unter ihnen keine tragende innere und äußere Einheit. Die einzelnen Alternativzentren sind über die Kontinente verstreut wie einzelne Punkte und Inseln, die untereinander nur lose verbunden sind oder gar keine Verbindung haben. Hinzu kommt die Tatsache, daß diese Zentren oftmals nur solange bestehen, als eine starke Persönlichkeit, ein erleuchteter Meister als integrierender Mittelpunkt leiblich anwesend ist. Die Gefahr der Zersplitterung und Cliquenbildung ist groß.

Obwohl vielen das Ideal der geeinten Menschheit vorschwebt, fehlt ihnen jedoch das Konzept, sowie die zentrale Gestalt, welche über die Integrationskraft verfügt, daß dieses gigantische Anliegen auch tatsächlich Wirklichkeit werden kann. Es gibt eine Vielzahl von Geisteswerken, sei es von Rudolf Steiner oder Sri Aurobindo, doch vermögen sie alle nicht jener für alle Menschen *verbindliche* Plan zu sein, nach dem der Zusammenschluß aller Völker auf dieser Erde realisierbar ist.

Die Situation ist die des Vorfrühlings, da das Eigentliche und Wesentliche in seiner ganzen Bedeutung noch gar nicht in das Bewußtsein der Suchenden gedrungen ist. Sie bemühen sich um Selbsterkenntnis und eine tiefere Sinnfindung für ihr Leben, doch verglichen mit dem Licht sind es nur vereinzelte Strahlen, deren Wirkung auf die gesamte Menschheit noch keinen allzu großen Einfluß hat. Erst dann, wenn *alle* zur Selbstfindung strebenden Menschen sich in *einem* Geiste vereinen, können die zuvor noch verstreuten Strahlen sich in einem Hauptstrahl bündeln und die Kraft eines Lasers erreichen.

Viele Suchende verkennen heute nur allzu leicht: Selbsterkenntnis und Individuation *allein* führt *nicht* zur Welteinheit! Sie ist nur *ein* Pol des großen Menschheitsauftrages. Der andere ist die äußere Selbstfindung, das aktive Teilnehmen an der neuen Gemeinde Gottes, der Bahá'í-Weltgemeinde. Die Verwirklichung der neuen Ethik muß *innen und außen gleichzeitig* erfolgen. Selbsterkenntnis allein bleibt wirkungslos, wenn der Mensch sich nicht auch der sozialen Aufgabe im Sinne der neuen Bewußtseinsstruktur zuwendet. Der sich erneuernde einzelne und die erneuerte Sozietät müssen in einer lebendigen und fruchtbaren Wechselwirkung zueinander stehen. Erst in der Ausrichtung der in sich selbst gefundenen Kräfte, Fähigkeiten und Begabungen auf das durch Bahá'u'lláh hingewiesene menschheitliche Ziel kann der Plan Gottes Realität werden. Diese Zentrierung ist aber meiner Ansicht nach nur dann möglich, wenn alle Suchenden von dem bereits existierenden *Hauptzentrum* wissen, das schon seit vielen Jahrzehnten — einmalig und völlig unvergleichbar — zunehmend Gestalt annimmt: die Bahá'í-Weltgemeinde.

Der Vorhof muß bewußtseinsmäßig in den Innenhof hinein durchschritten werden, wenn der vereinzelte Geistesfunke zum allumfassenden Leuchten kommen will. Dies meint zunächst als ersten Schritt den Durchstoß zur Kenntnisnahme, daß es bereits in fast allen Gebieten und Ländern der Erde Bahá'í-Gemeinden gibt, wo man sich bemüht, nach der erneuernden Botschaft Gottes zu leben und das neue Bewußtsein zu realisieren. Sie existieren hinter der lärmenden Alltagskulisse und wachsen in aller Stille zu einer Weltgemeinde hin.

Kapitel 7:
Eine unsichtbare Grenze

All die zahllosen Pioniere des neuen Zeitalters haben durch ihre Werke, ihr Leben und Wirken sehr viel zur Bewußtseinsentwicklung der Menschen beigetragen. Sie waren es, die den Weg ebneten für Den, der schon *vor* ihnen gekommen war, und von dem nur die wenigsten wußten. Ob Richard Wilhelm oder C G. Jung, ob Rudolf Steiner, Graf Dürckheim oder Sri Aurobindo, in keinem ihrer Werke findet man auch nur den kleinsten Hinweis auf Den, durch dessen Geist sie selbst alle Impulse empfingen: durch Bahá'u'lláh.

Es scheint zunächst nicht möglich zu sein, daß keiner der Avantgardisten von Bahá'u'lláh gewußt hat. Auch Hermann Hesse, Teilhard de Chardin und Saint-Exupéry haben Seinen Namen nirgends erwähnt. Wie dies möglich sein konnte, daß all diese inspirierten und tiefschauenden Menschen nicht bis zur äußeren und inneren Entdeckung Bahá'u'lláh vorgedrungen sind, soll im nächsten Kapitel an Hand der Innerweltordnung des I Ging ausführlich erläutert werden.

Die Ausführungen dieses Kapitels sollen sich damit befassen, daß jene unsichtbare Grenze der Erkenntnis tatsächlich existiert. Daß auch Jean Gebser unter denen ist, die Bahá'u'lláh in Seiner Bedeutung „übersahen", wurde bereits erwähnt. Im weiteren sollen nur einige eindrucksvolle Beispiele aufgezeigt werden, die dazu dienen, die These von der Vorhofsituation zu beweisen.

Beispiel 1: Leonore Stapenhorst

Zu den Wegbereitern des neuen Zeitgeistes zählen nicht nur Männer, sondern auch Frauen. Eine unter ihnen ist Leonore Stapenhorst, die vor allem durch Atemarbeit und I Ging-Seminare bekannt geworden ist. Über das I Ging, das Buch der Wandlungen, versucht sie Menschen in ein Ganzheitsverstehen hineinzuführen. Wer einmal ihre Seminare besucht hat, weiß, wie sehr es ihr ein Anliegen ist, das Neue herauszukristallisieren und eine klare Struktur, ein geordnetes Weltbild zu vermitteln. Doch auch sie gehört den inspirierten Menschen an, die das Neue in sich tragen, ohne zu wissen, daß es durch einen göttlichen Boten in diese Welt gebracht wurde.

Leonore Stapenhorst macht immer neu deutlich, daß sich ein neuer Zeitgeist verwirkliche und ungeachtet sozialer Schichten zur Ausformung dränge. Etwas Samenhaftes wolle in Gestalt treten, in seine Erscheinungsform. *Wir* seien aufgerufen, dem Neuen Raum zu geben. So gesehen seien *wir* mitverantwortlich für den Ablauf der Weltgeschichte, für das, was aus der Menschheit werde, je nachdem, ob wir das Neue erkennen und bejahen oder nicht. Alles, was wir dächten und täten, wirke auf die zukünftigen Generationen. Was wir heute lebten und formten, sei maßgebend für das kommende Zeitalter.

Interessant ist nun, daß Leonore Stapenhorst, wie viele Avantgardisten auch, über eine unsichtbare Erkenntnisgrenze nicht hinausgelangt. Sie bleibt bei der Feststellung stehen, daß das Neue erarbeitet werden müsse, daß *wir* Ganzheitsbilder in die Welt setzen müßten, als Same für die Zukunft. *Wir* müßten ihrer Ansicht nach die Keime für die neue Ordnung legen, denn wer sollte es sonst tun? Wenn wir nicht Urbilder, geistige Muster in unserem Geiste prägten, würde sich nichts Neues entwickeln können. Das Wassermannzeitalter geleite uns in das integrale Bewußtsein und dies fordere viel von uns, sagt sie.

Hier, an dieser Stelle, müßte folgerichtig der Durchstoß zur Kenntnisnahme der Lehre Bahá'u'lláhs erfolgen, denn nicht *wir* sind es, die geistige Urbilder setzen — nur *Gott* vermag dies! Wir können im nachhinein lediglich entdecken, was bereits gegeben ist. Man spürt durch ihre Worte hindurch, wie sehr sie auf den Menschen baut, daß dieser seine ganzen Möglichkeiten mobilisieren müsse und all seine Kraft für das Herauskristallisieren einer neuen Ordnung verwenden sollte. Sie erwähnt zwar Christus, daß dieser damals das *heile* und *ganze Urbild* offenbart und verkörpert habe, rechnet aber kaum mit einer neuen Manifestation Gottes in unserer Zeit. Ohne Plan, so betont sie, könne nichts zuwegegebracht werden, könne sich nichts Neues ausfalten. Daß dieser universelle, ganzheitliche Plan aber schon lange Zeit vorliegt, dies weiß sie nicht.

So bleibt Leonore Stapenhorst bei der Hoffnung stehen, daß es *uns* doch noch gelinge, ein klares Konzept für die Grundgesetze des Kosmos zu erarbeiten, damit sich Neues umsetzen könne. Sie spricht, ohne es zu wissen, vieles aus, was Bahá'u'lláh bereits im vorigen Jahrhundert offenbart hat: die Harmonie von Religion und Wissenschaft, die Notwendigkeit einer hierarchischen Ordnung, etc. Sie weiß nichts davon, daß Gott erneut zur Menschheit sprach, ihr einen Weltenlehrer sandte, in dessen Offenbarung all ihre eigenen Kerngedanken wiederzufinden sind. Das Neue wird sich nicht erst noch zeigen müssen — es ist bereits da, klar und umfassend offenbart. Wohl aber wird es erst durch starken äußeren Druck Gestalt annehmen, denn freiwillig werden es nur wenige akzeptieren. Leonore Stapenhorst zählt zu den

Avantgardisten, die das Neue in sich tragen, ohne sich dessen Quelle bewußt zu sein.[1]

Beispiel 2: Clemens Holzmeister

Auch dieses Beispiel geht auf Leonore Stapenhorst zurück. In einer Salzburger Zeitung stieß sie im Jahre 1978 auf einen Artikel[2], den sie seitdem in vielen ihrer Seminare erwähnt:

„Clemens Holzmeister hat nach einer theologischen Idee von Theodor Schipflinger, Pfarrer in Eben am Achensee, im Jahre 1976 dieses Projekt eines Zentralbaus entworfen, der den acht großen religiösen Traditionen der Menschheit als ein gemeinsames Heiligtum dienen soll. In alphabetischer Reihung sind es die Bekenntnisse des Buddhismus, des Christentums, des Hinduismus, der Humanethosophischen Gruppen der Neuzeit, des Islam, des Judentums, der Naturreligionen und des Universismus (Konfuzianismus und Taoismus). Im Prinzip ist die Form einer Gralsschale oder „Patena" ausgedrückt, um welche herum die heiligen Schreine oder „Lebensheime" der genannen acht Traditionen gelagert sind. Die rings um das Zentrum situierten Lebensheime besitzen einen Garten, ein Heiligtum und Räume für Kommunikation und Information, Dialog und Meditation. Das Projekt „Cosmogral" wurde durch Franz Kardinal König noch zur Zeit Pauls VI. im Vatikan dem Sekretariat für die nichtchristlichen Religionen vorgelegt und begegnete dort spontanem Interesse. Über den Ort der Errichtung dieses „Weltheiligtums für den Frieden" wurde in Kreisen der verschiedenen religiösen Bekenntnisse diskutiert, und es kam auch zu mehreren Vorschlägen. So wird in der Türkei von Persönlichkeiten aus dem Freundeskreis Kemal Atatürks für Tarsus geworben, während gleichzeitig von orthodoxer Seite der Berg Athos und von Vertretern fernöstlicher Religionen eine Südsee-Insel empfohlen wurden. Auch der Sinai ist bereits genannt worden. Dazu kam am Mittwoch eine von

[1] Nur für I Ging-Kenner gedacht: Unsicher in der Frage, ob Gott selbst einen Plan als Same in die Erscheinungswelt gebe, fragte L. Stapenhorst das I Ging: „Ist die Wiederkehr Christi eine Wiederkehr in Fleisch und Blut?" Als Antwort erhielt sie das Zeichen 11 „TAI, DER FRIEDE" mit Wandlungen auf dem 3. und 4. Platz. In ihrer Zeicheninterpretation verwies sie darauf, daß Christus komme ‚wie ein Dieb in der Nacht' und sprach ferner von Alice Bailey (einer Esoterikerin), die gesagt haben soll, daß Christus mit drei Begleitern herniederkomme. Unbekannt ist ihr bis heute, daß dieses Ereignis bereits stattgefunden hat: Bahá'u'lláh kam mit drei Begleitern, dem Báb, 'Abdu'l-Bahá und Shoghi Effendi!

[2] Das genaue Erscheinungsdatum ist dem Autor unbekannt, ebenso der Name der Zeitung.

APA verbreitete Meldung aus Kairo, wonach die ägyptische Präsidentschaftskanzlei sich für das Projekt des Salzburger Architekten Prof. Holzmeister konkret interessiere. Laut APA hänge die Kontaktnahme von ägyptischer Seite mit dem Vorhaben Präsident Sadats zusammen, nach einem Zustandekommen des Nahostfriedens mit Israel auf dem Sinai, zu Füßen des allen drei monotheistischen Religionen heiligen Moses-Berges, ein ,,Friedens-Gotteshaus'' für Juden, Christen, Moslems zu errichten. Holzmeister zeigte sich der Redaktion gegenüber von diesem Vorhaben überrascht.''

L. Stapenhorst geht davon aus, daß die Idee des gemeinsamen Gotteshauses von dem Tiroler Pfarrer stammt. In Wirklichkeit jedoch geht der Gedanke von der Bahá'í-Offenbarung aus, in der geschrieben steht, daß solche Bauwerke überall auf Erden entstehen sollen. Der Pfarrer aus Tirol hat lediglich ,,den Samen aus der Luft'' aufgenommen und ihn in sich aufkeimen lassen.

L. Stapenhorst führt aus, wie schwierig es sei, dieses Projekt zu verwirklichen. Allein die Standortfrage bereite viele Probleme. Um die Idee trotz aller Schwierigkeiten zu verwirklichen, würde sich ,,ein innerer Kreis'' zusammenschließen, um zu beraten. Weder L. Stapenhorst, Prof. Holzmeister noch der Tiroler Pfarrer wissen darum, daß ihre Idee schon lange vor ihnen existierte und in vielen Erdteilen bereits realisiert ist oder wird.

Bahá'u'lláh gab bereits im vorigen Jahrhundert Anweisungen, daß in jedem Land, ja in jeder Gemeinde Tempel zur Gottesverehrung errichtet werden sollen: mit *neun*, statt mit *acht* Eingängen versehen![1)]

Bahá'u'lláh hinterließ ferner, daß diese Bauwerke inmitten eines großen Gartens mit Brunnen, Bäumen und Blumen stehen und von ergänzenden Bauten umgeben sein sollen, welche erzieherischen, wohltätigen und sozialen Zwecken dienen. ,,Dies sind: ein Waisenhaus, ein Krankenhaus und eine Apotheke für die Armen, ein Heim für die Arbeitsunfähigen, eine Hochschule für höhere wissenschaftliche Bildung und ein Fremdenheim . . . In den Nebenbauten werden Feste, Gottesdienste, Zusammenkünfte, öffentliche Versammlungen und geistige Versammlungen gehalten werden . . .''[2)] Diese Einrichtungen werden allen Nationen und Religionen offen stehen, ohne jegliche Trennungslinien. In den Häusern der Andacht wird aus den

1) Prof. Holzmeister konstruierte sein Cosmogral-Bauwerk mit *acht* Eingängen — dabei diente ihm das I Ging als Vorlage. In der Bahá'í-Religion spielt hingegen die *Neun* eine entscheidende Rolle, deren zahlenmystische Bedeutung auf den ,,neuen Himmel'', die ,,neue Erde'' und den ,,neuen Menschen'' verweist. (Vgl. Ernst Bindel, Die geistigen Grundlagen der Zahlen, Stuttgart 1977 und Helmut Hessenbruch, Geheimnisse und Wesen der Zahlen, Köln 1963)

2) J. E. Esslemont, Bahá'u'lláh und das neue Zeitalter, S. 214 f.

Heiligen Schriften *aller* Religionen gelesen. Interpretationen und Predigten finden *nicht* statt.

Beispiel 3: Sri Aurobindo

Auch Sri Aurobindo kann von der wahren Bedeutung Bahá'u'lláhs nichts gewußt, bzw. die Stufe Bahá'u'lláhs nicht erkannt haben, denn er schrieb ein dickes Buch über „das Ideal der geeinten Menschheit", ohne dabei auch nur andeutungsweise auf die Bahá'í-Offenbarung einzugehen. Auf der Grundlage seiner Gedanken begannen seine Anhänger in Indien eine Stadt zu bauen, der sie den Namen „Auroville" gaben. Aus dem gleichnamigen Buch von Michel Klostermann sollen nun einige Sätze entnommen werden, welche die Nähe zum Bahá'í-Gedankengut aufzeigen. Auch in diesem Buch findet man keinen einzigen Verweis auf Bahá'u'lláh.

„Am 28. Februar 1969 wurde, von der indischen Regierung unterstützt und von der UNESCO in verschiedenen Erklärungen gewürdigt, eine neue Stadt gegründet: Auroville, in Südindien nahe dem ehemals französischen Pondicherry gelegen. Was will Auroville, das symbolisch ‚Stadt der Morgenröte' genannt wird? . . . ‚Es sollte irgendwo auf der Erde einen Platz geben, den keine Nation als ihr Eigentum beanspruchen kann, einen Platz, an dem alle gutwilligen Bürger der Welt leben können und einer einzigen Autorität folgen, der höchsten Wahrheit' . . . Auroville ist keine Stadt unter vielen anderen . . ., keine Brutstätte für die Probleme, die aus dem alten Bewußtsein der Verdrängung und Unterdrückung entstehen, sondern ein Versuchsfeld für den Übergang zu einem neuen Menschen, der sich seiner spirituellen Existenz ebenso bewußt ist, wie seiner geistigen, vitalen und stofflichen Seinsform. Der ganzheitliche Mensch soll der Bürger von Auroville sein, der durch die Harmonie des Bewußtseins, den Sinn für das Allumfassende Eine lebt, das sich in unzähligen Formen ausdrückt, liebt und offenbart. Dann wird der Bürger von Auroville zum Weltenbürger werden, zum Zukunftsmenschen, der nicht mehr durch die Gewalttätigkeit des Systems lebt, sondern in der Freiheit des höheren Prinzips . . ."[1)]

Beispiel 4: Babadschi

Marie-Gabriele Wosien berichtet in ihrem Buch „Babadschi" vom Leben und Wirken eines Avatars, der seit Beginn des 19. Jahrhunderts im Himalayagebirge zumeist Einzelpersonen oder Familien sichtbar-physisch erschie-

[1)] Auroville — Stadt des Zukunftsmenschen, S. 11

nen ist. Avatare sind laut hinduistischer Theologie Inkarnationen des Göttlichen in die Erscheinungswelt. Sie erscheinen selten, in Wendezeiten, also zu Krisenzeiten der Weltgeschichte. Avatare sind Erlöserfiguren in Menschengestalt. Sie geben für die Folgezeit entscheidende Impulse zur Entwicklung des menschlichen Bewußtseins.

Meist sind die Avatare sterblich, wie Krishna und Christus; sie verlassen ihren Körper, wenn ihre Mission erfüllt ist. Wenige, die Purnavatare, sind unsterblich. Sie sind immer und überall gegenwärtig und manifestieren sich nur zu bestimmten Zeiten. Einer dieser Purnavatare ist Babadschi. Man sagt von ihm, daß er Herr über die Elemente sei und berichtet von seiner Ausstrahlung auf den Menschen.

Mahendra Baba, der neben Lahiri Mahasya Babadschis bekanntester Schüler und Eingeweihter war, prophezeite, daß viele Menschen aller Nationen, Gesellschaftsschichten und Glaubensrichtungen zu Babadschis Anhängern zählen würden. Die Wiederkunft Babadschis „würde einen Wendepunkt in der Menschheitsgeschichte bedeuten, denn durch die Inkarnation der göttlichen Macht als Sadaschiwa würde in den Menschen ein neues Bewußtsein geboren werden."[1)]

Die Frage, welche sich zwangsläufig aufdrängt, wenn man die Bahá'í-Offenbarung kennt, ist, warum Babadschi als angebliche Verkörperung des Gottes Schiwa nicht auf jenen sterblichen Avatar Bahá'u'lláh hingewiesen hat, dessen Werdegang und Wirken sich bei weitem nicht in ein solches Dunkel hüllt, wie das Auftreten Babadschis. Lassen wir die Frage offen, doch stellen wir einige entscheidende Unterschiede heraus — dies im Hinblick auf die Einheit der Menschheit:

— Babadschi ist nicht Mensch geworden. Er zeigt sich zwar in menschlicher Gestalt, hat aber als Mensch nicht vorgelebt, was die Menschheit nachleben könnte. Bahá'u'lláh hingegen hat in den 75 Jahren Seines irdischen Daseins „das Kreuz auf sich genommen" und allen Menschen als *Mensch* gezeigt, was Gott vom Menschen wünscht.

— Von Babadschi sind uns nur Erlebnisberichte verschiedener Personen überliefert, die jedoch in keiner Weise mit der allumfassenden Offenbarung Bahá'u'lláhs vergleichbar sind.

— Die *Schlußfolgerung* hieraus ist: Uns Menschen ist es viel eher möglich, das Ziel der geeinten Menschheit zu erreichen, wenn wir uns an einem menschlichen Gottesoffenbarer orientieren, der zudem einen genauen und detaillierten Plan vorlegte, mit dem wir hier und jetzt etwas *Konkretes* anfangen können.

1) Babadschi, S. 45

Die Periode des Umbruchs

Ein weiteres Zitat soll zeigen, wie naheliegend es gewesen wäre, auf Bahá'u'lláh zu verweisen:

„Nach einer öffentlichen Prophezeiung im März 1976 durch das Medium einer seiner Schüler bestätigte Babadschi, was er schon verschiedentlich angedeutet hatte, daß unser Planet, mit allem Leben auf ihm, in der nächsten Dekade kataklysmischen Zeiten entgegensieht. Es wurde davon gesprochen, daß bis 1980 das adharma, die Gesetzlosigkeit und der Unglaube, weiterhin zunehmen würden, bis dann in den Jahren zwischen 1980 und 1989 umwälzende Ereignisse[1] die Erdoberfläche so verändern würden, daß, abgesehen von Zerstörungen allgemeiner Art, nur etwa 25 Prozent der Menschheit überleben werden. Dies sei das Werk Schiwas, dessen Aufgabe es ist, zu dieser Zeitwende dem Durchbruch eines neuen Bewußtseins zu verhelfen, womit der Same gelegt würde für ein neues Zeitalter der Wahrheit, das satya yuga, das einer uralten Sehnsucht der Menschheit nach Erneuerung entspricht. Das Mittel, dieser Periode des Umbruchs zu begegnen, sagt Babadschi, ist die Hinwendung eines jeden zu den Wurzeln der Religion, mit deren Kulturkreis er verbunden ist. Seit der Erschaffung der Welt bestehe das sanatana dharma wie ein großer Baum, dessen Wurzeln in der Ewigkeit verankert und dessen Zweige alle Religionsformen der menschlichen Geschichte sind. Aus diesen Zweigen wird das Leben wieder in den Hauptstamm zurückfließen, wenn die Menschen anfangen, die eine, tausendfältig offenbarte Wahrheit als Grundprinzip allen Lebens zu erkennen und ihr als solche zu huldigen. Für dieses Kali Yuga haben die großen Lehrer der Menschheit das Anrufen des Namen Gottes empfohlen, als den sichersten und kürzesten Weg zu ihm ... Er (d.h. Babadschi) empfiehlt die Meditation, die Lektüre religiöser Werke, das Zusammenkommen zur gemeinsamen Andacht, das Sichausrichten auf die Wahrheit, Einfachheit und Liebe."[1]

Was hat Babadschi mit „Hauptstamm" gemeint, in den das Leben aus den Zweigen zurückfließen wird? Ein Zitat aus den Bahá'í-Schriften soll hier nachdenklich stimmen: „Die Religion Gottes ist *eine* Religion, und alle Offenbarer haben sie gelehrt. Sie ist aber etwas Lebendiges und Weiterwachsendes, nichts Lebloses und Unverständliches. In den Lehren von Moses sehen wir die Knospe, in denen von Christus die Blüte, in denen von Bahá'u'lláh die Frucht der Blüte. Sie zerstören nicht, sondern sie erfüllen. Die Knospenschalen müssen abfallen, damit die Blüte blühen kann, und die Blütenblätter

[1] Babadschi, S. 87 f.

müssen abfallen, damit die Frucht wachsen und reifen kann.''[1]

Babadschi empfiehlt, sich der Religion des eigenen Kulturkreises zuzuwenden. Mehr als 2000 Jahre hat dies lediglich zur Abgrenzung und Separation geführt. Soll dies fünf vor zwölf zu einer Lösung führen? Zu Beginn des integralen Zeitalters gilt es viel mehr, die einzelnen Religionen zu integrieren, ohne daß dabei diese Religionen negiert werden.

,,Waren alsdann die Knospenschalen und die Blütenblätter schlecht und nutzlos, daß sie abgeworfen werden mußten? Nein, beide waren zu ihrer Zeit gut und notwendig; ohne sie hätte sich keine Frucht entwickeln können. So ist es auch mit den verschiedenen Lehren der Offenbarer. Ihr Äußeres verändert sich von Zeit zu Zeit, aber jede Offenbarung ist die Erfüllung der vorhergehenden. Sie sind nicht getrennt, auch sind sie nicht ohne Übereinstimmung miteinander. Sie sind vielmehr verschiedene Stufen in der Lebensgeschichte der *einen* Religion, die schrittweise geoffenbart wurde als Samen, als Knospe und als Blüte, und die nun in die Stufe der Fruchtreife eingetreten ist.''[2]

Ist es angesichts der heutigen Weltsituation nicht sinnvoller, sich der Religion zuzuwenden, in der alle anderen Religionen ihre Erfüllung finden, der Bahá'í-Religion? Wie kann es erklärt werden, daß Babadschi als angebliche Gestalt des Göttlichen nicht das weitergibt, was Gott als Seinen Willen für das neue Zeitalter der Menschheit übermittelte? Je tiefer ich in den Vergleich ,,Babadschi — Bahá'u'lláh'' einsteige, desto unklarer wird für mich die Funktion jenes Avatars, von dem Marie-Gabriele Wosien berichtet.

Beispiel 5: Findhorn

David Spangler berichtet in seinem Buch ,,New Age'' von einem ,,Lichtzentrum'' in Nordschottland, der Gemeinschaft von Findhorn. Er beschreibt diese Stätte als einen Ort, wo eine Gruppe von Menschen versucht, der Geburt eines neuen Bewußtseins den Weg zu ebnen.

Spangler schreibt von dem erneuten Wirken des ,,Kosmischen Christus''. Nach ihm ist die Wiederkehr des Christus keine leibliche, sondern sie findet seiner Ansicht nach als Wiederkehr eines neuen Kraftstromes statt. Spangler verwirft den Gedanken der physischen Wiederkehr eines Gottgesandten als eine altmodische und überholte Wunschvorstellung.[3]

Die weitverbreitete Vorstellung, Gott würde sich in diesem neuen Zeitalter *ausschließlich innen* im einzelnen Menschen manifestieren, entspringt dem

1) J. E. Esslemont, Bahá'u'lláh und das neue Zeitalter, S. 145
2) a.a.O., S. 145
Vgl. Reshad Feild, Ich ging den Weg des Derwisch, S. 29

kompensatorischen Befürfnis des veräußerlichten westlichen Menschen, aus der übersteigerten Extraversion herauszufinden. Für viele führt dieser Weg über das andere Extrem, die übersteigerte Introversion. Vor diesem Hintergrund wird verständlich, warum diese Menschen die Wiederkehr Christi *nur* als eine *innere* erwarten.

Im Grunde wird sich der Mensch seines *inneren Meisters* erst über einen *äußeren Meister* bewußt! ,,Für den Weg der Vollendung ist ein Guru als Vorbild und Führer unerläßlich. In einer polaren Welt ist er der Vordergrund, der den Hintergrund impliziert; wörtlich bedeutet Guru ,Licht in der Finsternis' . . . Auf dem Weg der Nachfolge des Meisters . . . wird der äußere Meister verstanden als ein Medium, um den inneren Meister wahrzunehmen und wirken zu lassen.''[4)]

Auch Esslemont betont die Notwendigkeit eines äußeren Meisters: ,,Die Manifestation ist der *vollkommene* Mensch, das große Vorbild der Menschheit, die Frucht am Baum der Erkenntnis. Solange wir die Manifestation nicht kennen, kennen wir die in uns verborgenen Möglichkeiten nicht . . . Solange wir die Herrlichkeit Gottes, in der Manifestation offenbart, nicht geschaut haben, solange haben wir keine Vorstellung von der geistigen Schönheit, die in unserer eigenen Natur und in der unserer Mitmenschen verborgen liegt. Dadurch, daß wir die Manifestation Gottes erkennen und lieben und ihre Lehren befolgen, werden wir befähigt, uns allmählich der in uns schlummernden Vollkommenheit bewußt zu werden. Dann, und nur dann, wird uns der Sinn und der Zweck des Lebens und des Weltalls klar werden.''[5)]

3) In großen Teilen der esoterisch-spirituellen Literatur hat sich diese Sichtweise zu einem fatalen Glaubenssatz verhärtet. Stellvertretend für viele andere sei Reshad Feild genannt, in dessen Buch ,,Ich ging den Weg des Derwisch'' auf S. 159 geschrieben steht: ,,Doch der zweite Zyklus der Menschheit wird kommen, und mit ihm die Wiederkunft des Christus. Manche glauben, daß er wieder in Gestalt eines Menschen kommen wird, manche sagen anders . . . Das Neue Zeitalter bedeutet nicht die Gründung einer neuen Religion. Im Gegenteil: es wird kein Bedarf mehr sein für irgendeine Form der Religion. Wenn du zum Wesen vordringst, willst du dann immer noch die Form?''
Diese Denkweise ist zunächst bestechend einleuchtend, entpuppt sich aber als eine geistige Falle, wenn man näher hinschaut. Zum einen nimmt sie das Ziel dem Anfang voraus, denn *noch* sind wir eben *nicht* zum Wesen vorgedrungen — zum anderen ist nicht einsehbar, warum Wesen und Form quasi im Gegensatz stehen. Das Wesen manifestiert sich in der sichtbaren Welt in wechselnden Formen. Was spricht gegen eine neue Form göttlicher Offenbarung und Religion, wenn sich in ihr der Wille des göttlichen Wesens auf einer höheren Stufe manifestiert? Nur allzu viele Esoteriker verwechseln Spekulation mit historischer Gewißheit; sie neigen dazu, sich selbst zu beweihräuchern und ihren eigenen Ideen Wahrheitscharakter zu verleihen. Die eigene Vor-stellung von dem, was kommen sollte, wird ihnen zum Verhängnis, zur Ver-stellung der Sicht auf Den, Der längst gekommen ist: Bahá'u'lláh.

4) Marie-Gabriele Wosien, Babadschi, S. 72 und 74

5) Bahá'u'lláh und das neue Zeitalter, S. 93 f.

Für David Spangler ist die Offenbarung Gottes lediglich ein ,,Energiestrom'', eine ,,Bewußtseinsfrequenz''. Es scheint auch für ihn nur schwer nachvollziehbar zu sein, daß sich Gott *sowohl* außen als Offenbarer *als auch* innen als aktiviertes Selbst manifestiert.[1] Die Ausrichtung auf einen Gottesboten darf jedoch nicht als Personenkult mißverstanden werden. ,,Um zu einem Bahá'í-Leben in seiner Fülle zu gelangen, ist eine bewußte und unmittelbare Beziehung zu Bahá'u'lláh so notwendig wie der Sonnenschein für die Entfaltung der Lilie oder der Rose. Der Bahá'í verehrt nicht die menschliche Persönlichkeit von Bahá'u'lláh, sondern die Herrlichkeit Gottes, durch diese Persönlichkeit geoffenbart. Er verehrt Christus und Muḥammad und alle früheren Gottgesandten an die Menschheit, aber er anerkennt Bahá'u'lláh für das neue Zeitalter, in dem wir leben, als den großen Weltenlehrer, der gekommen ist, um das Werk Seiner Vorgänger weiterzuführen und zu vollenden.''[2]

Beispiel 6: Alfons Rosenberg

Ein weiterer Pionier des neuen Zeitalters ist Alfons Rosenberg. Aus seinem großartigen Buch ,,Durchbruch zur Zukunft'' sollen im folgenden einige Zitate zeigen, daß auch er die wahre Bedeutung Bahá'u'lláhs nicht erkannt haben kann.

,,Nirgends auf dem ganzen Erdkreis hat sich Gott so vielfach bezeugt wie in der ,Paradieslandschaft', die dadurch von Gott selber erwählt und ausgesondert zum ,Heiligen Land' wurde, nicht nur dem der Juden, wie sie selber wähnen, sondern zu dem der Menschheit. Hier hat sich Gott einen Ort — Jerusalem nämlich — zum Schemel seiner Füße, zu seinem Throne . . . erwählt und dies nicht nur symbolisch, sondern auch geschichtlich und geographisch. Es scheint, daß diese Paradieslandschaft mit ihren Randgebieten des Zweistromlandes und des Nillandes, schon von jeher zur heiligen Erdmitte, zur Stätte der Berührung von Himmel und Erde, zum Ort der gegenseitigen Durchdringung von Gottes- und Menschenreich bestimmt gewesen ist. Darum erscheint es durchaus möglich, daß das Heilige Land, heute als Kolonisa-

[1] Als ich im Sommer 1980 Findhorn einige Tage lang besuchte, stellte ich in dem dortigen Universalen Haus im Beisein von etwa 200 versammelten Personen an die Gründerin Eileen Caddy folgende Frage: ,,Warum spricht man in Findhorn ausschließlich vom Erwachen des *inneren Christus* und erwägt nicht, ob Christus zudem auch als leibhafter Mensch wiederkehren könnte?'' Daraufhin wurde ich von nahezu allen Anwesenden schallend ausgelacht. Hinterher kamen einige auf mich zu und ,,belehrten'' mich darin, daß meine Frage einer ,,altmodischen Denkweise'' entspringe und mit Beginn des neuen Zeitalters die Notwendigkeit eines äußeren Gottgesandten hinfällig geworden wäre.

[2] J. E. Esslemont, Bahá'u'lláh und das neue Zeitalter, S. 91

tionsgebiet eines Teils der Exiljuden, einstmals in dem ‚letzten Kampf' zwischen Christ und Antichrist vor dem Weltgericht seine latent gewordene Bedeutung zurückgewinnen wird."[1] Rosenberg hat diesen Worten nach tatsächlich nicht erkannt, daß das Heilige Land bereits seit dem 19. Jahrhundert erneut Bedeutung gewann: Das Weltzentrum der Bahá'í befindet sich in Haifa, Israel!

Obwohl Rosenberg ein dickes Buch schrieb, das auf den Übergang vom *Fische-* in das *Wassermann*zeitalter hinweist, wird er selbst seinen bahnbrechenden Erkenntnissen untreu und versucht Teile des Fischezeitalters ins Wassermannzeitalter hinüberzuziehen. So geht er davon aus, daß die Lehre Christi die bestimmende für das neue Zeitalter sein werde. Dies konnte er nur deshalb sagen, weil ihm die Lehre des Wassermannzeitalters unbekannt war: die Offenbarung Bahá'u'lláhs. Rosenberg half sich damit, darauf hinzuweisen, daß vieles im Christentum noch gar nicht erkannt und in seiner vollen Tiefe verstanden wurde und daß dies im neuen Zeitalter geschehen werde. Dies ist durchaus richtig, doch gilt es gleichermaßen für alle anderen Religionen auch!

„Angesichts der Verhärtung und des Zerfalls der Religionen auf der ganzen Erde, hervorgerufen durch eine Wandlung der Empfindungsweise und einer gewandelten Bewußtseinslage des Menschen, kann man sich mit berechtigter Sorge fragen, ob der christliche Glaube, ob die christliche Kirche noch eine Zukunft habe . . . Um dies zu erwägen, müssen wir von der Einzigartigkeit desselben ausgehen. Der Mensch ist dazu berufen, Mensch zu sein. Jede der Religionen hat dem Menschen ermöglicht, einen Aspekt des Menschseins zu realisieren, aber nur der christliche Glaube ermöglicht die allmähliche Herausbildung der vollen Komplexität des Menschen, die Heraufkunft des ‚menschlichen Menschen'."[2]

Deutlicher konnte er nicht zum Ausdruck bringen, daß er von Bahá'u'lláh entweder nichts wußte oder Seine Stufe nicht erkannte. Rosenberg spricht zwar auch die fortschreitende Gottesoffenbarung an, glaubt jedoch nicht wirklich daran, daß sich Gott auch in diesem Zeitalter in Gestalt eines Offenbarers manifestieren könnte.

Rosenberg bleibt im Grunde im Fischezeitalter haften, wenn er sagt: „Die Einzigartigkeit des christlichen Glaubens zeigt sich aber auch daran, daß sich seit dem Erscheinen Christi eine Wandlung aller Religionen vollzogen hat — nicht in der Weise unmittelbarer und nachweislicher Beeinflussung. Der Duft der Botschaft Christi hat seitdem alle geistigen Formen durchdrungen. Seit der Zeitenwende tauchen in allen Religionen der Erde Elemente christlicher Gesinnung auf. Man könnte sagen, daß seit Christus alle Religionen, bisher

[1] Durchbruch zur Zukunft, S. 38
[2] a.a.O., S. 260

echte und notwendige Vorstufen des Christlichen, zu einem unbewußten Christentum ohne Christus geworden sind. Es hat nun den Anschein, als ob sich dieser Prozeß der substantiellen, wenn auch nicht namentlichen Verchristlichung der Weltreligionen, der sich in den ersten Jahrhunderten nach der Geburt Jesu vollzog, heute auf einer neuen Stufe wiederholen würde . . .''[1]

Rosenberg spricht von Vorstufen des Christlichen, hält es aber nicht für möglich, daß das Christentum selbst eine Vorstufe für eine weitere Offenbarun sein könnte. Man möge sich einmal real vergegenwärtigen, daß im weiteren Entwicklungsgeschehen alle Angehörigen verschiedener Religionen zu Christen werden. Buddhisten könnten ebenfalls fragen, warum nicht alle zu Buddha beten sollen und Moslems könnten fragen, warum nicht Muḥammad zur Zentralgestalt des neuen Zeitalters wird. Kurz, wir würden auf diesem Wege nie zur Welteinheit kommen! Niemals würde der Streit um die Vorherrschaft der ,,eigenen'' Religion enden — es sei denn, es träte für alle etwas *Gemeinsam-Neues* in die Wirklichkeit: die Bahá'í-Religion.

Rosenberg ist nur einer der Pioniere, bei denen eine unsichtbare Erkenntnisgrenze den Blick in den Innenhof des neuen Zeitalters nicht zuließ. Er bleibt in einem mental-rationalen Dualismus stecken, wenn er schreibt: ,,Wahrscheinlich werden im Wassermannzeitalter schließlich nur noch zwei Religionen miteinander um die Sinngebung des Lebens auf Erden und die Gestalt der Wahrheit ringen: Einerseits der Buddhismus mit seinem Versuch, die Welt zu verneinen; andererseits das Christentum mit seiner Frohen Botschaft von der Versöhnung des Menschen mit der Vergöttlichung der Welt, der Hochschätzung der Person und der Einbeziehung der Schöpfung in das Heil.''[2]

Der christozentrische Standpunkt Rosenbergs bleibt nicht verborgen. Auch ihm ist es nicht gelungen, die Aufwertung des Christentums und die Abwertung der anderen Religionen zu überwinden. Ein Blick in die Offenbarung Bahá'u'lláhs hätte auch ihm manche Spekulation und manchen inneren Zwiespalt ersparen können, denn in der Bahá'í-Religion sind alle bisherigen Religionskonflikte überwunden.

Beispiel 7: Carl Friedrich von Weizsäcker

Es gibt wohl nur wenige Menschen, die sich so lange und so intensiv mit der heutigen Weltsituation befaßt haben, wie Carl-Friedrich von Weizsäcker. Auch er sieht die vielfältig bedrohte Weltlage nicht als isoliertes Phänomen,

1) Alfons, Rosenberg, Durchbruch zur Zukunft, S. 261
2) a.a.O., S. 133 f.

sondern vor dem Hintergrund einer Menschheitskrise, die zugleich eine Bewußtseins- und Identitätskrise ist. Die Weltvorgänge sind für ihn nicht Ursache, sondern Symptom einer bereits veränderten Weltsituation.

In seinem Werk *Der bedrohte Friede*[1] warnt er nach ebenso tief- wie weitreichenden militär-, wirtschafts-, energie- und gesellschaftspolitischen Analysen vor der Kriegsgefahr der Achtzigerjahre und weist nicht minder eindringlich auf eine sich anbahnende ökologische Katastrophe hin. Er gibt vielfache Anregungen, um das Schlimmste zu vermeiden und das Nötigste zu tun. Ein fortschreitender Bewußtseinswandel — und damit große Anstrengungen in der Selbsterziehung — und ein Wandel heutiger Organisationsformen seien auf die Dauer unerläßlich, wolle die Menschheit überleben und längerfristig die Institution des Krieges sogar ganz abschaffen.

Weizsäcker betont die heute so oft unterschätzte Bedeutung der Religion und zeigt an mehreren Stellen seines Werkes die Notwendigkeit eines Entscheidungsträgers auf, der sich für das Ganze verantwortlich fühlt. Er spricht von einem weltweit staatsähnlichen Rahmen, einem *Weltüberstaat* mit Weltparlament und Weltregierung, nimmt jedoch wieder Abstand davon, weil für ihn die politische Einheit derzeit nur unter den Bedingungen einer *Diktatur* oder einer *asketischen Weltkultur* möglich erscheint. Eine demokratische Lösung im Sinne einer *Föderation* hält er vorerst für unerreichbar.

Obwohl er kurz auf die Bahá'í-Religion eingeht und sich in Anbetracht der Verfolgungen im Iran für ihren Schutz ausspricht, erwähnt er nicht, daß die Bahá'í über eine Weltordnung verfügen, die nach dem Prinzip der *Einheit in der Mannigfaltigkeit* funktioniert, in der weder die allgemein befürchtete *Gleichmacherei* noch die strenge *Askese* wirksam werden. Er geht über die Bahá'í-Religion hinweg, wenn er sagt: „Eine andere Weltordnung als diese (d.h. die heutige) ist aber noch nicht in Sicht. Ob sie jenseits der beginnenden Krise auf uns wartet, ist unserem heutigen Blick verborgen."[2]

In einer Zeit, in der die großen Entwürfe,[3] die heutigen Weltkonzepte scheitern, weil sie nicht zu verhindern vermögen, daß die Menschheits*krise* in eine Menschheits*katastrophe* mündet — in einer Zeit, in der deshalb Tausende nach Alternativen suchen, weil sie den Zusammenbruch bisheriger Weltsysteme spüren, kann man nicht länger an der Offenbarung Bahá'u'lláhs vorbei- oder lediglich wohlwollend-duldend auf sie herabblicken, ohne ihren Stellenwert in der so gefahrenschwangeren Weltlage zu erforschen. Daß ihre Existenz und Bedeutung von der öffentlichen Diskussion um die Gestaltung der Zukunft noch immer ausgespart bleibt, zeigt an: Wir leben erst im *Vorhof* eines neuen Zeitalters.

1) Der bedrohte Friede, München-Wien 1981

2) a.a.O., S. 565

3) Große Entwürfe: Wirtschafts- und Staatssysteme, Ideologien, Friede durch militärische Abschreckung, etc.

Kapitel 8:
Entwicklungszyklen

In diesem Kapitel soll der Frage nachgegangen werden, warum Bahá'u'lláh trotz Funk und Fernsehen noch nicht in der Weltöffentlichkeit bekannt wurde. Wir haben zwischenzeitlich gesehen, daß Bahá'u'lláh nicht einmal von *den* Menschen erkannt und in Seiner Stufe richtig eingeschätzt wurde, die man als „geistige Vorhut" oder als „Pioniere des neuen Zeitgeistes" bezeichnen kann.

Jean Gebser verwies auf die Gesetzmäßigkeit, daß im Außen nie etwas gefunden werden kann, das im Inneren noch keine Entsprechung hat, bzw. was innerlich noch nicht erwacht ist. Wir können außen nur das wahrnehmen, wozu wir innerlich eingestimmt und eingestellt sind (selektive Wahrnehmung!). Dieser Gesetzmäßigkeit zufolge ist selbst den geistigen Avantgardisten der Innenhof, sprich die Botschaft Gottes für das neue Zeitalter verborgen geblieben.

Skeptiker mögen einwenden, daß die mangelnde Bekanntheit Bahá'u'lláhs auf Seinen möglicherweise falschen Anspruch zurückzuführen sei. Dem wäre zu begegnen, daß es heute gerade das Unechte, das Oberflächliche, das Flachgeistige und das Scheinwertige ist, das zu den größten Schlagzeilen Anlaß gibt.

Neben der noch nicht erwachten Fragestellung nach einer neuen Botschaft Gottes — was übrigens selbst in spirituellen und esoterischen Kreisen zu beobachten ist —, läßt sich noch ein anderer Aspekt zur Beantwortung heranziehen: Eine ganze Reihe von Menschen hat sicherlich schon von Bahá'u'lláh gehört und ist dennoch dem Neuen gegenüber verschlossen geblieben. Instinktiv zogen sie sofort die „Notbremse", weil sie spürten, daß die Kenntnis von der Lehre Bahá'u'lláhs zu (unbequemen) Konsequenzen herausfordert.[1] Wer das Neue scheut und gern im gewohnten Alten verharren will, findet rasch das geeignete Alibi, das dazu dient, eine Rechtfertigung zu geben, warum man trotz der Existenz des Neuen doch lieber beim Alten bleiben will.

[1] Die öffentliche Kenntnisnahme der Lehre Bahá'u'lláhs würde zu einer geistigen Revolution ungeahnten Ausmaßes führen! Nichts, aber auch wirklich nichts könnte in altgewohnter Weise fortgesetzt werden; alles würde sich erneuern, in allen Lebensbereichen.

Gottes Boten treten nicht planlos zu den Menschen

Sucht man nach den jeweils besonderen kulturellen Umständen für die Zeit, zu der ein Offenbarer zu den Menschen trat, so kann man feststellen, daß Gott Seine Boten nicht planlos zur Erde schickt. Sie erscheinen stets zu ganz bestimmten Zeiten, an ganz bestimmten Punkten in einem großen Entwicklungszyklus.

Bahá'u'lláh lehrt, daß Religionen nicht statisch, sondern dynamisch sind und Gott sich in zyklischer Wiederkehr manifestiert. Religionsstifter haben in Ihren Offenbarungen jeweils auf den nachfolgenden Boten hingewiesen, der dann auch tatsächlich gekommen ist. Mit jedem Mittler erweckt Gott die tote und zerfallene (Bewußtseins-)Welt zu neuem Leben auf einer neuen Stufe, bzw. in einer neuen Dimension. Wenn sich dieser Impuls im Laufe der Zeit verbraucht hat, erscheint ein weiterer Gesandter, der die alte und erstarrte Bewußtseinswelt der Menschen erneuert.

Die Verhältnisse auf Erden sind, wie im ganzen Kosmos, in einem ständigen Wandel begriffen. Weil alles Lebendige — und deshalb auch die Religionen — dem geschichtlichen Abnutzungsprozeß ausgesetzt ist, spricht Gott erneut zur Menschheit, wenn sie sich am stärksten von Ihm abwendet und statt Ihn den Mammon anbetet. Jedesmal, wenn ein Gottesbote zu den Menschen spricht, beginnt eine neue Kultur. Dies geschah mit Moses, ereignete sich mit Zarathustra und läßt sich bei Christus ebenso beobachten wie bei Muhammad.

Jetzt ist wieder der Zeitpunkt gekommen, da die Menschheit der Erneuerung bedarf. In Moses Zeiten wurde das „goldene Kalb" angebetet; heute ist es auf zivilisierte Weise der „Gott des materiellen Wohlstandes". Viele Nationen der Erde, vor allem die Industrienationen sind durch die materielle Seite des Lebens so sehr geblendet und in Bann gezogen, daß sich das Geistige nicht entfalten kann und zunehmend in einer lebensfeindlichen Form des Intellekts pervertiert und erstickt. Die Menschheit erkaltet.

Gott spricht durch Seine Mittler, wenn die Menschen in eine Krise geraten sind und scheinbar keinen Ausweg sehen. Denken wir nur an die heute allerorts üblichen Bemühungen, die Welt durch Teil-Reformen zu reparieren und so die Probleme zu mindern. Trotz zunehmender Versuche auf allen Ebenen gesellschaftlichen Lebens gelingt es nicht, die Menschheit in Ruhe und Gelassenheit zu versetzen. Teilreformen führen *nicht* zur Erneuerung des Ganzen! Nur wer selbst in sich ganz ist, kann auch ein Ganzes von Grund auf erneuern. Wer aber ist in sich ganz? Nur Gott kann diese Ganzheit zugeschrieben werden. *Er allein* vermag Seine Schöpfung von Grund auf, vom Ur-Grund auf zu erneuern und damit in eine neue Entwicklungsphase überzuleiten.

Die vier Jahreszeiten

Die Wandlung Seiner Schöpfung erfolgt in Zyklen und Rhythmen. Eine treffende Vergleichsmöglichkeit bietet sich in den Jahreszeiten an, denn alles Lebendige, und damit auch die Religion, folgt den Gesetzen von Frühling, Sommer, Herbst und Winter. Gott spricht zu den Völkern in Zeiten größter Erniedrigung und kulturellen Verfalls. Dies entspricht der Jahreszeit des Winters. Denken wir nur daran: Jesus wurde im „Winter" geboren, „mitten zur halben Nacht", in einer Zeit größter Kälte und Dunkelheit. Es ist eine Zeit „größten Mangels an Licht" in der sichtbaren Erscheinungswelt. Mit dem in der Finsternis geborenen Licht tritt das Geistige dann wieder zunehmend in Erscheinung, durchschreitet den Frühling, erreicht im Sommer seine höchste Entfaltung und bereitet sich nach der Ernte im Herbst wieder auf das Sterben vor, um dann nach der Winterruhe in einem neuen Zyklus auf anderer Stufe wiedergeboren zu werden.

Nachdem im Herbst eines Zyklus die Früchte der Religion geerntet werden, nimmt ihre geistige, verbindende Kraft allmählich, aber merklich spürbar ab, zerfällt schließlich in Sekten und Spaltungen. Die menschenverbindende Kraft ist verbraucht; der durch den Offenbarer gebrachte Geist ist im Bewußtsein der Menschen erkaltet und stirbt. Das Wort Gottes wird für die Menschen zu leeren Buchstaben und hohlen Chiffren. Tote Begriffe sind ihnen wichtiger als der erfahrbare, ihnen innewohnende Geist, dessen Erfahrbarkeit heute kaum noch jemand für möglich hält. Anstelle von Liebe[1] tritt Intoleranz und Haß zwischen Gruppen. Aberglaube und blinder Fanatismus verbreiten sich und verwirren die Seelen der Menschen. Diese verfallen dem Materialismus, versinken in Selbstsucht und Habgier. Ohne es zu merken, nähert sich die erkrankte Gesellschaft der Stufe des Animalischen, auf der jeder nur noch seinen Eigenbedürfnissen nachgeht.

All diese Zerfallssymptome lassen sich in einem gemeinsamen Nenner zusammenfassen: Sie sind Ausdrucksformen des Irrtums. Irrtum aber ist nichts anderes als Mangel an Führung. Gott schickt Seine Boten in Zeiten größten Irrtums, in Zeiten also, in denen die Menschen erneut der Führung bedürfen. Die umherirrenden und orientierungslosen Menschen jedoch reagieren zunächst mit Ablehnung, Spott, Streit und Aufruhr, wenn ein Gottgesandter zu ihnen spricht und Seine Führung anbietet. Das Erscheinen eines echten Messias ist stets mit Gewalt und Empörung beantwortet worden. Denken wir an die Situation in Israel zu Zeiten Jesu, an die Christenverfolgungen im alten Rom und an die vielen tausend Hingerichteten zur Zeit Bahá'u'lláhs.

1) Heute wird „Liebe" weitgehend durch den Begriff „Fairneß" ersetzt, um die eigene Unfähigkeit zur Liebe durch eine Pseudoform zu verdecken. (Vgl. Erich Fromm, Die Kunst des Liebens, Ulm 1979)

Yin und Yang

Ein tieferes Verständnis für die Gesetze der Entwicklungszyklen wird durch das Studium des I Ging möglich. Dieses I Ging, das Buch der (Bewußtseins-) Wandlung, ist das älteste chinesische Weisheitsbuch und das modernste zugleich. Obwohl es chinesischer Herkunft ist, kann sein Inhalt als allgemeinmenschlich bezeichnet werden und ist so gesehen nichts spezifisch Chinesisches.

Das I Ging bildet die Strukturgesetze des Kosmos ab und spiegelt die ständige Wandlung der Urkräfte der Gottheit, des Tao: Yin und Yang. Alles Lebendige trägt in sich diese beiden polar aufeinander bezogenen Kräfte des urweiblichen und urmännlichen Prinzips. Alle Lebensbereiche sind von dem polaren Austausch dieser beiden Grundkräfte durchdrungen.

Diese Polaritäten sind Voraussetzung für das Leben überhaupt. Erst durch die zwischen den Polen entstehende Spannung und Dynamik kann das Leben rhythmisch pulsieren. Ohne das eine gäbe es kein anderes. Ohne links gäbe es kein rechts, ohne oben kein unten und ohne die Frau gäbe es keinen Mann, wie auch umgekehrt. Die Polarität ist gleichzeitig auch Voraussetzung für jede Bewußtwerdung, denn nur am Gegen-stand kann sich der Mensch orientieren. Erst an einem außer ihm seienden *Du* kann er sich als *Ich* erkennen.

Die vielschichtigen Durchdringungen von Yin und Yang verlaufen jedoch nicht chaotisch. Es ist kein unstrukturiertes Durcheinander, kein Geschehen ohne Gesetze.[1)] Alles Leben ist geordnet, wenngleich auch Phasen der Krise und Unordnung existieren, deren Sinn es aber ist, das Alte aufzulösen, damit Neues entstehen kann. Im Kosmos, wo alles geordnet abläuft, hat auch alles seinen tieferen Sinn. Meist erkennen wir ihn nicht gleich und werten ein Geschehen zunächst leicht als Un-Sinn ab.

Im Grunde kann es daher auch keinen sinnlosen Zufall geben, denn wenn alles nach göttlichen Gesetzen abläuft, ist nichts — wie es allgemein gesehen wird — dem blinden Zufall überlassen. Würde man die Zufälle vor dem Hintergrund tieferer Gesetzmäßigkeiten sehen, käme das geheimnisvolle und rätselhafte Flair dieses Phänomens erst garnicht auf. Der Zufall würde sich als etwas Sinnträchtiges und Gesetzmäßiges ent-hüllen und als etwas Notwendiges ansichtig werden, das uns — wörtlich genommen — *zu-fällt.*

Diese tieferen Ordnungen, in denen u.a. der Zufall seine Gesetzmäßigkeit hat, sind im Weisheitsbuch I Ging erfaßt. Durch dieses Buch — das übrigens zunehmend bekannter wird — ist es uns möglich, uns in die kosmischen Not-

1) „Nach der Lehre sanatana dharma (das ewige, eine göttliche Gesetz) gibt es im Kosmos nur einen begrenzten Spielraum für Abweichungen von den im Urbegriff verankerten Gesetzlichkeiten. Wird er übertreten, so stellt sich die Ordnung gewaltsam wieder her; wenn Mahnungen nicht wahrgenommen werden, sind Krankheiten, Tod, ein allgemeines Disequilibrium die Folgeerscheinungen." (Marie-Gabriele Wosien, Babadschi, S. 63)

wendigkeiten einzuschwingen und uns in die uns tragenden höheren Gesetze einzupassen. Dem freien Willen des Menschen ist es überlassen, ob er sich für oder gegen diese Gesetze, d.h. für oder gegen Gottes Willen entscheidet.

Die zwei Weltordnungen des I Ging

Das I Ging weist auf zwei Weltordnungen hin, die einerseits getrennt voneinander existieren, sich aber dennoch aufeinander beziehen und innig verbunden sind. In ihnen wirken Yin und Yang nach ehernen Gesetzen. *Vor-Weltordnung* und *Inner-Weltordnung* sind zwei Seinsweisen der Gottheit. In der Vorwelt-Ordnung zeigt sich die Gottheit als Ewig-Seiendes, als „Ur", als Schöpfer und als Urgrund alles Da-Seienden. Die Innerwelt-Ordnung hingegen ist das Gesetz, das der sichtbaren Schöpfung zugrundeliegt, dem daseienden Vergänglichen; mit anderen Worten: unserer sichtbaren, wahrnehmbaren Welt, ja dem ganzen Universum. In der Vorwelt-Ordnung sind alle Kräfte der Gottheit in einem ausgeglichenen Zustand, in äußerster Harmonie. Diese Ordnung ist eher ruhend und in sich ausgeglichen, während in der Innerwelt-Ordnung die Kräfte nicht im Gleichgewicht stehen und daher durch ein Energiegefälle in einem ständigen dynamischen Fluß- und Werde-Prozeß begriffen sind. Wie alles Lebendige, sind auch diese beiden Ordnungen polar aufeinander bezogen. Wie Yin und Yang zusammengehören, sind auch Inner- und Vorweltordnung in einem großen Ganzen vereint.

Nachstehende Tabelle soll die beiden Ordnungen durch verschiedene Aspekte verdeutlichen:

Vorwelt-Ordnung	Innerwelt-Ordnung
Paradies	Welt
Yang-Prinzip	Yin-Prinzip
Schöpfergrund, Ursprung	Schöpfung, Gegenwart
Urbild	Abbild, Nachbild
Kern, Zentrum	Peripherie, Oberfläche
Gottes-Ordnung	Natur-Ordnung, Menschen-Ordnung
Welt des Seins	Welt des Da-Seins, des Entstehens, Werdens und Vergehens

Hintergrund, Tiefe	Vordergrund, Erscheinungswelt
Idee, Same	Ausführung, Wachstum, Geschöpf
Himmel	Erde
Bau-Plan	,,Haus'', Werk, Tat
Senkrechte des Kreuzes	Waagerechte des Kreuzes
Dauer	Wandlung
ewig, über Raum und Zeit erhaben	vergänglich in Raum und Zeit
absolut, unsichtbar	relativ, sichtbar
Harmonie, Ausgleich, Ruhe	Dynamik, Fließen
Koordinaten-Nullpunkt	Koordinaten, durch die Raum und Zeit entstehen und bestehen

Die Innerweltordnung

Sie ist der Strukturplan[1], der allem Werden und Vergehen in der Schöpfung zugrundeliegt. In ihr sind drei symbolische Elemente vereint: die Himmelsrichtungen[2], die Jahreszeiten und die ihnen zugeordneten Zeichen. Raum und Zeit gehören in der Innerweltordnung untrennbar zusammen: als *Raum-Zeit-Einheit*. So ist beispielsweise der Sommer (als Zeit-Aspekt) kombiniert mit dem Süden (als Raum-Aspekt), wie auch der Winter (Zeit) mit dem Norden (Ort).

1) Vgl. Richard Wilhelm, I Ging, Das Buch der Wandlungen, S. 249

2) Die Himmelsrichtungen wurden von den chinesischen Weisen nach dem Sonnenlauf bestimmt; sie weichen von unserem heute üblichen System ab.

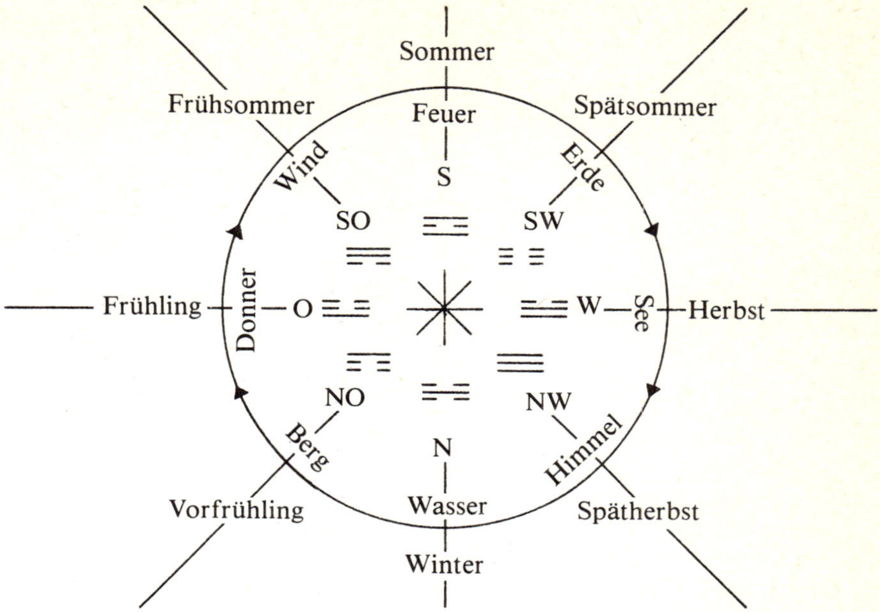

Im Durchschreiten der Raum-Zeit-Aspekte nimmt das menschliche Bewußtsein die den Aspekten entsprechenden Eigenschaften an. Die Energieausstrahlungen der acht Grundkräfte (siehe „Zeichen") des Ganzen wirken auf alles Geschaffene (die ganze Schöpfung) ein, je nachdem in welchem Aspekt der „achtblättrigen Windrose" es sich entwicklungsmäßig befindet, Die acht Urkräfte und Raum-Zeit-Aspekte sind — um es zu verdeutlichen — etwa mit physikalischen Kraftfeldern vergleichbar.

In der Innerweltordnung verbirgt sich etwa folgende symbolische Bedeutung[1]:

1) *Im Osten und Frühling* tritt das Leben in Erscheinung. Diesem Aspekt zugeordnet ist die Kraft des Donners, des Erregenden und Erschütternden. Eine immense (eruptive) Kraft (vgl. Mars) bricht die Erde auf und läßt die Keimlinge durchstoßen. Im menschlichen Bereich ist dies vergleichbar mit den aus den Tiefen des Unbewußten aufbrechenden Willenskräften. Im Tagesverlauf ist es der frühe Morgen, an dem wir, meist abrupt, aus der Traumwelt in die Realität springen und die Dinge unserem Zugriff und Willen einordnen. Es ist auch die Zeit des Sonnenauf-

[1] In Anlehnung an: L. Stapenhorst, Die Weltordnung des I Ging, sowie unter Einbeziehung der Seminarunterlagen

gangs im Osten. Physiologisch lassen sich Urschrei und Geburt in Analogie setzen. Die Natur erwacht im Lenz zu neuem Leben. Der Donner-, ja der Vulkanaspekt ist die kosmische Urkraft, durch welche die Ideen zur Erscheinung und Realisation gebracht werden. Wehklagen (durch endgültigen Abschied vom mitgeschleppten Alten) und Freude (wegen dem aufkeimenden Neuen) bestehen nebeneinander.

2) *Im Südosten und Frühsommer* strömen die Wesen in ihre Form. Hier steht das Zeichen Wind, das Sanfte und Eindringende. In diesem Zustand des ‚in der Form Seins' hat das Wesen auch die volle Identität mit dieser Form. Es sind dies der ‚Jüngling', die ‚Jungfrau', die noch ganz unbewußt in sich sind. Das, was der Same des Vorjahres war, hat sich jetzt in der Natur in die Erscheinungsform hineingestaltet. Doch diese Form wird sich nicht ewig wiederholen. Den Weltgeist drängt es, sich in unendliche Formen und immer neue Kombinationen hinein zu gestalten. Die Form muß daher auch Neues, Fremdes in sich einverleiben können. Das im Frühjahr Aufgekeimte nimmt Gestalt an und bildet eine unendliche Fülle von Formen und Möglichkeiten. Auf den Tag bezogen ist dieser Aspekt der Vormittag.

3) Im Zyklus weiterschreitend folgen *Süden und Sommer,* im Zeichen des Feuers, des Haftenden. Es ist der Sommer mit seiner blütenhaften Entfaltung, die Zeit der Befruchtung, der Begegnung mit dem fremden Sein. Zwei oder mehrere Systeme kommen miteinander in Beziehung, befruchten einander und bilden etwas ganz Neues. In der menschlichen Entwicklung ist dies die Zeit, wo der Mensch auf dem Gipfel des Lebens steht. Hier trifft er mit der Umwelt zusammen, an der er sich seiner selbst bewußt wird. Hier trifft er den Partner. Aus der bis dahin noch unbewußten Einheit mit sich selbst entwickelt sich die Zweiheit, die Polarität, das ‚Wir'. Über die Beziehung der Herzen, die zur Wiedervereinigung streben, über das Feuer der Liebe erlebt der Mensch seine Mitte. Es ist etwa der Gipfel des physischen Lebens, die Zeit größter Entfaltungskraft. Die Sonne steht am Zenit. Im Tagesverlauf ist es der Mittag.

4) Einen völlig neuen Aspekt haben wir im *Süd-Westen und Spätsommer,* wenn die Früchte reifen, wo das Zeichen für die Erde, das Empfangende steht. Es ist dies auch die Reife des Menschen. Hier, unter dem Zeichen der Hingabe, wo die Menschen früherer Zeiten und auch noch heute auf dem Land, unter Zurücknahme ihrer eigenen Person, ihres Ichs mit allen ihren egoistischen Wünschen, mit anderen gemeinsam die Ernte einbrachten, wie sie einander um eines für die Allgemeinheit lebenswichtigen Zieles wegen halfen, hier also, seinem Lebensalter entsprechend, sollte der Mensch, nachdem er den Höhepunkt seines Lebens überschritten hat, mit anderen zusammen an einem gemeinsamen, der Menschheit dienenden Ziel, einem höheren Lebenssinn als nur dem der nackten Exi-

stenz arbeiten und dabei sein persönliches, kleines Ich hingeben. Es ist die Zeit des Nachmittags.

5) Der nächste Schritt führt in den *Westen, in den Herbst,* den Lebensabend. Hier steht der See, das Heitere, die Gelassenheit, hier fallen die Früchte zur Erde, ihr Leib verfault, um die Samen freizugeben. Entsprechend sollte beim Menschen im Alter, genau wie am Abend eines arbeitsreichen Tages, die Beschäftigung mit ‚wesentlichen' Dingen stehen. Er sollte die äußere Schale der Tagesereignisse, die ja nur Gleichnis sind, fallen lassen und versuchen zum Kern der Dinge, zu ihrem Sinn zu kommen. Dies kann geschehen mit einer Rückschau, ober beim Feierabend in Ruhe und Gelassenheit, auch in einem guten Gespräch mit dem ‚Nachbarn'. Der Lebensstrom des Menschen fließt nun nach innen.

Zwischenbetrachtung

Die Sonne steigt im Frühling über den Horizont hinaus, erreicht im Sommer ihren Höhepunkt und geht im Herbst wieder unter. Im Frühling tritt die sichtbare, grobstoffliche Erscheinungswelt nach außen, erreicht im Sommer ihre Blütezeit und entledigt sich im Herbst wieder ihrer äußeren Hülle.

Zwischen Frühling/Osten und Herbst/Westen liegt der halbe Entwicklungszyklus, in dem sich das Leben sichtbar entwickelt und darlebt. Mit dem Sterben der sichtbaren Form beginnt für das Leben im Herbst ein unsichtbarer, feinstofflicher Fortgang. Die Natur scheint tot zu sein. In Wirklichkeit lebt sie in einer unsichtbaren, samenhaften Form weiter und bereitet sich durch innere Umwandlungsprozesse auf einen erneuernden Frühling vor.

Psychologisch gesehen entspricht die obere Hälfte des Zyklus dem uns bewußten Bereich und die untere Hälfte dem un-bewußten Teil unserer Psyche.

6) Im *Nord-Westen und Spätherbst* steht die große schöpferische Kraft in Gestalt eines winzigen Samenkorns im Leib der Erde. Als Samenkorn ist sie, auf sich selbst und die sie umhegende Erde gestellt, völlig machtlos. Das Höchste also, der Himmel, die Schöpferkraft wirkt dahingehend, daß seine Geschöpfe ihm zur Geburt verhelfen. Im I Ging heißt es: ‚Er kämpft im Zeichen des Schöpferischen'. Es findet ein Kampf statt. Es geht ja nicht nur um ein einziges winziges Samengebilde, sondern um Myriaden von Gedankenbildern und -formen. Was wird herübergenommen in einen neuen Lebensturnus, und was wird abgestoßen wie faules Laub, um wieder zu Humus zu werden? Auch der Mensch sollte vor dem Schlafen oder vor dem Tode sich überlegen, was Gestaltenswertem einem Neuen einverleibt werden soll und was er an Schlechtem, Schädigendem in seinem Denken oder Tun der Vermoderung übergeben sollte.

Dazu bedarf es eines Kampfes. Wir wissen alle, wie sehr wir an Erworbenem hängen, und welchen Kampf es oft setzt, sich davon zu trennen. Trennung von lieben Gewohnheiten bedeutet immer Kampf. Aber das Feld muß frei werden für Neues.

7) Dieser wesentliche Same zu Neuem, im Kampf von allem Wertlosen gereinigt, erlebt nun seine Prüfung im *Norden und Winter,* wo das Zeichen des Wassers, des Abgründigen steht. Das Licht des Bewußtseins ist ganz vom Dunkel der Erde (der lichte Yangstrich von den beiden dunklen Yinstrichen) zugedeckt. Was im Gegenpol, im Süden, die Begegnung mit Umwelt und Partner im Lichte des Erwachens zum Selbstbewußtsein darstellt, dem entspricht hier, im Norden, zur Zeit der Wintersonnenwende, der feinstoffliche Vollzug der ‚Zeugung im Wasser', in der Tiefe des Unbewußten. Es ist der männliche Same, der in die weibliche Erde eintritt und sie anregt, die Formbildung zu beginnen. Alles Leben kommt aus dem Wasser. Hier geschehen die geheimnisvollsten Vorgänge, fernab von der alles verstehen wollenden lichten Vernunft (Süden). Das Bewußtsein des Menschen im Tiefschlaf zu dieser mitternächtlichen Zeit ist ganz in die tiefste Schicht seines Wesens hinabgesunken. Hier vereinigt sich die Seele mit dem Allgeist. In dieser Phase des Tiefschlafes holt der Mensch neue Lebenskräfte durch den Atem, wie aus einem tiefen Born. Im Tod ist es die Vereinigung mit dem göttlichen Urgrund, eine Bewußtseinsstufe, die zu Lebzeiten bewußt nur in der Meditation und der Hingabe an das innerste, verborgene Licht erlebt werden kann. Dieses innere Licht, das — verborgen von der Finsternis — in uns ruht, gilt es, mit der Kraft des kleinen Lichts (Feuer-Sonne im Süden/Sommer), dem menschlichen Bewußtsein, heraufzuholen oder zu ihm hinunterzusteigen. Das ist ‚Selbst-Verwirklichung', denn dieses verborgene Licht ist das ‚Selbst', und dieses muß ‚wirklich', real werden. Die wahre Realität, die Wahrheit, kann nur hinter oder in der stofflichen Form gefunden werden. Jede Notsituation, jedes Dunkel in unserem Leben bietet uns dazu die Chance. Mit dieser Vereinigung ist auch die ‚Wiedergeburt' im christlichen Sinne gemeint, die Wiedergeburt als ‚wirklicher' Mensch.

8) Im *Nord-Osten, im Vorfrühling,* im Zeichen des Berges, des Stillehaltens, begegnen sich Tod und neues Leben. Tod der einen Form, Leben einer neuen Gestaltung. Es sind dies die frühen Morgenstunden eines neuen Tages, denen eine starke, regenerative Kraft innewohnt. Viele Menschen sterben um diese Stunde, viele werden um diese Zeit geboren. Im Text heißt es: ‚Er vollendet sie im Zeichen des Stillhaltens'. In der sichtbaren Welt repräsentiert der Berg zwei scheinbar einander widersprechende Aspekte. Einerseits ist der Berg als Fels die starrste Form der Materie, der Erde, die Verfestigung, der Tod in der Materie. Doch der

Tod in der Materie ist gleichzeitig der Sieg des geistigen Lebens. Nicht ohne Grund fühlt man sich auf Bergeshöhen frei von allen Niedrigkeiten des gewöhnlichen Lebens. Die Luft ist reiner, die Seele erfüllt von Unnennbarem. Durch das Tor des Berges kann der Mensch, dessen Geist nicht wie Stein erstarrt ist, zu weiterer Entwicklung weiterschreiten. Hier ist die Schwelle vom leiblichen zum geistigen Leben, und es wird durch das Vorausgesagte klar, daß der Mensch es in der Hand hat, sein Leben bewußt zu gestalten, indem er es in Einklang bringt mit den rhythmisch-zyklisch sich auswirkenden kosmischen Kräften. Ein weiterer Aspekt des Berges, der für die folgenden Betrachtungen wichtig ist, ist seine Eigenschaft des ‚Berg-ens', seine Funktion als Uterus, als Gebärmutterhöhle. Er birgt das Leben, die Schätze des Lebens in sich und nährt das auf-keimende Neue in seiner Entwicklungsstufe des Embryos.

Der Zyklus beginnt im Frühling aufs neue mit der Geburt in die sichtbar-physische Welt. Die Nachtruhe ist vorüber und das Tagesbewußtsein nimmt seine Tätigkeiten wieder auf. Nachstehende Skizze zeigt die Innerweltordnung mit Analogiebeispielen:

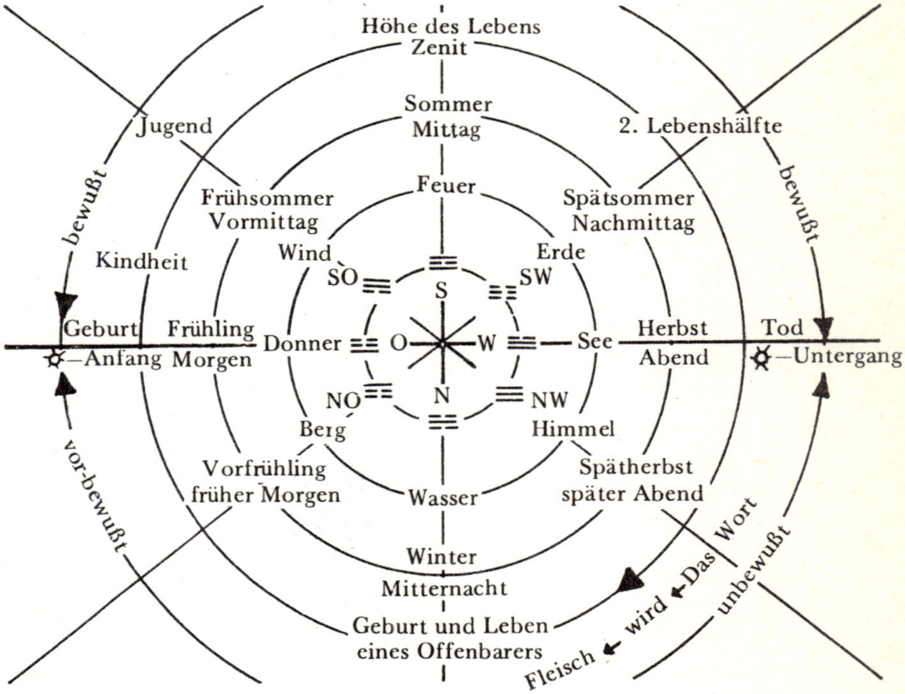

Die in der Innerweltordnung gegebenen Raum-Zeit-Aspekte durchdringen alle Ebenen des Kosmos und alle Bereiche des menschlichen Lebens; sie wirken im einzelnen wie im Kollektiv.

Die schräg gestellte Spirale

Entwicklungszyklen sind bei genauer Betrachtung jedoch nicht kreisförmig und kreisschließend (vgl. mythische Struktur) in einer Ebene liegend vorzustellen, sondern können viel eher in eine schräggestellten Spirale hineingedacht werden. Dort liegen die einzelnen Raum-Zeit-Aspekte der Zyklen auf verschiedenen Stufen übereinander: Der jeweils nächste Frühling befindet sich damit nicht an dem ‚Zeit-Ort', wo das alte Frühjahr den Zyklus einleitete; er ist auf die nächst höhere Stufe gestellt. Mit dieser Spirale ist eine Hilfsvorstellung gewonnen, in der etwa das zyklische Entwicklungsgeschehen illustriert werden kann.

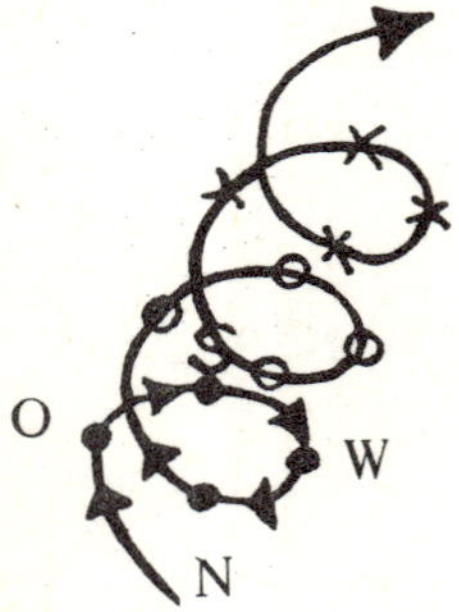

Die obere Hälfte eines Zyklus (Frühling bis Herbst), die sichtbaren Vorgänge in der Erscheinungswelt, kann als die dem Menschen bewußte Seite des Lebens angesehen werden. Von Herbst bis Frühling entzieht sich das Geschehen dem Tagesbewußtsein und den Sinnen. Bewußte und unbewußte Phasen wechseln einander ab.

Religionen vor dem Hintergrund der Innerweltordnung

Erst jetzt können wir zur Beantwortung der Ausgangsfrage schreiten. Wie schon ausgeführt, unterliegen auch die Religionen den zyklischen Wandlungsprozessen. Mit dem Durchschreiten des menschlichen Bewußtseins durch die verschiedenen Raum-Zeit-Aspekte entfaltet sich das Verständnis für die jeweils erneuernde Religion. Nicht die Religion ändert sich ihrem Wesen nach, sondern das Bewußtsein nimmt in seiner Entwicklung auf jeder Stufe und in jedem Raum-Zeit-Aspekt anderes wichtig und wahr.

Das Christentum, bzw. die christliche Offenbarung bleibt immer dieselbe; doch das menschliche Verständnis für sie nimmt je nach Raum-Zeit-Aspekt (und Stufe!) die Worte des Neuen Testaments anders auf. Ein anderes Beispiel: Die Bibel bleibt immer dasselbe Buch, ob man es mit 15 oder 80 Jahren liest. Dennoch entsteht der Eindruck, sie habe sich geändert, wenn man sie zu verschiedenen Zeiten liest. Jede Offenbarung bleibt den ganzen Zyklus und auch in den anderen Zyklen grundsätzlich die gleiche, bleibt unverändert; doch das durch die Stationen des Zyklus wandernde Bewußtsein der Menschen erlebt und erkennt diese Botschaft auf unterschiedliche Weise, entsprechend den spezifischen Eingenschaften des jeweiligen Raum-Zeit-Aspektes.

Wie läßt sich nun die Religion vor dem Hintergrund der Innerweltordnung darstellen? Zunächst einmal: Das Bewußtsein der Menschen erfaßt die Offenbarung Gottes nicht etwa schon zur Lebzeit des Offenbarers selbst[1]. Dieser erscheint stets im *Norden und Winter,* zur Zeit größter Dunkelheit und tiefster Unwissenheit. Das Licht in der Finsternis ist noch völlig vom Unbewußten eingeschlossen, noch unerkannt, noch nicht in die sichtbare Erscheinungs- und Alltagswelt getreten. Nur wenige Menschen werden durch dieses Licht erreicht. Dennoch wirkt der Heilige Geist auch auf das Unbewußte der anderen ein.

Dieser Winteraspekt war im 19. Jahrhundert, als Bahá'u'lláh geboren wurde, lebte und wirkte. Als Er Seine Botschaft verkündete, sah Er sich — wie einst auch Jesus — größter Unwissenheit gegenüber. Das Licht wurde von der Finsternis nicht begriffen. Und außerdem: Das Neue anzunehmen und sichtbar werden zu lassen, begegnet — wie schon an anderer Stelle erwähnt — zunächst den stärksten Widerständen, weil die Überwindung von Althergebrachtem, Erworbenem und mühselig Gesichertem erforderlich wird. Dies aber zieht Schmerz, Leid und Kampf, wie auch Unsicherheit nach sich. Es kam deshalb auch stets zu Gewalttaten, zu Mord, Plünderei, Verfolgung und Ausstoßung der Anhänger. Sie wurden gefoltert, verbrannt, erschossen oder gar gevierteilt.

Nach 'Abdu'l-Bahá bedeutet der Winter, ,,daß die Kälte der Unwissenheit die Welt umfaßt und die Finsternis der menschlichen Fehler die Oberhand gewinnt. Danach folgen Gleichgültigkeit, Ungehorsam, Rücksichtslosigkeit, Trägheit, Gemeinheit, tierische Triebe und steinähnliche Kälte und Gefühllosigkeit. Es ist wie die Jahreszeit des Winters, wenn die Erde, der Wirkung der

[1] ,,Es wird aber des Herrn Tag kommen wie ein Dieb . . .'' (2. Petrus 3:10)

Sommerwärme beraubt, trostlos und düster wird. Wenn die Welt des Verstandes und der Gedanken an diesem Punkt angelangt, gibt es nur noch unaufhörlichen Tod und immerwährendes Nichtsein."[1)]

Nach dem Winter tritt das Bewußtsein in den Aspekt des *Vorfrühling, des Nord-Osten.* Dieser Aspekt liegt noch im unteren Bereich der Innerweltordnung; der Inhalt der neu geoffenbarten Religion ist noch nicht in der oberen, der sichtbaren Alltags- und Erscheinungswelt bekannt. Die Lehre Gottes ist noch im Zustand der Schwangerschaft, wird noch schwanger im Unbewußten solange verharren und in aller Stille heranwachsen, bis im Frühling die Geburt erfolgen kann. Die göttliche Sonne steht noch unter dem Horizont, wohl aber sind ihre Strahlen schon zu sehen. Doch die Masse will erst die ganze Sonne sehen, bevor sie von ihrer Existenz überzeugt ist.

Jetzt verstehen wir, warum Funk, Fernsehen und Zeitungen noch nicht über die Botschaft Bahá'u'lláhs berichtet haben. Der Aspekt des Frühlings ist noch nicht erreicht! Erst im Frühling und Osten wird die Sonne in dem Bewußtsein der breiten Masse aufgehen und sich über den Horizont des alten Lebenstrottes erheben. Wir stehen heute — meiner Einschätzung nach — zwischen dem Vorfrühling und Frühling. Viele Menschen werden bereits zu Suchenden, viele erkennen bereits die sichtbaren Strahlen (ohne Sonne), viele wissen, daß Strahlen nicht aus sich bestehen können.

Noch überwiegt die mental-rationale Bewußtseinsstruktur des alten Zyklus, noch ist das Integrale nicht ganz geboren. Erst wenn das Bewußtsein den Osten-Frühlings-Aspekt ganz erreicht hat, wird die Bahá'í-Lehre weltweit bekannt werden; erst dann werden die Massenmedien über sie berichten! Noch führt sie ein Schattendasein im Halbdunkel des frühen Morgens. Während sich hinter der Kulisse des Weltgeschehens die neue Ordnung, die Bahá'í-Gemeinde, vorbereitet, festigt und strukturiert, zerfallen alle Religionen, alle Kulturen der Völker und Nationen. Nein, wir müssen sagen: Das Bewußtsein der Menschen ist für die „alten" Religionen nicht mehr empfänglich und deshalb zerfallen die Kulturen, weil Kulturen nur solange bestehen können, solange die Basis der Religionen gegeben ist.

Der *Frühling* rückt näher und näher. Immer mehr Menschen werden zu Suchenden und immer mehr finden auch tatsächlich zu den erneuernden Quellen Bahá'u'lláhs. Mit großer Geschwindigkeit rasen wir dem Aspekt des Osten-Frühlings entgegen, wo einer neuen Kultur zur Geburt verholfen wird: der Bahá'í-Welt-Kultur.

Nach dem Geburtsvorgang, der für Unvorbereitete sehr schmerzlich verlaufen wird, strömt die Lehre Bahá'u'lláhs im folgenden Aspekt des *Süd-Ostens und Frühsommers* in seine Form. Mit anderen Worten: Die Bahá'í-Gemeinden verbreiten sich über die ganze Erde, sie werden für alle gleicher-

1) 'Abdu'l-Bahá, Beantwortete Fragen, Kap. 14, S. 81

maßen die neue Form des gesellschaftlichen Lebens. Die Bahá'í-Lehre gewinnt äußere Gestalt; sie realisiert sich im praktischen Alltagsleben.

Im Süden und Sommer wird sich das Wort Gottes voll entfalten und in Seiner Blüte stehen. Der Tisch des Herrn wird gedeckt sein und die sich im Bewußtsein der Menschen entfaltenden göttlichen Lehren werden die Welt erfüllen.

Soweit die Ausführungen zu den Aspekten. Wir wollen jetzt zu ergründen versuchen, wie sich die Innerweltordnung geschichtlich interpretieren läßt; denn wenn die bisherigen Aussagen richtig sein sollen, müssen sie auch historisch überprüfbar sein.

Die Innerweltordnung historisch gesehen

Meiner Einschätzung nach ist der Frühling noch nicht ganz erreicht. Die Bewußtseinshaltung der heutigen Menschheit entspricht einem Bereich der Innerweltordnung, der zwischen dem NO und dem O liegt. Um dies gedanklich besser nachvollziehen zu können, soll mit einigen Überlegungen zur Zeitspanne um das Geburtsdatum Bahá'u'lláhs begonnen werden.

Schon einige Jahrzehnte bevor sich Gott in der Gestalt Bahá'u'lláhs erneut auf Erden manifestierte, war das menschliche Bewußtsein in seinem zyklischen Verlauf durch die Innerweltordnung bereits in den Einfluß- und Schwingungsbereich des Norden-Winter eingetreten. Und damit wurden bereits verschiedene Völker auf unbewußtem Wege von den Kräftewirkungen jenes neuen Zeitgeistes erfaßt, der sich später in der Person Bahá'u'lláhs sichtbar ausdrückte.

Man möge sich an dieser Stelle die Grundprinzipien der Lehre Bahá'u'lláhs in Erinnerung rufen und dann schauen, was zu der Zeit um die Wende vom 18. zum 19. Jahrhundert hin geschah. Der Impuls des Himmels (Nord-Westen), des Ur-Schöpferischen in die Welt erschüttert die alte Bewußtseinsstruktur. Ein enormer Freiheits- und Unabhängigkeitsdrang setzt ein; und wenn auch noch stark im Dunkel der Unbewußtheit verhaftet, zeigt sich doch der Beginn von etwas Neuem. Völker beginnen sich von den Ketten der Kolonialherrschaft zu befreien. Nordamerika erkämpft 1775—82 seine Selbständigkeit. Auch innerhalb verschiedener Länder steht das bis dahin völlig unmündige und unterdrückte Volk auf und fordert seine Rechte. In den Jahren 1879—92 entledigt sich das französische Volk der Feudalherrschaft.

Die Ära des mentalen Bewußtseins geht dem Ende entgegen. Das Unterdrückte, Verdrängte und Nicht-Zugelassene bricht auf, und drängt nun in das Bewußtsein ein. Die Alleinherrschaft des Ich (gesellschaftlich: des Königs) ist in Frage gestellt. Mit den Worten C. G. Jungs: Jetzt stellt sich dem Menschen die Aufgabe der Schattenintegration. Das bislang Minderbewertete fordert seinen Platz im Bewußtsein (gesellschaftlich: in der sozialen Gemeinschaft). Innen wie außen verläuft derselbe Prozeß. Die Bauern rebellieren, die Arbeiter schließen sich zusammen und auch die Frauen melden sich zu Wort. In immer größerem Maße beginnen die bisher unterdrückten sozialen Randgruppen sich aus ihrer gewohnten Lage zu befreien.

Der wohl deutlichste Ausdruck des sich im Unbewußten regenden neuen Zeitgeistes ist die nach außen gesetzte Idee der Menschenrechte, welche 1776 erstmals formuliert wurden. Unter dem Einfluß des erneuernden Zeitgeistes erwachen die Menschen langsam zu neuer Bewußtheit. In Europa erfahren die Wissenschaften eine ungeahnte Steigerung. Doch die vielen neuen Gedankenimpulse, welche keimhaft ein völlig neues Menschenbild in sich tragen, können nicht verwirklicht werden, denn noch ist das Bewußtsein im Einflußbereich des Norden-Winter verdunkelt. Man denke nur an die Schreckensherrschaft während und nach der Französischen Revolution. Zwischen dem ersten Aufleuchten des neuen Wissens und dessen Verwirklichung ist noch ein weiter Weg. Das Bewußtsein (Yang) ist tief in die Materie (zwei Yin) hinabgesunken. In der Welt äußert sich dies durch einen (religionsfernen) Materialismus finsterster Art. Jenseits aller ethischen Grundsätze wirft die Industrialisierung ihre schwärzesten Schatten. Soziales Elend ist an der Tagesordnung. Der menschliche Egoismus zeigt sich in seiner perversesten Form, die uns aus den Geschichtsbüchern als ,,Hochkapitalismus'' bekannt ist.

Gehen wir einen Schritt weiter. Nord-Osten und Vorfrühling der Innerweltordnung stehen im Zeichen des Berges, der zwei scheinbar widersprüchliche Aspekte in sich vereint. Einerseits ist er in der sichtbaren Welt als Fels die starrste Form der Erde, was den Tod in der Materie symbolisiert. Dieser Aspekt läßt sich der Jahrhundertwende zum 20. Jahrhundert hin zuordnen. Das menschliche Bewußtsein ist im Materialismus erstarrt; zwei Kriege, zwei große Material-Schlachten sind die Folge. Andererseits symbolisiert der Berg die Erhöhung des Materiellen in das Geistige hinein und ist Schwelle zwischen materiell-stofflich orientiertem und geistigem Leben. Dieses Phänomen läßt sich tatsächlich im damaligen Zeitgeschehen erkennen. Während sich die Mehrzahl der Menschen (die Masse) feindlich in verschiedenen Lagern gegenübersteht und sich blindlings abschlachtet, ist in den Jahrzehnten um die Jahrhundertwende in aller Stille eine geistige Avantgarde damit beschäftigt, zu formulieren, was sich im Menschen eigentlich wirklich realisieren will. Sie sind gleichsam der bergende Aspekt des Berges, fungieren gewissermaßen als Gebärmutter, in der sich das Neue langsam und in Stille herauskristallisiert. Zu diesen Pionieren zählen u.a. Rudolf Steiner, Sri Aurobindo, C. G. Jung, Graf Dürckheim und Jean Gebser.

In etwa den 60er Jahren ist der Aspekt des Nord-Osten und Vorfrühling weitgehend überschritten und etwas Frühlingshaftes beginnt sich zu zeigen.

Das Bewußtsein der Menschen ist in einen Zwischenbereich eingetreten, befindet sich noch etwas im Kräftefeld des Nord-Osten/Vorfrühlings und berührt teilweise die Schwingungen des Osten/Frühling. Nach dem II. Weltkrieg hat sich der Prozeß fortschreitender Demokratisierung immer mehr stabilisiert. Mit den Unruhen der 60er Jahre weht etwas Donnerhaftes durch die Welt, das dem Obrigkeitsdenken und dem mitgeschleppten Ballast aus der Vergangenheit eine deutliche Absage erteilt. Studenten revoltieren, die anti-autoritäre Erziehung wird Mode und Hippies und Gammler kehren Moral und Gesellschaft radikal den Rücken zu. Eine Welle alternativer Lebensformen wird geboren. Die alten Normen und Werte sind seitdem zunehmend ins Schwanken geraten. Ein anderes Zeichen für den frühlingsnahen Zwischenbereich ist das sprunghaft angestiegene Interesse für spirituelle Literatur, was auf ein verstärktes Bedürfnis hinweist, im Leben einen tieferen Sinn zu suchen, als es die gewohnte Lebensweise bisher geboten hat. Was im Aspekt des Nord-Ostens die geistige Avantgarde vorbereitet hat, wird jetzt auch tatsächlich gelesen.

Heute, im Anbeginn der 80er Jahre wird der Einfluß des Frühlingsaspektes immer deutlicher spürbar. Es ist der Raum-Zeit-Aspekt, in dem der Übergang vom unbewußten Samenbereich in die bewußte Erscheinungswelt erfolgt. Tiefenpsychologisch entspricht diesem dem Überschreiten bislang un- und vorbewußter Inhalte über die Bewußtseinsschwelle. Nun hat dieses Geschehen immer einen aufwühlenden Charakter. Es ist das Zeichen des Schmerzes, das Zeichen der Geburt in unsere reale und sichtbare Alltagswelt hinein. Dies bislang schwanger getragenen Ideen beginnen sich auf breiter Basis im Lichte des Tagesbewußtseins zu zeigen.

Durchbruch un- und vorbewußter Inhalte in das Bewußtsein ist immer etwas kritisch; es wühlt auf, es brodelt und kriselt. Nun, wer aufmerksam die täglichen Nachrichten aus dem In- und Ausland verfolgt, wird dieses Kriseln auf breiter Ebene überall entdecken können. An immer neuen Ecken des Globus treten vulkanartig verdeckte Konflikte an die Oberfläche; es bricht durch, Neues will sich zeigen und gestalten. Unsere Zeit ist eine frühlingsnahe Zeit, denn die Zeitereignisse selbst zeugen dafür.

Es gibt heute, eigentlich schon viele Jahrzehnte lang Prophezeiungen, die uns auf eine große Katastrophe in den 80er Jahren hinweisen. Meiner Einschätzung nach ist dies nicht auszuschließen, bzw. nicht unwahrscheinlich, da dies durchaus den Eigenschaften des Frühlings entsprechen würde. Im Osten steht die Kraft des Donners, der immer etwas Spontanes, Schlagartiges, Marsisches, Gewaltiges, ja Vulkanisch-Eruptives an sich hat. Mit einem Schlage bricht etwas durch, hört etwas Altes auf, fängt etwas Neues an.

Ich habe in diesem Buch mehrfach darauf aufmerksam gemacht, wie schwer es für die meisten Menschen ist, sich von ihrem alten Lebenstrott zu lösen. Eine Katastrophe scheint meiner Ansicht nach unvermeidlich, da die

Menschen nicht aus Einsicht umdenken werden. Dies ist nun leider einmal ein psychisches Merkmal der *Masse,* daß sie erst ganz in den Abgrund hinunterspringen muß, um zu lernen, sofern sie dabei überlebt. Noch immer sind nur wenige freiwillig bereit, ihr Leben von Grund auf neu zu ordnen und zu strukturieren. Und noch immer werden dem Einzug des integralen Bewußtseins größte defizient-rationale Widerstände entgegengesetzt.

Erst nach der angekündigten Katastrophe, dem Stirb des alten Bewußtseins, kann eine neue Welt auferstehen. Erst dann wird das Gedankengut Bahá'u'lláhs in die Öffentlichkeit dringen und in dem sich anschließenden Aspekt des Süd-Ostens und Frühsommers zur Grundlage einer neuen menschlichen Gemeinschaft werden. Das Neue, der Plan Bahá'u'lláhs wird dann die Form sein, in welche sich alles menschliche Gestalten und Tun ergießen wird und muß, soll der Wille Gottes geschehen.

Kapitel 9:
Ein Gedankenspiel

Wenn ein Mensch seiner selbst bewußt werden will, braucht er ein *Du*, das ihn spiegelt. Er benötigt andere, die auf ihn reagieren und ihm zeigen, wie er bei ihnen „ankommt". Menschen, die dem sozialen Kontakt ausweichen und sich in die Einsamkeit zurückziehen — nicht etwa der Selbstbesinnung, sondern der Flucht wegen — können nicht reifen, nicht in ihrer Bewußtseinsentwicklung weiterschreiten, denn der Mensch ist ein *soziales Lebewesen*, das auf das Leben in einem menschlichen Miteinander angelegt ist. Nur in der Begegnung mit einem Nicht-Ich, einem *Du* ist die Möglichkeit zur Selbstkorrektur (über das sogenannte Feedback) gegeben. Die soziale Gemeinschaft ist das beste Übungsfeld für neue Schritte des inneren Werdens.

Das Erkennen am anderen, das Gespiegeltwerden im menschlichen Gegenüber, ist als Gesetzmäßigkeit in allen Bereichen zwischenmenschlicher Beziehung zu beobachten. Beginnen wir mit der kleinsten Zweiheit, dem *Ich* und dem *Du:* Das Ich wird sich seiner bewußt, wenn ein von ihm unterschiedenes und unabhängiges Du gleichsam auf die empfangenen Impulse und Signale antwortet — verbal oder nonverbal. Ein *Ehepaar* wird sich als solches erst an anderen Paaren bewußt und eine *Familie* erst an anderen Familien. So setzt es sich fort: Ein *Freundeskreis* steht einem anderen gegenüber, ein *Dorf* einem Nachbarort und so fort. *Vereine* polarisieren sich; *Städte, Länder, Rassen* und *Nationen* bilden jeweils auf entsprechender Ebene einander ergänzende Pole.

Eine Familie beispielsweise mag in sich zerstritten sein — im Moment jedoch, wenn von außen eine Gefahr droht, schließt sie sich, sofern sie nicht bereits an der Wurzel zerrüttet ist, blitzartig zusammen, so als ob nichts gewesen wäre; sie erlebt sich — wenn auch nur kurzfristig — als *ein* Pol gegenüber einem anderen. Diese Gleichrichtung der Interessen ist auch in allen anderen Bereichen feststellbar. Denken wir nur an die Mitglieder einer politischen Partei: Sie mögen „im eigenen Hause" noch so große Meinungsdifferenzen haben, im Wahlkampf treten sie geschlossen auf — formiert zu *einem* Pol. Das gleiche Prinzip erleben wir bei Nationen, bei Berufsverbänden und anderen Interessengruppen.

Je nachdem mit welchem Pol man sich am stärksten identifiziert, stellt sich der Bewußtseinshorizont ein. Demzufolge ist er bei Menschen, die primär auf ihren *Nachbarn* fixiert leben enger, als wenn sie sich als Zugehörige irgendeiner *Stadt* empfinden. Wieder größer ist er, wenn der Mensch im Alltagsbewußtsein seine Verbundenheit mit einem *Volk* lebendig hält. Denken wir dies weiter, dann gelangt der Bewußtseinshorizont an seine momentan größtmögliche Grenze, wenn sich der Mensch als Bewohner des Planeten *Erde* erfährt, deren Gegenpol in anderen Planeten, Sternen oder gar Sonnensystemen zu suchen wäre.

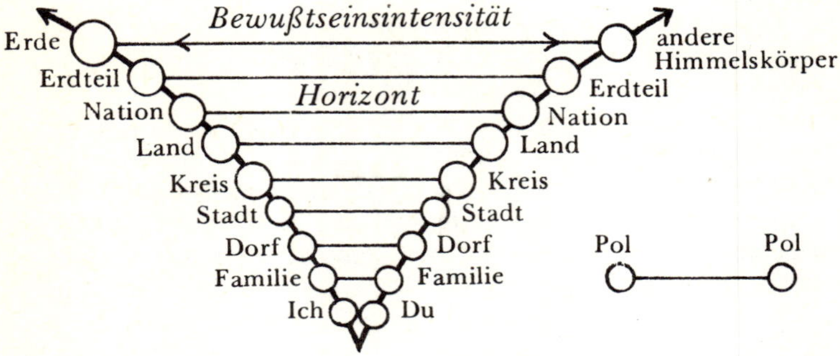

Die Intensität des Bewußtseins zeigt sich u.a. daran, mit welchem Pol man sich vorrangig identifiziert. Bahá'í streben es an, sich zunehmend als Bewohner *dieses Planeten* zu erkennen und die *Erde* als ihre Heimat ins Bewußtsein zu heben.

Nach diesen einleitenden Grundgedanken nun das Gedankenspiel: Die Menschheit schloß sich im Laufe ihrer Entwicklung zu immer größeren sozialen Gemeinschaften zusammen und polarisierte sich stets mit den sozialen Organisationen in jeweiliger Entsprechung. Mit dem Wegfall nationaler Grenzen und rassischer Schranken könnte auf der Erde kein Pol mehr gefunden werden, auf den sich der Pol *Menschheit* ausrichten kann. Wenn die Erde für alle zu *einer* Heimat geworden ist und die Völker zu *einem* Volk zusammengewachsen sind, wird die Menschheit vermutlich einen neuen Pol suchen, der ihr die Möglichkeit zur weiteren Bewußtseinsentfaltung bietet.

Wenn die Menschheit beginnt, das integrale Bewußtsein zu realisieren und damit die *sich bewegende Kugel* als Symbol lebendig werden läßt (vgl. Gebser), stellt sich als der gesuchte Pol ganz von selbst eine andere Kugel ein. Mit der Raumfahrt ist dieser Prozeß bereits eingeleitet worden. Über Satelliten-, Raketen- und Flugzeugaufnahmen ist dem heutigen Menschen die Möglichkeit gegeben, der Erde als Kugel ansichtig zu werden. Ohne es bewußt zu wollen, prägt sich die Kugel als Symbol des integralen Bewußtseins in das Alltagsleben der Menschen ein.

Ist es ein Hirngespinst, daß heute vielerorts von UFO's gesprochen und geschrieben wird? Sind es psychische Wahnvorstellungen, pathologisch verzerrte Erscheinungen?[1] Science Fiction ist für jedermann ein Begriff geworden. Könnten nicht einige der Zukunftsentwürfe latente Möglichkeiten sein? Ist es wirklich an den Haaren herbeigezogen, wenn man kosmische Nachbarn für existent hält?[2]

Solange das Bewußtsein nur auf Länder und Nationen fixiert war und seine ganze Kraft in die Bewältigung der daraus abgeleiteten Probleme und Aufgaben floß, tauchte die Frage nach kosmischen Nachbarn weder auf, noch ergab sich ihre Notwendigkeit.

Das Hauptziel des neuen Zeitalters heißt *Einheit der Menschheit*. Heute jedoch wird noch an vielen Orten der Erde erbittert gekämpft und dabei viel Blut vergossen; die Verletzung der Menschenrechte dauert an. Es ist meiner Ansicht nach nicht gänzlich ausgeschlossen, daß sich die zerstrittene Menschheit blitzartig ihres *Mensch*-Seins bewußt wird, wenn diese sich plötzlich einer *anderen Art* gegenübergestellt sieht. Die Begegnung mit etwas total Neuem, mit beispielsweise außerirdischen Lebewesen, könnte zu einem der vielen Anlässe werden, daß alle Völker in Solidarität zusammenstehen. So gesehen wäre der Besuch anderer Kosmosbewohner durchaus von Wert; dann würde die Menschheit begreifen, daß die Welt nicht nur aus nationalen Belangen und egoistisch-selbstsüchtigen Interessen besteht.

Es bleibt abzuwarten, ob es sich in den kommenden Jahren und Jahrzehnten herausstellen wird, ob die hier angeführten Ideen des Gedankenspiels bloße Illusion waren oder wirkliche Realität werden. Wir werden sehen, ob die Beschäftigung mit außerirdischen Wesen in Ton, Bild und Schrift möglicherweise eine Vorbereitung war, um die hautnahe Berührung mit ihnen nicht allzu plötzlich zu erleben.

Erinnern wir uns: Das integrale Bewußtsein ist ein kosmisches! Es sprengt die heute noch gewohnte dreidimensionale Raumwelt der Ratio und führt den Menschen zu den noch ungeahnten und unerschlossenen Möglichkeiten in den Tiefen des Mikro- und Makrokosmos.

1) Ohne Zweifel sind eine Vielzahl der Zukunftsentwürfe überspannt; andererseits hat sich vieles, was vorgestern als unmöglich erklärt wurde, gestern und heute tatsächlich realisiert. Die Utopisten und Idealisten von vorgestern erwiesen sich oftmals als die Realisten von gestern — werden sie es auch heute und morgen sein?

2) ,,Wisse, daß jeder Fixstern seine eigenen Planeten hat und jeder Planet seine eigenen Geschöpfe, deren Zahl kein Mensch errechnen kann.'' (Bahá'u'lláh, Ährenlese 82:11)

V. Teil:

Fragen zur Bahá’í-Religion

Vorbetrachtung

Während der Konzeption dieses Buches stellte sich für mich immer klarer die Notwendigkeit heraus, einen fünften Teil hinzuzufügen. In zahlreichen Gesprächen über die Bahá'í-Religion traten mir stets die gleichen Argumente und Mißverständnisse entgegen, so daß ich in diesem V. Teil einige typische Fragen und Einwände zusammenstellen und beantworten möchte.

Es wird dabei auf interessante Weise deutlich, wie wenig es im Grunde *persönliche* Schwierigkeiten, sondern viel mehr *kollektive* Schwierigkeiten sind, welche auf die spezifische Denkweise des mental-rationalen Bewußtseins zurückzuführen sind. Dies besagt aber nicht, daß es nicht doch die Aufgabe des einzelnen ist, sich durch das Begriffsgitterwerk seiner mental-rationalen Gefängniszellen hindurchzuarbeiten. Das Phänomen selbst ist *kollektiv*; die Arbeit der Bewußtwerdung allerdings ist *individuell* und kann nur von dem einzelnen Menschen geleistet werden.

Frage 1: **Ist die Bahá'í-Religion eine Sekte des Islám oder eine der vielen anderen Sekten, die heute verstärkt Aufsehen erregen?**

Die Bahá'í-Religion ist so wenig eine Sekte des Islám wie das Christentum eine Sekte des Judentums ist. Sie schließt sich historisch zwar an den Islám an, ist aber eine völlig unabhängige, in sich geschlossene Offenbarungsreligion und zugleich die geschichtlich jüngste im Zuge fortschreitender Gottesoffenbarung.

In Übergangszeiten ist es nicht leicht, die Spreu vom Weizen zu unterscheiden, da sich das zum Vergehen gezwungene Alte und das aufkeimende Neue noch nicht klar entmischt haben. Zeiten der Mutation sind stets von besonderer Dynamik begleitet und haben daher recht häufig sogar einen eruptiven Charakter. Es ist sogesehen nur allzu verständlich, daß der Mensch in der hervorbrechenden und zusammenbrechenden Fülle die Übersicht verliert. Wer in solchen Zeiten des Wirrwarrs nicht in einem Chaos enden will, der muß sich aufmachen, nach geistigen Ordnungsgesetzen zu suchen.

Dies gilt auch hinsichtlich der Frage, ob die Bahá'í-Religion eine der Sekten ist, die in letzter Zeit in der Weltöffentlichkeit recht unangenehm aufgefallen sind — man denke etwa an das kriminelle Treiben der sogenannten Jugendreligionen. Dennoch sollte nicht gleich verallgemeinert werden, wenn man den Namen einer zunächst fremden Religion vernimmt. Es sollte stets, und dies zeichnet eben den mündigen Menschen aus, genau geprüft werden, über was man so schnell und so leichtfertig urteilen möchte. Urteilen, bevor man sich nicht intensiv und kritisch mit einer Sache auseinandergesetzt hat, bleibt eben nur ein Vor-urteilen!

Wer sich also mit der Lehre Bahá'u'lláhs kritisch und ausgiebig beschäftigt hat, wird etwa zu folgender Antwort finden: Eine Religion, die nach *Integration* strebt, kann logischerweise keine Sekte sein, denn Sekte meint immer nur einen *Teil*, einen *Sektor* — niemals jedoch umfaßt sie das *Ganze*! Die Bahá'í-Religion ist eine *ganzheitliche* Manifestation Gottes, die das Ziel verfolgt, alle Menschen zu *einen*, statt sie in einzelne Grüppchen zu *zersplittern*.

Frage 2: **Ist die Bahá'í-Religion nicht nur eine der vielen anderen Religionen, die es auf der Erde gibt?**

Was heißt „nur"? Die Bahá'í-Religion steht nicht nur unverbunden „neben" anderen Religionen — dies gilt übrigens für alle anderen Religionen auch. Es handelt sich nicht allein um verschiedene Religionen, welche man sich addiert nebeneinandergestellt vorstellen kann, sondern ihr wahrer Sinn erschließt sich erst durch das Prinzip der Integration, das Prinzip fortschreitender Gottesoffenbarung.

Die Bahá'í-Religion ist in der Folge fortschreitender Gottesoffenbarung die vorerst letzte und damit jüngste Manifestation Gottes, in der Er uns Seinen Willen verkündet. Sie entspricht in ihrer Aufgabenstellung der Bewußtseinsstufe der heutigen Menschheit. Ihr Anliegen ist nicht *Separation*, nicht *Isolation*, sondern *Integration* all des vorher Gewesenen.

Die Bahá'í-Religion zielt auf die *Einheit* aller Religionen, aller Völker, Rassen und Nationen. Aus ihrer Sicht heraus ist es an der Zeit, die vielen Zerstrittenheiten zwischen den Anhängern verschiedener Glaubensgemeinschaften und die vielen Konflikte zwischen Völkern, Rassen und Nationen zu beenden. All die Schwierigkeiten, welche sich heute zwischenmenschlich ergeben, entspringen einer Fehlhaltung des Ich. Solange sich die Menschen in stets neue Sonderinteressen und Privatansichten zersplittern, gibt es keine Einheit. Der Weg zu dauerhaftem Frieden führt über die bewußte Einordnung in ein allen übergeordnetes größeres Ganzes: die Welt-Gemeinde.

Wie soll es jemals wirklichen Frieden geben, wenn nicht über einen *einzigen* Plan Gottes, der *von allen* akzeptiert wird? Die Bahá'í-Religion ist dieser neu von Gott in die Welt gesetzte Strom, der alle Quellen, Bäche und Flüsse vereinen und in ein umfassendes göttliches Ganzes hineinführen wird. *Einheit* darf jedoch nicht mit *Gleichheit* oder *Nivellierung* gleichgesetzt werden. Ein Blumenstrauß ist eine *Einheit* und doch gewinnt er an Schönheit gerade durch die Mannigfaltigkeit der einzelnen voneinander verschiedenen Blumen, welche ihren Standort in dem sie umfassenden größeren Ganzen einnehmen.

Frage 3: **Es reicht doch völlig aus, wenn ich an mir arbeite und meinen Weg gehe! Wozu sollte ich mich dann noch der Bahá'í-Religion zuwenden?**

Das Streben nach Selbsterkenntnis ist im Grunde eine Voraussetzung für die Verwirklichung des Bahá'í-Anliegens. Nur über die Arbeit an sich selbst kann man die Klarheit erlangen, welche nötig ist, um Gottes Willen besser zu erkennen. Solange der Abstieg in das eigene Schattenreich nicht gewagt wird, gibt es keinen wirklichen Fortschritt, weder innen noch außen. Selbsterkenntnis und Bahá'í-Sein schließen sich nicht aus, sondern ergänzen einander in wechselseitiger Beeinflussung zu einer Ganzheit.

„Wie oben, so unten!" — dieses Gesetz, das uns durch Hermes Trismegistos überliefert ist, nennt man auch „Das Gesetz der Entsprechung". Auf die Ausgangsfrage bezogen, sagt es etwa aus: „Äußeres und inneres Streben müssen sich entsprechen." Ist nicht das Streben nach Selbsterkenntnis ein Streben nach *innerer Ganzheit*? Will nicht die Bahá'í-Religion die *äußere Einheit*?

Man kann den Innenweg nicht vom Außen trennen, da Innen und Außen zwei Pole sind, die nur zusammen existieren können. Wer also nach Selbsterkenntnis und innerer Ganzheit strebt, hat in der Bahá'í-Religion das derzeit größte Übungsfeld.

Selbsterkenntnis meint die Bewußtwerdung des im Menschen angelegten, des immanenten göttlichen Selbstes. Man muß sich einmal klar machen, daß dieses Selbst mit dem göttlichen Willen niemals in Widerstreit geraten kann, da es ja eine Manifestation Gottes ist. Weil jede Bewußtwerdung über den scheinbaren Umweg des Außen geht, liegt es auf der Hand, diesen Prozeß nach dem auszurichten, was Gott uns als Seinen Willen für das kommende Zeitalter offenbart hat.

Bahá'u'lláh sagt, daß die Erkenntnis der Offenbarer Gottes mit der Erkenntnis Seines eigenen Selbstes gleichbedeutend ist. „Wer sie erkennt, hat Gott erkannt. Wer auf ihren Ruf hört, hat auf die Stimme Gottes gehört, und wer die Wahrheit ihrer Offenbarung bezeugt, hat die Wahrheit Gottes selbst bezeugt. Wer sich von ihnen abwendet, hat sich von Gott abgewendet, und wer nicht an sie glaubt, hat nicht an Gott geglaubt."[1)]

Frage 4: **Ich richte mich lieber nach dem, was von C. G. Jung, Graf Dürckheim, Sri Aurobindo oder Jean Gebser gesagt wurde. Warum soll ich mich zusätzlich noch mit der Lehre Bahá'u'lláhs befassen?**

1) Ährenlese 21

Weder Jung, Dürckheim, Gebser noch Aurobindo haben jemals von sich behauptet, der *Erwählte Gottes* zu sein, der den Auftrag erhalten hat, eine Lehre zu offenbaren, nach der alle Religionen geeint und alle Menschen zu einer Familie integriert werden sollen. Man könnte einwenden, sie alle würden von ihrer Geisteshaltung her dasselbe anstreben. Das ist richtig — es besteht sehr viel Gemeinsames, doch liegt der Unterschied zwischen den oben genannten Personen und Bahá'u'lláh nicht in etwaigen Verschiedenheiten ihrer Kernanliegen, sondern in der Tatsache begründet, daß Gott sich in Bahá'u'lláh *direkt an die gesamte Menschheit* gerichtet hat.

Jung, Dürckheim, Aurobindo, Gebser und viele andere inspirierte Menschen haben Großes geleistet und haben daher für die Menschheitsentwicklung einen unbestreitbaren Beitrag gegeben. Niemand von ihnen aber ist Der, welcher durch alle bisherigen Religionsstifter und Propheten angekündigt wurde! Erst mit Bahá'u'lláh hat sich der Heilige Geist in Seinem Zeitanliegen in der Welt bemerkbar gemacht. Wenn man Bahá'u'lláh bildlich gesehen mit der *Hauptquelle* des erneuernden Zeitgeistes vergleicht, so sind alle inspirierten Menschen, die im Prinzip dieselben Grundgedanken vertreten, gewissermaßen *Nebenquellen*, aus denen das Wasser jedoch weniger klar und weniger stark an die Oberfläche tritt.

Die alles bewegende Kraft ist die Kraft Gottes, die Kraft des Heiligen Geistes, der das Prinzip der Einheit Gottes auch auf Erden vertritt: in jeweils *einem* Mittler! Es gibt in Wendezeiten jeweils nur *eine* Zentralgestalt, von der die stärkste Kraft ausgeht. Nur in ihr offenbart sich Gott in kristallklarer Reinheit, nur durch sie teilt Gott Seinen Willen direkt an die Menschheit mit. Dies besagt nicht, daß alle anderen auch etwas Entscheidendes zu sagen haben — jeder hat seinen Wert an dem Platz, wo Gott ihn hingestellt hat.

Frage 5: **Ich kann nicht mehr im alten Sinne an jemanden glauben. Soll ich mich etwa schon wieder auf einen Religionsstifter fixieren?**

Bahá'u'lláh verlangt von niemanden, daß er blind an Ihn glaubt. Das Zeitalter des blinden Glaubens geht dem Ende entgegen. In einem Prinzip der Lehre Bahá'u'lláh finden wir die Antwort auf die Frage: Er spricht dort von dem *unabhängigen Suchen nach Wahrheit*. Dies besagt: Niemand soll von Ihm oder einem anderen Menschen etwas annehmen (d.h. einfach glauben), was er nicht selbst sorgfältig geprüft hat. Ziel ist der *mündige* (d.h. der bewußte) *Mensch*, der eigenständig denken und für sein Tun und Lassen die volle Verantwortung übernehmen kann.

Dadurch, daß heute das Analphabetentum immer mehr im Schwinden begriffen ist, weil mehr Menschen die Schule besuchen können, sind dem einzelnen die Möglichkeiten eröffnet, *sich selbst* die erneuernde Botschaft Gottes zu erarbeiten. Immer mehr Menschen werden fähig, selbständig zu denken — sie sind nicht mehr so sehr auf Priester und Lehrer angewiesen, die ihnen gewissermaßen die geistige Nahrung ,,mundgerecht'' zubereiten, d.h. interpretieren.

In der Hinwendung zur Bahá'í-Religion handelt es sich nicht um einen Rückfall in das vorrationale *Im-Glauben-Sein*, worin der Mensch noch gar keine tieferen Zweifel kennt und sich im großen ,,Mutterleib Gottes'' völlig geborgen fühlt. Diese Form des Glaubens entspricht der magisch-mythischen Bewußtseinsstruktur. Handelt es sich hierbei um einen *unbewußten* Glauben, so spricht Bahá'u'lláh den *bewußten* Glauben an, in dem Glauben und Wissen, Religion und Wissenschaft zusammengehören, sich polar ergänzen und befruchten.

Die Zuwendung zur Lehre Bahá'u'lláhs bedingt das langsame Hineinwachsen in integrale Strukturen. Sicher, in Bahá'u'lláh tritt uns zunächst ein DU entgegen, doch besteht nur für den Menschen die Gefahr des Personenkults, der innerlich dieser Fehlform nicht widerstehen kann. Wer also Angst davor hat, sich erneut zu fixieren, müßte *an sich selber* arbeiten, um aus der mental-rationalen Bewußtseinsstruktur in eine integrale hineinzuwachsen und dabei die Neigung des Fixierens zu überwinden.

Frage 6: **Was geht mich die Bahá'í-Religion an? Soll ich mich etwa schon wieder dogmatisch festlegen? Ist es nicht sinnvoller, wenn sich der einzelne selbst fortbildet, indem er Bücher liest und Seminare besucht?**

Mit ,,dogmatisch'' ist hier sicherlich die Erstarrung im Dogmatismus gemeint. Es gibt keine Religion ohne Dogmen, d.h. ohne Glaubenssätze. Wir müßten hier zwischen Religion und Dogmatisierung unterscheiden.

Religiöse Wahrheiten beinhalten einen dynamischen Aspekt; sie entfalten sich im menschlichen Bewußtsein je nach der Stufe, auf der man sich befindet. Dogmatisierung hingegen ist statisch und neigt dazu, das ,,Stirb und Werde'' des menschlichen Reifens zu bremsen und zu verhindern. Religionen fördern, ja sie fordern sogar die Wandlung, während dogmatisierte Menschen vor Veränderungen zurückschrecken.

Zur Frage: ,,Was geht mich die Bahá'í-Religion an?'' ist zu sagen: In ihr tritt dem Menschen unserer Tage *die größte Verpflichtung* entgegen! Gott offenbart Seinen Willen in verschiedenen Zeitaltern. Was Er uns *heute* zu sagen hat, ist durch Bahá'u'lláh verkündet worden.

Die Beschäftigung mit der Bahá'í-Lehre und das Studium der Bücher aus anderen Bereichen schließen sich nicht aus. Gerade umgekehrt ist es wünschenswert, sich auf breiter Basis fortzubilden, um die Gedanken Bahá'u'lláhs besser verstehen zu können. Man sollte sich davor hüten, stets neue Dualismen aus dem Boden stampfen zu wollen.

In der Ausgangsfrage schwingt noch ein anderer Aspekt mit, der nicht unerwähnt bleiben soll: Immer mehr Menschen lesen heute spirituelle Literatur. *Selbsterkenntnis* ist geradezu ein Modewort geworden. Viele nehmen es in den Mund, weil sie finden, es sei ,,in'', doch nur sehr wenige wissen, worum es wirklich geht! Selbsterkenntnis ist die schwerste Arbeit, die einem Menschen auferlegt werden kann. Sie fällt nicht in den Schoß, sondern ist mit vielen Ängsten, Mühen und Tränen verbunden — alles in allem eine nicht ungefährliche Aufgabe, die zur Bewältigung einer guten Führung bedarf.

Viele glauben, sie würden ,,fleißig auf dem Wege sein'' und ,,Selbsterkenntnis betreiben'', wenn sie sich ,,spirituell fortbilden''. Hierin liegt ein fundamentaler Irrtum. *Wissen* und *Bewußtsein* sind eben nicht identisch! Selbst das Studium tiefenpsychologischer Literatur bringt einen nicht wirklich weiter, solange das Wissen ohne eigenes Erleben bleibt.

Begegnet man jenen Menschen, die vorgeben ,,nach dem Geistigen zu suchen'', kann man immer wieder feststellen, daß sie es insgeheim ablehnen, sich mit ihrem Schatten auseinanderzusetzen. Obwohl es nach außen hin so scheint, als würden sie *suchen*, haben sie jedoch innerlich schon *gefunden*, bevor das wirkliche Suchen hat anfangen können.[1)]

Spricht man diese ,,Suchenden'' auf die Bahá'í-Religion an, so setzen sie in der Regel die größten Widerstände entgegen. Wer wirklich sucht, der findet! Solange man jedoch nur Studien betreibt und sich an dem Interessanten zu berauschen sucht, ist man kein wirklich Suchender.

Anstatt hellhörig zu werden, sind die meisten mit spirituellem Wissen so sehr ,,überfüttert'', daß jegliches freischöpferisches Denken im Keime erstickt. Sie sind voller Bilder und Vorstellungen, wie das neue Zeitalter beschaffen sein muß und merken es nicht, daß gerade diese eigenen Konstruktionen die größten Hindernisse sind, das Wesentliche zu erkennen.

Es gehört zu den bekannten Fehlformen, daß man sich an dem mühsam

1) Literaturempfehlungen über wirkliches Suchen:
— Bahá'u'lláh, Ährenlese 153
— Emmanuel Jungclaussen, Aufrichtige Erzählungen eines russischen Pilgers, Freiburg 1974

Ferner wird folgende Geschichte erzählt: Ein Schüler geht zu einem Meister und bittet ihn zu erklären, was echtes Suchen sei. Daraufhin packt der Meister den Schüler und steckt dessen Kopf unter Wasser. Nach einiger Zeit geht dem Schüler die Luft aus — er versucht sich zu befreien, doch der Meister hält ihn umso fester. Schließlich beginnt der Schüler bewußtlos zu werden. In diesem Moment läßt ihn der Meister los. Während der Schüler tief nach Luft schnappend auf dem Boden liegt, sagt der Meister: ,,Wenn du in dir den Drang verspürst, so intensiv nach Wahrheit zu suchen, wie du im Moment nach Luft suchst, dann weißt du, was wirkliches Suchen ist.''

erworbenen Wissensgut festklammert, darauf stolz ist und insgeheim durch dieses Wissen jemand Besonderer sein möchte. Gelingt es nicht, immer wieder einmal alles *loszulassen*, und alles bereits Bekannte und Erworbene gründlich zu hinterfragen, gerät das geistige Streben in Stillstand und entartet zu einer Pseudoform, hinter der letztlich nur noch Selbstbeweihräucherung betrieben wird.

Frage 7. **Wie läßt es sich erklären, daß heute wohl die meisten geistig Suchenden eine neue Manifestation Gottes für nicht möglich halten?**

In zahlreichen sogenannten ,,geistigen Kreisen'' herrscht heute die feste Überzeugung, daß sich Gott nicht neu in Gestalt eines leiblichen Gesandten manifestieren wird. Sie erwarten nicht etwa die personale Ankuft eines Offenbarers, sondern gehen felsenfest davon aus, Gott würde sich im Menschen des neuen Zeitalters als ,,Geist-Prinzip'', als ,,Geistschwingung'', als ,,Bewußtseinsfrequenz'' und als ,,Energiestrom'' offenbaren — kurz: unpersönlich, bzw. überpersönlich.

Jene, die so fest von diesen Vorstellungen ausgehen, bemerken in der Regel nicht, daß sie sich etwas vor-stellen, das die Sicht auf die wahren Gegebenheiten ver-stellt. Sicherlich geht es *auch* um eine neue Schwingung und Frequenz, geht es um neue Strukturen und Energieströme — nichts spricht dagegen! Doch hierin ein *,,nur''* zu sehen, ist eine neue Dogmatisierung.

Folgende Gedanken mögen diesem kollektiven Spukphänomen, das in vielen ,,geistigen Zirkeln'' umgeht, ein Ende bereiten: Wir wollen uns zunächst fragen, was denn eigentlich daran so gefählich ist, wenn man den Gedanken ausspricht, daß sich Gott auch für dieses Zeitalter durch einen leiblichen Gesandten manifestiert. Wie ist es erklärbar, daß eine Vielzahl der sogenannten ,,Suchenden'' Widerstände, Aggressionen und Empörung äußert, wenn sie mit der *geschichtlich nachweisbaren Existenz* Bahá'u'lláhs konfrontiert sind? Normalerweise müßte doch schon allein der Gedanke, daß Gott sich erneut offenbart haben könnte, größte Freude auslösen und zur Nachprüfung der Behauptung Anlaß geben.

Doch das Gegenteil ist zumeist der Fall: Protest und Abwehr. Statt den *Anspruch* Bahá'u'lláhs als eine *Herausforderung* anzunehmen und sie selbst kritisch zu prüfen, fliehen sie in ihre eigenen Gedankengebäude, denen sie mehr Realitätsnähe beimessen, als geschichtlich nachweisbare Fakten.

Gehen wir also einer der häufigsten Ursachen nach, so finden wir eine der treffenden Erklärungen, warum so viele Suchende die Flucht ergreifen oder in Verteidigungshaltung gehen, wenn sie von der Lehre Bahá'u'lláhs erfahren.

In der heutigen Zeit ist Unzähligen die eigene Identität verloren gegangen.

All jene, welche sich mit der Kultur der alten Ethik identifizieren, spüren unbewußt, wie der Boden unter ihnen immer brüchiger wird. Sie merken, daß der Untergang des Alten und Gewohnten nicht mehr aufzuhalten ist. Einige von ihnen verließen rechtzeitig den Strom der Masse und erarbeiteten sich oftmals über Jahre und Jahrzehnte hinweg eine tiefere Weltsicht. Zumeist allein, abseits vom Kollektiv, schritten sie auf dem schmalen Pfad voran, auf dem sie Mosaiksteinchen neben Mosaiksteinchen setzten, um das Bild des Hintergrundes zu erkennen.

So erstaunlich diese Einzelgänge sind, so fruchtbar und bewundernswert — eine große Gefahr wurde nur von wenigen durchschaut: die unbewußte Genugtuung, etwas Besonderes geleistet zu haben und deshalb jemand Besonderer zu sein. Auf mühsamen Wegen sind sie beispielsweise tiefer in das Christentum eingedrungen, haben Religionen und Mythen durchforscht, haben sich in das Weisheitsgut östlicher Kulturen vertieft oder sind in der Tiefenpsychologie ,,fündig'' geworden. Jeder, der aus dem Massendasein ausbrach, hat versucht, auf seine Weise einen Weg zum Hintergrund unserer Erscheinungswelt zu bahnen.

So positiv diese Eigenschritte sind, so negativ können sie werden, wenn man nicht rechtzeitig genug die Gefahr der Selbsterhebung erkennt. Konfrontiert man jene Menschen mit der Tatsache, daß es eine göttliche Offenbarung gibt, in der all das Wesentliche verzeichnet ist, was sie auf mühsamen Eigenwegen Stück für Stück herausgefunden haben, so fühlen sie sich schlagartig in ihrem *Besonderssein* bedroht und erleben den Offenbarer Gottes unbewußt als *Konkurrenten.* Plötzlich sind sie gar nichts Besonderes mehr, sondern stehen gleichwertig unter vielen. Hier ist die entscheidende Klippe, die Schwelle und Wegkreuzung, an der es sich zeigt, ob man als Suchender tatsächlich bereit ist, den Sonderstatus zu lassen und sich wirklich in die göttliche Ganzheit einzufügen.

Hier springen die meisten ab, wehren sich und wollen lieber im *eigenen Weinberg* arbeiten als im *Weinberg des Herrn.* Sie wollen auf ihre Sonderstellung *nicht* verzichten. Wir können dies besonders bei Autoren beobachten, die sich zeitlebens mit den Hintergründen des Lebens befaßt und einiges über das neue Zeitalter geschrieben haben. Nicht selten ist ihre Identität so eng mit ihren Werken verknüpft, daß sie einen Prestigeverlust befürchten, wenn sie vernehmen, daß Gott einen Boten geschickt hat, der ein Vielfaches von dem gesagt hat, was sie selbst niedergeschrieben haben.[1)]

1) Die Spiegelszene in dem Märchen Schneewittchen steht hier durchaus in einem Zusammenhang. Entsprechend umformuliert könnte man sagen:
Frage: ,,Spieglein, Spieglein an der Wand — wer hat die beste Lebensphilosophie im ganzen Land?''
Antwort: ,,Sie, Herr/Frau X haben die beste Philosophie im ganzen Land — aber hinter den Bergen . . . gibt es eine göttliche Offenbarung, die ist tausendmal besser und umfassender als . . .''

Frage 8: **Warum benötigen wir gerade eine neue Religion, um aus der heutigen Krise herauszufinden?**

Die Welt, in der wir hier auf Erden leben, ist ein winziger Ausschnitt des Universums, ein mikroskopisch kleines Pünktchen in der Schöpfung Gottes. Aus der obigen Frage geht hervor, daß diese Relation *Gott:Mensch* nicht genügend bewußt geworden ist. Erst wenn wir erkennen, wie unendlich winzig der Mensch im Verhältnis zu Gott ist, erst dann können wir ermessen, wie abhängig wir von Seinem Willen, Seiner Hilfe und Seiner Gnade sind. Solange wir uns — bewußt oder unbewußt — zum Maß aller Dinge nehmen und uns zum Mittelpunkt des Weltalls machen, wird die Notwendigkeit einer Religion kaum einsehbar sein. In einer Religion, durch einen Offenbarer übermittelt, tritt uns der Wille Gottes in sprachlicher Form gegenüber. Auf diese Weise können wir uns in der Schöpfung Gottes orientieren und unsere Aufgaben und Ziele erkennen.

Das wichtigste jedoch scheint mir die *Verbindlichkeit* zu sein, die einzig von einer Religion ausgehen kann. Diese Verbindlichkeit aber ist es, die den heutigen Menschen am meisten zurückschrecken läßt. Warum? Wohl die meisten „suchenden" Menschen befinden sich im Stadium der Ablösung von kollektiven Normen, Traditionen und Denkweisen. Aus der *Gebundenheit* heraus streben sie mit aller Kraft danach, *ungebunden* zu sein und verneinen jegliche Autorität.

Dieser Prozeß, dieses Nein zu festlegenden Gesetzen, Dogmen, Verhaltensschablonen und autoritären Vorschriften bewirkt bei vielen, daß sie „das Kind mit dem Bade ausschütten" und *jegliches* Festgelegtsein als unerträgliche Einengung erleben. Sie werfen Begriffe, wie Gehorsam, Disziplin, Einordnung, Unterordnung und Verbindlichkeit einfach über Bord, nicht zuletzt deshalb, weil bisher — vor allem im Dritten Reich — viel Mißbrauch getrieben wurde. Sie glauben, dadurch *frei* zu sein und begehen den Fehler, *Freiheit* mit *Ungebundenheit* zu verwechseln.

In dieser inneren Einstellung, die oftmals mehr zum *Individualismus* als zur *Individuation* hintendiert, begegnen sie der Bahá'í-Religion. Angesichts des beschriebenen psychologischen Hintergrunds ist es nur allzu leicht verständlich, daß sie den Aspekt religiöser *Verbindlichkeit* als unzumutbar erfahren und einer Religion viel lieber unverbindliche Philosophien, Ideologien oder esoterisch-psychologische Betrachtungsweisen vorziehen möchten.

Meiner Ansicht nach befinden sie sich auf dem Weg von der *Gebundenheit* zur *Ungebundenheit* — der nächste Schritt wäre es, in der Mitte zwischen diesen beiden Extremen die *Freiheit* zu finden.[1] Erst dann dürfte die innere Bereitschaft gegeben sein, eine neue verbindliche Offenbarung Gottes anzuerkennen.

1) Siehe dazu: Erik Blumenthal, Wege zur inneren Freiheit — Praxis und Theorie der Selbsterziehung, München-Luzern 1980

Frage 9: **Was kann es denn den heutigen Menschen nützen, wenn sie sich Bahá'u'lláh zuwenden?**

Eine ausführliche Antwort auf diese Frage würde ein neues Buch erforderlich machen. Begnügen wir uns daher mit einigen Grundgedanken. Die Hinwendung zu Bahá'u'lláh ist identisch mit der Hinwendung zu Gott. Wir Menschen können Gott in Seiner Ganzheit nicht begreifen und sind deshalb unbedingt auf einen Mittler angewiesen, der gewissermaßen eine Brücke zwischen Gott und unserer menschlichen Bewußtseins-Welt darstellt. Nur über diese Brücke können wir von Gott erfahren, was Sein Wille ist. Bahá'u'lláh ist bildlich gesprochen das Gefäß, in dem sich der Geist Gottes der Menschheit manifestierte.

Nun, was ,,haben wir davon''? Die Zuwendung zu Bahá'u'lláh ist gleichzeitig eine Hinwendung zum SINN des Lebens, zum SINN der Schöpfung Gottes, die wir mitzugestalten haben. Nur durch Gott erhalten wir einen Sinn, nur Er kann uns erfüllen, nur Er erhält uns. Wenn wir also nicht ins Verderben springen wollen und in der Nichtigkeit, Oberflächlichkeit und Flachgeistigkeit des Massendenkens zu veröden gedenken, müssen wir uns Dem zuwenden, Der uns den Weg zur Sinnerfüllung zeigt: Gott — durch Seinen Mittler in dem jeweiligen Zeitalter. Bahá'u'lláh ist der vorerst letzte Bote in der langen Reihe der Offenbarer. Er steht uns zeitgemäß am nächsten und Er ist es, durch Den Gott sich für das gegenwärtige Zeitalter offenbart hat. Der erste ,,Nutzen'' ist also die *Sinnerfüllung*.

Es ist ein tiefer Irrtum unserer heutigen Rationalität, anzunehmen, es gäbe stabile menschliche Gemeinschaften allein dadurch, daß man sich in einer Idee, einem Plan oder einem Vorhaben vereint. Alle menschlichen Unternehmungen, sofern sie menschlichen Gehirnen zugrundeliegen, haben nur einen relativ kurzen Bestand. Alle Beziehungen sind nur von kurzer Dauer und zersplittern schon bald, wenn die Interessen der einzelnen voneinander abweichen. Denken wir an das Vereinswesen, an politische Parteien und sonstige Interessengruppen. Nirgends läßt sich eine solche einigende und beständige Kraft der Integration feststellen, wie in Gemeinschaften, die vom Geiste Gottes getragen sind. Der zweite ,,Nutzen'' ist das Entstehen eines echten und daher tiefen *Gemeinschaftsgefühls*. Nur wer auf Gott baut, baut auf Fels — und Er tritt uns in Bahá'u'lláh gegenüber.

Frage 10: **Ich finde, es ist an der Zeit, noch mehr ,,Kernzentren'' zu bilden, worin sich geistig strebende Menschen zusammenschließen und das neue Bewußtsein zu realisieren versuchen. Wozu soll man grundsätzlich Bahá'í-Gemeinden gründen?**

Es gehört zu den Erscheinungsformen des ,,Vorfrühlings'' eines neuen Zeitalters, daß sich solche Menschen zu Gruppen zusammenschließen, welche sensibel und wach genug sind, die Regungen des beginnenden neuen Zeitalters wahrzunehmen. Sie wagen den geistigen Sprung aus dem Allgemeindenken heraus und beginnen damit, ihr Leben in den tieferen Zusammenhängen zu erforschen. Es zeigt sich ein tiefes Bedürfnis nach alternativen Lebensformen, weil ihnen plötzlich das gewohnte Leben nicht mehr sinnvoll genug erscheint.

Es gibt heute auf Erden eine große Anzahl solcher ,,Kernzentren'', sei es ,,Die Gemeinschaft von Findhorn'' in Schottland oder ,,Auroville'' in Süd-indien. Überall bricht eine neue Geisteskraft durch die Bewußtseinsschwelle der Menschen hindurch und befruchtet sie in ihrem Tun und Denken. So positiv diese Bemühungen auch zu werten sind, es gibt unter den ,,Kernzentren'' keine äußere Einheit. Zwar tragen sie sich alle mit dem Gedanken der *Einheit der Menschheit*, doch führen nach wie vor alle ,,Kernzentren'' gleichsam ein Inseldasein.

Das wirkliche Anliegen Gottes ist noch nicht allgemein bekannt geworden, ein Zeichen dafür, daß der Frühling des neuen Zeitalters noch nicht überschritten ist. *Kernzentren sind Vorformen,* niemals jedoch schon das Eigentliche, was Gott in Seinem Plane vorgesehen hat: die Einheit *aller* Menschen. Bislang leben wir noch im unteren, dem unbewußten Bereich der Innenweltordnung. Erst wenn der Raum-Zeit-Aspekt des ,,O-Frühling'' erreicht ist, wird das Wort Gottes in den oberen, den sichtbaren und bewußten Teil der Erscheinungswelt hineinwachsen und damit allgemein bekannt werden. So kann es nur eine Frage der Zeit sein, bis all die vielen über die Erde verstreuten Punkt-Zentren zu einer Welt-Gemeinde zusammenwachsen.

Die Innerweltordnung des I Ging lehrt uns, daß erst im ,,SO-Frühsommer'', also im Zeichen ,,Wind'', ,,die Wesen in ihre Form strömen''. Dies heißt auf diese Thematik bezogen: Erst in diesem Aspekt wird sich die Bahá'í-Weltgemeinde in aller Öffentlichkeit ausformen und überall Gestalt annehmen. Bis dahin jedoch wird die Bahá'í-Weltgemeinde vermutlich noch ein Schattendasein führen und hinter der Kulisse des Weltgeschehens verharren müssen, bis der Zeitpunkt reif geworden ist.

Die sogenannten ,,Kernzentren'' werden sich auflösen und alle bis heute noch wirksamen mental-rationalen Dualismen werden überwunden. Schon heute läßt sich beobachten, daß die einigende Kraft solcher Gemeinschaften in dem Moment nachläßt, wenn die alles zusammenhaltende Zentralgestalt gestorben ist. Dann erweist es sich: Nicht die Idee allein, sondern vor allem die *personale Ausstrahlung* einer Zentralgestalt war es, von der die *integrierende Kraft* ausging. Fällt diese personale Kraft weg, so zeigen sich sogleich die ersten Zerfallssymptome und Zersetzungserscheinungen, weil sich die führerlose Gemeinschaft in eine Vielzahl von Privatansichten und Extrameinungen zu zersplittern droht.

Anders verhält es sich mit der Bahá'í-Gemeinde. Die ihr zugrundeliegende Idee ist *göttlichen* Ursprungs, die Zentralgestalt ist ein *göttlicher* Offenbarer. *Seine* Wirkung ist die Wirkung des Heiligen Geistes und geht daher weit über das irdische Leben des Offenbarers hinaus.

Was als weiterer Unterschied zwischen „Kernzentren" und Bahá'í-Gemeinden vielmals übersehen wird, ist die Tatsache, daß Bahá'u'lláh einen *einzigartigen Verwaltungsplan* geoffenbart hat, nach dessen Richtlinien das gigantische Unternehmen der Vereinigung aller Völker, Rassen und Nationen praktisch-sozial auch wirklich durchführbar ist. Viele kluge Menschen haben über das Ideal einer geeinten Menschheit nachgedacht, doch niemand hat einen so genialen und vollendeten Plan vorgelegt, wie ihn Gott durch Bahá'u'lláh zum Ausdruck brachte.

Frage 11: **Es gibt so viele Wege, auf denen der Mensch zu sich selber finden kann. Sollen all diese Wege etwa durch die Bahá'í-Religion abgeschafft werden?**

Mit den Wegen verhält es sich wie mit den Religionen: Es gibt nur *einen* Weg, der sich in *viele* Wege auffächert, so wie sich das weiße Licht in seine vielen Farben zerlegt. Jede Religion (der *einen* Religion Gottes) hat mit der Zeit verschiedene *Wegtechniken* entstehen lassen, mit deren Hilfe suchende Menschen nach einer tieferen Erkenntnis ihrer selbst streben konnten.

Alle Wegtechniken lassen sich auf bestimmte Religionen zurückführen; und alle Religionen sind im Grunde *eine* Religion: die Religion Gottes, welche sich im Laufe der Zeit — je nach Bewußtseinsstufe der Menschen — in verschiedener Weise darbot. So gesehen wird jeder Weg, der kein Fehlweg ist und jeder Meister, der nicht insgeheim ein Verführer ist, den suchenden Menschen zu dem führen, was wesentlich ist. Es gibt nicht verschiedene Wahrheiten, sondern nur die eine Wahrheit: die Wahrheit Gottes, die uns nur deshalb „verschiedenartig" entgegentritt, weil wir die Welt, die Wirklichkeit und uns selbst durch eine gefärbte Brille sehen.

Die Bahá'í-Religion will keine Wege abschaffen; es geht weder um bloße Addition noch um Substraktion — es geht um Integration. Wer mit Hilfe bestimmter Wegtechniken weiterkommt, braucht nicht darauf zu verzichten; die Hauptsache ist, sie *dienen* ihm auch tatsächlich zur inneren Wandlung. Viele gewöhnen sich an einen Weg und betreiben schließlich einen *Wegkult*, wobei ihnen immer mehr aus dem Blickfeld weicht, um was es eigentlich geht: um das innere Reifen.

Es gibt viele Wege, doch meinen alle dasselbe Ziel. In der *äußeren Mannigfaltigkeit* der Wege finden wir die *innere Einheit*, das eine Ziel: die Bewußtwerdung des immanenten göttlichen Selbstes. Sollten nicht eine *äußere Ein-*

heit und eine *innere Mannigfaltigkeit* zugleich möglich sein? Das Ergebnis dieser Überlegung war ein Mandala:

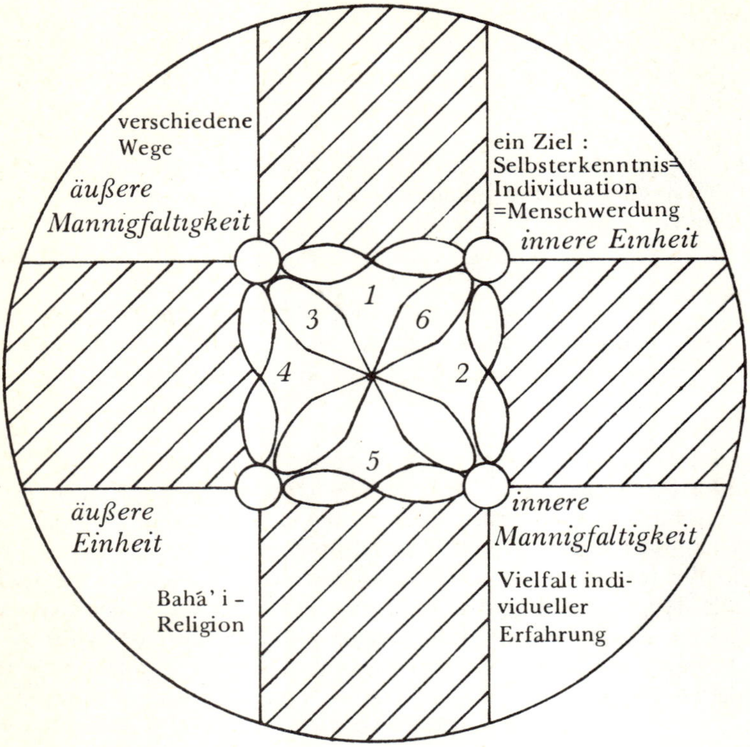

Aus dieser Darstellung ergeben sich 6 Polaritäten, welche untereinander in wechselseitiger Beziehung stehen und ganzheitlich gleichzeitig wirksam sind.

1) **Äußere Mannigfaltigkeit**	∞	**Innere Einheit**
· verschiedene Religionen		ein Ziel:
· verschiedene Wege, wie z.B. der Yoga-Weg der Zen-Weg		die Bewußtwerdung des immanenten göttlichen Selbstes = Individuation = Selbst-Erkenntnis = Mensch-Werdung
· Wissenschaft (vor allem die Tiefenpsychologie)		

2) **Innere Einheit** ∞ **Innere Mannigfaltigkeit**

Alle wirklich suchenden Menschen streben nach Selbsterkenntnis, doch jeder geht *seinen eigenen* Weg, auf dem er *seine,* d.h. nur die ihm eigenen Erfahrungen macht.

3) **Äußere Mannigfaltigkeit** ∞ **Innere Mannigfaltigkeit**

Die Art der vielfältigen inneren Erfahrungen ist zwar individuell, doch werden sie durch die besondere Weise des jeweiligen Weges mitgeprägt.

4) **Äußere Mannigfaltigkeit** ∞ **Äußere Einheit**

Dieses Buch hat es verdeutlicht, daß sich Vielfalt und Einheit nicht ausschließen müssen. Die Bahá'í-Religion als Pol der „Äußeren Einheit" schließt die anderen Wege nicht aus, sondern bildet durch ihren ganzheitlichen Charakter einen für alle Wege übergeordneten „Rahmen".

5) **Äußere Einheit** ∞ **Innere Mannigfaltigkeit**

Selbst wenn sich alle Menschen auf ein übergeordnetes Ganzes (die Bahá'í-Religion) ausrichteten, würde nach wie vor jeder einzelne seine eigenen, seine individuellen Erfahrungen machen.

6) **Äußere Einheit** ∞ **Innere Einheit**

Die Bahá'í-Religion als Pol der „Äußeren Einheit" bewirkt, daß alle Strebungen auf ein Ziel hinlaufen: auf die Mensch-Werdung des Menschen.

Ist die Rettung der Menschheit nicht davon abhängig, ob die bewußte Wechselwirkung zwischen den vier Polen der Quaternität in Bewegung kommt oder nicht? Wenn es tatsächlich gelänge, diesen Prozeß zu intensivieren, so würden der Bewußtwerdung der Menschheit ungeahnte Möglichkeiten eröffnet. Solange jedoch eine *äußere Einheit* nicht in den Mittelpunkt des Interesses rückt, bleiben die Menschen in ihrem dreidimensionalen Denken stecken. Die Dreiheit des mental-rationalen Bewußtseins muß in eine Vierheit überhöht werden. Erst im integralen Denken läßt sich wirkliche Toleranz erreichen. Nichts wird ausgeschlossen, sondern alles (auch die vielen Wege) wird seinen Platz im großen Ganzen finden.

Frage 12: **Wir sind doch alle Gottes Söhne (und Töchter)! Warum sollen wir uns Bahá'u'lláh zuwenden, der ja auch nur Gottes Sohn war?**

Unausgesprochen schwingt in dieser Frage das *entweder-oder* des rationalen Bewußtseins mit: *Entweder* sind wir alle Gottes Söhne, dann brauchen wir Bahá'u'lláh nicht, *oder* wir sind nicht Gottes Söhne, nur dann ist es nötig, sich Bahá'u'lláh zuzuwenden. Ich denke, es ist ein *sowohl-als auch*. Natürlich sind wir als Teile der Schöpfung „Gottes Kinder", doch verkennen Menschen der obigen Fragestellung, daß es *Stufen* der Bewußtseinsentfaltung gibt.

Tief im Unbewußten ruht in jedem Menschen das Selbst, der göttliche Funke, das kosmische Bewußtsein. Doch wer von uns kann behaupten, dieses All-Bewußtsein als einen Dauerzustand realisiert zu haben? Wir sind *unbewußt* Gottes Söhne; Christus, Bahá'u'lláh und die anderen großen Gottesboten waren es *bewußt*! Hierin liegt der entscheidendste Unterschied!

Doch warum sollten wir uns jetzt, im beginnenden neuen Zeitalter Bahá'u'lláh zuwenden, Seine Schriften studieren und versuchen, Seine Botschaft zu leben? Nun, eine der vielen möglichen Antworten ist folgende: Wir können jeweils nur von solchen Menschen geführt werden, deren Bewußtseins- und Reifeentwicklung der unseren um einiges voraus ist. Nur wer gewissermaßen höher auf einer Leiter steht, kann uns von dort sagen, wie die Landschaft (die Wirklichkeit) von einer höheren Stufe aussieht. Nur ein Mensch mit größerem Bewußtseinshorizont kann uns den Weg zu weiteren Aufgaben zeigen, kann uns zu höherer Erkenntnis führen. Deshalb ist auch jeder wahrhaft Suchende bestrebt, einen Meister zu finden. Dieser *äußere Meister* dient ihm als ein Spiegel, in dem der *innere Meister* dem Menschen langsam bewußt werden kann.

Und auch unter diesen Meistern bestehen Stufenunterschiede. Auf der höchstmöglichen Entwicklungsstufe stehen die Offenbarer Gottes, welche sagen konnten: „Ich und der Vater sind eins." Wenn wir Menschen uns diesen epochalen Zentralgestalten zuwenden, wissen wir ungetrübt und unverzerrt, was Gottes Wille war, bzw. heute ist.

Wir werden ausschließlich über das Außen bewußt. Bewußtwerdung ist ein nachholender Akt, in dem die Projektionen innerer Inhalte von außen zurückgenommen und wieder bewußt nach innen verlagert, introjiziert werden. Mit anderen Worten: Wir brauchen, um eine höhere Ausfaltung unseres Bewußtseins zu erlangen, einen adäquaten äußeren Spiegel, brauchen äußere Orientierungsmöglichkeiten, so daß ein Erkennen und Differenzieren möglich ist.

Stellen wir uns einmal vor, wir hätten nie etwas von Gebser, Jung, Dürckheim, Aurobindo, Steiner, etc. gelesen und wir wüßten nichts von ihnen. Nehmen wir an, wir wüßten nichts von Tiefenpsychologie, nichts von Philosophie und Religionen. Wir wären in dieser Situation zwar auch Gottes Söhne, doch „unbewußt"! Es bestünde keinerlei Möglichkeit der Differenzierung und Orientierung, keine Möglichkeit der Reflexion. Wir müßten mit unserer Bewußtseinsentwicklung von vorn beginnen.

Erst wenn wir alles Geschriebene, alle Informationen wegdenken, können wir bewußt ermessen, wie wertvoll und nötig diese für unser Dasein sind. Übertragen wir diese Gedanken auf die Lehre Bahá'u'lláhs. In ihr ist uns die göttliche Landkarte für das neue Zeitalter gegeben worden. Durch diese jüngste Offenbarung Gottes haben wir die Möglichkeit, im Außen zu erkennen, was wir im Verlaufe des Bewußtwerdungsprozesses innen verwirklichen sollen. Mit der Lehre Bahá'u'lláhs ist uns eine äußere Struktur gegeben, nach der sich der Mensch in seinem Innern auszurichten und auf den neuen Zeitgeist, die neue Qualität der Zeit, einzustellen vermag.

Frage 13: **Es kann doch sein, daß Bahá'u'lláh nur ein Vorbote ist. Vielleicht kommt der erwartete Messias wirklich erst in späterer Zeit? Wie kann ich prüfen, wer Bahá'u'lláh tatsächlich ist?**

Die Voraussetzung für jegliche Aussage über Seine Person ist das gründliche Studium Seiner Offenbarung. Ist dies geschehen, kann man Seine Worte mit dem vergleichen, was heute in der Welt geschieht. Dies ist *eine* Möglichkeit. Man kann auch die Heiligen Bücher der anderen Religionen daraufhin untersuchen, was über Den ausgesagt wird, Der da kommen soll, um das *Königreich Gottes auf Erden* zu errichten. Da es noch nicht lange her ist, daß Er unter den Menschen war, kann auch das genaue Studium Seiner Biographie wertvolle Aufschlüsse geben. Doch gleichgültig, welchen Weg der Nachforschung man auch gehen mag, haben alle doch eins gemeinsam: die Mühe und Arbeit.

Wenn man im Leben wirklich *wissen* will, muß man *hart* dafür arbeiten. Die tieferen Erkenntnisse fallen nicht einfach in den Schoß und lassen sich nicht „zwischendurch", gewissermaßen in den paar freien Minuten des Alltags erwerben. Man muß schon ernsthaft gewillt sein, sich mit den fundamentalen Lebensfragen auseinanderzusetzen; andernfalls bleibt das Streben in der bloßen Neugier stecken oder wird zur Selbstbespiegelung, der Beweihräucherung mit einem interessanten Wissen.

Um die Ausgangsfrage zu beantworten, soll hier nicht der Weg über das Literaturstudium gewählt werden. Es geht auch viel einfacher. Wir brauchen nur zu schauen, was sich heute in der Welt tut. Wenn man versucht, die Vielzahl gegenwärtiger Ereignisse auf einige Strukturelemente zu reduzieren, läßt sich das Weltgeschehen etwa in folgenden Kerngedanken zusammenfassen:

1) *Suche nach Wahrheit*
Hierzu zählen u.a. die Wiederbelebungsversuche der Weltreligionen, die verstärkten Bemühungen um das Verstehen esoterischer Lehren,

die Suche nach alternativen Lebensformen, die Forschungen der Tiefenpsychologie und anderer Zweige der Wissenschaft.

2) *Bemühen um internationale Verständigung*
Langsam, jedoch merklich, verändert sich das nationale Bewußtsein in ein internationales. Immer mehr äußere (bzw. ent-äußerte) Probleme machen es erforderlich, daß sich mehrere Länder gemeinsam um deren Lösung bemühen. Man denke an die Möglichkeiten der modernen Kriegsführung, an die Thematik der Energiegewinnung, an die Gefahren der Umweltverschmutzung und an die Fragen der Bevölkerungsexplosion. Die Notwendigkeit der Verwirklichung eines menschheitsbezogenen integralen Bewußtseins tritt dem Menschen gewissermaßen von außen entgegen.

3) *Bemühen um mehr Verständnis für andere Religionen und Kulturen*
Während sich noch vor wenigen Jahrzehnten die Menschen verschiedener Religionszugehörigkeit einander fremd und mißtrauisch, ja bisweilen feindlich gegenüberstanden, findet man heute fast allerorts eine größere Offenheit für die Gedanken der bislang unbekannten anderen Religionen. Dank heutiger Verkehrs- und Nachrichtentechnik begegnen sich die Kulturen der Erde und bilden durch diesen ,,hautnahen'' Kontakt nach und nach die Toleranz heraus, welche nötig ist, um sich dem anderen in echter Weise öffnen und zuwenden zu können.

4) *Auflösung des Gegensatzes ,,Wissenschaft: Religion''*
Es ist zwar noch nicht überall in das Bewußtsein der Öffentlichkeit getreten, doch beginnen seit längerem jene Wände einzustürzen, die durch das mental-rationale Denken zwischen (Natur-)Wissenschaft und Religion errichtet wurden. Beide Bereiche erkennen zunehmend ihre Zusammengehörigkeit als zwei sich ergänzende Pole einer einzigen Realität.

5) *Bemühen um die Aufhebung der Vorurteile zwischen Rassen, Völkern und Nationen*
Man denke nur an unsere Schulen, wo die Thematik ,,Rassentrennung'' geradezu modern geworden ist und sehr ausführlich behandelt wird. Auch in Presse, Funk und Fernsehen wird immer wieder neu auf die Unmenschlichkeit der Unterschiede zwischen Rassen aufmerksam gemacht. Zur Aufhebung der Vorurteile tragen ferner bei: die internationalen Sportveranstaltungen, der internationale Kulturaustausch, die Entstehung von Patengemeinden, die Arbeit der UNO und vieles andere mehr. Nicht zuletzt ist auch der Tourismus ein Weg, einander besser kennenzulernen und Vorurteile abzubauen.

6) *Bemühen um die gerechte Verteilung der Mittel für den Lebensunterhalt*
Innerstaatlich zeigt sich dies beispielsweise in den Auseinandersetzungen zwischen Gewerkschaften und Arbeitgeberverbänden, ferner in der Verbesserung der sozialen Bedingungen durch die Sozialpolitik. International zeigt sich das Bemühen um eine gerechtere Verteilung der Mittel für den Lebensunterhalt in den außenpolitischen Versuchen, das Gefälle zwischen den armen und reichen Ländern auszugleichen.

7) *Bemühen um die Gleichstellung der Menschen*
Fast überall auf Erden findet, wenn auch zeitlich versetzt, ein Prozeß fortschreitender Demokratisierung statt. Immer mehr Völker befreien sich aus Vormundschaft und Gewaltherrschaft. Die bislang Minderbewerteten, sei es im eigenen Lande oder unter den Völkern, spüren ihr erwachendes Selbstbewußtsein. Das Oben-Unten-Denken löst sich zunehmend auf, wobei das Prinzip der sozialen Gleichwertigkeit immer deutlicher in den Vordergrund tritt.

8) *Bemühen um einen universellen Frieden*
Wenngleich auch die einzelnen Machtblöcke sich sehr bedrohen, findet doch gleichzeitig der Versuch statt, einen neuen Krieg abzuwenden. Friedenspolitik wird zunehmend ein Schlagwort, das sich weltweit durchsetzt. Und außerdem: Mit den gegenwärtigen Waffen führt sich der Krieg selbst ad absurdum. Wem nützt heute noch eine militärische Auseinandersetzung, wenn es keine Sieger, sondern nur noch Besiegte gibt? Der Krieg scheint sich ebenfalls als ein überholtes Kampfmittel aufzulösen, so wie einst auch der Kannibalismus überwachsen wurde.

9) *Zunehmende Einsicht, daß sich die Politik mehr an ethischen Grundsätzen orientieren muß*
Man beginnt sich immer mehr zu fragen, wer eigentlich wem dient: die Politik dem Menschen oder der Mensch der Politik? Die gleiche Frage stellen sich auch viele, was das Verhältnis des Menschen zu Technik und Wirtschaft betrifft. Ein neues Verständnis für wahres Mensch-Sein beginnt zu erwachen.

10) *Bemühen um die Gleichstellung der Geschlechter*
Nun, hierzu braucht kaum etwas hinzugefügt werden, denn das Wort ,,Emanzipation'' ist heute fast in aller Munde. Die Frauen pendeln zwar nicht selten in eine neue Fehlform hinein, doch gehört dies wohl zu den ganz normalen Zwischenstadien einer jeglichen Entwicklung dazu. Es geht weder um ein neues Matriarchat noch um eine neue Form des Patriarchats; es geht um die Verwirklichung eines Integrats.

11) *Fragen nach dem Hintergrund*
Viele Menschen geben sich nicht mehr allein damit zufrieden, die Welt ausschließlich naturwissenschaftlich zu erklären. Sie suchen nicht mehr allein nach funktionalen Zusammenhägen, sondern beginnen sich zu fragen, was denn wohl ,,hinter'' der sichtbar-physischen Erscheinungswelt verborgen liegt; sie wollen wissen, warum die Dinge, wie sie sind, gerade so sind und nicht anders. Ein tieferes Suchen zeichnet sich ab.

Man möge einmal überdenken, ob es irgendeine Thematik gibt, die nicht in einen der Kerngedanken einzuordnen ist. Unsichtbar und unausgesprochen hinter diesen Gedankenkomplexen stehen Prinzipien aus der Lehre Bahá'u'lláhs, die im III. Teil dieses Buches aufgenommen und durch eigene Betrachtungen ergänzt wurden.

Frage 14: **Es gibt heute so viele, die von sich behaupten, Gottes Gesandter zu sein. Wie kann man herausfinden, wer nun der richtige ist?**

Es gab und es gibt auch heute ohne Zweifel eine Vielzahl erleuchteter Menschen auf Erden. Jetzt, in der Zeit des beginnenden Frühlings treten einige von ihnen in die Öffentlichkeit, um der immer größer werdenden Schar der Suchenden Hilfe und Führung anzubieten.

Solange diese Meister des inneren Weges nicht von sich behaupten, der von Gott auserwählte zentrale Führer für die Menschen des neuen Zeitalters zu sein, besteht kein Grund, ihrer Arbeit zu mißtrauen. Ganz bestimmt werden sie wesentlich daran mitwirken, das Neue auf Erden zu realisieren.

Doch wenn einer oder gar mehrere von sich behaupten, *der in den Heiligen Schriften angekündigte Gottesbote* zu sein, beginnt es tatsächlich für den Laien schwierig zu werden. Dieser steht dann automatisch in dem Konflikt, daß er nicht weiß, wohin er sich nun wenden soll.

Folgende Kriterien mögen ihm bei seinen Nachforschungen hilfreich sein: Zunächst einmal muß berücksichtigt werden, daß all diese vielen Boten des neuen Zeitgeistes in den letzten Jahren und Jahrzehnten dieses Jahrhunderts aufgetreten sind. Schon allein in dieser Gegebenheit liegt ein wesentliches Moment, denn *heute* zu den nach Sinn und innerer Erfüllung dürstenden Menschen zu sprechen, ist im Vergleich zu den Bedingungen des vorigen Jahrhunderts geradezu ein Kinderspiel.[1)]

Vergleichen wir die Zeitumstände zu Lebzeiten Bahá'u'lláhs mit denen von heute, so kann festgestellt werden, daß das Bewußtsein für das Neue bei weit mehr Menschen dafür vorbereitet und aufgelockert ist als damals. Wenn wir also herausfinden wollen, wer die Zentralgestalt wirklich ist, müssen wir nur danach schauen, wessen Lebensbedingungen die *schwierigsten* waren. Fragen wir also, ob es zur Zeit Bahá'u'lláhs vergleichbare Offenbarer gab. Nicht *heute,* sondern *damals* durchlief das Bewußtsein den Raum-Zeit-Aspekt des Norden/Winter; damals, nicht heute war das Bewußtseinslicht tief ins Dunkel hinabgesunken. Das Licht Gottes offenbart sich in der Finsternis, nicht etwa im grellen Sonnenlicht! Mir persönlich ist niemand bekannt, der zu Beginn des 19. Jahrhunderts geboren wurde und später von sich behauptete, er sei der Bote Gottes — außer Bahá'u'lláh.

Ein weiteres Kriterium ist die Tatsache, daß Gott sich niemals in der Geschichte zu einer Zeit in *mehreren* Zentralgestalten zugleich offenbarte. Gott, der *Eine,* manifestiert sich stets als der *Eine,* in *einem* Repräsentanten. Und selbst wenn Er sich in 10 Gestalten offenbarte, so könnten diese niemals Verschiedenes und Gegensätzliches sagen, sondern sie müßten auch in ihrer Lehre eine Einheit demonstrieren. Stellen wir uns vor, daß plötzlich zehn Personen als Boten Gottes auftreten, die die Menschheit zu einer Familie vereinen wollen — für diesen Schritt aber *verschiedene* Pläne vorlegen. Wie könnte dabei *Einheit* entstehen? Die Menschen wüßten gar nicht, wem sie sich zuwenden sollten, um den Willen Gottes zu erfahren.

Und andererseits, wenn diese zehn Gestalten mit ein und derselben Lehre aufträten — welchen Sinn hätte dies? Ob man *ein* Buch oder *zehn* Exemplare desselben Buches liest, die Information bleibt dieselbe — es kommt weder etwas hinzu noch fällt etwas weg. Ist es nicht sinnvoller, wenn der *eine* Gott sich in einer bestimmten Zeit den Menschen in *einem* Repräsentanten zeigt und durch Ihn Seinen *einen* Willen kundtut? Es würde nur von eigener Kurzsichtigkeit zeugen, wollte man annehmen, daß Gott sich in einer rational zersplitterten Welt in verschiedenen Boten manifestierte, um die Menschheit zu einen. Diese Annahme ist eine pure Projektion des rational gespaltenen Bewußtseins heutiger Prägung.

Ein drittes Kriterium ist die Frage, ob es auf Erden eine der Bahá'í-Offenbarung vergleichbare Lehre gibt — vom Umfang und Inhalt her gesehen. Um hier Klarheit zu bekommen, ist das Studium der Bahá'í-Texte unerläßlich. Vor allen Dingen ist zu forschen, ob es ein der Bahá'í-Verwaltungsordnung ähnliches Modell gibt.

[1] „Immer beim Niedergang der Zeitalter, wenn das geistige Leben der Menschen entartet und ihre Moral verdorben ist, tritt der wunderbarste und geheimnisvollste der Menschen, der Offenbarer in Erscheinung. Allein gegen die Welt, ohne daß ein einziger Mensch fähig wäre, Ihn zu lehren, Ihn zu führen, Ihn völlig zu verstehen, erhebt Er sich, gleich einem Seher unter Blinden, um Sein Evangelium der Gerechtigkeit und Wahrheit zu verkünden."
(J. E. Esslemont, Bahá'u'lláh und das neue Zeitalter, S. 15 f.)
Verglichen mit dem 18. und 19. Jahrhundert ist die jetzige Zeit wie die Morgendämmerung auf die Nacht. Erst jetzt beginnt sich die Welt spürbar in neuem Leben zu regen, von neuen Idealen und Hoffnungen durchdrungen.

Als viertes Kriterium möchte ich die Tatsache nennen, daß Tausende von Bahá'í den Märtyrertod gestorben sind, weil sie — wie einst die Christen unter Nero — verfolgt und hingerichtet wurden. Wieviele Menschen würden heute ihr Leben für einen der vielen geistigen Meister hergeben?

Fünftens soll die Frage gestellt werden, ob einer der vielen heutigen Erleuchteten auf Bahá'u'lláh hingewiesen, Ihn in Seiner Stufe erkannt und gewürdigt hat? Bahá'u'lláh hat *alle* Gottesboten geehrt und als gleichrangig und gleichwertig hervorgehoben.

Als sechstes Kriterium sei das Leben der verschiedenen Gestalten selbst genannt. Haben sie mit ihrem Leben bezeugt, was sie redeten? Wie sieht ihre Biographie aus?

Schließlich sei gefragt, ob es auf Erde einer der Bahá'í-Weltgemeinde vergleichbare Gemeinschaft gibt, die schon seit vielen Jahrzehnten existiert und ähnliche Strukturen aufweist?

Frage 15: **Es erscheint mir zu spekulativ, wenn die Innerweltordnung des I Ging herangezogen wird, um zu erklären, warum Bahá'u'lláh heute noch immer unbekannt ist! Gibt es denn keine andere Möglichkeiten, diese Frage zu beantworten?**

Die Bahá'í-Lehre ist noch nie geheim gehalten worden. Von Anfang an haben die Bahá'í versucht, auf die Offenbarung Bahá'u'lláhs hinzuweisen und auf ihre hohe Bedeutung aufmerksam zu machen. Bislang jedoch hat sich die Mehrheit der Menschen nicht für die erneuernde Botschaft Gottes interessiert, weil ihr Bewußtsein nicht auf den entsprechenden ,,Wellenbereich umgeschaltet'' hat.

,,Eine Stimmgabel schwingt bei einem Ton nur dann mit, wenn der Ton ihrer Eigenfrequenz entspricht. Ist dies nicht der Fall, dann ist der Ton für die Stimmgabel nicht vorhanden, denn sie kann ihn gar nicht wahrnehmen. Ein Radioempfänger, der auf Mittelwelle abgestimmt ist, wird auf Grund seiner Resonanz nur Mittelwelle empfangen. UKW und Langewelle kann er nicht kennenlernen; sie gehören deshalb auch nicht zu seinem ,Weltbild'. Ebenso braucht der Mensch für jede Wahrnehmung in sich selbst eine Entsprechung, die in der Lage ist, ,mitzuschwingen' und ihm durch diese Resonanz erst die Wahrnehmung ermöglicht . . . Jeder Mensch kann immer nur jene Bereiche der Wirklichkeit wahrnehmen, für die er eine Resonanzfähigkeit besitzt.''[1)]

Die innere Affinität also, die Entsprechung zu etwas Äußerem ist das Entscheidende. In der Weltöffentlichkeit ist die Bahá'í-Religion deshalb noch nicht in ihrer ganzen Bedeutung bekannt, weil die innere Resonanzfähigkeit

[1)] Thorwald Dethlefsen, Schicksal als Chanmce, S. 79 f.

des einzelnen fehlt. Denken wir jetzt an die Innerweltordnung des I Ging zurück: Das Bewußtsein kann immer nur das im Außen wahrnehmen, was den Schwingungen des jeweiligen Raum-Zeit-Aspektes entspricht. Für alles, was außen erkannt werden will, muß innerlich die Zeit reif geworden sein. Erst dann wird sich der Betreffende aufmachen, das innen Erwachte im Außen zu suchen. Es kann nur gesucht werden, was innen bereits gefunden wurde.

Frage 16: **Wenn sich die gesamte Menschheit einem einzigen Plan unterordnet — bedeutet dies nicht eine enorme Einschränkung der individuellen Entfaltungsmöglichkeiten?**

Wäre dieser Plan ein durch Menschenhirne ersonnener, bestünde ohne weiteres diese Gefahr. Man denke nur an eine weltweite Ausbreitung einer der heutigen Ideologien, sei es die kapitalistische oder die kommunistische. Im Gegensatz zu den menschlichen Theorien ist eine göttliche Offenbarung stets eine ganzheitliche Leistung. Die Lehre Bahá'u'lláhs ist demzufolge nicht nur für einzelne Grüppchen gedacht, die sich besonders angezogen fühlen, sondern für die gesamte Menschheit. Ein *ganzheitlicher* Plan ist eben *kein intellektueller,* der nur für einen Sektor, einen Teil der Wirklichkeit zugeschnitten ist.

Sicherlich, auch jede göttliche Offenbarung setzt Grenzen, doch kann es ohne sie keine wahre Freiheit geben. *Freiheit* und *Begrenzung* sind zwei Pole, die nur zusammen bestehen können. Ohne eine gesetzmäßige Beschränkung würde das Leben ins Grenzenlose und Ungestaltete ausufern. Ohne die Möglichkeit der Orientierung an göttlichen Gesetzen gäbe es keine Freiheit, keine Sicherheit und kein Vertrauen. Individuelle Entfaltung kann deshalb nur auf der Grundlage von Gesetzmäßigkeiten gegeben sein.

Ein göttlich geoffenbarter Plan bietet dem einzelnen Menschen die größte Möglichkeit zur Entfaltung der eigenen Anlagen. Hat Gott uns nicht gerade deshalb in die Welt gesetzt, daß wir unsere Anlagen entfalten und damit zur Blüte unseres Bewußtseins gelangen sollen? Ein göttlicher Plan entspricht immer den uns immanenten Entwicklungsgesetzmäßigkeiten. Und ist Entwicklung etwa nicht gleichbedeutend mit der Annäherung des menschlichen Bewußtseins an die göttlichen Gesetze, bzw. deren bewußte Erfüllung?

Zum Abschluß dieser Antwort soll der Vergleich mit dem Schulwesen zur weiteren Klärung dienen. Ohne Rahmenrichtlinien würde es im Schulwesen keine einheitliche Struktur geben. Wenn jeder das tun und lassen könnte, was er wollte, würde sich unsere Bildungslandschaft binnen kurzem in einen Dschungel zurückverwandeln, in dem sich die vielen Sonderideen zu einem unüberschaubaren und schlingpflanzenähnlichen Durcheinander verwikkeln. Kultur kann nur dann entstehen, wenn der Geist über das Chaos siegt, es formt, gestaltet und strukturiert. Der einzelne Mensch kann sich nur dann entwickeln, wenn er sich an den göttlichen Gesetzmäßigkeiten orientiert und die außen vorgefundenen Strukturen in sich hineinnimmt, introjiziert. Dabei ist es jedoch äußerst wichtig zu unterscheiden, ob man sich auch tatsächlich nach den göttlichen Gesetzen richtet, oder ob sie eventuell menschlichen Ursprungs sind. Menschen können Fehler machen und damit auch Fehlformen der Ordnung konstruieren; Gott hingegen ist und bleibt für alle Zeiten der Vollkommene, der Vollendete.

Frage 17: **Fordert nicht die Mitarbeit in der Bahá'í-Weltgemeinde die Aufgabe des eigenen Ich?**

,,Sich-Aufgeben'' hieße ,,Verlust der eigenen Identität und Individualität'' und wäre ein Zurücktauchen in einen vorbewußten Zustand. Es ist ein weitverbreitetes Mißverständnis zu glauben, das Ich müsse abgegeben, gewissermaßen weggeworfen oder verworfen werden, wollte man sein Ich ,,lassen''.

Der menschheitliche Entwicklungsweg führt von der archaischen Bewußtseinsstruktur über die *ich-losen* Strukturen des magischen und mythischen Bewußtseins zur *ich-haften* und *ich-betonten* Struktur des Mentalen. Jetzt, am Beginn des integralen Zeitalters stellt sich uns die Forderung, ein *ich-freies* integrales Bewußtsein zu realisieren. Ich-frei ist der Mensch, welcher sein Ich bewußt in den Dienst eines größeren (göttlichen) Ganzen zu stellen vermag. Wer hingegen noch gar kein Ich herausgebildet hat, kann auch nicht ich-frei sein, denn was man nicht hat, kann man auch nicht lassen. ,,Lassen'' meint nicht ,,sich-gehen-lassen'', sondern ,,Los-lassen der Ich-Dominanz''.

Fruchtbare Mitarbeit an der Verwirklichung einer neuen Ethik ist ohne ein stabiles Ich gar nicht möglich. Wer sollte denn klar entscheiden und für das Handeln die Verantwortung tragen, wenn nicht ein *gut fundiertes Ich*? Nur ist dieses Ich eben nicht mehr ich-betont, so daß es seine Eigeninteressen in den Vordergrund stellt und rücksichtslos alles andere übersieht.

Bahá'í-sein heißt nicht, daß man seine eigenen Standpunkte aufgibt und gewissermaßen willenlos umhertorkelt; ganz im Gegenteil. Wer aktiv an der Verwirklichung des göttlichen Planes teilnehmen will, braucht ein entschlossenes Ich, das zu Konsequenzen bereit ist. Der Unterschied zu dem mental-rationalen Ich liegt darin, daß jenes dienende Ich bei aller geistigen Auseinandersetzung stets um ein Größeres weiß, auf das es sich immer neu auszurichten vermag.

Frage 18: **Ist es richtig, daß man aus der Kirche austreten muß, wenn man Bahá'í werden will? Wenn ja, verstößt nicht gerade diese Auflage gegen das Prinzip der Integration?**

Das Wort „Austritt" ist zwar richtig, doch erfaßt es nicht den ganzen Sinn, der diesem Schritt zugrundeliegt. Genauer formuliert ist es ein „Überschreiten" der kirchlichen Grenzen und Dogmen in ein größeres Ganzes hinein. Das von den Bahá'í angestrebte Ziel heißt *Einheit der Menschheit*. Um dieses Ideal auch tatsächlich realisieren zu können, müssen Konsequenzen gezogen werden: Man muß bereit sein, den alten Standort zu verlassen und sich selbst einem größeren Ganzen einzufügen. Die Einheit der Menschheit läßt sich niemals auf der Grundlage von vielen verschiedenen, sprich widersprechenden Ansichten verwirklichen, sondern nur durch einen einzigen göttlichen Plan, der von allen Menschen gleichermaßen verbindlich akzeptiert wird.

Ein Land kann nicht einheitlich regiert werden, wenn nicht die gesamte Bevölkerung die demokratisch gewählte Regierung akzeptiert. Wenn jedes Grüppchen seine Ansichten durchsetzen wollte, ohne ein *übergeordnetes Ganzes* zu respektieren, würde sich die Zersplitterung einer Nation nicht aufhalten lassen. Dieses Prinzip gilt überall, wo soziales Leben stattfindet, sei es in der Familie, in einem Verein, in einer Stadtgemeinde oder in einer Nation. Im Moment, wenn die *Eigeninteressen* so stark in den Vordergrund treten, daß das *Ganze* aus den Augen verloren wird, zerfällt die soziale Gemeinschaft in einzelne „Atome".

Wenngleich auch heute in beiden Kirchen recht positive Entwicklungstendenzen zu erkennen sind, die auf ein langsames Überwinden der ehemals großen Zerstrittenheiten hinweisen, so darf man nicht übersehen, daß sie nach wie vor das Prinzip der Teilung und Spaltung symbolisieren und darleben. Bei aller Wertschätzung ihrer humanen Aktivitäten in aller Welt sind beide Kirchen jedoch nicht dazu geeignet, *alle* Religionen unter *einem* Dach zu vereinen. Auch die Institutionen anderer Religionen sind für diese Aufgabe nicht geeignet. *Neuer* Most muß eben nun einmal in *neue* Schläuche gegossen werden, will man den Most nicht verschütten, sondern erhalten.

Sicherlich, für all jene, die beruflich in den Kirchen beschäftigt sind, ist dies eine sehr schmerzliche Erkenntnis. Es geht um etwas *Neues* — daran können alle Wiederbelebungsversuche des *Alten* nichts ändern. Die Kirchen sind auf Grund ihrer inneren Zerstrittenheiten und dogmatischen Erstarrungen für die Aufgabe der Religionsvereinigung ungeeignet. Zu viel alter Ballast, zuviel Formalismus müßte über Bord geworfen werden.

Austritt aus der Kirche bedeutet nicht gleichzeitig eine Geringschätzung oder ein Abwerten ihrer Leistungen. Dennoch haben die Kirchen mit dem Ende des Fischezeitalters ihre Aufgabe erfüllt und müssen für das Neue

Raum schaffen. In der künftigen Welt gibt es keine abgegrenzten Glaubensgemeinschaften mehr, sondern nur noch *eine* einzige Weltgemeinde.

Es ist durchaus verständlich, daß sich viele nicht vorstellen können, daß es eines Tages keine Kirchen mehr geben wird — dies vor allem auch deshalb, wenn man sich die Wirkungen des Papstes Johannes Paul II. vor Augen hält. Seine Reden, die er auf seinen Reisen hielt, waren großenteils im Sinne Bahá'u'lláhs, und dennoch wird es nicht in der Macht dieses außergewöhnlichen Papstes liegen, die Welt religiös zu vereinen.

Austritt aus der *Kirche* ist nicht identisch mit Austritt aus dem *Christentum*! Dies kann nicht klar genug gesagt werden. In der Bahá'í-Religion sind *alle* Weltreligionen integriert; sie werden alle als göttliche Manifestationen anerkannt und ihre Stifter in gleicher Weise geehrt und respektiert.

Verglichen mit den Kirchen ist die Bahá'í-Religion das in jeder Hinsicht Umfassendere. Wie sollte das Kleine das Größere umschließen? Wie sollte die evangelische oder die katholische Kirche in der Lage sein, alle anderen Glaubensrichtungen der Menschheit zu integrieren? Es gelingt den Kirchen ja nicht einmal, im Christentum zusammenzufinden! Wie sollten sie geeignet sein, alle großen Weltreligionen zu vereinen?

Frage 19: **Wie kommt es, daß in der Bahá'í-Religion keine Priester gibt? Sind die Bahá'í etwa gegen die Kirchen eingestellt?**

Die Erkenntnis, daß es in der Bahá'í-Religion keine Priester gibt, zieht allgemein Mißverständnisse nach sich. Wer weiterhin vernimmt, daß es in Zukunft weder Papst noch Kirchen geben wird, reagiert erst recht mit Skepsis.[1)]

Man muß die Bewußtseinsstrukturen nach Jean Gebser im Auge behalten, um ein umfassenderes Verständnis für diese Thematik aufbringen zu können. Bis auf den heutigen Tag hat sich im Westen die Einstellung aufrecht erhalten, daß Religion in erster Linie eine Sache der Kirchen ist. Der Bürger selbst erlebt sich gewissermaßen als Konsument dessen, was ihm von Seiten der Kirchen entgegengebracht wird. Diese Haltung läßt das Prinzip der Separation durchblicken, welches der mentalen Bewußtseinsstruktur eigen ist.

Es bestehen zwei getrennte Lager: die Kirchen selbst und die Bürger, die sich zu ihnen bekennen. Die einen befinden sich als „Schriftgelehrte" und Verwalter des göttlichen Wortes in der Rolle des Lehrenden, die anderen haben sich daran gewöhnt und warten darauf, belehrt zu werden.

Die Kirchen repräsentieren eine Autorität, hinter der sich die Auffassung verbirgt, in christlichen Fragen allein kompetent und zuständig zu sein. Abgespalten und daher mantal-rational getrennt ist die Masse derer, die sich

1) Siehe dazu: H. Troll, Die Papstweissagung des Heiligen Malachias, Aschaffenburg 1979

selbst für unbefugt und unkompetent halten. Diese Gegebenheit ist geschichtlich gewachsen und hat im Fischezeitalter durchaus ihre Existenzberechtigung.

Heute beginnen sich die Abgrenzungen der Zuständigkeiten aufzulösen. Der Dualismus „Kirche: Gläubige" wird mit dem einsetzenden integralen Zeitalter überwunden. Während bislang die Masse in Unmündigkeit verharrte und der starken Hand einer Führung bedurfte, tritt der einzelne Mensch im neuen Zeitalter aus dem Grau-in-Grau der Ununterschiedenheit heraus. Er wird sich seiner selbst bewußt, und damit seiner Fähigkeiten, die ihm anlagemäßig gegeben sind.

Daß dieser Schritt zum mündigen, bewußten und selbstverantwortlichen Menschen heute dringend nötig ist, zeigt sich in der gegenwärtigen Weltsituation besonders deutlich. Es ist geradezu eine erzieherische Pflicht der Kirchen, ihre „Schäfchen" aus dem Mutterschoß zu entlassen, damit sie in religiöser Hinsicht erwachsen werden können. So wie jedes Kind eines Tages die behütende und bergende Nähe der Mutter verlassen und aufgeben muß, um selbständig zu werden, so muß heute die Schar derer zu sich selbst finden, welche auch weiterhin alle religiöse Verantwortung allein der Kirche überlassen wollen.

„Ein Kind braucht einen Lehrer, aber das Ziel eines wahren Lehrers ist, seinen Schüler fähig zu machen, ohne Lehrer handeln zu können, die Dinge mit eigenen Augen zu betrachten, mit eigenen Ohren zu hören und mit eigener Vernunft zu erkennen. Ebenso war in der Kindheit der Menschheit der Priester notwendig, aber seine wahre Aufgabe ist, die Menschen zum Handeln ohne ihn zu befähigen, göttliche Dinge mit ihren eigenen Augen zu betrachten, mit ihren eigenen Ohren zu hören und mit ihrer eigenen Vernunft zu erkennen. Heute ist die Arbeit der Priester beinahe erfüllt, und daher ist es das Ziel der Bahá'í-Lehre, dieses Werk zu vollenden, die Menschen von allem anderen außer Gott unabhängig zu machen, so daß sie sich unmittelbar zu Ihm, d.h. zu Seiner Manifestation wenden können."[1)]

Es kann sich aber niemals darum handeln, mental-rational *gegen* die Kirchen vorzugehen. Die Zukunftsvision, in der es weder Päpste, Priester noch Kirchen gibt, erfüllt sich nicht durch eine radikale Abschaffung. Die Kirchen werden sich im Verlaufe der weiteren Bewußtseinswandlung ganz von selbst auflösen.

Es hat im Außen immer nur das Bestand, was dem momentanen Innern des Menschen entspricht. So gesehen wird die Institution Kirche ohne äußeres Eingreifen ihre Notwendigkeit verlieren, wenn der einzelne Mensch zu seinen Fähigkeiten erwacht und das integrale Bewußtsein zu realisieren beginnt.

1) J. E. Esslemont, Bahá'u'lláh und das neue Zeitalter, S. 154

Frage 20: **Warum gibt es im Bahá'í-Gottesdienst weder Zeremonie noch Instrumentalmusik?**

Diese Frage soll in ihrer Tiefe mit Hilfe der Erkenntnisse Jean Gebsers ausgelotet werden. Wie schon ausgeführt, ist für den Menschen *Wirklichkeit,* was in ihm *wirkt,* d.h. was aus der unbewußten Latenz gehoben, den Menschen akut-dynamisch durchwirkt.

Jedesmal, wenn das menschliche Bewußtsein in einer Mutation eine Wandlung, Bereicherung und Intensivierung erfährt, wird etwas *anderes* im Menschen wirksam und damit Wirklichkeit. Je nach der im Menschen vorherrschenden Bewußtseinsstruktur erlebt er die Welt, die Menschen, hat er eine bestimmte Haltung in bezug auf die Grundfragen des Lebens. Dies gilt natürlich auch hinsichtlich der Beziehung zu dem, was wir heute beispielsweise *Ursprung* nennen.

Die Menschheit auf der Stufe des magischen Bewußtsein bat im Verlauf von Kulthandlungen (Riten) die (ihr heiligen) *Götzen* um Erhörung. In der mythischen Struktur erwachten die *Götter.* Mysterien dienten dazu, den in Symbolen dargestellten Göttern Wünsche vorzutragen, welche durch deren Gunst in Erfüllung gehen sollten. Als der Mensch in der mentalen Struktur in eine neue Weise des Daseins trat, richtete er sich willensbetont nur noch an einen *Gott,* um von ihm Hilfe zu bekommen, wenn ein gestecktes Ziel nicht erreicht werden konnte. Weder der magische *Kult* noch die mythischen *Mysterien* sind Form der mentalen Feierlichkeiten, sondern die *Zeremonie,* welche auf ein Dogma gestützt, nunmehr methodisch abläuft. Jean Gebser ordnet der magischen Struktur das Wort „proligio", der mythischen „religio", der mentalen „Religion" und der beginnenden integralen „Praeligio(n)" zu.

Nach dieser Abhandlung wird deutlich, daß die Menschheit je nach vorherrschender Bewußtseinsstruktur eine andere Beziehung zu dem hatte, was wir heute mental als „Gott" und „Religion" bezeichnen. Zurück zur Ausgangsfrage, warum es in der Bahá'í-Religion weder Zeremonie noch begleitende Instrumentalmusik gibt. Der Mensch, welcher das integrale Bewußtsein realisiert, wird *selbst zum Instrument*, auf dem der Ton des Seins zunehmend zu schwingen beginnt (Graf Dürckheim). Mit anderen Worten: Das im Menschen angelegte göttliche Selbst wird nicht mehr in äußerliche Feierlichkeiten projiziert, sondern nun in aller Lebendigkeit und Präsenz in sich selbst *wahrgenommen* und *wahrgegeben.* Der Mensch ist *durchlässige Form* und *geformte Durchlässigkeit* zugleich (Graf Dürckheim). Um Gottesdienst feiern zu wollen, ist nicht länger das Kirchengebäude wichtigster Ort des Geschehens, sondern jetzt ist es primär der eigene Leib, der nun nicht mehr in ein äußeres Gebäude projiziert zu werden braucht.

Wer sich des Göttlichen in sich selbst bewußt zu werden beginnt, begreift zunehmend, daß die eigene Stimme keines Zusatz- und Begleitinstrumentes bedarf. Sie ist als lebendiges Medium am besten in der Lage, (auf direktem Wege) auszudrücken, was der Mensch in seinem Innern empfindet. Auch hier fällt die Projektion menschlicher Fähigkeiten in äußere Instrumente weg; der *Mensch selbst* ist gemeint. Er beginnt selbst zur Wohnstätte und zum Instrument Gottes zu werden: *bewußt!*

In der Bahá'í-Religion also liegt die Betonung nicht auf Zeremonie und Instrumentalmusik, sondern auf dem gelesenen und gesungenen Wort Gottes, wobei noch zu bemerken ist, daß *nicht kollektiv*, sondern stets nur *individuell* gelesen und gesungen wird. In der Bahá'í-Religion ist das Kollektiv- und Massendasein in unbewußt-unreflektierter Form überwunden, der *einzelne als bewußtes Glied des Ganzen angesprochen.*

Zusammenfassung und Ausblick

„Die Welt, in der wir leben, gleicht einem riesigen Vulkan", so hieß es im Vorwort dieses Buches. Während seiner mehr als dreijährigen Konzeption hat sich dieses Bild der Weltsituation durch viele weitere „Eruptionen" neu bestätigt. Denken wir an die Geiselaffaire im Iran, an den sowjetischen Einmarsch in Afghanistan, den irakisch-iranischen Krieg oder die Ereignisse in Polen. Eine Vielzahl anderer Krisenherde ließe sich addieren.

Noch nie zuvor in der von uns überschaubaren Geschichte ist die Welt an allen Stellen zugleich in Aufruhr geraten, ist für alle Kulturen zugleich die Gefahr totaler Vernichtung gegeben. Die Rüstungsspirale windet sich unaufhaltsam noch oben und greift strategisch bereits ins Weltall vor. Terror, Gewalt und Verbrechen aller Art breiten sich seuchenartig aus. Das Unterste ist nach oben gekehrt, das Entartete in den Rang des Normalen gehoben. Was ist geschehen?

Mit dem Übergang von der mentalen zur rationalen Bewußtseinsstruktur hat der Mensch die Todsagung Gottes vollzogen. An die Stelle religiös fundierter Normen und Werte trat zunehmend der Glaube an die Allmacht des wissenschaftlichen, wirtschaftlichen und technischen Fortschritts. Eine Reihe ideologischer Weltvorstellungen gesellte sich hinzu.

Im Zuge dieser Entwicklung stehen wir heute vor den größten Problemen, denn mit der Todsagung Gottes hat der Mensch unbemerkt auch seine eigene vollzogen. Wie irrig es war, sich einst in aufklärerischem Übermut zum Maß aller Dinge zu erheben, tritt heute in all seiner folgenschweren Schicksalhaftigkeit klar zutage. Selbst angesichts weltweiter Not und kulturellen Untergangs ist es dem Menschen bis jetzt nicht gelungen, aus sich selbst heraus neue gültige Werte zu schaffen. Weder wissenschaftlich noch gesellschaftlich konnte das mit dem Verlust religiösen Gedankenguts entstandene Vakuum sinntragend ausgefüllt werden.

Der rationale Mensch hat zwar die Naturwissenschaften weit vorangetrieben und mittels technologischen Fortschritts einen beachtlichen materiellen Wohlstand erreicht, doch ist er bei aller äußeren Größe seelisch und geistig unreif geblieben. Je mehr er seine Aufmerksamkeit auf die materielle Seite des Lebens verlegte, desto unverbindlicher wurde für ihn die Religion. Mit der Entfremdung von den religiösen Grundlagen ging zwangsläufig der Zerfall ethisch-moralischer Werte einher und gleichzeitig eine Auflösung des Gewissens.

Wo jedoch Ethik und Gewissen in sich zusammenfallen, bahnt sich das Niedere seinen Weg. Was bislang durch kulturelle Rahmenbedingungen unannehmbar galt, behauptet heute überall sein Recht. Jede Einschränkung wird sogleich als Zwang ausgelegt, jede Grenze als Gefangenschaft erfahren. Wohl selten maß man Disziplin, Verantwortung, Autorität und Mäßigung so wenig Bedeutung bei wie in unserer Zeit. Die ersehnte Freiheit aber ist ausgeblieben. Mit der Freizügigkeit und schrankenloser Ungebundenheit sind lediglich neue Probleme entstanden.

Ohne religiös fundierte Grundlagen und Werte kann es weder kulturellen Fortschritt noch geistig-seelisches Wachstum des einzelnen geben. Beides jedoch ist unersetzliche Voraussetzung für wahre Freiheit und echtes Glück. Ohne eine verbindliche Wertordnung fällt jede Kultur der Verflachung und Zerrüttung anheim. Wir können es täglich beobachten: an dem sinn-losen Zeitvertreib, den inhaltslosen Gesprächen, den ungezählten leeren Worten, der Gier nach Schockerlebnissen und Sensationen, dem Drang nach sofortiger Lust- und Bedürfnisbefriedigung, ja, an all den abertausend Erscheinungsformen oberflächlicher Lebensführung.

All diese Zusammenhänge können die Ursachen für die gegenwärtigen Krisensymptome allerdings nicht hinreichend erklären. Eine umfassende Antwort auf die heutigen Fragen läßt sich erst auf einer tieferen Ebene finden: *Die Menschheit steht inmitten eines Übergangs von einem Zeitalter in ein anderes.* Ein neues Bewußtsein beginnt zu erwachen, dessen Strukturen zunehmend wirksam werden und damit die gesamte äußere und innere Wirklichkeit des Menschen umgestalten. Von der Jugend wird es am deutlichsten erfaßt. Wie der Atem den Leib durchströmt und das Blut den Körper durchpulst, so möchte ein neuer Zeitgeist den Menschen durchdringen und durch ihn hindurch Gestalt annehmen.

Sinn und Ziel der weltweiten Probleme ist es, den Menschen in eine neue Daseinsweise hinzuführen. Da nur wenige die Zeichen der Zeit verstehen und sich freiwillig aufmachen, das Neue zu begrüßen, werden die Völker dieser Erde durch die äußeren Umstände dazu gezwungen, sich international zu arrangieren und langsam zu einem globalen Fremd- und Selbstverständnis heranzureifen — die drohenden Gefahren unserer Tage sind nur durch *menschheitliche, internationale Zusammenarbeit* zu lösen, sei es die Weltwirtschaftskrise, die Energiefrage, der Ost-West-Konflikt oder das Nord-Süd-Gefälle, sei es die Zerstörung der Ökologie oder die Totalvernichtung infolge eines dritten Weltkrieges.

Um die Menschheit vor ihrem Untergang zu bewahren, müssen zunächst drei Kerngedanken zur Kenntnis genommen werden: Die Tatsache, daß wir uns im Übergang zu einem neuen Zeitalter befinden, die Aufgabe, über den Weg der Selbsterkenntnis ein neues Bewußtsein zu entfalten und die Notwendigkeit, die politische wie geistige Einheit der Menschheit herbeizuführen.

Woher aber nehmen wir die Kraft zur Vereinigung aller Völker? Wo finden wir die geistige Plattform, auf der die Nationen dieser Erde zu einem Weltstaatenbund zusammenwachsen könnten? Wohl in der gesamten heutigen Literatur dürfte solch ein Bauplan nicht zu finden sein, denn überall begegnen wir den Erscheinungsformen des Pluralismus. Solange wir versuchen, die brennenden Probleme unserer Zeit allein durch menschliche Bemühungen zu lösen, stoßen wir auf unüberwindbare Grenzen.

Gott allein kann in der Bewältigung gegenwärtiger Schwierigkeiten wegweisend sein. *Er allein* ist in der Lage, neue Ziele und einen neuen Orientierungsrahmen für das neue Zeitalter vorzugeben. *Er* ist die *einzige Quelle,* aus der die Menschheit erneuernde Kräfte schöpfen kann.

Im Zuge fortschreitender Gottesoffenbarung hat Er *auch diesmal* Führung und Hilfe angeboten und die ,,geistige Landkarte'' übermittelt, an deren Markierungen der Weg in die Zukunft sichtbar wird. Seit mehr als hundert Jahren liegen nun schon all die geistigen und sozial-praktischen ,,Werkzeuge'' bereit, mit denen eine neue Weltkultur errichtet werden kann. Doch noch immer ist die Offenbarung Bahá'u'lláhs von der breiten Öffentlichkeit unentdeckt geblieben.

Während die alte Welt in immer größere Not gerät, Politiker wie Wissenschaftler verzweifelt nach Lösungen suchen, sind nahezu unbemerkt von den Massenmedien, Bahá'í in fast allen Ländern der Erde damit beschäftigt, die gesellschaftlichen Fundamente zu legen, auf denen schon bald eine neue Weltkultur erblühen wird. Durchdrungen von einem neubelebten Glauben an die Existenz Gottes werden alle Rassen, Völker und Nationen zu einem Weltstaatenbund zusammenwachsen. Religiöse Zwistigkeiten werden darin ebenso ein Ende finden wie die Erscheinungsformen parteipolitischen Meinungsstreits. Wissenschaft und Religion werden sich gegenseitig ergänzen und bereichern. Mann und Frau werden gleichberechtigt sein. Eine neue Weltzivilisation wird entstehen.

Das Ziel ist bekannt — es heißt *Einheit der Menschheit*, der Weg ist aufgezeigt — er heißt *Selbsterkenntnis* und *soziales Reifen*, Bauplan und Werkzeuge liegen bereit — sie sind in der Offenbarung Bahá'u'lláhs zu finden.

Literaturverzeichnis

'Abdu'l-Bahá: Das Geheimnis göttlicher Lebenskunst, Oberkalbach 1973 — 130
— Beantwortete Fragen (gesammelt von Laura Clifford Barney), Hofheim-Langenhain [3]1977 — 134
— Ansprachen in Paris, Oberkalbach [6]1973 — 130
— Das Gesellschaftsmodell von Bahá'u'lláh, Bahá'í-Briefe, Heft 39, Haifa 1978
— Selections from the Writings of 'Abdu'l-Bahá, Haifa 1978
— Kleine Auswahl aus Seinen Schriften, Hofheim-Langenhain 1980
Aeppli, Ernst: Entwicklung der Persönlichkeit, Erlenbach-Zürich 1952
Affemann, Rudolf: Lernziel Leben, Stuttgart 1976
— Der Mensch als Maß der Schule, Stuttgart 1979
Alexander, Gerda: Eutonie, Ein Weg der körperlichen Selbsterfahrung, München 1976
Andersen, Hans J.: Polwende — Zeitenwende, Fürth [3]1981
Andreas, Peter: Was morgen wahr sein kann, Düsseldorf — Wien [2]1981
Areopagita, Dionysius: Von den Namen zum Unnennbaren, Johannes Verlag Einsiedeln
Assagioli, Roberto: Handbuch der Psychosynthesis, Angewandte transpersonale Psychologie, Freiburg 1978
Aurobindo, Sri: Der integrale Yoga, Hamburg [6]1977
— Das Ideal einer geeinten Menschheit, Bellnhausen 1973
Bachhofen, J.J.: Mutterrecht und Urreligion, Leipzig 1927
Bahá'u'lláh: Ährenlese, Hofheim-Langenhain [3]1980 — 137
— Kitáb-i-Íquán (Das Buch der Gewißheit), Hofheim-Langenhain [3]1978 — 135
— Die verborgenen Worte — Bahá'í-Gebete, Hofheim-Langenhain 1978 — 135
— Briefe an den Sohn des Wolfes, Frankfurt 1966 — 122
Bindel, Ernst: Die geistigen Grundlagen der Zahlen, Stuttgart [3]1977
Blumenthal, Erik: Verstehen und verstanden werden, Die neue Art des Zusammenlebens, München — Luzern 1977
— Wege zur inneren Freiheit — Praxis und Theorie der Selbsterziehung, München — Luzern [7]1980
Buber, Martin: Das dialogische Prinzip, Heidelberg 1979
Buchholz, Arnold: Die große Transformation, Reinbek 1970
Butterworth, John: Sekten und Kulte, Wuppertal 1981
Capra, Fritjof: Der kosmische Reigen, Bern-München-Wien [2]1978
Charon, J.E.: Der Geist der Materie, Hamburg-Wien 1979
Club of Rome: Die Grenzen des Wachstums, Reinbek 1979
Dethlefsen, Thorwald: Schicksal als Chance, München 1979
Die Bahá'í-Religion, Größte religiöse Minderheit im Iran, Dokumentation zur Verfolgung der Bahá'í im Iran, Hofheim-Langenhain [3]1981
Die Verkündung Bahá'u'lláhs, An die Könige und Herrscher der Welt, Bahá'í-Verlag 1977 - 134
dtv-Atlas zur Weltgeschichte, München 1973 (zwei Bände)
Dürckheim, Karlfried Graf: Hara — Die Erdmitte des Menschen, München [7]1975
— Vom doppelten Ursprung des Menschen, Freiburg [3]1976

— Überweltliches Leben in der Welt, Weilheim ²1972
— meditieren — wozu und wie, Freiburg 1976
— Im Zeichen der Großen Erfahrung, München 1974
— Der Alltag als Übung, Bern ⁴1972
— Durchbruch zum Wesen, Bern ⁵1972
— Der Ruf nach dem Meister, Bern-München-Wien ²1975
— Erlebnis und Wandlung, Zürich 1956
— Übung des Leibes auf dem initiatischen Weg, München 1978
— Der Weg, die Wahrheit, das Leben, Bern-München 1981
Duhm, Dieter: Synthese der Wissenschaft, Der werdende Mensch, Heidelberg 1979
Effendi, Shoghi: Die Weltordnung Bahá'u'lláhs, Hofheim-Langenhain 1977 - 134
— Gott geht vorüber, Hofheim-Langenhain ²1974 — 131
— Der verheißene Tag ist gekommen, Frankfurt 1967 — 124
— Bahá'í-Administration, Wilmette, Illinois 1974
Esslemont, J. E.: Bahá'u'lláh und das neue Zeitalter, Hofheim-Langenhain ⁶1976 — 133
Faizi, Gloria: Die Bahá'í-Religion — Eine Einführung, Verum-Verlag 1973
Feild, Reshad: Ich ging den Weg des Derwisch, Frankfurt 1981
Fromm, Erich: Haben oder Sein, Die seelischen Grundlagen einer neuen Gesellschaft, Stuttgart ³1977
— Die Kunst des Liebens, Frankfurt-Berlin-Wien 1979
Gebser, Jean: Ein Mensch zu sein, Bern 1974
— In der Bewährung, Bern ²1969
— Ursprung und Gegenwart (drei Bände), München 1973
Geistige Räte — Häuser der Gerechtigkeit (Aus den Schriften von Bahá'u'lláh, 'Abdu'l-Bahá und Shoghi Effendi, zusammengestellt vom Universalen Haus der Gerechtigkeit), Langenhain 1975 — 132
Global 2000, Der Bericht an den Präsidenten, Frankfurt ²⁷1981
Hampe, J. Ch.: Sterben ist doch ganz anders, Erfahrungen mit dem eigenen Tod, Stuttgart ⁵1976
Harding, Ester: Der Weg der Frau, Zürich ⁵1962
— Selbsterfahrung, Zürich 1957
Haßler, Gerd von: Wenn die Erde kippt, Bern-München ²1981
Herrigel, Eugen: Zen in der Kunst des Bogenschießens, Bern-München-Wien ¹⁷1975
Hessenbruch, Helmut: Geheimnisse und Wesen der Zahlen, Köln-Bad Liebenzell ²1963
Holley, Horace: Die Weltwirtschaft Bahá'u'lláhs, Bahá'í-Briefe, Heft 39, S. 1052 ff.
Illies, Joachim: Das Geheimnis des Lebendigen, Leben und Werk des Biologen Adolf Portmann, München 1976
— Biologie und Menschenbild, Freiburg-Basel-Wien ²1977
— Der Mensch zwischen Furcht und Hoffnung, Freiburg-Basel-Wien ³1976
— Die andere Seite der Biologie, Freiburg-Basel-Wien 1978
— Kulturbiologie des Menschen, München 1978
— Zu wahr, um schön zu sein, Freiburg-Basel-Wien 1977
— Die Sache mit dem Apfel, Freiburg-Basel-Wien ⁴1977
Internationale Beziehungen, Das Fischerlexikon, Frankfurt 1969
Jacobi, Jolande: Frauenprobleme — Eheprobleme, Zürich 1968
— Die Psychologie von C. G. Jung, Olten ⁷1976
— Der Weg zur Individuation, Olten 1971
Jordan, Daniel C.: Durchbruch zur Selbstverwirklichung, Bahá'í-Informationen Nr. 5
Jordan, Pascual: Der Naturwissenschaftler vor der religiösen Frage, Abbruch einer Mauer, Oldenburg- Hamburg ⁶1972
Jung, C. G.: Gesammelte Werke, Walter-Verlag Olten

Jung, Emma: Anima und Animus, Zürich-Stuttgart 1967
Jungclausen, Emmanuel: Aufrichtige Erzählungen eines russischen Pilgers, Freiburg [5]1976
Kapleau, Philip: Die drei Pfeiler des Zen, Bern-München-Wien [4]1979
Kessler, Herbert; Lauf, Detlef-I.; Thoms, Walter: Ursprung und Gegenwart des integralen Bewußtseins, Mannheim 1976
Khan, Lloyd: Lebensräume, Haldenwang 1981
Kinsey, Alfred C.: Das sexuelle Verhalten der Frau
— Das sexuelle Verhalten des Mannes, Frankfurt 1970
Klostermann, Michel: Auroville — Stadt des Zukunftsmenschen, Frankfurt [2]1976
— Die Sonnenrevolution, Frankfurt 1980
Kobayashi, Toyo & Petra: T'ai Chi Ch'uan, Haldenwang 1981
Krewerth, Rainer A.: Papst Johannes Paul II., Seine Reden in Deutschland, München 1980
Krishnamurti, Jiddu: Einbruch in die Freiheit, Frankfurt 1979
— Jenseits der Gewalt, Frankfurt 1979
— Leben, Frankfurt 1977
Künkel, Fritz: Die Arbeit am Charakter, Konstanz
— Ringen um Reife, Konstanz 1959
— Das Wir, Konstanz 1972
Lassalle, Enomiya: Zen — Weg zur Erleuchtung, Hilfe zum Verständnis — Einführung in die Meditation, Wien [5]1976
Leben als Bahá'í, Eine Zusammenstellung aus Schriften von Bahá'u'lláh, 'Abdu'l-Bahá und Shoghi Effendi, Oberkalbach 1973 — 130
Leboyer, Frederick: Der sanfte Weg ins Leben, München 1974
Lemesurier, Peter: Geheimcode Cheops, Freiburg 1978
Leonard, George: Der Rhythmus des Kosmos, Bern-München 1980
Levi: Das Wassermannzeitalter von Jesus, dem Christus, München 1980
Lilly, John C.: Das Zentrum des Zyklons, Frankfurt 1976
Long, Max Freedom: Geheimes Wissen hinter Wundern, Freiburg [2]1965
— Kahuna-Magie, Freiburg [2]1966
Lowen, Alexander: Bioenergetik, Der Körper als Retter der Seele, Bern-München 1976
— Verrat am Körper, Bern-München 1980
— Depression, München [2]1979
Meves, Christa: Die Bibel antwortet uns in Bildern, Freiburg [8]1977
— Kinderschicksal in unserer Hand, Freiburg [3]1975
— Erziehen lernen, München [5]1975
— Mut zum Erziehen, Gütersloh [8]1976
— Manipulierte Maßlosigkeit, Freiburg [15]1975
— Die Befreiung vom wissenschaftlichen Glauben, Freiburg 1974
— Unser Leben muß anders werden, Freiburg [3]1977
— Ehe-Alphabet, Freiburg [7]1975
— Freiheit will gelernt sein [2]1975
— Der Weg zum sinnerfüllten Leben, Freiburg 1981
— Wunschtraum und Wirklichkeit, Freiburg [7]1975
— Sein wie Gott?, Kassel 1981
— Die Schulnöte unserer Kinder, Gütersloh 1976
Meves, Christa; Ortlieb, Heinz-Dietrich: Macht Gleichheit glücklich?, Freiburg 1978
Muramoto, N.; Abehsera, M.: Heile Dich selbst durch bewußte Ernährung, Haldenwang 1981
Nabíls Bericht, Aus den frühen Tagen der Bahá'í-Offenbarung, Bahá'í-Verlag 1975 - 132
Naef, Regula D.: Rationeller Lernen lernen, Weinheim-Berlin-Kassel [2]1972
Nannen, Henri: Die himmlischen Verführer, Hamburg 1979
Neumann, Erich: Tiefenpsychologie und neue Ethik, München [3]1973

— Kulturentwicklung und Religion, Frankfurt 1978
— Zur Psychologie des Weiblichen, München ^{2}1975
— Ursprungsgeschichte des Bewußtseins, München ^{2}1974
— Krise und Erneuerung, Zürich 1961
Pfeiffer, Karl Heinz: Unserer Kinder vor dem Bildschirm, Freiburg ^{2}1976
Pietschmann, H.: Das Ende des naturwissenschaftlichen Zeitalters, Wien 1980
Pophal, Rudolf: Kinetische Graphologie, Stuttgart 1968
— Eidetische Graphologie, Stuttgart 1966
Post, Laurens von der: C. G. Jung, der Mensch und seine Geschichte, Berlin 1977
Pulver, Max: Symbolik der Handschrift, Kindler-Verlag München
— Person Charakter Schicksal, Zürich ^{2}1948
Rabbani, Rúhíyyih: Dein Leben — Deine Wahl, Hofheim-Langenhain ^{2}1975 — 132
Richter, Horst E.: Alle redeten vom Frieden, Reinbek 1981
— Der Gotteskomplex, Reinbek ^{2}1979
— Eltern, Kind und Neurose, Reinbek ^{7}1972
— Lernziel Solidarität, Reinbek 1974
— Patient Familie, Reinbek ^{3}1973
Riemann, Fritz: Lebenshilfe Astrologie, München ^{2}1976
— Grundformen der Angst, München-Basel ^{11}1976
— Grundformen helfender Partnerschaft, München ^{2}1976
— Die schizoide Gesellschaft, München 1975
Roberts, Jane: Gespräche mit Seth, Genf ^{3}1980
Rosenberg, Alfons: Durchbruch zur Zukunft, Turm Verlag Bietigheim
Ruyer, Raymond: Jenseits der Erkenntnis, Wien-Hamburg 1977
Sabet, Huschmand: Der gespaltene Himmel, Stuttgart 1967
Schaefer, Udo: Der Bahá'í in der modernen Welt, Hofheim-Langenhain ^{2}1981 — 137
— Bahá'í sein, Bahá'í-Informationen Nr. 4
Scharl, Hubert H.: Die Organsprache, München
Schönberger, Martin: Verborgener Schüssel zum Leben, Weltformel des I Ging im genetischen Code, Frankfurt 1977
Schottky/Schoenaker: Was bestimmt mein Leben? München-Luzern 1976
Schumacher, E.F.: Das Ende unserer Epoche, Reinbek 1980
Spangler, David: New Age — Die Geburt eines Neuen Zeitalters, Frankfurt 1978
Stangl, Anton und Marie-Luise: Lebenskraft, Selbstverwirklichung durch Eutonie und Zen, Düsseldorf-Wien 1978
Stapenhorst, Leonore: Die Weltordnung des I Ging, Adliswil 1977
Sterneder, Hans: Das kosmische Weltbild, Freiburg ^{3}1977
Summermatter, Julia: Handbuch für werdende Mütter und Väter, Haldenwang 1981
Suzuki, Shunryu: Zen-Geist, Anfänger-Geist, Zürich 1975
Suzuki, D.T.: Die große Befreiung, Weilheim ^{6}1972
Tagore, Rabindranath: Einheit der Menschheit, Freiburg 1961
Trevelyan, George: Eine Vision des Wassermannzeitalters, Freiburg 1980
Troll, Hildebrand: Die Papstweissagung des Heiligen Malachias, Aschaffenburg ^{3}1979
Vester, Frederic: Phänomen Streß, München 1978
Wadulla, Annamaria: Yoga Praxis, Haldenwang 1981
White, John: Polsprung, Überleben wir das Jahr Zweitausend, München 1981
Wilhelm, Richard: I Ging, Das Buch der Wandlungen, Düsseldorf-Köln 1974
Wosien, Marie-Gabriele: Babadschi, Botschaft vom Himalaya, Frankfurt 1978
Weizsäcker, Carl Friedrich von: Die Einheit der Natur, München ^{5}1979
— Der Garten des Menschlichen, München-Wien ^{6}1978
— Der bedrohte Friede, München-Wien 1981

Weizsäcker, C. F. v./Krishna, Gopi: Biologische Basis der Glaubenserfahrung, Weilheim ^{2}1973
Ziele der Kindererziehung (Aus den Schriften Bahá'u'lláhs, 'Abdu'l-Bahás und Shoghi Effendis, zusammengestellt vom Universalen Haus der Gerechtigkeit, August 1976), Hofheim-Langenhain 1979 — 136
Zukav, Garry: Die tanzenden WuLi-Meister, Der östliche Pfad zum Verständnis der modernen Physik, Reinbek 1981

Bahá'í-Literatur ist erhältlich beim:
Literatur- und Materialdienst der Bahá'í
Eppsteiner Straße 89 — Torhaus
6239 Hofheim-Langenhain

Abbildungen

Heilige Stätten der Bahá'í

Abb. 1: Blick vom Berge Karmel auf Haifa/Israel. Im Vordergrund der Schrein des Báb, in dem auch 'Abdu'l-Bahá beigesetzt ist.

Abb. 2: Der Schrein Bahá'u'lláhs in Bahjí, Israel.

Abb. 3: Das Grabmal Shoghi Effendis in London.

Abb. 4: Erstes Bahá'í-Haus der Andacht in Europa, Langenhain/Taunus.

Abb. 5: Erstes Bahá'í-Haus der Andacht in Mittelamerika, Panama.

Abb. 6: Modell des ersten Bahá'í-Hauses der Andacht in Indien — zur Zeit in Bau. Es hat die Form eines Lotustempels.
Weitere Bahá'í-Tempel finden sich in Samoa, Kampala/Uganda und Sydney/Australien. Der erste Bahá'í-Tempel in Ishqábad/Asien wurde zerstört.

Abb. 7: Erstes Bahá'í-Haus der Andacht in Nordamerika, Wilmette/Illinois.

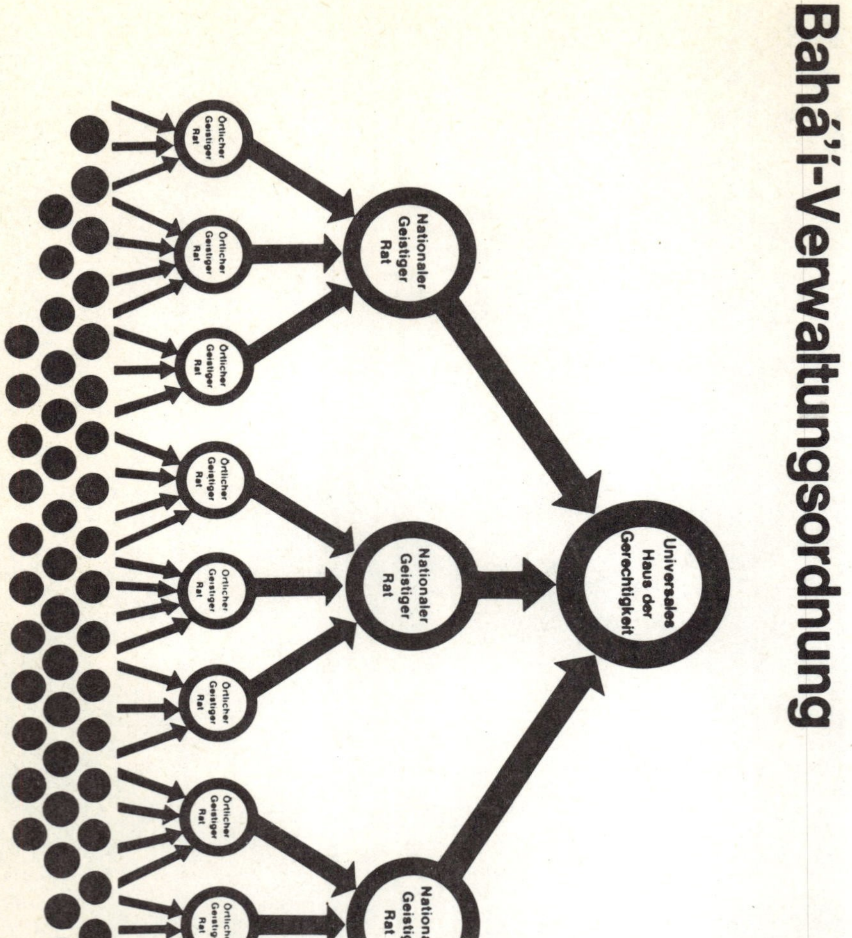

Abb. 8: Systemskizze der Bahá'í-Verwaltungsordnung.